Die Auswirkungen der Social Media
auf die verhaltensbedingte Kündigung

**Europäische Hochschulschriften**

European University Studies

Publications Universitaires Européennes

Reihe II **Rechtswissenschaft**

Series II Law

Série II Droit

Band/ Volume **6006**

Martin Ryl

# Die Auswirkungen der Social Media auf die verhaltensbedingte Kündigung

## Die private Nutzung des Social Web als Kündigungsgrund

PETER LANG

**Bibliografische Information der Deutschen Nationalbibliothek**
Die Deutsche Nationalbibliothek verzeichnet diese Publikation in der Deutschen Nationalbibliografie; detaillierte bibliografische Daten sind im Internet über http://dnb.d-nb.de abrufbar.

Zugl.: Augsburg, Univ., Diss., 2017

D 384
ISSN 0531-7312
ISBN 978-3-631-74683-7 (Print)
E-ISBN 978-3-631-75723-9 (E-PDF)
E-ISBN 978-3-631-75724-6 (EPUB)
E-ISBN 978-3-631-75725-3 (MOBI)
DOI 10.3726/b14183



Diese Publikation wurde begutachtet.

www.peterlang.com

# Vorwort

Das vorliegende Werk wurde von der Juristischen Fakultät der Universität Augsburg im Sommersemester 2017 als Dissertationsschrift angenommen. Gesetzgebung, Rechtsprechung und Literatur wurden bis einschließlich Mai 2017 berücksichtigt.

Meinem Doktorvater Herrn Professor Dr. Martin Maties gilt mein herzlicher Dank für die Betreuung des Promotionsverfahrens und die zügige Fertigung des Erstgutachtens. Herrn Professor Dr. Michael Kort danke ich für die ausgesprochen rasche Erstellung des Zweitgutachtens.

Großer Dank gebührt meinen engen Freunden und langen Wegbegleitern durch die juristische Ausbildung, Frau Dr. iur. Franziska Haberl und Herrn Jonas Körner, die mich in den zwei Jahren der Anfertigung dieser Arbeit nahezu jedes Wochenende mit ihrer aufheiternden Gesellschaft unterstützten und fortwährend für wertvolle Diskussionen zur Verfügung standen.

Besonderen Dank verdient schließlich meine Freundin Frau Yvonne Olszewski, die durch ihren steten Zuspruch und ihre unerschöpfliche moralische Unterstützung einen ausgesprochen wichtigen Beitrag zum Gelingen dieses Werkes beisteuerte.

Gewidmet ist diese Arbeit meinen Eltern Ruth Altthaler-Große und Heinz Große, die meine schulische und akademische Laufbahn mit größtem Rückhalt und bedingungsloser Unterstützung ermöglichten.

Augsburg, im November 2017 Martin Ryl

# Inhaltsübersicht

# Inhaltsverzeichnis

# Literaturverzeichnis


*Ascheid, Reiner / Preis, Ulrich / Schmidt, Ingrid (Hrsg.):* Kündigungsrecht Großkommentar zum gesamten Recht der Beendigung von Arbeitsverhältnissen, 5. Auflage 2017, München, zitiert: APS/*Bearbeiter*

*Auer-Reinsdorff, Astrid / Conrad Isabell (Hrsg.):* Handbuch IT- und Datenschutzrecht, 2. Auflage 2016, München, zitiert: Auer-Reinsdorff/Conrad/*Bearbeiter*

*Bahram, Aghamiri:* Keine Kündigung wegen Beleidigung durch Emoticons, ITRB 2016, 249 f.

*Bauer, Jobst-Hubertus / Günther, Jens:* Kündigung wegen beleidigender Äußerungen auf Facebook Vertrauliche Kommunikation unter Freunden?, NZA 2013, 67 ff.

*Barton, Dirk-M.:* Betriebliche Übung und private Nutzung des Internetarbeitsplatzes „Arbeitsrechtliche Alternativen" zur Wiedereinführung der alleinigen dienstlichen Verwendung, NZA 2006, 460 ff.

*Beckschulze, Martin:* Internet-, Intranet- und E-Mail-Einsatz am Arbeitsplatz, DB 2003, 2777 ff.

*Benecke, Martina:* „Mobbing" im Arbeitsrecht, NZA-RR 2003, 225 ff.

*Benecke, Martina:* Mobbing: Persönlichkeitsschutz und Haftung des Arbeitgebers

Zugleich Besprechung zum Urteil BAG v. 15.5.2007–8 AZR 709/06, RdA 2008, 357 ff.

*Benecke, Martina / Groß, Nadja:* Druck von Dritten nach Compliance-Verstößen Die außerordentliche Druckkündigung als Maßnahme personeller Selbstreinigung, BB 2015, 693 ff.

*Berkowsky, Wilfried:* Die verhaltensbedingte Kündigung – Teil 2, NZA-RR 2001, 57 ff.

*Bertram, Axel:* Offline – Verbot privater Internetnutzung am Arbeitsplatz jederzeit möglich?, GWR 2012, 388 ff.

*Besgen, Nicolai / Prinz, Thomas:* Handbuch Internet.Arbeitsrecht, 3. Auflage 2013, Bonn, zitiert: Besgen/Prinz/*Bearbeiter*

*Binkert, Gerhard:* Die Rechtsprechung zur Entbehrlichkeit der Abmahnung vor verhaltensbedingten Kündigungen – Überlegungen zur Dogmatik, NZA 2016, 721 ff.

*Bissels, Alexander:* Kündigung eines Ausbildungsverhältnisses wegen beleidigender Äußerungen bei Facebook, jurisPR-ArbR 37/2012 Anm. 1

*Bissels, Alexander / Lützeler, Martin / Wisskirchen, Gerlind:* Facebook, Twitter & Co.: Das Web 2.0 als arbeitsrechtliches Problem, BB 2010, 2433 ff.

*BITKOM:* Soziale Netzwerke 2013, Dritte erweiterte Studie – Eine repräsentative Untersuchung zur Nutzung sozialer Netzwerke im Internet, 31.10.2013, Berlin

*Bloesinger, Hubert:* Grundlagen und Grenzen privater Internetnutzung am Arbeitsplatz, BB 2007, 2177 ff.

*Brink, Stefan / Wirtz, Sonja:* Kontrolle des Arbeitgebers bei (unerlaubter) Internetnutzung der Beschäftigten, ArbRAktuell 2016, 255 ff.

*Burmeister, Antje:* Die „Facebook-Kündigung" im Spiegel der aktuellen Rechtsprechung, ArbRB 2013, 245 ff.

*Burr, Steffen:* Kündigung wegen unternehmensschädlichen Facebook-Postings, NZA-Beil. 2015, 114 ff.

*Burr, Steffen:* Posting als Kündigungsgrund – Unternehmensschädliche Äußerungen in Social Media, 2014, Baden-Baden

*Byers, Philipp / Mößner, Stefan:* Die Nutzung des Web 2.0 am Arbeitsplatz: Fluch und Segen für den Arbeitgeber, BB 2012, 1665 ff.

*von Coelln, Christian:* Aufhebung der geschützten Privatsphäre durch eigenes Erkennbarmachen in Internetforum,

jurisPR-ITR 16/2008 Anm. 2

*Däubler, Wolfgang:* Gläserne Belegschaften, 6. Auflage 2015, Frankfurt am Main

*Däubler, Wolfgang:* Internet und Arbeitsrecht Web 2.0, Social Media und Crowdwork, 5. Auflage 2015, Frankfurt am Main

*Deeg, Oliver / Scheuenpflug, Claudia:* Die verhaltensbedingte Kündigung wegen Beleidigung, ArbRAktuell 2010, 547 ff.

*Determann, Lothar:* Soziale Netzwerke in der Arbeitswelt – Ein Leitfaden für die Praxis, BB 2013, 181 ff.

*Dieterich, Thomas / Hanau, Peter / Schaub, Günter (Begr.):* Erfurter Kommentar zum Arbeitsrecht, 17. Auflage 2017, München, zitiert: ErfK/*Bearbeiter*

*Diller, Martin:* Anmerkung zu „BAG: Kündigung wegen Surfens im Internet während der Arbeitszeit", FD-ArbR 2007, 230147

*Dreier, Horst (Hrsg.):* Grundgesetz Kommentar, 3. Auflage 2013, Tübingen, zitiert: Dreier/*Bearbeiter*

*Dzida, Boris:* Social Media als Kündigungsgrund – Wie Arbeitnehmer mit Facebook, Twitter, YouTube & Co. ihren Arbeitsplatz gefährden, ArbRB 2016, 240 ff.

*Dzida, Boris / Förster, Julia:* Kündigung des Arbeitsverhältnisses aufgrund „politischer" Äußerungen in sozialen Netzwerken, BB 2017, 757 ff.

*Dzida, Boris / Grau, Timon:* Verwertung von Beweismitteln bei Verletzung des Arbeitnehmerdatenschutzes, NZA 2010, 1201 ff.

*Ernst, Stefan:* Der Arbeitgeber, die E-Mail und das Internet, NZA 2002, 585 ff.

*Eufinger, Alexander:* Mitbestimmung des Betriebsrats bei der Nutzung sozialer Netzwerke, ArbRAktuell 2015, 340 ff.

*Fitting, Karl (Begr.):* Betriebsverfassungsgesetz mit Wahlordnung Handkommentar, 28. Auflage 2016, München

*Forgó, Nikolaus / Helfrich, Marcus / Schneider Jochen (Hrsg.):* Betrieblicher Datenschutz Rechtshandbuch, 1. Auflage 2014, München, zitiert: Forgó/Helfrich/Schneider/*Bearbeiter*

*Forst, Gerrit:* Social Media Guidelines Regelung durch Betriebsvereinbarung?, ZD 2012 251 ff.

*Frings, Arno / Wahlers, Ulrich:* Social Media, iPad & Co. im Arbeitsverhältnis, BB 2011, 3126 ff.

*Fuhlrott, Michael:* Die rechtliche Stellung leitender Angestellter, ArbRAktuell 2011, 55 ff.

*Fuhlrott, Michael / Hoppe, Christian:* Der „kleine“ und sondergesetzliche Kündigungsschutz, ArbRAktuell 2009, 204 ff.

*Fuhlrott, Michael / Schröder, Thomas:* Beschäftigtendatenschutz und arbeitsgerichtliche Beweisverwertung, NZA 2017 278 ff.

*Fülbier, Ulrich / Splittberger, Andreas:* Keine (Fernmelde-)Geheimnisse vor dem Arbeitgeber?, NJW 2012, 1995 ff.

*Gabriel, Ulrich / Cornels, Jann Hendrik:* Direktionsrecht und Soziale Netzwerke – Rechte und Pflichten der Arbeitgeber und Beschäftigten bei XING & Co., MMR-Aktuell 2011, 316759

*Gallner, Inken / Mesterwedt, Wilhelm / Nägele, Stefan:* Kündigungsschutzrecht Handkommentar, 5. Auflage 2015, Baden-Baden, zitiert: KSchR-HK/*Bearbeiter*

*George, Daniel:* Tod von FCM-Fan Hannes Facebook-Hetze kostet den Job, Mitteldeutsche Zeitung Onlineartikel vom 01.12.2016

*Giebel, Christoph:* Zivilrechtlicher Rechtsschutz gegen Cybermobbing in sozialen Netzwerken, NJW 2017, 977 ff.

*Glaser, Andreas:* Grundrechtlicher Schutz der Ehre im Internetzeitalter, NVwZ 2012, 1432 ff.

*Gola. Peter / Schomerus, Rudolf:* BDSG Bundesdatenschutzgesetz Kommentar, 12. Auflage 2015, München, zitiert: Gola/Schomerus/*Bearbeiter*

*Gola, Peter / Wronka, Georg / Pötters, Stephan:* Handbuch Arbeitnehmerdatenschutz unter Berücksichtigung der Datenschutz-Grundverordnung, 7. Überarbeitete und erweiterte Auflage 2016, Heidelberg, München, Landsberg, Frechen, Hamburg

*Göpfert, Burkard / Dußmann, Andreas:* Recruiting und Headhunting in der digitalen Arbeitswelt – Herausforderungen für die arbeitsrechtliche Praxis, NZA-Beilage 2016, 41 ff.

*Göpfert, Burkard / Wilke, Elena:* Facebook-Aktivitäten als Kündigungsgrund, ArbRAktuell 2011, 159 ff.

*Görg, Axel:* Kündigung wegen menschenverachtender Äußerung auf dem privaten Facebook-Nutzerkonto, ArbRAktuell 2016, 173

*Grimm, Detlef:* Arbeitgeber dürfen die E-Mails der Arbeitnehmer überwachen, ArbRB 2016, 99

*Gsell, Beate / Krüger, Wolfgang / Lorenz, Stephan / Mayer, Jörg (Gesamt-Hrsg. Zivilrecht):* beck-online.GROSSKOMMENTAR BeckOGK, München 2017 im Aufbau (Stand: 01.05.2017), zitiert: BeckOGK/*Bearbeiter*

*Günther, Jens:* Unternehmensschädliche Äußerungen von Arbeitnehmern in sozialen Medien – Social Media Guidelines als Mittel der Prävention, ArbRAktuell 2013, 223 ff.

*Hamacher, Arno:* Neues zur betriebsbedingten Druckkündigung – Bedrückend?, NZA 2014, 134 ff.

*Hanau, Peter / Hromadka, Wolfgang:* Richterliche Kontrolle flexibler Entgeltregelungen in Allgemeinen Arbeitsbedingungen, NZA 2005, 73 ff.

*Harte-Bavendamm, Henning / Henning-Bodewig, Frauke (Hrsg.):* Gesetz gegen den unlauteren Wettbewerb (UWG) Mit Preisgabenverordnung Kommentar. 3. Auflage 2013, München, zitiert: Harte-Bavendamm/Henning-Bodewig/*Bearbeiter*

*Härting, Niko:* Internetsurfen am Arbeitsplatz Telekommunikation, Datenschutz, Persönlichkeitsrecht, ITRB 2008, 88 ff.

*Heckmann, Dirk:* Tendenziell beleidigende und drohende Äußerungen von Schülern in Internetforen und E-Mails als Anlass für disziplinarische Maßnahmen, jurisPR-ITR 2/2006 Anm. 7

*von Heintschel-Heinegg, Bernd (Hrsg.):* Beck´scher Online Kommentar StGB, 34. Edition 2017, Stand 01.05.2017, zitiert: BeckOK StGB/*Bearbeiter*

*Henssler, Martin / Willemsen, Heinz Josef / Kalb, Heinz-Jürgen (Hrsg.):* Arbeitsrecht Kommentar, 7. Auflage 2016, Köln, zitiert: HWS/*Bearbeiter*

*Hey, Thomas:* Cybermobbing – Welche Pflichten treffen den Arbeitgeber?, BB 2013, 2805 ff.

*Hilgendorf, Eric:* Ehrenkränkungen („flaming") im Web 2.0 Ein Problemaufriss de lege lata und de lege ferenda, ZIS 2010, 208 ff.

*Hinrichs, Lars / Hörtz, Martin:* Web 2.0: Bild´ Dir Deine Meinung – auf Kosten des Arbeitgebers?, NJW 2013, 648 ff.

*Hoeren, Thomas / Sieber Ulrich / Holznagel, Bernd (Hrsg.):* Handbuch Multimedia-Recht, 42. Ergänzungslieferung 2015, München, zitiert: Hoeren/Sieber/Holznagel/*Bearbeiter*

*Holzner, Stefan:* Neues zur Regelung der Nutzung von E-Mail und Internet am Arbeitsplatz?, ZRP 2011, 12 ff.

*Hornung, Gerrit / Müller-Terpitz, Ralf:* Rechtshandbuch Social Media, Heidelberg 2015, zitiert: Hornung/Müller-Terpitz/*Bearbeiter*

*Howald, Bert:* Kündigung bei privater Nutzung von Handy und Internet, öAT 2014, 49 ff.

*Hromadka, Wolfgang / Maschmann, Frank:* Arbeitsrecht Band 1 Individualarbeitsrecht, 6. Auflage 2015, Heidelberg, Dordrecht, London, New York

*Hunold, Wolf:* Abmahnung, Ermahnung, Vertragsrüge und Kündigungsverzicht, ArbRAktuell 2016, 341 ff.

*Initiative D21:* Mobile Internetnutzung 2014, Gradmesser für die Digitale Gesellschaft, Eine Studie der Initiative D21, durchgeführt von TNS Infratest, 2014

*Jacobi, Jessica:* Haftung des Arbeitgebers für illegales Filesharing am Arbeitsplatz, ArbRB 2016, 272

*Jacobs, Steffen / Lotz, Benjamin / Maschmann, Frank:* No-Go für Pokémon Go? – Abwehransprüche von Betriebsinhabern gegen Betreiber von augmendet-reality-Software, BB 2016, 2997 ff.

*Jarass, Hans / Pieroth, Bodo:* Grundgesetz für die Bundesrepublik Deutschland Kommentar, 14. Auflage 2016, München, zitiert: Jarass/Pieroth/*Bearbeiter*

*Junker, Abbo:* Grundkurs Arbeitsrecht, 16. Auflage 2017, München

*Kammermeier, Christine / Arden, Julius:* Beleidigung im sozialen Netzwerk als Kündigungsgrund, juris-PR-ITR 3/2013 Anm. 3

*Kania, Thomas / Sansone, Piero:* Möglichkeiten und Grenzen des Pre-Employment-Screenings, NZA 2012, 360 ff.

*Klemm, Bernd / Kornbichler, Hendrik / Neighbour, Kerstin / Ohmann-Sauer, Ingrid / Schröder, Matthes / Schwarz, Eckard (Hrsg.):* Beck´sches Formularbuch Arbeitsrecht, 3. Auflage 2014, München, zitiert: BeckFormB ArbR/*Bearbeiter*

*Kneuer, Marianne:* „Mehr Partizipation durch das Internet?“, Landeszentrale für politische Bildung Rheinland-Pfalz (Hrsg.), Mainz 2013

*Koch, Frank:* Rechtsprobleme privater Nutzung betrieblicher elektronischer Kommunikationsmittel, NZA 2008, 911 ff.

*Kock, Martin / Dittrich, Alexander:* Unmutsäußerungen und Beleidigungen auf Facebook & Co. als Kündigungsgrund, DB 2013, 934 ff.

*Kömpf, Nicola / Kunz, Holger:* Kontrolle von Internet und E-Mail am Arbeitsplatz in Frankreich und Deutschland, NZA 2007, 1341 ff.

*Koreng, Ansgar / Lachenmann, Matthias (Hrsg.):* Formularhandbuch Datenschutz, 1. Auflage 2015, München, zitiert Koreng/Lachenmann/*Bearbeiter*

*Kort, Michael:* Kündigungsrechtliche Fragen bei Äußerungen des Arbeitnehmers im Internet, NZA 2012, 1321 ff.

*Kort, Michael:* Die Zukunft des deutschen Beschäftigtendatenschutzes – Erfüllung der Vorgaben der DS-GVO, ZD 2016, 555 ff.

*Kramer, Stefan:* Internetnutzung als Kündigungsgrund, NZA 2004, 457 ff.

*Kramer, Stefan:* Kündigung wegen privater Internetnutzung, NZA 2006, 194 ff.; BAG zur Kündigung wegen privater Internetnutzung, NZA 2007, 1338 ff.

*Kramer, Stefan:* Außerordentliche Kündigung wegen privater Nutzung betrieblicher IT-Ressourcen, NZA 2016, 341 ff.

*Kratz, Felix / Gubbels, Achim:* Beweisverwertungsverbote bei privater Internetnutzung am Arbeitsplatz, NZA 2009, 652 ff.

*Krause, Rüdiger:* Gutachten B zum 71. Deutschen Juristentag Digitalisierung der Arbeitswelt – Herausforderungen und Regelungsbedarf, 2016, München

*Krohm, Niclas / Müller-Peltzer, Philipp:* Wunsch nach Identifizierung anonymer Internetnutzer – Spannungsverhältnis von Kommunikationsfreiheit und Persönlichkeitsrechten, ZD 2015, 409 ff.

*Krupna, Karsten:* Social Media-Kontakte können Geschäftsgeheimnisse i.S.v. § 17 UWG darstellen, MMR-Aktuell 2014, 355388

*Kursawe, Stefan:* Öffentliche Kritik am Arbeitgeber, ArbRB 2010, 21 f.

*Küttner, Wolfdieter (Begr.):* Personalbuch 2017 Arbeitsrecht – Lohnsteuerrecht Sozialversicherungsrecht, 24. Auflage 2017, München, zitiert: Küttner/*Bearbeiter*

*Lackner, Karl / Kühl Kristian:* Strafgesetzbuch Kommentar, 28. Auflage 2014, München, zitiert: Lackner/Kühl/*Bearbeiter*

*Ladeur, Karl-Heinz / Gostomzyk, Tobias:* Der Schutz von Persönlichkeitsrechten gegen Meinungsäußerung in Blogs – Geht die große Zeit des privaten Presserechts im Internet zu Ende?, NJW 2012, 710 ff.

*Lansnicker, Frank:* Surfen im Internet während der Arbeitszeit, BB 2007, 2184 ff.

*Legerlotz, Christoph:* Social Media im Unternehmen, ArbRB 2011, 250 ff.

*Leist, Wolfgang / Koschker, Maximilian:* Social Media Guidelines: Chancen und Risiken des Mitmach-Webs im Betrieb verbindlich regeln, BB 2013, 2229 ff.

*Leupold, Andreas / Glossner, Silke (Hrsg.):* Münchener Anwaltshandbuch IT-Recht, 3. Auflage 2013, München, zitiert: MAH IT-Recht/*Bearbeiter*

*Lexa, Carsten / Hammer, Nadine:* Social Media Guidelines – Sichere Kommunikation in den sozialen Medien, CCZ 2014, 45 ff.

*Lunk, Stefan:* Prozessuale Verwertungsverbote im Arbeitsrecht, NZA 2009, 457 ff.

*Meindel, Claudia:* Verteidigungsstrategien im Zeitalter von Social Media, GRUR-Prax 2014, 97 ff.

*Melot de Beauregard, Paul:* Ende eines Sonderwegs? – Zum Stand des kirchlichen Arbeitsrecht, NZA-RR 2012, 225 ff.

*Melot de Beauregard, Paul / Baur, Maximilian:* Loyalitätspflichten des Arbeitnehmers im kirchlichen Arbeitsverhältnis – Eine Übersicht über die aktuelle Rechtsprechung, NZA-RR 2014, 625 ff.

*Melot de Beauregard, Paul / Gleich, Christian:* Social Media am Arbeitsplatz – Chancen und Risiken, DB 2012, 2044 ff.

*Mende, Annette / Oehmichen, Ekkehardt / Schröter, Christian:* Gestaltwandel und Aneignungsdynamik des Internets, Befunde aus den ARD/ZDF-Onlinestudien 1997 bis 2012, Media Perspektiven 1/2013, 33 ff.

*Meyer, Britta /Lachenmann, Matthias:* OLG Frankfurt/M.: Einwilligung in Werbung bei Gewinnspielen und in Cookie-Nutzung (Anm.), MMR 2016, 245 ff.

*Meyer-Timpe. Ulrike:* Datenschutz – Das Internet vergisst nichts, Zeit Online, Artikel vom 02.08.2011

*Michel, Ana Maria:* Cybermobbing – Schikane im Internet, Online Artikel auf www.faz.net vom 26.09.2015

*Moll, Wilhelm:* Münchener Anwaltshandbuch Arbeitsrecht, 4. Auflage 2017, München

*Müller, Falk:* Anordnungen und Regelungen zum Arbeits- und Dienstverhalten der Beschäftigten, öAT 2016, 93 ff.

*Musielak, Hans-Jochaim / Voit, Wolfgang (Hrsg.):* Zivilprozessordnung mit Gerichtsverfassungsgesetz, 14. Auflage 2017, zitiert: Musielak/Voit/*Bearbeiter*

*Oberthür, Lilly:* Mobbing im Arbeitsverhältnis – Haftung des Arbeitgebers, BB 2008, 675 f.

*Oberthür, Nathalie:* Social Media im Arbeitsverhältnis: Von Bewerbung über Tratsch bis Whistleblowing, AnwBl 2015, 849 ff.

*Oberwetter, Christian:* Soziale Netzwerke im Fadenkreuz des Arbeitsrechts, NJW 2011, 417 ff.

*Oetker, Hartmut:* Die Ausprägung der Grundrechte des Arbeitnehmers in der Arbeitsrechtsordnung der Bundesrepublik Deutschland, RdA 2004, 8 ff.

*Palandt, Otto (Begr.):* Bürgerliches Gesetzbuch, 76. Auflage 2017, München, zitiert: Palandt/*Bearbeiter*

*Polzer, Ulrich / Powietzka, Arnim:* Rechtsextremismus im Betrieb, NZA 2000, 970 ff.

*Rapp, Frank:* Quo vadis Social Media? Zur Zukunft von sozialen Netzwerken und Facebook in Deutschland, Dritter Band der Reihe Praxis und Forschung im Dialog von Peter J. Weber/Anke Wesser/Claudia Bade (Hrsg.), Hamburg 2013

*Rauscher, Thomas / Krüger, Wolfgang (Hrsg.):* Münchener Kommentar zur Zivilprozessordnung mit Gerichtsverfassungsgesetz und Nebengesetzen, Bd. 1, 2, 5. Auflage 2016, München, zitiert: MüKo-ZPO/*Bearbeiter*

*Rauschhofer, Hajo:* Haftung für Links auf Twitter zu rechtswidrigen Inhalten, MMR-Aktuell 2010, 302790

*Reiserer, Kerstin:* Flexible Vergütungsmodelle AGB-Kontrolle, Gestaltungsvarianten, NZA 2007, 1249 ff.

*Richardi, Reinhard (Hrsg.):* Betriebsverfassungsgesetz mit Wahlordnung, 15. Auflage 2016, München, zitiert: Richardi/*Bearbeiter*

*Richardi, Reinhard / Wißmann, Hellmut / Wlotzke, Otfried / Oetker, Harmut (Hrsg.) :* Münchener Handbuch zum Arbeitsrecht, 3. Auflage 2009, zitiert: MHA/*Bearbeiter*

*Roggenkamp, Jan Dirk:* Haftung für Links über Twitter, jurisPR-ITR 10/2010 Anm. 5

*Rolfs, Christian / Giesen, Richard / Kreikebohm, Rolf / Udsching, Peter (Hrsg.):* Beck´scher Online Kommentar Arbeitsrecht, 43. Edition (Stand 01.03.2017), München, zitiert: BeckOK ArbR/*Bearbeiter*

*Rosenbaum Birgit / Tölle Dennis:* Aktuelle rechtliche Probleme im Bereich Social Media Überblick über die Entscheidungen der Jahre 2011 und 2012, MMR 2013, 209

*Säcker, Franz Jürgen / Rixecker, Roland / Oetker, Hartmut / Limperg, Bettina (Hrsg.):* Münchener Kommentar zum Bürgerlichen Gesetzbuch, München, Bd. 1 (auch AGG und ProstG), 7. Auflage 2015, Bd. 2, 7. Auflage 2016, Bd. 4, 7. Auflage 2016, Bd. 7, 7. Auflage 2017, zitiert: MüKo-BGB/*Bearbeiter*

*Schaub, Günter:* Arbeitsrechts-Handbuch Systematische Darstellung und Nachschlagewerk für die Praxis, 16. Auflage 2015, München, zitiert: Schaub/*Bearbeiter*

*Schirmbacher, Martin:* „Under cover"-Kommentar von Versicherungsmitarbeiter in Blog als Schleichwerbung verboten, GRUR-Prax 2012, 309

*Schockenhoff, Katharina:* Soziale Netzwerke im Arbeitsrecht, Berlin 2015

*Schönke, Adolf / Schröder Horst:* Strafgesetzbuch Kommentar, 29. Auflage 2014, München, zitiert: Schönke/Schröder/*Bearbeiter*

*Schrader, Peter:* Abmahnung und „Vertrauenskapital", NJW 2012, 342 ff.

*Schuster, Doris-Maria:* Darlegungs- und Beweislast im Kündigungsprozess, ArbRAktuell 2016, 531

*Schwartmann, Rolf / Ohr, Sara:* Recht der Sozialen Medien, Heidelberg 2015

*Seel, Henning-Alexander:* Aktuelles zum Umgang mit Emails und Internet im Arbeitsverhältnis – Was sind die Folgen privater Nutzungsmöglichkeit?, öAT 2013, 4 ff.

*Settekorn, Stephan / Fasholz, Sabrina:* „Der muss gehen" – Die echte Druckkündigung im Licht der Rechtsprechung, ArbRAktuell 2016, 521 ff.

*Simitis, Spiros (Hrsg.):* Bundesdatenschutzgesetz, 8. Auflage 2014, Baden-Baden, zitiert: Simits/*Bearbeiter*

*Simon, Oliver / Schilling, Jan Moritz:* Kündigung wegen Whistleblowing?, BB 2011, 2421 ff.

*Staudinger, Julius von:* Kommentar zum BGB J. von Staudingers Kommentar zum Bürgerlichen Gesetzbuch mit Einführungsgesetz und Nebengesetzen, Buch 2: Recht der Schuldverhältnisse §§ 620–630, Neubearbeitung 2016, zitiert: Staudinger/*Bearbeiter*

*Stegbauer, Christian:* Wikipedia. Das Rätsel der Kooperation, 1. Auflage 2009, Wiesbaden

*Stoffels, Markus:* Die „Emmely"-Entscheidung des BAG – bloß eine Klarstellung von Missverständnissen?, NJW 2011, 118 ff.

*Stück, Volker:* Arbeitnehmer können E-Mails der Arbeitnehmer bei Verbot der Privatnutzung überwachen, CCZ 2016, 285 ff.

*Thüsing, Gregor:* Beschäftigtendatenschutz und Compliance, 2. Auflage 2014, München, zitiert: Thüsing/*Bearbeiter*

*Thüsing, Gregor /Laux, Helga / Lembke, Mark (Hrsg.):* Kündigungsschutzgesetz Praxiskommentar, 3. Auflage 2014, Freiburg, zitiert: KSchG-PK/*Bearbeiter*

*Thüsing, Gregor:* Beschäftigtendatenschutz und Compliance – Effektive Compliance im Spannungsfeld von BDSG, Persönlichkeitsschutz und betrieblicher Mitbestimmung, 2. Auflage 2014, München, zitiert: Thüsing/*Bearbeiter*

*Thüsing, Gregor / Wurth Gilbert:* Social Media im Betrieb – Arbeitsrecht und Compliance, München 2015, zitiert: Thüsing/Wurth/*Bearbeiter*

*Tiedemann, Jens:* Heimlicher Einsatz eines Keyloggers am Arbeitsplatz (Anm.), ZD 2017, 140

*Tödtmann, Claudia:* Ein Facebook-Klick auf „Gefällt mir" und schon gefeuert?, WirtschaftsWoche Online (Management Blog), Artikel vom 16.06.2011

*Ulbricht, Carsten:* Social Media und Recht – Praxiswissen für Unternehmen, 3. Auflage 2016, Freiburg

*Urban, Sandra:* Der Kündigungsschutz außerhalb des Kündigungsschutzgesetzes – Das Arbeitsverhältnis im Spannungsfeld zwischen der Kündigungsfreiheit und Kündigungsschutz, Berlin 2001

*Vorwerk, Volkert / Wolf, Christian (Hrsg.):* Beck´scher Online-Kommentar ZPO, 24. Edition (Stand 01.03.2017), München, zitiert: BeckOK ZPO/*Bearbeiter*

*Voß, Oliver:* Gekündigt wegen Facebook-Posting, Zeit Online, Artikel vom 20.07.2012

*Waltermann, Raimund:* Anspruch auf private Internetnutzung durch betriebliche Übung?, NZA 2007, 529 ff.

*Waltermann, Raimund:* Die betriebliche Übung, RdA 2006, 257 ff.

*Weißnicht, Elmar:* Die Nutzung des Internet am Arbeitsplatz, MMR 2003, 488 ff.

*Wellhörner, Astrid / Byers, Philipp:* Datenschutz im Betrieb – Alltägliche Herausforderung für den Arbeitgeber?!, BB 2009, 2310 ff.

*Wiegold, Thomas:* DAS MITMACH-WEB, Magazin Mitbestimmung, Hans Böckler-Stiftung, Ausgabe 07+08/2012

*Wiese, Günther:* Internet und Meinungsfreiheit des Arbeitgebers, Arbeitnehmers und Betriebsrats, NZA 2012, 1 ff.

*Wiese, Günther /Kreutz, Peter / Oetker, Hartmut / Raab, Thomas / Weber, Christoph / Franzen, Martin (Hrsg.):* Gemeinschaftskommentar zum Betriebsverfassungsgesetz, 10. Auflage 2014, Köln, zitiert: GK/*Bearbeiter*

*Wisskirchen, Amrau:* Außerdienstliches Verhalten von Arbeitnehmern, Berlin 1999

*Wittek, Wolfgang H.:* Soziale Netzwerke im Arbeitsrecht, 1. Auflage 2014, Baden-Baden

*Wolff, Heinrich Amadeus / Brink, Stefan (Hrsg.):* Beck´scher Online Kommentar Datenschutzrecht, 19. Edition 2017 (Stand: 01.02.2017), München, zitiert: BeckOK DatenSR/*Bearbeiter*

*Wortmann, Florian:* Mitbestimmung des Betriebsrats bei Social-Media-Leitfäden, ArbRB 2013, 375 ff.

*Ziegelmayer, David:* Die Reputation als Rechtsgut – Plädoyer für die Stärkung des sozialen Geltungsanspruchs von Unternehmen im Netz, GRUR 2012, 761 ff.

*Zintl, Daniel / Naumann, Daniel:* Verhalten von Arbeitnehmern im Bereich Social Media, NJW-Spezial 2013, 306 ff.

# Abkürzungsverzeichnis

| | |
|---|---|
| a.A. | anderer Ansicht |
| AG | Amtsgericht |
| AGB | allgemeine Geschäftsbedingungen |
| Anh. | Anhang |
| Anm. | Anmerkung |
| AnwBl | Anwaltsblatt (Zeitschrift) |
| ArbG | Arbeitsgericht |
| ArbRB | Arbeitsrechtsberater (Zeitschrift) |
| AuK | Arbeitsrecht und Kirche (Zeitschrift) |
| AZ | Aktenzeichen |
| BAG | Bundesarbeitsgericht |
| BAT | Bundesangestelltentarifvertrag |
| BB | Betriebsberater (Zeitschrift) |
| BBG | Bundesbeamtengesetz |
| Bd. | Band |
| BeamtStG | Beamtenstatusgesetz |
| Beil. | Beilage |
| BGB | Bürgerliches Gesetzbuch |
| BGH | Bundesgerichtshof |
| BT-Drucks. | Bundestagsdrucksache |
| BVerfG | Bundesverfassungsgericht |
| bzw. | beziehungsweise |
| CCZ | Corporate Compliance Zeitschrift (Zeitschrift) |
| DB | Der Betrieb (Zeitschrift) |
| ebd | ebenda |
| EGMR | Europäischer Gerichtshof für Menschenrechte |
| e. V. | eingetragener Verein |
| f. | und der/die Folgende |
| FD-ArbR | Fachdienst Arbeitsrecht (Newsletter) |
| ff. | und die Folgenden |
| Fn. | Fußnote |
| GewO | Gewerbeordnung |
| GG | Grundgesetz |
| ggf. | gegebenenfalls |
| ggü. | gegenüber |

| | |
|---|---|
| GmbH | Gesellschaft mit beschränkter Haftung |
| GRUR | Gewerblicher Rechtsschutz und Urheberrecht (Zeitschrift) |
| GRUR-Prax | Gewerblicher Rechtsschutz und Urheberrecht, Praxis im Immaterialgüter und Wettbewerbsrecht (Zeitschrift) |
| GWR | Gesellschaft- und Wirtschaftsrecht (Zeitschrift) |
| h.M. | herrschende Meinung |
| Hrsg. | Herausgeber |
| HS. | Halbsatz |
| i. d. R. | in der Regel |
| i.E. | im Ergebnis |
| i.d.S. | im diesem Sinne |
| i.S.d. | im Sinne des/der |
| i.S.v. | im Sinne von |
| i.V.m | in Verbindung mit |
| inkl. | inklusive |
| insb. | insbesondere |
| Kap. | Kapitel |
| LAG | Landesarbeitsgericht |
| lit. | litera = lateinisch: Buchstabe |
| Lit. | Literatur |
| m.V.a. | mit Verweis auf |
| m.w.N. | mit weiteren Nachweisen |
| MDR | Monatsschrift für Deutsches Recht (Zeitschrift) |
| MüKo | Münchener Kommentar |
| NJW | Neue Juristische Wochenschrift (Zeitschrift) |
| NJW-RR | NJW-Rechtsprechungsreport Zivilrecht (Zeitschrift) |
| Nr. | Nummer |
| n.v.. | nicht veröffentlicht |
| NVwZ | Neue Zeitschrift für Verwaltungsrecht (Zeitschrift) |
| NVwZ-RR. | Neue Zeitschrift für Verwaltungsrecht, Rechtsprechungs-Report (Zeitschrift) |
| öAT | Zeitschrift für das öffentliche Arbeits- und Tarifrecht (Zeitschrift) |
| o. g. | oben genannt |
| On. | Ordnungsnummer |
| OLG | Oberlandesgericht |
| PersVG | Personalvertretungsgesetz |
| RdA | Recht der Arbeit (Zeitschrift) |

| | |
|---|---|
| Rn. | Randnummer |
| Rspr. | Rechtsprechung |
| S. | Seite |
| s. o. | siehe oben |
| s. u. | siehe unten |
| sog. | sogenannt(e) |
| StPO | Strafprozessordnung |
| TKG | Telekommunikationsgesetz |
| TVöD | Tarifvertrag für den öffentlichen Dienst |
| u. a. | und andere, unter anderem |
| u. U. | unter Umständen |
| vgl. | vergleiche |
| ZD | Zeitschrift für Datenschutz (Zeitschrift) |
| Ziff. | Ziffer |
| ZIS | Zeitschrift für Strafrechtsdogmatik (Zeitschrift) |
| ZPO | Zivilprozessordnung |
| ZRP | Zeitschrift für Rechtspolitik (Zeitschrift) |

# Entscheidungsregister
## (Übersicht zitierter Entscheidungen in chronologischer Reihenfolge)

| Gericht | Datum | Aktenzeichen | Fundstelle(n) |
|---|---|---|---|
| BAG | 22.08.1963 | 2 AZR 114/63 | BeckRS 9998, 113815 |
| BVerfG | 24.02.1971 | 1 BvR 435/68 | NJW 1971, 1645 |
| BAG | 17.08.1972 | 2 AZR 359/71 | AP BGB § 626 Ausschlußfrist Nr. 4 |
| BAG | 30.11.1972 | 2 AZR 79/72 | AP BGB § 626 Nr. 66 |
| BAG | 09.09.1975 | 1 ABR 20/74 | NJW 1976, 261 |
| BAG | 06.12.1979 | 2 AZR 1055/77 | AP KSchG 1969 § 1 Verhaltensbedingte Kündigung Nr. 2 |
| BAG | 22.05.1980 | 2 AZR 577/78 | BeckRS 2012, 65828 |
| BAG | 28.04.1982 | 7 AZR 1139/79 | NJW 1982, 2687 |
| BAG | 25.02.1983 | 2 AZR 298/81 | AP BGB § 626 Ausschlußfrist Nr. 14 |
| BVerfG | 17.07.1984 | 1 BvR 816/82 | NJW 1985, 261 |
| BAG | 27.05.1986 | 1 ABR 48/84 | NJW 1987, 674 |
| LAG Baden-Württemberg | 03.02.1987 | 7 (13) Sa 95/86 | NZA 1987, 756 |
| BAG | 16.02.1989 | 2 AZR 347/88 | NJW 1990, 142 |
| BAG | 20.07.1989 | 2 AZR 114/87 | NJW 1990, 597 |
| BAG | 08.08.1989 | 1 ABR 65/88 | NZA 1990, 320 |
| BVerfG | 14.09.1989 | 2 BvR 1062/87 | NJW 1990, 563 |
| BGH | 21.06.1990 | 1 StR 477/89 | NJW 1990, 3026 |
| ArbG Hamburg | 23.07.1990 | 25b Ca 34/90 | DB 1991, 103 |
| BVerfG | 27.11.1990 | 1 BvR 402/87 | NJW 1991, 1471 |
| BGH | 28.01.1992 | Ss 567–569/91 | NJW 1993, 1486 |
| BAG | 26.08.1993 | 2 AZR 154/93 | NZA 1994, 63 |
| BAG | 23.06.1994 | 2 AZR 617/93 | NZA 1994, 1080 |
| BAG | 13.09.1995 | 2 AZR 587/94 | NZA 1996, 81 |

| | | | |
|---|---|---|---|
| BVerfG | 14.11.1995 | 1 BvR 601/92 | NZA 1996, 381 |
| LAG Düsseldorf | 19.12.1995 | 8 Sa 1345/95 | NZA-RR 1996, 166 |
| OLG Köln | 19.03.1996 | Ss 32/96 | NJW 1996, 2878 |
| BAG | 21.03.1996 | 2 AZR 455/95 | NJW 1997, 1516 |
| BGH | 30.04.1996 | VI ZR 55/95 | NJW 1996, 2425 |
| LAG Berlin | 11.06.1996 | 7 Sa 14/96 | BeckRS 1996, 30890757 |
| BAG | 06.02.1997 | 2 AZR 38/96 | BeckRS 1997, 30368988 |
| BAG | 16.04.1997 | 10 AZR 705/96 | NZA 1998, 423 |
| BGH | 25.06.1997 | VIII ZR 300/96 | NJW 1997, 3311 |
| BAG | 11.11.2997 | 1 ABR 21/97 | NZA 1998, 385 |
| BAG | 21.01.1999 | 2 AZR 665/98 | NZA 1999, 863 |
| LAG Hamm | 10.03.1999 | 18 Sa 2328/98 | NZA-RR 1999, 623 |
| BAG | 17.02.2000 | 2 AZR 927/98 | BeckRS 2000, 30783188 |
| BAG | 18.04.2000 | 1 ABR 22/99 | NZA 2000, 1176 |
| BAG | 08.06.2000 | 2 AZR 638/99 | NZA 2000, 1282 |
| ArbG Hannover | 01.12.2000 | 1 Ca 504/00 B | NZA 2001, 1022 |
| LAG Thüringen | 15.02.2001 | 5 Sa 102/00 | NZA-RR 2001, 577 |
| BAG | 05.04.2001 | 2 AZR 185/00 | NJW 2001, 2994 |
| LAG Hessen | 13.12.2001 | 5 Sa 987/01 | MDR 2002, 1075 |
| ArbG Frankfurt a. M. | 02.01.2002 | 2 Ca 5340/01 | NZA 2002, 1093 |
| LAG Schleswig-Holstein | 19.03.2002 | 3 Sa 1/02 | NZA-RR 2002, 457 |
| LAG Hamm | 25.06.2002 | 18 (11) Sa 1295/01 | NZA-RR 2003, 8 |
| ArbG Frankfurt a. M. | 01.07.2002 | 15 Ca 2158/02 | BeckRS 2009, 67992 |
| LAG Berlin | 28.08.2002 | 9 Sa 659/02 | NZA-RR 2003, 362 |
| BAG | 10.10.2002 | 2 AZR 418/01 | BeckRS 2003, 40827 |
| BAG | 27.03.2003 | 2 AZR 74/02 | NJW 2003, 3579 |
| BAG | 27.03.2003 | 2 AZR 51/02 | NZA 2003, 1193 |
| BAG | 03.06.2003 | 1 ABR 19/02 | BeckRS 2003, 41665 |
| BAG | 03.07.2003 | 2 AZR 235/02 | NZA 2004, 427 |
| BVerfG | 30.09.2003 | 1 BvR 865/00 | NJW 2004, 590 |
| BAG | 06.11.2003 | 2 AZR 631/02 | NZA 2004, 919 |

| | | | |
|---|---|---|---|
| LAG Hamm | 28.11.2003 | 10 Sa 1036/03 | NZA-RR 2004, 475 |
| LAG Rheinland-Pfalz | 18.12.2003 | 4 Sa 1288/03 | MMR 2004, 475 |
| OVG Greifswald | 07.01.2004 | 8 L 162/03 | NZA-RR 2004, 671 |
| BAG | 27.01.2004 | 1 ABR 7/03 | NZA 2004, 556 |
| LAG Köln | 17.02.2004 | 5 Sa 1049/03 | NZA-RR 2005, 136 |
| BAG | 24.06.2004 | 2 AZR 63/03 | NZA 2005, 158 |
| LAG Hamm | 30.06.2004 | 18 Sa 836/04 | BeckRS 2004, 30802796 |
| ArbG Frankfurt a. M. | 14.07.2004 | 9 Ca 10256/03 | MMR 2004, 829 |
| BAG | 19.09.2004 | 2 AZR 447/03 | BeckRS 2005, 40426 |
| BGH | 13.04.2005 | IV ZR 62/04 | NJW-RR 2005, 1051 |
| LAG München | 14.04.2005 | 4 Sa 1203/04 | BeckRS 2009, 68264 |
| LAG Rheinland-Pfalz | 09.05.2005 | 7 Sa 68/05 | NZA-RR 2005, 634 |
| BGH | 18.05.2005 | VIII ZR 368/03 | NJW 2005, 2395 |
| BAG | 07.07.2005 | 2 AZR 581/04 | NZA 2006, 98 |
| BVerfG | 25.10.2005 | 1 BvR 1696/98 | NJW 2006, 207 |
| BAG | 24.11.2005 | 2 AZR 39/05 | NZA 2006, 484 |
| LAG Rheinland-Pfalz | 20.12.2005 | 5 Sa 504/05 | BeckRS 2006, 42791 |
| BAG | 12.01.2006 | 2 AZR 21/05 | NZA 2006, 917 |
| BAG | 12.01.2006 | 2 AZR 179/05 | NZA 2006, 980 |
| LAG Rheinland-Pfalz | 18.01.2006 | 10 Sa 328/05 | BeckRS 2007, 40643 |
| BAG | 02.03.2006 | 2 AZR 53/05 | NZA-RR 2006, 636 |
| BVerfG | 14.03.2006 | 1 BvR 2087/03 | NVwZ 2006, 1041 |
| LAG Hessen | 30.03.2006 | 5 Sa 1052/05 | BeckRS 2006, 43098 |
| LAG Köln | 01.04.2006 | 9 Sa 1546/05 | juris |
| LAG Hamm | 07.04.2006 | 10 TaBV 1/06 | NZA-RR 2007, 20 |
| LAG Köln | 11.04.2006 | 9 Sa 1546/05 | n.v. |
| LAG Rheinland-Pfalz | 12.04.2006 | 10 Sa 991/05 | BeckRS 2006, 44587 |
| BAG | 27.04.2006 | 2 AZR 386/05 | NZA 2006, 977 |
| LAG Hessen | 13.11.2006 | 7 Sa 1029/05 | BeckRS 2007, 45617 |
| BVerfG | 23.11.2006 | 1 BvR 285/06 | NJW 2007, 1194 |
| BAG | 07.12.2006 | 2 AZR 182/06 | NZA 2007, 617 |

| | | | |
|---|---|---|---|
| BVerfG | 13.02.2007 | 1 BvR 421/05 | NJW 2007, 753 |
| OLG Hamburg | 10.04.2007 | 7 U 143/06 | NJOZ 2007, 2695 |
| ArbG Frankfurt a.M. | 18.04.2007 | 7 Ca 7285/06 | AuK 2007, 82 |
| LAG Hamm | 03.05.2007 | 15 Sa 1880/06 | BeckRS 2007, 45218 |
| BAG | 16.05.2007 | 8 AZR 709/06 | NZA 2007, 1154 |
| LAG Rheinland-Pfalz | 30.05.2007 | 7 Sa 71/07 | BeckRS 2007, 46877 |
| BAG | 31.05.2007 | 2 AZR 200/06 | NZA 2007, 922 |
| LAG Schleswig-Holstein | 20.09.2007 | 4 Sa 192/07 | BeckRS 2007, 48809 |
| BAG | 25.10.2007 | 8 AZR 593/06 | NZA 2008, 223 |
| ArbG Düsseldorf | 29.10.2007 | 3 Ca 1455/07 | BeckRS 2008, 50725 |
| LAG Hessen | 05.11.2007 | 17 SaGa 1331/07 | MMR 2008, 599 |
| BAG | 13.12.2007 | 2 AZR 537/06 | NZA 2008, 1008 |
| BAG | 13.12.2007 | 2 AZR 818/06 | NZA 2008, 589 |
| LAG Rheinland-Pfalz | 13.12.2007 | 10 Sa 505/07 | BeckRS 2008, 50972 |
| LAG Rheinland-Pfalz | 14.12.2007 | 9 Sa 234/07 | BeckRS 2008, 51708 |
| BGH | 11.03.2008 | VI ZR 7/07 | NJW 2008, 2110 |
| BAG | 22.07.2008 | 1 ABR 40/07 | NZA 2008, 1248 |
| LAG Berlin-Brandenburg | 18.08.2008 | 10 TaBV 885/08 | BeckRS 2009, 55187 |
| BAG | 23.10.2008 | 2 AZR 483/07 | NZA-RR 2009, 362 |
| LAG Hamm | 04.11.2008 | 14 Sa 157/08 | BeckRS 2009, 55795 |
| BAG | 27.11.2008 | 2 AZR 98/07 | NZA 2009, 604 |
| BGH | 26.02.2009 | I ZR 28/06 | NJW 2009, 1420 |
| BGH | 11.03.2009 | I ZR 144/06 | NJW 2009, 1960 |
| LAG Köln | 20.03.2009 | 10 Sa 1283/08 | BeckRS 2009, 69586 |
| VGH Kassel | 19.05.2009 | 6 A 2672/08.Z | NJW 2009, 2470 |
| BVerfG | 25.06.2009 | 1 BvR 134/03 | NJW-RR 2010, 470 |
| BAG | 10.09.2009 | 2 AZR 257/08 | NZA 2010, 220 |
| ArbG Duisburg | 14.09.2009 | 3 Ca 1336/09 | BeckRS 2009, 72104 |
| BAG | 24.09.2009 | 8 AZR 705/08 | NZA 2010, 387 |
| LAG Rheinland-Pfalz | 30.10.2009 | 6 TaBV 33/09 | BeckRS 2010, 66924 |

| | | | |
|---|---|---|---|
| ArbG Herford | 12.11.2009 | 3 Ga 26/09 | BeckRS 2010, 04582 |
| LAG Hamm | 12.11.2009 | 15 Sa 848/09 | BeckRS 2010, 67373 |
| BGH | 17.11.2009 | VI ZR 266/08 | NJW 2010, 760 |
| BAG | 10.12.2009 | 2 AZR 534/08 | NZA 2010, 698 |
| OLG Celle | 27.01.2010 | 9 U 38/09 | NZA-RR 2010, 299 |
| OLG Köln | 05.02.2010 | 6 U 136/09 | GRUR-RR 2010, 480 |
| OLG Köln | 09.02.2010 | 15 U 107/09 | MMR 2011, 323 |
| LAG Baden-Württemberg | 10.02.2010 | 2 Sa 59/09 | BeckRS 2010, 66551 |
| LAG Rheinland-Pfalz | 26.02.2010 | 6 Sa 682/09 | NZA-RR 2010, 297 |
| LAG Mecklenburg-Vorpommern | 23.03.2010 | 5 Sa 254/09 | BeckRS 2010, 71595 |
| LAG Schleswig-Holstein | 08.04.2010 | 4 Sa 474/09 | BeckRS 2010, 70368 |
| BAG | 13.04.2010 | 9 AZR 113/09 | NZA-RR 2010, 457 |
| LG Frankfurt a. M. | 20.04.2010 | 3–08 O 45/10 | n.v. |
| BGH | 12.05.2010 | I ZR 121/08 | NJW 2010, 2061 |
| LAG Niedersachsen | 31.05.2010 | 12 Sa 875/09 | BeckRS 2010, 70504 |
| BAG | 10.06.2010 | 2 AZR 541/09 | NZA 2010, 1227 |
| BAG | 28.10.2010 | 2 AZR 293/09 | NZA 2011, 112 |
| OLG Stuttgart | 10.11.2010 | 4 U 96/10 | MMR 2011, 280 |
| LAG Nürnberg | 17.11.2010 | 4 Sa 795/07 | BeckRS 2012, 75682 |
| BAG | 16.12.2010 | 2 AZR 485/08 | NZA 2011, 571 |
| BAG | 27.01.2011 | 2 AZR 825/09 | NZA 2011, 798 |
| LAG Berlin-Brandenburg | 16.02.2011 | 4 Sa 2132/10 | NZA-RR 2001, 342 |
| VG Köln | 19.01.2011 | 10 L 488/11 | MMR 2012, 275 |
| BGH | 11.05.2011 | VIII ZR 289/09 | NJW 2011, 2421 |
| BAG | 12.05.2011 | 2 AZR 479/09 | NZA-RR 2012, 43 |
| BAG | 09.06.2011 | 2 AZR 381/10 | NZA 2011, 1027 |
| LAG Hamm | 15.07.2011 | 13 Sa 436/11 | BeckRS 2011, 74322 |
| LAG Hessen | 25.07.2011 | 17 Sa 1818/10 | BeckRS 2011, 78091 |
| LAG Rheinland-Pfalz | 18.08.2011 | 2 Sa 232/11 | NZA-RR 2012, 16 |

| | | | |
|---|---|---|---|
| BAG | 08.09.2011 | 2 AZR 543/10 | NZA 2012, 443 |
| LAG Berlin-Brandenburg | 01.12.2011 | 2 Sa 2015/11 | BeckRS 65693 |
| LAG Hessen | 19.12.2011 | 17 Sa 1973/10 | BeckRS 68300 |
| VG Ansbach | 16.01.2012 | AN 14K 11.01865 | BeckRS 2012, 46752 |
| LAG Hamm | 16.01.2012 | 7 Sa 1201/11 | ZD 2012, 488 |
| ArbG Bochum | 09.02.2012 | 3 Ca 1203/11 | BeckRS 2012, 68181 |
| BayVGH | 29.02.2012 | 12 C 12.264 | MMR 2012, 422 |
| ArbG Bochum | 29.03.2012 | 3 Ca 1283/11 | ZD 2012, 343 |
| LG Hamburg | 24.04.2012 | 312 O 715/11 | MMR 2013, 178 |
| ArbG Hagen | 16.05.2012 | 3 Ca 2597/11 | BeckRS 2012, 71401 |
| LAG Hamm | 11.06.2012 | 17 Sa 71/12 | BeckRS 2015, 71241 |
| LAG Hamm | 10.07.2012 | 14 Sa 1711/10 | BeckRS 2012, 71605 |
| BAG | 06.09.2012 | 2 AZR 372/11 | NZA-RR 2013, 441 |
| ArbG Duisburg | 26.09.2012 | 5 Ca 949/12 | NZA-RR 2013, 18 |
| LAG Hamm | 10.10.2012 | 3 Sa 644/12 | BeckRS 2012, 74357 |
| BAG | 25.10.2012 | 2 AZR 495/11 | NZA 2013, 319 |
| BGH | 15.01.2013 | XI ZR 22/12 | NJW 2013, 1519 |
| ArbG Hamburg | 24.01.2013 | 29 Ga 2/13 | BeckRS 2013, 68150 |
| LAG Hessen | 28.01.2013 | 21 Sa 715/12 | BeckRS 2013, 70303 |
| LAG Hamm | 15.03.2013 | 13 Sa 6/13 | BeckRS 2013, 69037 |
| VG Karlsruhe | 27.05.2013 | 2 K 3249/12 | NVwZ-RR 2013, 797 |
| LAG Hamm | 14.06.2013 | 10 Sa 18/13 | BeckRS 2013, 70949 |
| BAG | 20.06.2013 | 2 AZR 396/12 | NZA 2013, 1409 |
| BAG | 20.06.2013 | 2 AZR 546/12 | NZA 2014, 143 |
| BAG | 11.07.2013 | 2 AZR 994/12 | NZA 2014, 250 |
| BAG | 18.07.2013 | 6 AZR 420/12 | NZA 2014, 109 |
| VG Potsdam | 26.08.2013 | VG 2 L 277/13 | BeckRS 2013, 55764 |
| ArbG Hamburg | 18.09.2013 | 27 Ca 207/13 | BeckRS 2013, 72370 |
| LG Freiburg | 04.11.2013 | 12 O 83/13 | MMR 2014, 118 |
| BGH | 08.01.2014 | I ZR 169/12 | NJW 2014, 2360 |
| LAG Hessen | 21.02.2014 | 14 Sa 609/13 | BeckRS 2014, 72379 |

| | | | |
|---|---|---|---|
| BGH | 10.04.2014 | VII ZR 254/13 | NJW-RR 2014, 1115 |
| LAG Berlin-Brandenburg | 11.04.2014 | 17 Sa 2200/13 | NZA-RR 2014, 468 |
| LAG Schleswig-Holstein | 06.05.2014 | 1 Sa 421/13 | NZA-RR 2014, 417 |
| LAG Baden-Württemberg | 25.06.2014 | 4 Sa 35/14 | BeckRS 2014, 71087 |
| BAG | 31.07.2014 | 2 AZR 505/13 | NZA 2015, 245 |
| BVerfG | 22.10.2014 | 2 BvR 661/12 | NZA 2014, 1387 |
| ArbG Augsburg | 22.10.2014 | 10 Ca 1518/14 | BeckRS 2014, 73153 |
| VG Augsburg | 28.10.2014 | Au 3 K 14.682 | BeckRS 2015, 40820 |
| LG Memmingen | 03.02.2015 | 21 O 1716/13 | BeckRS 02120 |
| LAG Hamm | 13.03.2015 | 1 Sa 1534/14 | BeckRS 2015, 68145 |
| LAG Hessen | 30.03.2015 | 17 Sa 1094/13 | BeckRS, 66739 |
| LAG München | 21.04.2015 | 6 Sa 944/14 | n.v. |
| BAG | 13.05.2015 | 2 AZR 531/14 | NZA 2015, 1408<br>AuR 2015, 417 |
| ArbG Mannheim | 19.05.2015 | 7 Ca 254/14 | BeckRS 2015, 68510 |
| BGH | 11.06.2015 | I ZR 226/13 | GRUR 2016, 88 |
| BAG | 16.07.2015 | 2 AZR 85/15 | NZA 2016, 161 |
| BAG | 31.08.2015 | 2 AZN 696/15 | n.v. |
| LAG Rheinland-Pfalz | 12.11.2015 | 5 Sa 10/15 | MMR 2016, 571 |
| ArbG München | 18.11.2015 | 9 BVGa 52/15 | BeckRS 2015, 73302 |
| OLG Frankfurt a. M. | 17.12.2015 | 6 U 30/15 | BeckRS 2016, 00893 |
| BGH | 12.01.2016 | 3 StR 482/15 | BeckRS 2016, 03692 |
| EGMR | 12.01.2016 | 61496/16 | BeckRS 2016, 80693 |
| LAG Berlin-Brandenburg | 14.01.2016 | 5 Sa 657/15 | BeckRS 2016, 67048 |
| ArbG Mannheim | 19.02.2016 | 6 Ca 190/15 | NZA-RR 2016, 254 |
| LAG Düsseldorf | 04.03.2016 | 10 TaBV 102/15 | BeckRS 2016, 68431 |
| BAG | 17.03.2016 | 2 AZR 110/15 | BeckRS 2016, 72235 |
| ArbG Herne | 22.03.2016 | 5 Ca 2806/15 | BeckRS 2016, 70970 |

| | | | |
|---|---|---|---|
| ArbG Mönchen-gladbach | 15.04.2016 | 5 Ga 7/16 | BeckRS 2016, 69489 |
| BGH | 24.05.2016 | VI ZR 496/15 | MMR 2016, 849 |
| LAG Sachsen-Anhalt | 26.05.2016 | 6 Sa 23/16 | BeckRS 2016, 72241 |
| AG Berlin-Charlottenburg | 08.06.2016 | 231 C 65/16 | BeckRS 2016, 11953 |
| LAG Hamm | 17.06.2016 | 16 Sa 1711/15 | BeckRS 2016, 72746 |
| VG Würzburg | 21.06.2016 | W 2 S 16.554 | BeckRS 2016, 49866 |
| LAG Baden-Württemberg | 22.06.2016 | 4 Sa 5/16 | BeckRS 2016, 71236 |
| BAG | 19.07.2016 | 2 AZR 637/15 | BeckRS 2016, 74467 |
| OLG Frankfurt a. M. | 21.07.2016 | 16 U 233/15 | MMR 2016, 778 |
| BGH | 16.08.2016 | VI ZB 17/16 | MMR 2016, 847 |
| BAG | 22.09.2016 | 2 AZR 848/15 | NZA 2017, 112 |
| LG Frankfurt a. M. | 27.09.2016 | 6111 Js 226915/15 | BeckRS 2016, 17168 |
| OLG Frankfurt a. M. | 13.10.2016 | 16 W 57/16 | MMR 2016, 850 |
| VG Koblenz | 23.11.2016 | 2 K 471/16.KO | BeckRS 2016, 55098 |
| BAG | 13.12.2016 | 1 ABR 7/15 | NZA 2017, 657 |
| LAG Köln | 07.02.2017 | 12 Sa 745/16 | BeckRS 2017, 101370 |
| OLG Dresden | 07.02.2017 | 4 U 1419/16 | BeckRS 2017, 102219 |

# Einleitung

Das Internet vergisst nichts.[1] Was einmal den Weg in das Internet gefunden hat, ist aus dem World Wide Web kaum wieder zu entfernen.[2] Das bedeutet zugleich, dass sich Internetnutzer stets im Klaren sein sollten über die möglichen gesellschaftlichen und rechtlichen Folgen ihrer Posts (Englisch für „Beitrag" in Webforen, Sozialen Netzwerken etc.) von Äußerungen, Bildern oder Videos.[3] Das gilt auch oder gerade für Arbeitnehmer[4] und zwar sowohl im Hinblick auf die Begründung eines neuen, als auch auf die Beendigung eines bestehenden Arbeitsverhältnisses.

Laut einer Studie aus dem Jahr 2009 zogen bereits damals zwei Drittel der Arbeitgeber bzw. die Verantwortlichen in den Personalabteilungen bei der Bewerberauswahl allgemein zugängliche Informationen aus dem Internet heran. 36 Prozent durchstöberten sogar die sozialen Netzwerke.[5] In dieser Umfrage gab jedes vierte der befragten Unternehmen an, dass sie die Bewerber schon dann nicht zu einem Vorstellungsgespräch einladen, wenn das gefundene Online-Profil nicht ihren Vorstellungen entspricht. Bereits dieses sog. Pre-Employment-Screening[6] (zu Deutsch „Durchleuchten der Stellenbewerber") spiegelt die enorme Bedeutung der Social Media im heutigen Arbeitsrechtsalltag wider. Die Brisanz des

---

1 *Meyer-Timpe*, Datenschutz: Das Internet vergisst nichts, Artikel vom 02.08.2011, http://www.zeit.de/zeitwissen/2011/05/Internet-Daten-Ewigkeit (letzter Aufruf: 18.02.2017).

2 Datenschutz-Unterweisung „Löschen im Internet", Artikel vom 09.11.2015, https://www.datenschutz-praxis.de/fachartikel/wie-verschwindet-man-im-internet/ (letzter Aufruf: 18.02.2017).

3 So *Meyer-Timpe*, Datenschutz: Das Internet vergisst nichts, Artikel vom 02.08.2011, http://www.zeit.de/zeitwissen/2011/05/Internet-Daten-Ewigkeit (letzter Aufruf: 18.02.2017), die die Befürchtungen eines Social Media-Nutzers in Bezug auf die Arbeitsplatzsuche und den Bewerbercheck des potentiellen Arbeitgebers schildert.

4 Die überwiegende Verwendung der maskulinen Form dient allein der besseren Lesbarkeit und ist kein Indiz für eine verbotene Benachteiligung i.S.d. § 22 AGG. Wo von „Arbeitnehmer", „Arbeitgeber", „Angestellter", „Beschäftigtem" etc. die Rede ist, ist zugleich stets die feminine Form mitumfasst.

5 *Nöhmaier*, Studie Firmen erschnüffeln Bewerberdaten im Web, http://www.focus.de/finanzen/karriere/bewerbung/studie-firmen-erschnueffeln-bewerberdaten-im-web_aid_428350.html (letzter Aufruf: 04.06.2017) unter Bezugnahme auf eine Studie des Ministeriums für Justiz und Verbraucherschutz.

6 Diese Thematik betrifft insb. datenschutzrechtliche Fragen und wird näher von *Oberthür* AnwBl 2015, 849 ff. und *Schwartmann/Ohr*, Recht der Sozialen Medien, S. 106 beleuchtet.

virtuellen Verhaltens bzw. Auftretens zeigt sich aber nicht nur im Rahmen der Vertragsanbahnung, sondern v.a. auch bei der arbeitgeberseitigen Beendigung des Arbeitsverhältnisses. Diese steht im Fokus dieser Arbeit, in der die Pflichtverletzungen des Arbeitnehmers im Zusammenhang mit den Social Media untersucht werden.

In der letzten Dekade hatte die Arbeitsgerichtsbarkeit über die Wirksamkeit zahlreicher verhaltensbedingter Arbeitgeberkündigungen zu entscheiden, die wegen Internetaktivitäten von Arbeitnehmern ausgesprochen wurden.

Daraus geht hervor, dass private Aktivitäten von Arbeitnehmern in den Social Media längst in die arbeitsrechtliche Praxis Eingang gefunden haben.[7] Gleichwohl kann mit Nichten behauptet werden, es gäbe eine klare Linie, anhand derer diese Bestandschutzstreitigkeiten rechtlich zu lösen sind. Das liegt zum einen daran, dass eine gerichtliche Entscheidung über die Wirksamkeit bzw. Unwirksamkeit von Kündigungen ohnehin stark vom jeweiligen Einzelfall abhängt. Zum anderen ist gerade bei außerdienstlichen Aktivitäten die Trennlinie der Treue- und Rücksichtnahmepflichten, anhand derer das Vorliegen einer Pflichtverletzung des Arbeitnehmers zu messen ist, bislang – jedenfalls im Bereich von Äußerungen im Rahmen der privaten Social Media Nutzung – nicht eindeutig abgesteckt. Die in diesem Zusammenhang unabkömmliche Frage nach der Reichweite der kaum griffig zu definierenden Loyalitätspflichten des Arbeitnehmers ggü. seinem Arbeitgeber wird auch dadurch erschwert, dass bei kritischen Äußerungen in der virtuellen Welt die Schnittstelle von arbeitsvertraglich geschuldeter Rücksichtnahmepflicht und Privatleben betroffen ist. Dadurch erfolgt eine Aufweichung des Prinzips „privat ist privat". Es besteht aber keine ausreichende Klarheit darüber, welche privaten Äußerungen der Arbeitgeber hinnehmen muss bzw. was sich Arbeitnehmer (noch) erlauben können.

Die vorliegende Arbeit untersucht die mannigfaltige Rspr. im Hinblick auf verhaltensbedingte Arbeitgeberkündigungen, die im Zusammenhang mit der privaten Internetnutzung durch Arbeitnehmer – sowohl am Arbeitsplatz als auch während außerdienstlichen Aktivitäten in Social Media – stehen. Von den allgemeinen Grundsätzen einer verhaltensbedingten Kündigung ausgehend, sind im sich daran anschließenden ersten Schwerpunkt dieser Untersuchung die heute praxisrelevantesten Pflichtverletzungen im Zusammenhang mit Internet und Social Media am Arbeitsplatz zu überprüfen.

So ist zunächst der Frage nachzugehen, welche kündigungsrechtlichen Auswirkungen die Internetnutzung durch Arbeitnehmer während der Arbeitszeit hat.

---

7 Vgl. *Hinrich/ Hörtz* NJW 2013, 648, 648.

Hierbei dürfen auch die in der Berufswelt mittlerweile zum Usus gewordenen Social Media Guidelines nicht außer Acht gelassen werden.

Sodann ist – als zweiter Schwerpunkt der Arbeit – die außerdienstliche, also private Social Media Nutzung der Arbeitnehmer zu erörtern. Im Fokus stehen hier die ggü. dem Arbeitgeber bestehenden Treue- und Rücksichtnahmepflichten, deren Missachtung eine Pflichtverletzung mit arbeitsrechtlichen Konsequenzen von der Abmahnung bis hin zur Kündigung darstellen kann. Es gilt herauszuarbeiten, in welchem Umfang und innerhalb welcher Grenzen das außerdienstliche Verhalten des Arbeitnehmers noch einen Bezug zum Arbeitsverhältnis aufweist. Bei außerdienstlichen Äußerungen erlangt die Differenzierung zwischen Tatsachenbehauptung und Meinungsäußerung im Hinblick auf das Grundrecht der Meinungsfreiheit nach Art. 5 Abs. 1 S. 1 GG besondere Bedeutung. Aber auch die in Art. 12 und Art. 2 Abs. 1, 1 Abs. 1 GG verfassungsrechtlich geschützten Interessen des Arbeitgebers sind im Rahmen der Problemlösung zu berücksichtigen.

Ziel dieses Werkes ist es, die bislang von Einzelfallentscheidungen geprägte Rspr. zu analysieren und die im Zusammenhang mit Social Media stehenden Prüfkriterien herauszuarbeiten. Das hier gefundene Ergebnis ist einer kritischen Prüfung zu unterziehen. Auch ist die Frage einer Klärung zuzuführen, ob im Social Web getätigte Äußerungen einen „vertraulichen Charakter" haben können und deshalb besonderen Schutz genießen.[8]

Nach dem jeweils gefundenen Ergebnis zur materiell-rechtlichen Rechtslage ist auch das Verfahrensrecht zu beleuchten. Die hier abzuhandelnden Gesichtspunkte betreffen die aus anwaltlicher Sicht relevante Frage des Substantiierungsmaßstabes des Sachvortrags, sowie die im sensiblen datenschutzrechtlichen Bereich aufkommende Frage von Beweisverwertungsverboten.

Das Werk schließt mit einer Zusammenfassung der herausgearbeiteten wesentlichen Ergebnisse.

---

8 *Bauer/Günther* NZA 2013, 67, 68 f. die diese Frage zu den Arbeitgeber beleidigenden Äußerungen auf Facebook aufwerfen.

# 1. Teil: Social Media – Entstehung und Entwicklung

## A. Die Entwicklung der Social Media

Das Thema der vorliegenden Arbeit entspringt der Digitalisierung der Gesellschaft in den letzten Jahrzehnten. Wo es zu einer (Aus-)Wirkung kommt, muss es eine Ursache geben, und um die arbeitsrechtlichen Fragen zum vorliegenden Untersuchungsgegenstand aufklären zu können, ist es geboten, die tatsächlichen Veränderungen und Entwicklungen hinsichtlich der Informations- und Kommunikationstechnologien im Folgenden näher zu beleuchten.[9] Nur so lassen sich die arbeitsrechtlichen Auswirkungen der Social Media und die damit im Zusammenhang stehenden Phänomene auf die verhaltensbedingte Kündigung des Arbeitgebers nachvollziehen.

Wie aus der obenstehenden Definition des Begriffs Social Media hervorgeht, ist die Möglichkeit, den Inhalt des World Wide Web als Internetnutzer selbst und unmittelbar mitzugestalten, der Wesensgehalt des sog. Web 2.0. Es wird daher auch als das Social Web oder Mitmach-Web bezeichnet.[10] Wie der Name Web 2.0 aber schon zeigt, war dies nicht immer so, denn davor muss es denknotwendig eine erste Generation gegeben haben, nämlich das Web 1.0.

Das Internet, so wie man es heute kennt, erlangte im Jahr 1993 durch die erste WWW-Software seine Massentauglichkeit.[11] Ab diesem Zeitpunkt startete die rasante Entwicklung des heute unabdingbaren Mediums. Allerdings war das damalige Web 1.0 lediglich von statischen Hypertext Markup Language-Seiten (HTML) geprägt, die i. d. R. nur von technisch versierten Personen erstellt wurden und auf denen kaum eine Interaktion zwischen den Nutzern möglich war.[12] Der Kommunikationsweg war zunächst beschränkt: vom Sender zum Empfänger.[13] Die

---

9 Vgl. *Krause*, Gutachten B zum 71. Deutschen Juristentag, S. B 10 zur Digitalisierung der Arbeitswelt insgesamt.

10 *Wiegold*, DAS MITMACH-WEB, Magazin Mitbestimmung, Ausgabe 07+08/2012, http://www.boeckler.de/40639_40671.htm (letzter Aufruf: 04.06.2017).

11 *Martin-Jung*, Die Revolution begann im Keller, http://www.sueddeutsche.de/digital/jahre-www-die-evolution-begann-im-keller-1.211549 (letzter Aufruf 04.06.2017).

12 *Rapp*, Geschichte des Internet, Entstehung und Entwicklung sozialer Netzwerke, http://frankrapp.de/medien/geschichte-des-internet-entstehung-und-entwicklung-sozialer-netzwerke (letzter Aufruf: 04.06.2017); *Rapp*, Quo vadis Social Media?, S. 31.

13 Hornung/Müller-Terpitz/*Hohlfeld*/*Godulla*, Rechtshandbuch Social Media, Kapitel 2 Rn. 10.

Kommunikation erfolgte also „one-to-one" (von Einem zum Anderen), z. B. als E-Mailverkehr zwischen zwei Personen oder „one-to-many" (von Einem an Viele), z. B. über eine Homepage[14], auf die jeder zugreifen konnte, der einen Internetzugang hatte. Das Sender-Empfänger-Modell entsprach bezüglich des Verständigungsweges noch den klassischen Massenmedien wie Zeitungen, Fernsehen oder Rundfunk.

Diese „Einseitigkeit" endete, als den Internetnutzern – insb. mit Beginn der 2000er – vermehrt die Möglichkeit geboten wurde, sich zu vernetzen. Schon 1997 ging mit *Sixdegrees* das erste soziale Netzwerk online.[15] Fünf Jahre später war auch das (heute nicht mehr existierende) social network *Friendster* im Internet abrufbar und 2004 begann schließlich die Erfolgsgeschichte von *Facebook. Youtube, Twitter, Spotify* und Co. ließen nicht lange auf sich warten. Folgende Tabelle zeigt in chronologischer Reihenfolge die Entstehung der populärsten Social Media-Dienste der letzten 14 Jahre nebst den jeweiligen Mitgliederzahlen:

| ***Gründungs-/Erscheinungsjahr*** | ***Social Media Dienst*** | ***Anzahl der monatlich aktiven Mitglieder/User***[16] |
|---|---|---|
| 2003 | *LinkedIn*<br>*Myspace*<br>*XING(ehemals openBC)* | 433 Mio.<br>50 Mio.[17]<br>> 10,5 Mio. |
| 2004 | *Facebook*<br>*Flickr* | 1,7 Mrd.<br>120 Mio.[18] |
| 2005 | *Youtube* | > 1 Mrd.[19] |
| 2006 | *Twitter* | 320 Mio. |
| 2007 | *Tumblr* | 555 Mio. |
| 2010 | *Instagram*<br>*Pinterest* | 500 Mio.<br>100 Mio. |

14 *Kneuer*, „Mehr Partizipation durch das Internet?", S. 10.

15 *Rapp*, Quo vadis Social Media?, S. 31.

16 Quelle (sofern nicht mit gesonderter Fußnote gekennzeichnet) http://socialmedia-institute.com/uebersicht-aktueller-social-media-nutzerzahlen/ (letzter Aufruf: 04.06.2017).

17 http://www.focus.de/digital/internet/tid-12646/facebook-twitter-google-fuer-musiker-und-kuenstler-myspace_aid_351061.html (letzter Aufruf: 04.06.2017).

18 http://www.fotomagazin.de/bild/die-10-beliebtesten-flickr-fotos-2016 (letzter Aufruf: 04.06.2017).

19 https://www.youtube.com/yt/press/de/statistics.html (letzter Aufruf: 04.06.2017).

20 https://www.futurebiz.de/artikel/nutzerzahlen-von-sozialen-netzwerken-verfolgtnicht-nur-facebook/ (letzter Aufruf: 04.06.2017).

| *Gründungs-/Erscheinungsjahr* | *Social Media Dienst* | *Anzahl der monatlich aktiven Mitglieder/User*[16] |
|---|---|---|
| 2011 | *Google+*<br>*Snapchat* | 500 Mio.<br>100 Mio. |
| 2013 | *Vine* | 40 Mio.[20] |

Aus „one-to-one" wurde im Rahmen der Entwicklung des Web 2.0 „many-to-one" ("Viele an Einen") und aus „one-to-many" wurde „many-to-many" ("Viele an Viele"). Der einzelne Internetnutzer ist plötzlich nicht mehr nur Empfänger, sondern gleichzeitig auch selbst der (Ab-)Sender und fähig, zeitgleich mit einer Person oder mehreren, in einer Gruppe mit mehreren oder als Teil einer Gruppe zu kommunizieren.[21] Eine weitere – und für die in diesem Werk stattfindende Untersuchung auch besonders bedeutsame – Entwicklung des Internets ist, dass der Nutzer nunmehr selbst Inhalte des World Wide Web erstellen kann und damit zum Inhaltserzeuger, dem sog. content provider (Englisch für „Anbieter des Inhalts") wird.[22] Diese selbst produzierten Inhalte, die die Nutzer schnell und einfach auf den unterschiedlichen Social Media-Seiten einstellen können, werden als user generated contend (Englisch für „nutzergenerierte Inhalte") bezeichnet.[23]

## B. Begriffe und Erscheinungsformen der Social Media

Der Begriff „Social Media" ist heutzutage in aller Munde. Untechnisch wird damit der schlichte Umstand beschrieben, dass das Internet immer weiter in die Gesellschaft hineinwächst.[24] Der Terminus steht als sehr weit gefasster Oberbegriff für alle „digitalen Medien und Technologien, deren Funktionen es den Nutzern ermöglichen, untereinander zu kommunizieren und mediale Inhalte, die einzeln oder kombiniert aus Texten, Bildern, Audio oder Video bestehen können, zu gestalten".[25] Von der kommunikationstheoretischen Warte aus betrachtet, setzen sich Social Media zusammen aus den Kategorien Kommunikation, Interaktion, Partizipation und Kollaboration.[26] V.a. im Rahmen der privaten Nutzung von Social Media kann der Einzelne (s)eine digitale Identität erschaffen, durch die

21 *Kneuer*, „Mehr Partizipation durch das Internet?", S. 10.
22 *Kneuer*, „Mehr Partizipation durch das Internet?", S. 10.
23 *Schwartmann/Ohr*, Recht der Sozialen Medien, S. 1 Rn 1.
24 Hornung/Müller-Terpitz/*Hohlfeld/Godulla*, Rechtshandbuch Social Media Kap. 2 Rn. 1.
25 *Schwartmann/Ohr*, Recht der Sozialen Medien, S. 1 Rn. 1.
26 Hornung/Müller-Terpitz/*Hohlfeld/Godulla*, Rechtshandbuch Social Media Kap. 2 Rn. 1.

Pflege bestehender und den Aufbau neuer Kontakte soziales Kapital bilden und an der gemeinsamen Wissensentstehung und Informationsverteilung mitwirken.[27]

Social Media-Dienste kommen in den verschiedensten Varianten vor. Im Wesentlichen können die heutigen Erscheinungsformen in die im Folgenden beschriebenen Kategorien aufgeteilt werden:[28]

## I. Soziale Netzwerke

Hierbei handelt es sich um Kommunikationsplattformen, die i. d. R. eine Registrierung erfordern und von Nichtmitgliedern kaum oder nur beschränkt eingesehen werden können.[29] User (Englisch für „Nutzer") richten sich in dem Netzwerk ein persönliches Profil, den sog. Account (Englisch für „Konto"), ein und können mit anderen Registrierten in Kontakt treten und auf verschiedenen Wegen kommunizieren. Im Rahmen der Profilerstellung können die User persönliche Daten wie Name, Alter, Wohnort, Beziehungsstatus oder den Arbeitgeber angeben, die dann – je nach Einstellung – für alle oder nur für bestimmte Personenkreise sichtbar sind. Die hier geknüpften sozialen Beziehungen zwischen den Nutzern werden für Dritte dadurch sichtbar gemacht, dass über Freundschafts- bzw. Kontaktanfragen Verbindungen zwischen Personen und Institutionen bestätigt werden.[30] Der wohl bekannteste Stellvertreter der social networks ist das als „All-in-one-Medium"[31] bezeichnete Netzwerk *Facebook*. Weitere namhafte Beispiele für Soziale Netzwerke sind *Google+*, *Stayfriends*, *XING* und *LinkedIn*, wobei die beiden letztgenannten von ihren Mitgliedern überwiegend zur Herstellung und Pflege beruflicher Kontakte genutzt werden.[32]

Obgleich die sozialen Netzwerke auch die Kommunikation im kleinen privaten Rahmen, also das Verschicken von für Dritte überhaupt nicht einsehbare Nachrichten (z. B. in Chats oder E-Mails ähnelnden Nachrichten) ermöglichen, steht dieser hier nicht im Vordergrund. Es geht vielmehr um diejenigen Interaktionen,

---

27 *Schwartmann/Ohr*, Recht der Sozialen Medien, S. 3 Rn. 7.

28 *Schwartmann/Ohr*, Recht der Sozialen Medien, S. 7 Rn. 13 ff.; Hornung/Müller-Terpitz/*Hohlfeld/Godulla*, Rechtshandbuch Social Media Kap. 2 Rn. 21 ff. und *Müller-Trepitz* in Kap. 6 Rn. 1, mit einer etwas gröberen Einteilung der verschiedenen Erscheinungsformen.

29 *Schwartmann/Ohr*, Recht der Sozialen Medien, S. 7 Rn. 14.

30 Hornung/Müller-Terpitz/*Hohlfeld/Godulla*, Rechtshandbuch Social Media Kap. 2 Rn. 23.

31 *Mende/Oehmichen/Schröter*, Media Perspektiven 1/2013, 33 ff.

32 *Schwartmann/Ohr*, Recht der Sozialen Medien, S. 7 Rn. 15; BITCOM Soziale Netzwerke 2013, Dritte, erweiterte Studie, https://www.bitkom.org/noindex/Publikationen/2013/Studien/Soziale-Netzwerke-dritte-erweiterte-Studie/SozialeNetzwerke-2013.pdf (letzter Aufruf: 04.06.2017).

bei denen eine bestimmte Anzahl von ebenfalls registrierten Netzwerk-Usern oder gar alle Internetnutzer unabhängig von einer Mitgliedschaft vom Inhalt der Äußerungen Kenntnis erlangen können. Namentlich sind damit Beiträge auf der eigenen Profilchronik gemeint oder auch Kommentierungen unter Beiträgen anderer User.

## II. Multimediaportale

Dienste wie *YouTube*, *Vimeo*, *Instagram*, *Flickr*, *spotify*, *9GAG*, *Vine* oder *last.fm* bieten ihren – ebenfalls meist registrierten – Mitgliedern v.a. die Möglichkeit, eigene Foto-, Video- oder Audio-Inhalte zu veröffentlichen und die Beiträge anderer zu konsumieren.[33] Auch hier ist es möglich, dass die Beiträge mehreren Personen zugänglich sind und dadurch eine Verbreitung der jeweiligen Inhalte erfolgt.

Auch wenn es auf den ersten Blick befremdlich erscheinen mag, sind mittlerweile fast alle pornographischen Webseiten wie z.B. www.mydirtyhobby.de, www.xfilmen.com oder www.amatuersexfilme.biz ebenfalls dem Genre der Multimediaportale und damit den Social Media zuzuordnen. Grund dafür ist, dass die (registrierten) Mitglieder eigene Erotikvideos oder -bilder auf die jeweiligen Webseiten stellen und dort miteinander kommunizieren können. Die dort eingestellten Videos, Livestreams oder Bilder können bewertet und kommentiert werden. Diese Kommentare/Beiträge sind für andere User ebenfalls sichtbar.[34] Häufig können die auf den Seiten dargestellten Inhalte auf das eigene Endgerät heruntergeladen und dort gespeichert werden.

## III. Blogs

Der sich aus den Begriffen „Web“ und „Log/Logbuch“ zusammensetzende Begriff „Weblog“ – Kurzform Blog – bezeichnet eine öffentlich zugängliche Publikation im Internet im Sinne eines Online-Tagebuchs.[35] Ein Autor solcher Blogeinträge (der sog. Blogger) stellt selbst verfasste Texte, Audio- oder Videonachrichten online, die dann von seinen Lesern kommentiert werden können.[36] Eine gänzlich private Kom-

---

33 *Schwartmann/Ohr*, Recht der Sozialen Medien, S. 12 Rn. 29.

34 Inhalte auf der Seite www.amateursexfilme.biz können bspw. mit bis zu fünf Sternen bewertet werden. Daneben wird angezeigt, wie oft das jeweilige Video oder Bild bereits angeklickt wurde. Ein Bewertungssystem besteht auch bei dem Portal www.xfilmen.com. Dort können die Clips/Bilder (ähnlich wie bei *Facebook*) mit „Daumen hoch“ oder „Daumen runter“ bewertet werden. Ferner besteht die theoretische Möglichkeit, bzgl. des Clips eine Verknüpfung mit *Facebook*, *Twitter* oder *Google+* herzustellen.

35 *Schwartmann/Ohr*, Recht der Sozialen Medien, S. 9 Rn. 22.

36 Ebd.

munikation, wie sie in sozialen Netzwerken möglich ist, scheidet hier i. d. R. aus, da die Bloggingdienste gerade auf die Teilhabe der Öffentlichkeit an den jeweiligen Beiträgen abzielen. Eine Besonderheit der Blogs besteht auch darin, dass die dort erfolgten Einträge über soziale Netzwerke an Personenkreise verbreitet werden, die dem betreffenden Blog bzw. Blogger bislang nicht folgen.[37] Diese Schnittstelle bewirkt, dass die Inhalte der Blogs einem weitaus größeren Empfängerkreis zugänglich gemachten werden können, als der jeweilige Blog Mitglieder hat.

Eine Unterkategorie von Blogs bilden die sog. Microblogs, deren charakteristisches Wesensmerkmal es ist, dass Inhalte nur mit einer begrenzten Anzahl an Zeichen veröffentlicht werden können. Der prominenteste Repräsentant solcher sog. Personal-Publishing-Dienste[38] ist *Twitter*. Wie bei den meist komplexeren Blogs sind auch bei den Microblogs Verlinkungen auf Multimedia-Plattformen oder soziale Netzwerke möglich, was die Vernetzung zwischen den unterschiedlichen Erscheinungsformen der Sozialen Medien weiter steigert.[39]

## IV. Wiki-Systeme

Webseiten, die durch Hyperlinks miteinander verknüpft sind und deren Inhalte von den Nutzern ohne Registrierung gelesen, geändert oder ergänzt werden können, werden als Wikis etikettiert.[40] In einem kollaborativen Prozess, an dem viele Internetnutzer beteiligt sein können, entsteht durch das Zusammentragen von Informationen und Wissen ein themenübergreifendes Nachschlagewerk.[41] Das Wiki, das die größte Beliebtheit erntet, ist die Online-Enzyklopädie Wikipedia, deren Mutterseite als Marktführerin auf Platz sechs aller meistbesuchten Internetseiten steht.[42] Ein Meinungsaustausch oder eine Kommunikation im klassischen Sinne findet allerdings nicht statt.

## V. Webforen

Internetnutzern wird hier – i. d. R. nach einer erforderlichen Registrierung – der Zugang zu virtuellen Diskussionsräumen ermöglicht, innerhalb derer es unter

---

37 Ebd.

38 Hornung/Müller-Terpitz/*Hohlfeld/Godulla*, Rechtshandbuch Social Media Kap. 2 Rn. 25.

39 Hornung/Müller-Terpitz/*Hohlfeld/Godulla*, Rechtshandbuch Social Media Kap. 2 Rn. 28.

40 *Schwartmann/Ohr*, Recht der Sozialen Medien, S. 9 Rn. 26.

41 Hornung/Müller-Terpitz/*Hohlfeld/Godulla*, Rechtshandbuch Social Media Kap. 2 Rn. 29; *Schwartmann/Ohr*, Recht der Sozialen Medien, S. 9 Rn. 26.

42 *Stegbauer*, Wikipedia. Das Rätsel der Kooperation, S. 99; Hornung/Müller-Terpitz/*Hohlfeld/Godulla*, Rechtshandbuch Social Media Kap. 2 Rn. 29.

den Usern zum Austausch von Fragen, Meinungen, Erfahrungen, und Gedanken kommt.[43] Zum Teil werden die Diskussionen von Administratoren oder Moderatoren überwacht, so dass beleidigende oder anderweitig unangemessene Beiträge schnell aus dem Forum entfernt werden können.[44]

Zu den Webforen im o. g. Sinn sind aber auch Intranets zu zählen[45], wie es sie mittlerweile in vielen Unternehmen gibt. Für die Klassifizierung als Social Media kommt es nicht darauf an, ob das Forum, in dem der Meinungsaustausch stattfindet, durch das World Wide Web oder ein eigens vom Arbeitgeber errichtetes Netzwerk zu erreichen ist. Maßgeblich ist vielmehr die Ermöglichung der Kommunikation zwischen den Nutzern der jeweiligen Foren.

## VI. Bewertungsportale

Diese Plattformen ermöglichen es Internetnutzern, ihre eigenen Erfahrungen mit bestimmten Produkten, Dienstleistern und Unternehmen zu veröffentlichen und zugleich die bereits von anderen gemachten Erfahrungen nachzulesen.[46] Speziell für Arbeitnehmer gibt es Internetseiten wie www.kununu.com, www.jobvoting.de und www.meinchef.de, auf denen Arbeitnehmer ihre aktuellen oder ehemaligen Arbeitgeber nach verschiedenen Kriterien (allgemeine Arbeitsbedingungen, Vorgesetzte, Team, Kollegen etc.) subjektiv beurteilen und bewerten können.[47]

## VII. Instant Messaging-Dienste

Instant Messaging erfolgt mittels spezieller Software-Programme (wie *WhatsApp*, *Threema*, *Snapchat* oder *Skype*) auf mobilen, internetfähigen Endgeräten (wie Smartphones oder Tablets), die es den Anwendern erlauben, Kurznachrichten auszutauschen, ohne auf die Versendung der herkömmlichen (und meist teureren) SMS zurückgreifen zu müssen.[48] Sowohl Text- als auch Bild-, Video- und Audionachrichten können über die mit dem Internet verbundenen Endgeräte verschickt

---

43 *Schwartmann/Ohr*, Recht der Sozialen Medien, S. 11 Rn. 27, die beispielhaft folgende Foren erwähnen: http://www.gutefrage.net/, http://www.wer-weiss-was.de/, http://www.autoforum.kfz-auskunft/ oder http://www.teenstalk.de/.

44 *Schwartmann/Ohr*, Recht der Sozialen Medien, S. 11 Rn. 27.

45 Vgl. LAG Hessen MMR 2008, 599, 599.

46 Vgl. *Schwartmann/Ohr*, Recht der Sozialen Medien, S. 11 Rn. 28.

47 *Hinrichs/Hörtz* NJW 2013, 648 ff.

48 *Schwartmann/Ohr*, Recht der Sozialen Medien, S. 9 Rn. 19.

werden.[49] Den Usern wird durch die Anzeige, welcher ihrer jeweiligen Kontakte gerade eingeloggt oder „online" ist, die Kommunikation in Echtzeit ermöglicht.[50]

### VIII. Posts[51]

Alle vorgenannten Social Media-Plattformen haben im Wesentlichen gemein, dass das „sich mitteilen" ggü. einem größeren Empfängerkreis im Vordergrund steht, egal ob dies mit Worten, Bildern, Videos oder anderen Gesten („Liken" oder „Teilen")[52] geschieht. Alle diese Vorgänge werden im Jargon als Posts (oder auch Postings) bezeichnet. Darunter ist schlicht eine Mitteilung innerhalb einer Plattform an mehrere dort registrierte User zu verstehen.[53] Posts sind vergleichbar mit Mitteilungen an schwarzen Brettern, bei denen eine Person eine Nachricht absetzt und alle anderen Personen (im Betrieb jeder Mitarbeiter) Kenntnis vom Inhalt dieser Informationen nehmen kann.[54] Der wesentliche Unterschied zwischen einem Post und einer Mitteilung am schwarzen Brett liegt allerdings darin, dass ein Post leicht weitergeleitet bzw. die Möglichkeit der Kenntnisnahme davon verbreitet werden kann.[55] Dies geschieht auf *Facebook* durch das „Liken", „Teilen" oder Kommentieren eines Posts. Bei *Twitter* kann man auf einen Post (dort eigentlich „Tweet" genannt) ebenfalls mit einem Kommentar antworten oder aber diesen durch einen sog. Retweet weiterleiten. Diese Reaktionsmöglichkeiten bewirken, dass der anfängliche Post für einen noch größeren Adressatenkreis sichtbar wird und sich weiter verbreitet.[56]

## C. Fakten zur Nutzung

Angesichts der schnellen Digitalisierung und des daraus resultierenden, enormen Angebots an unterschiedlichen Social Media-Diensten verwundert es nicht, dass die breite Masse der Internetnutzer von diesen Diensten auch Gebrauch macht. Über drei Viertel (78 Prozent) der deutschen Internetnutzer sind mindestens in einem sozialen Netzwerk registriert und davon sind wiederum rund zwei Drittel

---

49 Ebd.

50 Hornung/Müller-Terpitz/*Hohlfeld/Godulla*, Rechtshandbuch Social Media Kap. 2 Rn. 31.

51 Eine ausführliche Darstellung der wichtigsten Social Media-Begriffe wie Pinnwand/Chronik, „Gefällt mir"-Button (Like-Button) etc. gibt *Burr*, Posting als Kündigungsgrund S. 27 ff.

52 Ausführlich hierzu unten auf den S. 189 ff.

53 Vgl. *Fuhlrott/Ottmanns* NZA 2016, 785, 785.

54 *Fuhlrott/Ottmanns* NZA 2016, 785, 785.

55 Ebd.

56 Ebd.

(67 Prozent) aktive User.[57] 69 Prozent dieser Networker halten sich täglich in den Netzwerken auf (davon sogar 14 Prozent länger als zwei Stunden pro Tag) und bei der Generation zwischen 14 und 29 Jahren – den sog. Digital Natives – sind es sogar 89 Prozent, die ihre Lieblings-Netzwerke jeden Tag nutzen.[58]

*Facebook* wird im Vergleich zu anderen sozialen Netzwerken mit 76 Prozent deutlich häufiger täglich genutzt. So sind es bei *Google+* immerhin noch 60 Prozent, bei *Twitter* 54 Prozent und bei *LinkedIn* und *XING* beträgt die tägliche Nutzung 45 und 36 Prozent.[59] Der markante Vorsprung des von Marc Zuckerberg im Jahre 2004 geschaffenen Internetimperiums ist wenig erstaunlich, wenn man bedenkt, dass *Facebook* im ersten Quartal 2015 (weltweit) 1,44 Milliarden aktive Mitglieder hatte, von denen 936 Millionen Menschen (also 65 Prozent) täglich das Netzwerk nutzten.[60] Dieser Dominanz ist auch der Umstand geschuldet, dass ein Großteil der Rspr., mit der sich diese Arbeit beschäftigt, Äußerungen von Arbeitnehmern auf *Facebook* behandelt.

Der Zugriff auf die sozialen Netzwerke erfolgt hauptsächlich von zu Hause aus (96 Prozent der Internetnutzer), jedoch nutzt auch knapp die Hälfte der User (49 Prozent) die Social Media-Dienste von unterwegs.[61] Besonders die Digital Natives sind abseits ihres Zuhauses in der virtuellen Welt aktiv (74 Prozent). Das gilt auch für die Social Media-Nutzung am Arbeitsplatz, von wo aus 48 Prozent der Generation unter 30 Jahren diese Dienste gebrauchen. Insgesamt sind immerhin 30 Prozent der Internetnutzer während der Arbeitszeit im Social Web unterwegs.[62]

---

57 *Schwartmann/Ohr*, Recht der Sozialen Medien, S. 1 Rn. 1; BITCOM Soziale Netzwerke 2013, Dritte, erweiterte Studie, https://www.bitkom.org/noindex/Publikationen/2013/Studien/Soziale-Netzwerke-dritte-erweiterte-Studie/SozialeNetzwerke-2013.pdf (letzter Aufruf: 04.06.2017).

58 BITCOM Soziale Netzwerke 2013, Dritte, erweiterte Studie, https://www.bitkom.org/Publikationen/2013/Studien/Soziale-Netzwerke-dritte-erweiterte-Studie/SozialeNetzwerke_2013.pdf (letzter Aufruf: 04.06.2017).

59 BITCOM Soziale Netzwerke 2013, Dritte, erweiterte Studie, https://www.bitkom.org/Publikationen/2013/Studien/Soziale-Netzwerke-dritte-erweiterte-Studie/SozialeNetzwerke_2013.pdf (letzter Aufruf: 04.06.2017

60 http://allfacebook.de/news/facebook-zahlen-2015 (letzter Aufruf: 04.06.2017).

61 BITCOM Soziale Netzwerke 2013, Dritte, erweiterte Studie, https://www.bitkom.org/Publikationen/2013/Studien/Soziale-Netzwerke-dritte-erweiterte-Studie/SozialeNetzwerke_2013.pdf (letzter Aufruf: 04.06.2017).

62 BITCOM Soziale Netzwerke 2013, Dritte, erweiterte Studie, https://www.bitkom.org/Publikationen/2013/Studien/Soziale-Netzwerke-dritte-erweiterte-Studie/SozialeNetzwerke_2013.pdf (letzter Aufruf: 04.06.2017).

Der Zugang zum Internet findet meistens über einen Laptop (75 Prozent) oder einen stationären PC (70 Prozent) statt. Aber auch mit den mittlerweile omnipräsenten Smartphones und Tablet-PCs – den sog. Smart Devices – wird auf die Social Media-Dienste in nicht unerheblichem Maße zugegriffen (Smartphones 59 Prozent, Tablet-PCs 24 Prozent).[63] Der durchschnittliche Smartphone-Nutzer nimmt alle sechs Minuten sein Telefon zur Hand, um über E-Mails, soziale Netzwerke oder Messenger mit anderen zu interagieren.[64] Das erstaunt nicht, wenn man sich den Anstieg des Gerätebesitzes in Deutschland allein im Zeitraum zwischen den Jahren 2012 und 2014 vor Augen hält: Während im Jahr 2012 noch 24 Prozent der Deutschen ein Smartphone besaßen, waren es 2013 bereits 37 und 2014 sogar 58 Prozent. Auch der Besitz von Tablet-PCs stieg zwischen 2012 und 2014 von fünf auf 26 Prozent erheblich an.[65] Besondere Bedeutung erfahren in diesem Zusammenhang auch die Apps (Kurzform für „Application", Englisch für „Anwendungen"), denn der Zugang zu Social Media wird schon lange nicht mehr nur über angepasste Mobilversionen der Webseite im Browser realisiert.[66] Stattdessen setzen Social Media-Dienste auf den Zugang durch Apps. Unterschiedliche Studien bringen hervor, dass mehr und mehr Inhalte nicht über das mobile Internet, sondern über Apps konsumiert werden, während zugleich die mobile Nutzung des Internets diejenige mit stationären Geräten (Desktops und Notebooks) überholt.[67]

Aus diesen aussagekräftigen Daten folgt: Die Partizipation am gesellschaftlichen Leben findet im heutigen digitalen Zeitalter zu einem Großteil (insb. bei der Generation unter 30 Jahren) online statt. Im Internet entstehen Beziehungen und Kontakte, Interessen werden geteilt und Meinungen ausgetauscht. Die Besonderheit liegt darin, dass all diese Vorgänge oftmals für mehrere Personen sichtbar sind und häufig eine dauerhafte Speicherung der Daten erfolgt.

---

63 BITCOM Soziale Netzwerke 2013, Dritte, erweiterte Studie, https://www.bitkom.org/Publikationen/2013/Studien/Soziale-Netzwerke-dritte-erweiterte-Studie/SozialeNetzwerke_2013.pdf (letzter Aufruf: 04.06.2017).

64 BITKOM Crowdsourcing für Unternehmen, Leitfaden, https://www.bitkom.org/Publikationen/2014/Leitfaden/Crowdsourcing/140917-Crowdsourcing.pdf (letzter Aufruf: 23.07.2016); *Krause*, Gutachten B zum 71. Deutschen Juristentag, S. B 15.

65 Initiative D21, Mobile Internetnutzung 2014, http://www.initiatived21.de/wp-content/uploads/2014/12/Mobile-Internetnutzung-2014_WEB.pdf (letzter Aufruf: 04.06.2017).

66 Auer-Reinsdorff/Conrad/*Kremer* § 28 Rn. 74.

67 Ebd.

# 2. Teil: Die Verhaltensbedingte Kündigung

Nachdem die unterschiedlichen Erscheinungsformen der Social Media-Angebote charakterisiert wurden, sind nun die Voraussetzungen der hier thematisierten verhaltensbedingten Kündigung durch den Arbeitgeber näher darzustellen. Dies erfolgt zunächst abstrakt und noch ohne konkrete Analysierung der möglichen Pflichtverletzungen im Zusammenhang mit Social Media. Hier gilt es vorab zwischen der ordentlichen und der außerordentlichen Kündigung zu differenzieren, um bei der im dritten Teil erfolgenden Untersuchung der einzelnen Pflichtverletzungen eine dogmatisch zutreffende Einordnung vornehmen zu können.

Eine verhaltensbedingte Kündigung kann als ordentliche oder außerordentliche Kündigung ausgesprochen werden. Die Prüfung der materiell-rechtlichen Wirksamkeit einer ordentlichen verhaltensbedingten Kündigung nach § 1 Abs. 2 S. 1 Var. 2 KSchG verläuft im Wesentlichen so, wie die einer außerordentlichen verhaltensbedingten Kündigung nach § 626 BGB. Allerdings bestehen schon aufgrund der unterschiedlichen Rechtsfolge bzgl. des Beendigungszeitpunkts des Arbeitsverhältnisses differierende Anforderungen an die Wirksamkeit der jeweiligen Kündigungsart. Die außerordentliche verhaltensbedingte Kündigung beendet das Arbeitsverhältnis i. d. R.[68] fristlos, also sofort mit Zugang der Kündigung beim Kündigungsempfänger. Die ordentliche Kündigung hingegen löst das Arbeitsverhältnis erst nach Ablauf einer im Einzelfall[69] zu bestimmenden Kündigungsfrist auf.

Wie schon in der Einleitung erwähnt hängt die Wirksamkeit bzw. Unwirksamkeit von Kündigungen ipso facto stark vom jeweiligen Einzelfall ab. Die Rechtsunsicherheit auf Seiten des die Kündigung aussprechenden Arbeitgebers ist daher häufig überdurchschnittlich groß. Dies führt oft dazu, dass er eine außerordentliche verhaltensbedingte Kündigung zugleich hilfsweise als ordentliche Kündigung

68 Auch außerordentliche Kündigungen können das Arbeitsverhältnis erst nach Ablauf einer sog. sozialen Auslauffrist und damit nicht sofort mit Zugang der Kündigung beenden. Dies soll nach Ansicht des LAG Baden-Württemberg nicht für die außerordentliche verhaltensbedingte Kündigung von Arbeitnehmern gelten, die (z. B. aufgrund tariflicher Regelung) ordentlich unkündbar sind, BeckRS 2014, 71087; dieser Rechtsauffassung folgte das BAG im Revisionsverfahren jedoch nicht, vgl. BAG NZA 2015, 1408.

69 Entweder nach der gesetzlichen Regelung des § 622 Abs. 2 S. 1 BGB oder nach davon abweichenden individualvertraglichen oder kollektivrechtlichen (Betriebsvereinbarung, Tarifvertrag) Bestimmungen.

erklärt. Die Intention des Arbeitgebers ist dabei regelmäßig, das Arbeitsverhältnis wenigstens mit Ablauf der geltenden Kündigungsfrist zu beenden, sollte die fristlose außerordentliche Kündigung mangels Erreichens der hier geltenden hohen Anforderungen unwirksam sein.

## A. Ordentliche Kündigung – § 1 Abs. 2 S. 1 Var. 2 KSchG

Ob die Wirksamkeit einer Kündigung an den Vorschriften des KSchG zu messen ist, hängt zunächst von dessen Anwendbarkeit ab. Diese ist gegeben, wenn sowohl der persönliche (sechsmonatige Wartezeit gem. § 1 Abs. 1 KSchG) als auch der sachliche Anwendungsbereich (Überschreiten des Schwellenwertes gem. § 23 Abs. 1 S. 2 bzw. 3 KSchG) eröffnet sind.[70]

Kann schon das Vorliegen einer dieser beiden Voraussetzungen nicht bejaht werden, ist die Wirksamkeit einer (verhaltensbedingten) Kündigung lediglich am Maßstab des sog. kleinen Kündigungsschutzes[71] nach den allgemeinen Unwirksamkeitsgründen der §§ 138, 242, 612a BGB zu messen. Eine Kündigung, die nicht unter den Anwendungsbereich des KSchG fällt, ist grundsätzlich wirksam, wenn objektive, im Zusammenhang mit dem Arbeitsverhältnis stehende Gründe vorliegen.[72] Andernfalls wäre die Kündigung als treuwidrig zu werten,[73] wobei auch eine aus nicht spezifisch arbeitsvertragsbezogenen Motiven ausgesprochene Kündigung wirksam sein kann, wenn der Anlass nur irgendwie einleuchtend ist.[74] Ferner gilt das Verbot missbräuchlicher Kündigungen, die im Widerspruch zum Anstandsgefühl aller billig und gerecht Denkenden stehen.[75] Hierbei handelt es sich allerdings um selten vorkommende Ausnahmefälle wie z. B. die Kündigung des Arbeitgebers aus Rachsucht oder Vergeltung[76] (§ 138 BGB), zur Unzeit oder in ehrverletzender Form[77] (§ 242 BGB) oder nur weil ein Arbeitnehmer die Entfernung einer Abmahnung aus der Personalakte verlangt hatte[78] (§ 612a BGB).

70 MHA/*Wank* § 100 Rn. 2.

71 *Fuhlrott* ArbRAktuell 2009, 204.

72 MüKo-BGB/*Hergenröder* § 23 KSchG Rn. 45.

73 Ebd.

74 *Urban*, Der Kündigungsschutz außerhalb des Kündigungsschutzgesetzes, S. 182.

75 *Fuhlrott* ArbRAktuell 2009, 204; LAG Hessen BeckRS 2006, 43098.

76 Palandt/*Weidenkaff* BGB Einf v § 620 Rn. 48 mit Verweis auf § 138 Rn. 91; BAG NJW 1990, 142; MüKo-BGB/*Hergenröder* § 23 KSchG Rn. 39.

77 Palandt/*Grüneberg* BGB § 242 Rn. 62 mit Verweis auf Einf v § 620 Rn. 49; BAG NJW 2001, 2994; MüKo-BGB/*Hergenröder* § 23 KSchG Rn. 40.

78 BeckOK ArbR/*Joussen* BGB § 612a Rn. 15; ArbG Hamburg DB 1991, 103.

Eine Diskussion darüber, ob die im Rahmen dieser Untersuchung näher zu beleuchtenden Pflichtverletzungen im Zusammenhang mit Social Media einer Überprüfung am Maßstab des kleinen Kündigungsschutzes standhalten würden, erübrigt sich daher. Von Interesse ist allein die Frage, ob die Pflichtverletzungen mit Bezug zu Social Media den Ausspruch einer rechtswirksamen, verhaltensbedingten Kündigung nach dem KSchG rechtfertigen.

## I. Pflichtverletzung

Zunächst ist auf der ersten Stufe zu beurteilen, ob der Arbeitnehmer in vorwerfbarer Weise seine arbeitsvertraglichen Haupt- oder Nebenpflichten verletzt hat.[79] Es muss sich insoweit um ein von ihm steuerbares Verhalten handeln.[80] Eine Pflichtverletzung kann in allen Bereichen des Arbeitsverhältnisses vorkommen. Betroffen sein können also der Leistungsbereich (z. B. Schlechtleistung, unentschuldigtes Fernbleiben und sonstige Verstöße gegen die Arbeitspflicht), die betriebliche Ordnung (z. B. Verstoß gegen Verhaltensvorschriften wie Rauch- oder Alkoholverbote) oder aber der Vertrauensbereich (unerlaubte Handlungen, insb. Straftaten).[81] Die Frage, ob in Bezug auf den Pflichtenverstoß des Arbeitnehmers Verschulden vorliegen muss, ist umstritten. Nach dem *BAG* setzt eine ordentliche verhaltensbedingte Kündigung regelmäßig, aber nicht stets ein Verschulden voraus.[82]

## II. Negative Prognose

Für die Entscheidung über die Rechtswirksamkeit einer Kündigung bedarf es stets einer Prognose (zweite Stufe), denn die Kündigungsgründe sind ihrer Natur nach zukunftsbezogen.[83] Maßgebend bei einer verhaltensbedingten Kündigung ist also, ob die Pflichtverletzung des Arbeitnehmers das Vertragsverhältnis auch in Zukunft derart belastet, dass eine nutzbringende Fortsetzung des Arbeitsverhältnisses ausgeschlossen erscheint, bzw. ob weitere Vertragsverletzungen zu besorgen sind.[84]

Von einer negativen Prognose ist auszugehen, wenn die Vertragsstörung so geartet war, dass daraus geschlossen werden kann, der Arbeitnehmer werde

---

79 ErfK/*Oetker* KSchG § 1 Rn. 188 f.

80 APS/*Dörner/Vossen* KSchG § 1 Rn. 265.

81 Küttner/*Eisemann* On. 260 Rn. 3.

82 *Moll*, Münchener Anwaltshandbuch Arbeitsrecht § 43 Rn. 306.

83 APS/*Dörner/Vossen* KSchG § 1 Rn. 73.

84 *Hromadka/Maschmann* § 10 Rn. 178.

auch künftig die ihm obliegenden Vertragspflichten nicht ordnungsgemäß erfüllen.[85] Im Übrigen auch dann, wenn bereits eine einschlägige Abmahnung vorliegt und der Arbeitnehmer in gleicher oder ähnlicher Weise erneut seine Vertragspflichten verletzt.[86] Die Annahme einer negativen Prognose ist zudem umso eher gerechtfertigt, je größer das Verschulden oder die Vertrauensstörung war.[87]

## III. Abmahnung und ultima ratio

Im Kündigungsrecht erfährt der ultima ratio-Grundsatz (dritte Stufe) eine besondere Bedeutung. Er besagt, dass der Ausspruch einer Beendigungskündigung durch den Arbeitgeber das äußerste Mittel darstellen muss. Zuvor hat er die Ergreifung anderer, weniger einschneidender Maßnahmen – bei steuerbarem Verhalten insb. die Erteilung einer Abmahnung – zu erwägen.[88] Liegt eine solche bereits vor, gilt das unter Ziff. II. Dargestellte. Als milderes Mittel kann auch die Beschäftigung auf einem anderen Arbeitsplatz in Betracht kommen, wenn dort künftige Vertragsverletzungen ausgeschlossen sind. Die Wahl dieses milderen Mittels scheidet aber aus, wenn es um eine erheblich verschuldete Pflichtverletzung geht, denn in diesem Fall ist dem Arbeitgeber die Ver- oder Umsetzung des vertragsbrüchig gewordenen Arbeitnehmers regelmäßig unzumutbar.[89] Ob die Pflichtverletzung im außerdienstlichen Bereich begangen wurde, ist grundsätzlich irrelevant. Auch in diesem Fall besteht grundsätzlich das Erfordernis einer vorherigen Abmahnung.[90]

Von der Vorrangigkeit der Abmahnung bestehen in der Praxis nicht selten vorkommende Ausnahmen. In Ansehung des Verhältnismäßigkeitsgrundsatzes ist eine Abmahnung z. B. dann entbehrlich, wenn bereits ex ante erkennbar ist, dass eine Verhaltensänderung in Zukunft selbst nach einer Abmahnung nicht zu erwarten ist. Ferner dann, wenn es sich um eine so schwere Pflichtverletzung handelt, dass der Arbeitnehmer deren Rechts- oder Vertragswidrigkeit ohne weiteres hätte erkennen und eine Hinnahme des Verhaltens durch den Arbeitgeber

---

85 ErfK/*Oetker* KSchG § 1Rn. 197.

86 *Moll*, Münchener Anwaltshandbuch Arbeitsrecht § 114 Rn. 118.

87 *Hromadka/Maschmann* § 10 Rn. 178.

88 *Hromadka/Maschmann* § 10 Rn. 179 f.

89 *Hromadka/Maschmann* § 10 Rn. 183.

90 Küttner/*Eisemann* On. 2 Rn. 15.

offensichtlich ausschließen kann.[91] Zur Begründung wird der in § 314 Abs. 2 i.V.m. § 323 Abs. 2 BGB enthaltene Verhältnismäßigkeitsgrundsatz herangezogen.[92]

## IV. Interessenabwägung im Einzelfall

Abschließend sind im Rahmen einer vom Arbeitgeber vorzunehmenden umfassenden Interessenabwägung (vierte Stufe) alle im konkreten Einzelfall vorliegenden Umstände zu berücksichtigen. Anhand einer Gesamtschau ist sodann zu messen, ob dem Arbeitgeber die Fortsetzung des Arbeitsverhältnisses zumutbar ist.[93] Zwar setzt der Wortlaut des § 1 Abs. 2 KSchG – anders als der des § 626 Abs. 1 BGB – eine solche Interessenabwägung nicht ausdrücklich voraus, jedoch ist deren Vornahme nach allgemeiner Meinung erforderlich.[94]

In diesen Abwägungsvorgang haben Belange des Arbeitnehmers und des Arbeitgebers gleichermaßen Eingang zu finden. Auf Seiten des Arbeitnehmers sind insb. Art, Schwere und Häufigkeit der Pflichtverletzung zu berücksichtigen, aber auch der Grad des Verschuldens,[95] die Dauer der Betriebszugehörigkeit sowie die Dauer des ungestörten Verlaufs des Arbeitsverhältnisses. Auf der Seite des Arbeitgebers spielen Gesichtspunkte wie evtl. nachteilige betriebliche Auswirkungen aufgrund der Pflichtverletzung eine Rolle. Ferner, ob er Vermögensschäden oder eine Schädigung des Ansehens des Betriebes in der Öffentlichkeit erleidet.[96]

Gerade diese vierte Stufe ist oftmals das Zünglein an der Waage, wenn es um die Wirksamkeit der Kündigung geht. Auch bei den hier untersuchten Pflichtverletzungen des Arbeitnehmers in Zusammenhang mit Internet und Social Media ist das Hauptaugenmerk auf diese Interessenabwägung im Einzelfall zu legen, denn die Mannigfaltigkeit der Erscheinungsformen und Funktionsweisen der einzelnen Social Media-Dienste lässt enormen Argumentationsspielraum, und zwar sowohl pro Arbeitnehmer als auch pro Arbeitgeber zu.

---

91 *Moll*, Münchener Anwaltshandbuch Arbeitsrecht § 114 Rn. 119; ErfK/*Müller-Glöge* BGB § 626 Rn. 29c; BAG NZA 2014, 250; BAG NZA 2011, 798; BAG NZA 2011, 1027; siehe auch *Binkert* NZA 2016, 721 ff.

92 BAG NZA 2013, 319, 320; BAG NZA 2013, 27, 29; *Junker*, Grundkurs Arbeitsrecht, S. 245 Rn. 406a.

93 *Hromadka/Maschmann* § 10 Rn. 184.

94 ErfK/*Oetker* KSchG § 1 Rn. 201; *Moll*, Münchener Anwaltshandbuch Arbeitsrecht § 43 Rn. 322; *Hromadka/Maschmann* § 10 Rn. 184; *Junker*, Grundkurs Arbeitsrecht, S. 223 Rn. 370; BeckOK ArbR/*Rolfs* KSchG § 1 Rn. 231 mit Verweis auf BAG NZA 2005, 158, 160 und BAG NZA 2006, 980, 983 sowie BAG NZA 2008, 589, 592.

95 *Moll*, Münchener Anwaltshandbuch Arbeitsrecht § 43 Rn. 323.

96 *Moll*, Münchener Anwaltshandbuch Arbeitsrecht § 43 Rn. 324.

## B. Fristlose Kündigung aus wichtigem Grund – § 626 BGB

Der Arbeitgeber ist gem. § 626 Abs. 1 BGB berechtigt, das Arbeitsverhältnis aus wichtigem Grund und ohne Einhaltung der einschlägigen Kündigungsfrist zu kündigen, wenn Tatsachen vorliegen, auf Grund derer ihm unter Berücksichtigung aller Umstände des Einzelfalls und unter Abwägung der Interessen beider Vertragsteile die Fortsetzung des Arbeitsverhältnisses bis zum Ablauf der Kündigungsfrist oder bis zu der vereinbarten Beendigung des Arbeitsverhältnisses nicht zugemutet werden kann.

Wie erwähnt ist die sofortige Beendigung des Arbeitsverhältnisses ein wesentlicher Unterschied zur ordentlichen Kündigung. In der Praxis kommt es im Rahmen der Differenzierung hauptsächlich darauf an, ob der Arbeitnehmer ein Verhalten gezeigt hat, das zunächst einer Abmahnung bedarf, damit im Wiederholungsfall eine ordentliche verhaltensbedingte Kündigung gerechtfertigt ist[97] (s. o.). Die Pflichtverletzung kann aber auch ein solches Gewicht haben, dass eine verhaltensbedingte ordentliche Kündigung ohne vorherige Abmahnung gerechtfertigt, eine außerordentliche Kündigung hingegen unwirksam wäre. Muss der Arbeitgeber aufgrund der besonderen Schwere des Fehlverhaltens jedoch davon ausgehen, der Arbeitnehmer wird auch in Zukunft vertragsbrüchig werden, kann – unbeschadet der Interessenabwägung des § 626 Abs. 1 BGB – eine fristlose Kündigung in Betracht kommen. In solchen Fällen ist es i. d. R. keinem Arbeitgeber zuzumuten, sehenden Auges nur darauf zu warten, bis der Arbeitnehmer erneut einen derartigen Vertragsverstoß begeht.[98] In gewissen Einzelfällen kann aber auch bei einer Pflichtverletzung, die grundsätzlich eine außerordentliche und fristlose Kündigung rechtfertigt, eine Abmahnung als milderes Mittel in Betracht kommen.[99]

### I. Wichtiger Grund an sich

Wie bei der ordentlichen verhaltensbedingten Kündigung auch, ist das Vorliegen einer Pflichtverletzung, also ein Verstoß gegen Haupt- oder Nebenpflichten aus dem Arbeitsverhältnis, erforderlich. Es ist zunächst auf erster Stufe zu prüfen, ob ein bestimmter Sachverhalt ohne die besonderen Umstände des Einzelfalls an sich geeignet ist, einen wichtigen Grund i.S.d. § 626 Abs. 1 BGB darzustellen.[100] Es gibt zwar keine unbedingten (absoluten) wichtigen Gründe

97 ErfK/*Oetker* KSchG § 1 Rn. 205.
98 Ebd.
99 BAG NZA 2010, 1227, 1231.
100 ErfK/*Müller-Glöge* BGB § 626 Rn. 15.

(mehr)[101], allerdings typische Sachverhalte, die als wichtiger Grund an sich geeignet sind[102] (z. B. strafbare Handlungen ggü. dem Arbeitgeber wie Diebstahl oder Unterschlagung) oder als solcher grundsätzlich nicht in Betracht kommen (z. B. Schlechtarbeit oder Minderleistung).[103]

## II. Interessenabwägung im Einzelfall

Nach der Bejahung eines wichtigen Grundes erfordert die sich daran anschließende Interessenabwägung (zweite Stufe) eine Bewertung des Einzelfalls unter Beachtung des Verhältnismäßigkeitsgrundsatzes.[104] Entsprechend den Voraussetzungen einer ordentlichen Kündigung nach § 1 Abs. 2 S. 1 Var. 2 KSchG (dort dogmatisch allerdings als eigenständige Prüfungspunkte), spielen daher auch bei der außerordentlichen Kündigung das Prognose- und das Ultima ratio-Prinzip eine wesentliche Rolle.

Im Rahmen dieses zweiten Prüfungsschrittes ist festzustellen, ob dem kündigenden Arbeitgeber die Fortsetzung des Arbeitsverhältnisses – bezogen auf die Dauer der verbleibenden Vertragslaufzeit – unter Berücksichtigung aller Umstände des Einzelfalls nicht mehr zugemutet werden kann.[105]

## III. Einhaltung der Zwei-Wochenfrist – § 626 Abs. 2 S. 1 BGB

Eine außerordentliche Kündigung ist darüber hinaus nur dann wirksam, wenn sie dem Arbeitnehmer innerhalb von zwei Wochen zugeht, § 626 Abs. 2 S. 1 BGB. Es handelt sich bei der Zwei-Wochen-Frist um eine für den Arbeitgeber zwingend einzuhaltende formelle Wirksamkeitsvoraussetzung. Allein deren (verschuldete oder unverschuldete) Nichteinhaltung bewirkt die Unwirksamkeit der Kündigung, da das Fristversäumnis dem Fehlen eines wichtigen Grundes gleichsteht.[106] Entschärft wird die Einhaltung der Kündigungsfrist lediglich bei Dauertatbeständen, denn in solchen Fällen beginnt die Zwei-Wochenfrist nicht vor Beendigung

---

101 Bis zum Jahr 1969 gab es „absolute“ Kündigungsgründe, die ohne weiteres eine außerordentliche Kündigung rechtfertigten, einer gesonderten Interessenabwägung bedurfte es nicht, *Hromadka/Maschmann* § 10 Rn. 109.

102 Vgl. zur umfangreichen Kasuistik Palandt/*Weidenkaff* BGB § 626 Rn. 42 ff., MüKo-BGB/*Henssler* § 626 Rn. 132 ff. und HWK/*Sandmann* § 626 Rn. 125 ff.

103 *Moll*, Münchener Anwaltshandbuch Arbeitsrecht § 44 Rn. 10.

104 ErfK/*Müller-Glöge* BGB § 626 Rn. 24.

105 BeckOK ArbR/*Stoffels* BGB § 626 Rn. 73.

106 Palandt/*Weidenkaff* BGB § 626 Rn. 30.

des pflichtwidrigen Zustands.[107] Relevant kann dies im Zusammenhang mit Social Media bedingten Pflichtverletzungen v. a. dann werden, wenn es um die im dritten Teil untersuchten, außerdienstlichen Internetbeiträge geht, da diese regelmäßig über einen längeren Zeitraum im Netz verbleiben. Gedenkt der Arbeitgeber wegen eines ihm zuwiderlaufenden Internetbeitrags eine fristlose Kündigung auszusprechen, ist für ihn daher entscheidend, ob auf den Zeitpunkt des Einstellens des Posts durch den Arbeitnehmer abzustellen ist oder darauf, wie lange der Beitrag abrufbar, also nicht entfernt ist. Diese Problematik wird ausführlich im 3. Teil unter dem Gliederungspunkt III. 5. behandelt.

107 Palandt/*Weidenkaff* BGB § 626 Rn. 27.

# 3. Teil: Die Auswirkungen Der Social Media Auf Die Verhaltensbedingte Kündigung

Wie die oben illustrierten Fakten zur Präsenz der Social Media in der heutigen Gesellschaft vermuten lassen, bestehen zu ihnen in der Rechtsbeziehung zwischen Arbeitgeber und Arbeitnehmer mehrere Berührungspunkte. Nachdem die unterschiedlichen Erscheinungsformen der Social Media und die jeweiligen Voraussetzungen der verhaltensbedingten Kündigung durch den Arbeitgeber dargestellt wurden, ist nun zu klären, welche Pflichtverletzungen Arbeitnehmer im Konnex mit Internet und Social Media begehen können. Der im Rahmen dieser Arbeit untersuchte Bereich der einseitigen Beendigung des Arbeitsverhältnisses kann insoweit in zwei Elemente unterteilt werden. Zum einen gibt es Pflichtverletzungen im Zusammenhang mit Social Media, die in unmittelbarem Bezug zum Arbeitsverhältnis stehen. Hierunter fällt z. B. die Nutzung der Social Media während der Arbeitszeit. Zum anderen kann ein Arbeitnehmer durch die Social Media-Nutzung eine arbeitsrechtlich relevante Pflichtverletzung begehen, die nur im mittelbaren Bezug zum Arbeitsverhältnis steht. Zu dieser Kategorie gehören all die Sachverhalte, in denen der Arbeitnehmer in der außerdienstlichen (also in seiner freien) Zeit in den Social Media aktiv ist.

Social Media können aber auch dann eine arbeitsrechtliche Relevanz besitzen, wenn es gar nicht um eine Pflichtverletzung durch deren Nutzung geht, sondern sie lediglich andere Vertragsverstöße des Arbeitnehmers zu Tage bringen. Die hier auftauchenden Fallgestaltungen sind ebenfalls darzustellen und auf ihre arbeitsrechtliche Relevanz hin zu untersuchen.

Kann eine Pflichtverletzung mit Social Media-Bezug festgestellt werden, stellt sich aus verfahrensrechtlicher (und damit insb. aus anwaltlicher) Sicht die Frage, was die Parteien einer gerichtlichen Bestandsschutzstreitigkeit im Einzelnen vortragen müssen. Ferner, ob gerade für den Arbeitgeber Grenzen bezüglich der prozessualen Verwertbarkeit für die von ihm vorgetragenen Tatsachen bestehen. Die hier aufkommenden Problemkreise werden ebenfalls eingehend analysiert.

## A. Social Media-Nutzung als Pflichtverletzung mit unmittelbarem Bezug zum Arbeitsverhältnis

Die Frage, ob eine arbeitsvertragliche Pflichtverletzung mit unmittelbarem Bezug zur Social Media-Nutzung vorliegt, betrifft insb. die Arbeitnehmer, die an einem Arbeitsplatz beschäftigt sind, der mit einem internetfähigen Endgerät ausgestattet ist.

Gerade hier liegt es nahe, dass ein Arbeitnehmer zu privaten Zwecken auf das Internet zugreift und Social Media nutzt. Eine Untersuchung des Zentrums für Europäische Wirtschaftsforschung (ZEW) aus dem Jahr 2015 hält fest, dass im Jahr 2010 45 Prozent der Beschäftigten bei ihrer Arbeit an einem ortsfesten PC tätig waren und bis 2014 erhöhte sich dieser Anteil auf 49 Prozent.[108] Der Anteil der Beschäftigten mit Internetzugang am Arbeitsplatz ist in dieser Zeitspanne nahezu gleich geblieben (2010 waren es 56 Prozent und 2014 57 Prozent).[109] Allerdings hat sich der Prozentsatz der Beschäftigten, die von ihrem Arbeitgeber mit mobilen internetfähigen Endgeräten ausgestattet wurden, von 12 Prozent auf 23 Prozent fast verdoppelt.[110] 2016 arbeiteten bereits 83 Prozent der Beschäftigten mit Informations- und Kommunikationstechnologien.[111] Schon aus diesen Fakten geht die Bedeutung der Frage hervor, wann das Verhalten am Arbeitsplatz vertragswidrige Formen annehmen kann.

Aber auch an Arbeitsplätzen, die ihrer Art nach nicht mit internetfähigen Endgeräten ausgestattet sind (wie z. B. bei den meisten handwerklichen Berufen im Baugewerbe), kann inzwischen die Social Media-Nutzung während der Arbeitszeit eine gewichtige Rolle spielen. Grund dafür sind die privaten Smartphones, die den Zugang zum Internet fast überall auch ohne (W-)LAN Verbindung ermöglichen. Zudem bieten fast alle Social Media-Dienste Apps für Smartphones oder Tablet PCs an, so dass es in technischer Hinsicht gar keine Schwierigkeiten mehr bereitet, mit dem Handy auf die Social Media-Dienste zuzugreifen.

Für die korrekte rechtliche Beurteilung ist zudem maßgeblich, ob der Arbeitgeber die private Nutzung der Kommunikationsmittel während der Arbeitszeit dem Grunde nach gestattet, verboten oder überhaupt nicht geregelt hat. Liegt ein grundsätzliches Einverständnis des Arbeitgebers vor, ist weiter zu differenzieren, in welchem zeitlichen und/oder inhaltlichen Umfang er eine private Internetnutzung toleriert. Auch die Art und Weise der Gestattung wirft arbeitsrechtliche Fragen auf, insb. bei kollektivrechtlichen Reglements.

## I. Unerlaubte Privatnutzung der Social Media

Nach *Oberwetter* stellt eine vollständige Untersagung der privaten Internetnutzung am Arbeitsplatz – und damit konsequenterweise auch der Zugriff auf Social

108 ZEW IKT-Report Oktober 2015 (S. 3), abrufbar auf http://www.zew.de/fileadmin/FTP/div/IKTRep/IKT_Report_2015.pdf (letzter Aufruf: 23.07.2016); *Krause*, Gutachten B zum 71. Deutschen Juristentag, S. B 14.

109 *Krause*, Gutachten B zum 71. Deutschen Juristentag, S. B 14.

110 Ebd.

111 Ebd.

Media – durch den Arbeitgeber heutzutage nicht mehr die Realität dar, vielmehr sei die Privatnutzung zur Praxis geworden.[112] Dies mag für viele Unternehmen zutreffen, gleichwohl gibt es noch immer einige Arbeitgeber (insb. in kleinen Betrieben, aber auch in großen Unternehmen zum Schutz sensibler Daten), in denen Arbeitnehmern nach wie vor die private Nutzung des betrieblichen Internetzugangs verwehrt ist. Die Pflichtverletzungen, die bei verbotener Privatnutzung in Frage kommen, sind daher noch immer aktuell.

### *1. Grundsätze zur unerlaubten Privatnutzung*

Festzustellen ist zunächst, dass es bislang keine spezielle Rspr. zur unbefugten Nutzung sozialer Netzwerke (eigentlich bzgl. Social Media insgesamt) während der Arbeitszeit gibt.[113] Hat der Arbeitgeber aber die private Nutzung der betrieblichen Kommunikationsmittel verboten bzw. nicht zugelassen, finden auf eine dennoch erfolgende unberechtigte Nutzung von Social Media mittels betrieblicher Ressourcen die Grundsätze Anwendung, die die Rspr. zur unerlaubten Internetnutzung während der Arbeitszeit aufgestellt hat.[114] Das ist konsequent, denn die Nutzung von Social Media ist nur über das Internet möglich und insoweit rechtfertigt sich keine andere Beurteilung. Es macht keinen Unterschied, ob sich ein Arbeitnehmer auf einer Nachrichtenseite über das Tagesgeschehen informiert, private Fotos auf *Facebook* oder *Instagram* hoch lädt oder seine persönlichen Kontakte bei *XING* pflegt.[115] In allen Fällen handelt es sich um rein private (Internet-) Aktivitäten, die der Arbeitgeber nicht akzeptieren muss.[116]

Steht dem Arbeitnehmer an seinem Arbeitsplatz ein stationärer Computer mit Zugang zum Internet oder ein mobiles internetfähiges Endgerät (Smartphone, Notebook oder Tablet als sog. „Office 4.0")[117] zur Verfügung, dann ist generell nur die Erlaubnis des Arbeitgebers zur dienstlichen oder dienstlich-veranlassten Nutzung umfasst.[118] Dienstliche Nutzung ist gegeben, wenn die Nutzung im Schwerpunkt oder zum überwiegenden Teil im Zusammenhang mit der Erbringung der vertraglich geschuldeten Tätigkeit bzw. den Aufgaben des Arbeitnehmers steht

112 *Oberwetter* NJW 2011, 416.

113 Vgl. *Wittek*, Soziale Netzwerke im Arbeitsrecht, S. 162.

114 Vgl. Hornung/Müller-Terpitz/*Bayreuther* Kap. 8 Rn. 16; *Bissels/Lützeler/Wisskirchen* BB 2010, 2433; *Frings/Wahlers* BB 2011, 3126, 3130.

115 *Bissels/Lützeler/Wisskirchen* BB 2010, 2433, 2434; *Frings/Wahlers* BB 2011, 3126, 3130; *Wittek*, Soziale Netzwerke im Arbeitsrecht, S. 163.

116 Vgl. *Wittek*, Soziale Netzwerke im Arbeitsrecht, S. 163.

117 *Krause*, Gutachten B zum 71. Deutschen Juristentag, S. B 14.

118 *Schwartmann/Ohr*, Recht der Sozialen Medien, S. 93 Rn. 195.

oder ihrer Unterstützung dient.[119] Um eine dienstlich veranlasste Privatnutzung geht es, wenn es zu einer Überschneidung zwischen dienstlicher und privater Nutzung kommt. In diese Kategorie gehört die private Kommunikation aus dienstlichem Anlass. Um private E-Mails aus dienstlichem Anlass handelt es sich daher, wenn deren Notwendigkeit auf Umstände zurückzuführen ist, die aus der Sphäre des Arbeitgebers stammen oder zu deren Gestattung der Arbeitgeber auf eigene Kosten kraft seiner Fürsorgepflicht verpflichtet ist.[120] Als Beispiel hierfür zu zählen ist die Mitteilung per E-Mail oder *Facebook*-Message des Arbeitnehmers an den Ehegatten, dass er wegen einer Dienstbesprechung später als üblich nach Hause kommen wird.[121] Von einer dienstlich veranlassten Nutzung ist bspw. auch auszugehen, wenn der Arbeitnehmer via *Facebook* versucht, einen nicht anwesenden Arbeitskollegen zu erreichen, um eine dienstliche Auskunft einzuholen.[122]

Es kann aber durchaus vorkommen, dass der Gebrauch des Web 2.0 zum originären Aufgabenbereich des Arbeitnehmers gehört, es sich also um eine dienstliche Nutzung desselben handelt. Einige Unternehmen unterhalten z. B. einen eigenen Webblog (sog. Corporate Blog) und fordern ihre Arbeitnehmer auf, dort (freiwillig) Beiträge zu verfassen, die insb. Kunden einen Einblick in das Unternehmen und Hintergrundinformationen über die Marken oder das jeweilige Produkt geben sollen.[123]

Aber auch die mittlerweile von vielen Unternehmen betriebene Social Media-Nutzung zu Werbe-,[124] Vertriebs- oder PR-Zwecken zeigt, dass die z. B. mit der Pflege und Aktualisierung des Social Media-Auftritts betrauten Arbeitnehmer ihre Arbeitsleistung mit Tätigkeiten im Web 2.0 zu erbringen haben. Daraus ist im Umkehrschluss zu folgern, dass die Nutzung der Social Media als privat einzustufen ist, wenn der Arbeitgeber sie dienstlich nicht vorsieht.[125]

Der Arbeitgeber entscheidet, welche Betriebsmittel er einsetzt. Da er Inhaber des Internetzugangs ist, hat er das Entscheidungsrecht, ob und inwieweit er seinen Mitarbeitern den Zugang zum Internet und damit die Nutzung von E-Mail- bzw.

---

119 MAH IT-Recht/*Hegewald* Teil 8 Rn. 10.

120 MAH IT-Recht/*Hegewald* Teil 8 Rn. 11. Besgen/Prinz/*Schumacher*, Internet und Arbeitsrecht § 1 Rn. 4.

121 MAH IT-Recht/*Hegewald* Teil 8 Rn. 11 zu einer entsprechenden Mitteilung per E-Mail; Besgen/Prinz/*Schumacher*, Internet und Arbeitsrecht § 1 Rn. 4.

122 Vgl. VG Augsburg BeckRS 2015, 40820.

123 *Bissels/Lützeler/Wisskirchen* BB 2010, 2433 ff. mit Verweis auf den Blog der Daimler AG.

124 Vgl. hierzu die Deutsche Präsenz der BMW AG auf *Facebook* unter https://de-de.facebook.com/BMWDeutschland (letzter Aufruf: 04.06.2017).

125 *Bissels/Lützeler/Wisskirchen* BB 2010, 2433 ff.

Social Media-Diensten eröffnet.[126] Der Arbeitnehmer hat als bloßer Besitzdiener (§ 855 BGB) des Arbeitgebers dessen Anweisungen über Art und Weise der Nutzung der Betriebsmittel Folge zu leisten.[127]

Liegt keine ausdrückliche Gestattung oder Duldung des Arbeitgebers betreffend die private Internetnutzung am Arbeitsplatz vor, ist sie grundsätzlich unzulässig.[128] Der Arbeitnehmer hat keinen Anspruch auf die private Nutzung des Internets[129], mithin keinen Anspruch während der Arbeitszeit über den betrieblichen Computer Social Media-Dienste zu nutzen.[130] Ist nur die dienstliche Nutzung der betrieblichen Kommunikationsmittel erlaubt, erübrigt sich auch die Frage nach der Zulässigkeit der Privatnutzung außerhalb der Arbeitszeit, bspw. in den Pausen. Da die betrieblichen Kommunikationsmittel ohne anderslautende Bestimmung nur für dienstliche Tätigkeiten verwendet werden dürfen, scheidet deren Nutzung auch zu anderen Zeiten als der Arbeitszeit aus.

Für den Fall, dass es an einer Regelung zur Nutzung fehlt, ließ das *BAG* ohne nähere Begründung anklingen, dass „allenfalls eine seltene kurzfristige Nutzung während der Arbeitszeit als noch hinnehmbar angesehen werden“ kann.[131] In welchem zeitlichen Rahmen sich eine solche noch hinnehmbare Nutzung bewegen soll, ließ das *BAG* jedoch genauso offen wie die Frage, ob es sich dabei um eine bloße Erheblichkeitsschwelle hinsichtlich der unerlaubten Privatnutzung handeln soll oder ob – noch weitergehend – stets von einer konkludenten Befugnis für eine kurzfristige Privatnutzung auszugehen ist.

Beide Varianten müssen ausscheiden. Eine Erheblichkeitsschwelle, wegen deren Nichterreichung die Annahme einer Pflichtverletzung trotz der unerlaubten Privatnutzung ausscheiden würde, kann nicht angenommen werden. Wie das *BAG* richtig feststellt, muss jeder Arbeitnehmer damit rechnen, dass der Arbeitgeber nicht damit einverstanden ist, wenn der Arbeitnehmer seine Arbeitsleistung nicht erbringt und trotzdem seine entsprechende Vergütung beansprucht.[132]

---

126 Vgl. MAH IT-Recht/*Hegewald* Teil 8 Rn. 12.

127 *Bertram* GWR 2012, 389; *Seel* öAT 2013, 4; *Bloesinger* BB 2007, 2177, 2177.

128 *Howald* öAT 2014, 49.

129 Ebd.; *Ernst* NZA 2002, 585; *Frings/Wahlers* BB 2011, 3126, 3130.

130 Vgl. Auer-Reinsdorff/Conrad/*Maties* § 37 Rn. 28 insgesamt zu Telekommunikationsmöglichkeiten.

131 So auch Schaub/*Linck* § 53 Rn. 17, insoweit dem BAG folgend, das aber ausdrücklich festhält, dass die private Nutzung des Internets während der Arbeitszeit nicht „sozialadäquat“ sei, vgl. BAG NZA 2006, 98; *Frings/Wahlers* BB 2011, 3126, 3131.

132 BAG NZA 2006, 98, 100; Besgen/Prinz/*Fausten*, Handbuch Internet.Arbeitsrecht § 1 Rn. 86.

Fehlt eine Regelung zur privaten Nutzung, ist eine solche insgesamt untersagt, egal wie unwesentlich die Nichterbringung der Arbeitszeit dabei ist.[133] Für diese Auffassung streitet schon ein spiegelbildlicher Vergleich mit der vom Arbeitgeber gem. § 611 Abs. 1 HS. 2 BGB zu erbringenden Hauptleistungspflicht: Eine Pflichtverletzung des Arbeitgebers liegt vor, wenn er dem Arbeitnehmer die Vergütung nicht in der vertraglich geschuldeten Höhe auszahlt – egal, wie groß die Differenz ist. Eine Pflichtverletzung erst ab einem bestimmten fehlenden Fehlbetrag anzunehmen, wäre lebensfremd. Das muss konsequenterweise auch für die vom Arbeitnehmer geschuldete Hauptleistungspflicht gelten. Gleichwohl kann die Unterscheidung bzgl. der Dauer der unerlaubten Privatnutzung für die Wirksamkeit einer auf diese Pflichtverletzung gestützte Kündigung von Bedeutung sein.

Noch viel weniger überzeugend ist es, eine Pflichtverletzung mit dem Argument zu verneinen, dass die Privatnutzung selten und nur kurzfristig erfolgt. Ohne Anhaltspunkte kann nicht auf eine vom Arbeitgeber gestattete Privatnutzung geschlossen werden, mag sie auch nur für kurze Zeit erfolgen. Dies kann auch nicht mit einer mittlerweile herrschenden Sozialadäquanz der Nutzung des Internets zu privaten Zwecken begründet werden, denn es ist nicht nachvollziehbar, woraus sich eine solche ergeben soll.[134] Vielmehr gilt auch hier der Grundsatz der Pflichtwidrigkeit der privaten Internetnutzung. Im Übrigen bestünde weiterhin Rechtsunsicherheit, denn insoweit gibt es keine klaren Grenzen dafür, wann noch bzw. wann nicht mehr von einer sozialadäquaten Privatnutzung auszugehen wäre.

Im Ergebnis liegt immer dann eine Pflichtverletzung vor, wenn der Arbeitnehmer das Internet während der Arbeitszeit unerlaubt zu privaten Zwecken nutzt. Daran ändert auch ein nur kurzfristiger Gebrauch nichts. Eine Erheblichkeitsschwelle oder Sozialadäquanz, die zur Verneinung einer Pflichtverletzung führte, ist genauso abzulehnen, wie die Annahme einer Gestattung des Arbeitnehmers für eine kurzfristige Privatnutzung.

### 2. *Kündigungsrelevante Pflichtverletzungen*

Nutzt der Arbeitnehmer das Internet bzw. die Social Media dennoch unerlaubt zu privaten Zwecken, kommen aus rechtsdogmatischer Sicht verschiedene Pflichtverletzungen in Betracht, die sich auch kumulieren können. Dabei ist zwischen der Verletzung der Hauptleistungsplicht und Verstößen gegen Nebenleistungspflichten oder Nebenpflichten des Arbeitnehmers zu differenzieren. Bei der Haupt-

---

133 Vgl. *Gola/Pötters/Wronka*, Handbuch Arbeitnehmerdatenschutz, S. 363 Rn. 1270.
134 BAG NZA 2006, 98, 100.

leistungspflicht geht es um die Vornahme der arbeitsvertraglich geschuldeten Tätigkeit.[135] Als Nebenleistungspflichten werden die zur geschuldeten Hauptleistung akzessorischen Nebenleistungen charakterisiert.[136] Nebenpflichten werden oftmals als unselbständige Verpflichtungen bezeichnet, wobei die Differenzierung nur einordnender Natur ist, da beide aus den §§ 242 und 241 Abs. 2 BGB oder dem Vertrag hervorgehen.[137]

Für die Beantwortung der Frage, ob eine und ggf. welche Pflichtverletzung vorliegt, kommt es zum einen darauf an, ob der Arbeitgeber überhaupt keine Regelungen zur privaten Nutzung aufgestellt oder ob er sie sogar ausdrücklich verboten hat. Zum anderen ist zu berücksichtigen, ob der Arbeitnehmer das Internet bzw. Social Media-Dienste mit betrieblichen Ressourcen oder mit seinem eigenen Smartphone nutzt. Zudem ist es von Relevanz, wie der Arbeitnehmer den betrieblichen Internetzugang nutzt (z. B. lediglich zum Surfen oder aber zum Download von Dateien etc.).

### *a) Nichterbringen der vertraglich geschuldeten Arbeitsleistung*

Hat der Arbeitgeber kein Reglement zur (privaten) Internetnutzung aufgestellt, gilt, dass der Arbeitnehmer – wie oben dargestellt – das Internet grundsätzlich nicht zu privaten Zwecken nutzen darf. Tut er dies während der Arbeitszeit gleichwohl, verstößt er dadurch regelmäßig gegen seine (Hauptleistungs-)Pflicht zur Erbringung der Arbeitsleistung (§ 611 Abs. 1 HS. 1 BGB),[138] denn während er das Internet oder Social Media-Dienste privat nutzt, ist er grundsätzlich außerstande, die von ihm vertraglich geschuldete Tätigkeit zu erbringen.[139]

Ausnahmsweise ist von dieser Pflichtverletzung trotz unerlaubter Internetnutzung nicht auszugehen, wenn die Arbeitsleistung des Arbeitnehmers dadurch nicht beeinträchtigt ist. Dies kann bspw. der Fall sein, wenn er den ausschließlich zur dienstlichen Nutzung bereitgestellten PC lediglich dazu nutzt, um während der Arbeitszeit bei der Erbringung seiner vertraglich geschuldeten Tätigkeit Webradio zu hören. Hier erbringt er gleichwohl seine Arbeitsleistung, so dass ein Verstoß gegen die Hauptleistungspflicht nach § 611 Abs. 1 HS. 1 BGB ausscheidet. Die Nebenpflichtverletzung in Form der unerlaubten Nutzung betrieblicher Ressourcen ist aber gleichwohl gegeben.

---

135 BeckOGK/*Maties* BGB § 611 Rn. 1026.

136 BeckOGK/*Maties* BGB § 611 Rn. 1161.

137 BeckOGK/*Maties* BGB § 611 Rn. 1161.

138 BAG NZA 2006, 98, 100.

139 *Howald* öAT 2014, 49.

Es geht bei der unerlaubten Internet- und Social Media-Nutzung während der Arbeitszeit also noch nicht darum, welche Inhalte der Arbeitnehmer in den Social Media von sich gibt, sondern schlicht um den Umstand, dass er während des Kommunikationsvorgangs nicht die arbeitsvertraglich geschuldete Tätigkeit erfüllt. Er gibt dies aber vor, wenn er für den fraglichen Zeitraum der Social Media-Nutzung Arbeitsentgelt beansprucht.[140] Im Ergebnis ist diese Pflichtverletzung mit dem unbefugten Verlassen des Arbeitsplatzes zu privaten Zwecken – bspw. dem Rauchen – vergleichbar.[141] Der Arbeitnehmer, der während der Arbeitszeit unberechtigt eine Pause einlegt (und als nichts anderes ist das private Surfen einzuordnen), erhält entgegen der vertraglichen Vereinbarungen diese Zeit bezahlt.[142] Ein solches Verhalten erfüllt i. d. R. den Tatbestand des „Arbeitszeitbetrugs"[143] und stellt damit eine Pflichtverletzung dar. Unerheblich ist, ob die Social Media-Aktivität mit betrieblichen Ressourcen oder mit dem eigenen Computer (Laptop) oder Smartphone erfolgt,[144] denn in beiden Fällen bleibt die geschuldete Arbeitsleistung aus. Für die Frage nach dem Vorliegen einer Pflichtverletzung ist ferner nicht von Belang, in welchem Umfang die geschuldete Arbeitsleistung aufgrund der Privatnutzung ausgeblieben ist. Dieser Punkt wirkt sich erst im Rahmen der Beurteilung der kündigungsrechtlichen Konsequenzen des Fehlverhaltens aus. Hierauf wird unter dem Gliederungspunkt I. 3. a) eingegangen.

In den Fällen, in denen der Arbeitnehmer einer Vertrauensarbeitszeit unterliegt, er also anstatt fester Arbeits- und Pausenzeiten selbst über die zeitliche Lage seiner Leistungserbringung entscheiden kann, ist allerdings nicht von der Pflichtverletzung des Arbeitszeitbetrugs auszugehen.[145] Er gibt dann für den Zeitraum, in dem er zu eigenen Zwecken im Internet surft oder Social Media-Dienste in Anspruch nimmt, gerade nicht vor Arbeitsentgelt zu beanspruchen. Aus diesem Grund geht das *LAG Rheinland-Pfalz* bei einer Privatnutzung eines Mitarbeiters, der „über den zur Ausfüllung seines Verantwortungsbereiches notwendigen Einsatz und dessen zeitliche Lage einschließlich der An- und Abwesenheitszeiten

---

140 Hornung/Müller-Terpitz/*Bayreuther*, Rechtshandbuch Social Media Kap. 8 Rn. 16.

141 ArbG Duisburg BeckRS 2009, 72104.

142 Ebd.

143 Hornung/Müller-Terpitz/*Bayreuther*, Rechtshandbuch Social Media Kap. 8 Rn. 16; vgl. Staudinger/*Preis* § 626 BGB Rn. 145; MüKo-BGB/*Henssler* § 626 Rn. 137.

144 Vgl. LAG Rheinland-Pfalz, BeckRS 2010, 66924; *Bissels/Lützeler/Wisskirchen* BB 2010, 2433 ff.

145 Besgen/Prinz/*Fausten*, Handbuch Internet.Arbeitsrecht § 1 Rn. 84.

eigenverantwortlich entscheiden kann", zutreffend davon aus, dass ein Arbeitszeitbetrug schon begrifflich ausscheidet.[146]

### b) *Verstoß gegen ein ausdrückliches Verbot der privaten Nutzung*

Wie bereits ausgeführt, liegt es im Befinden des Arbeitgebers, ob er die Nutzung des betrieblichen Internets und damit der Social Media zu privaten Zwecken gestattet. Ein dahingehendes Verbot kann er im Rahmen seines Direktionsrechts verhängen,[147] sei es durch individualvertragliche Regelungen im Arbeitsvertrag[148] oder im Wege einer Betriebsvereinbarung[149].

Besteht solch ein ausdrückliches Verbot und verstößt der Arbeitnehmer gegen dieses, begeht er nicht nur – wie soeben dargestellt – einen Arbeitszeitbetrug, sondern er handelt zugleich der vom Arbeitgeber aufgestellten Verhaltensvorschrift zuwider. Bereits der Verstoß gegen das Verbot der Privatnutzung stellt eine eigenständige (Neben-)Pflichtverletzung dar.[150] Ferner missachtet der Arbeitnehmer das Recht des Arbeitgebers, nach seinem Belieben mit in seinem Eigentum stehenden Betriebsmitteln zu verfahren.[151] Auch darin ist eine Pflichtverletzung i.S.d. § 241 Abs. 2 BGB zu sehen.[152]

Eine genaue Differenzierung führt daher zu dem Ergebnis, dass bei einem Verstoß gegen ein Privatnutzungsverbot drei Pflichtverletzungen des Arbeitnehmers vorliegen: die Nichterbringung der geschuldeten Arbeitsleistung, der Verstoß

---

146 Ebd.; LAG Rheinland-Pfalz, BeckRS 2007, 40643; vgl. auch LAG Köln, BeckRS 2009, 69586; mit gleicher Begründung lehnt auch das LAG Nürnberg, BeckRS 2012, 75682, diese Pflichtverletzung bei einem leitenden Angestellten, der keinen festen Arbeitszeiten unterliegt und in seiner Pausengestaltung frei ist, ab.

147 *Oberwetter* NJW 2011, 418; *Härting* ITRB 2008, 88.

148 Küttner/*Kania* On. 385 Rn. 5, *Weißnicht* MMR 2003, 452.

149 *Kramer* NZA 2006, 194, *Weißnicht* MMR 2003, 452; Das Privatnutzungsverbot im Wege einer Betriebsvereinbarung ist grundsätzlich keine mitbestimmungspflichtige Angelegenheit; weder § 87 Abs. 1 Nr. 1 noch Nr. 10 BetrVG sind einschlägig, da es sich dabei um eine Konkretisierung der Arbeitspflicht handelt, vgl. Koreng/Lachenmann/*Bergt* C. III. 1., *Seel* öAT 2013 4, 5 und LAG NZA-RR 2007, 20; a.A. wohl ArbG München BeckRS 2015, 73302, das ein generelles Verbot der Benutzung privater Mobiltelefone zu privaten Zwecken während der Arbeitszeit als nach § 87 Abs. 1 Nr. 1 BetrVG mitbestimmungspflichtig ansieht.

150 Staudinger/*Preis* § 626 BGB Rn. 173a, BAG NZA 2006, 98; ArbG Frankfurt a.M. MMR 2004, 829, 830.

151 Vgl. insoweit die Pflichtverletzung des unbefugten Downloads.

152 BAG NZA 2006, 980, 984; *Göpfert/Wilke* ArbRAktuell 2011, 159; *Lansnicker* BB 2007, 2184, 2186; *Wittek*, Soziale Netzwerke im Arbeitsrecht, S. 162.

gegen eine verbindliche Verhaltensvorschrift und die Missachtung des vom Arbeitgeber bestimmten Verwendungszwecks seiner Betriebsmittel.

### c) *Unbefugter Download*

Eine weitere Pflichtverletzung im Zusammenhang mit unerlaubter Internetnutzung kann hinzutreten, je nachdem, wie der Arbeitnehmer das Internet inhaltlich nutzt. Insoweit geht es nicht um die als erstes zu beantwortende Frage nach dem „ob" der unerlaubten Nutzung, sondern um das „wie" der Nutzung. Ein eigenständiges Fehlverhalten liegt nach der Rspr. des *BAG* nämlich darin, wenn der Arbeitnehmer unbefugt eine erhebliche Menge von Daten auf betriebliche Datensysteme herunterlädt, insb. wenn damit die Gefahr möglicher Vireninfizierungen oder anderer Störungen des (betrieblichen) Systems verbunden sein können.[153] Aus der Formulierung „insb." ist zunächst abzuleiten, dass der unbefugte Download schon dann eine Pflichtverletzung darstellt, wenn (noch) keine Gefahr der Vireninfizierung oder anderer Störungen besteht. Wäre das *BAG* anderer Auffassung gewesen, hätte es anstatt „insb. wenn" die Formulierung „und" gewählt. Dieser Unterscheidung, dass eine Pflichtverletzung bei unbefugtem Download auch ohne die Gefahr der Vireninfizierung oder anderer Störungen besteht, ist zuzustimmen. Das Fehlverhalten des Arbeitnehmers liegt nämlich bereits darin, dass er die Betriebsmittel zu privaten und nicht autorisierten Downloads, also weisungswidrig benutzt und damit den für dienstliche Dateien vorgesehenen Speicherplatz reduziert. Hierbei kann es nicht darauf ankommen, ob zugleich eine Gefahr für die Funktionsweise der betrieblichen Ressourcen besteht. Es liegt ein Verstoß gegen § 241 Abs. 2 BGB vor.

Kommt es aufgrund der heruntergeladenen Datei(en) aber zusätzlich zur Gefahr einer Vireninfizierung oder anderer Störungen des Betriebssystems, liegt dem Grunde nach immer noch die gleiche Pflichtverletzung „unbefugter Download" vor. Allerdings erhält diese durch das Hinzutreten einer Gefahr für das Betriebssystem ein großes Gewicht. Hinsichtlich dieser „Gefahr" erweckt die vom *BAG*[154] gewählte Begrifflichkeit der „möglichen Vireninfizierung oder anderer Störungen des betrieblichen Systems" auf den ersten Blick den Anschein, dass für die Annahme einer erheblichen Pflichtverletzung bereits eine abstrakte Gefahr ausreichen soll.[155] Im Ergebnis stellt es aber im Einklang mit der Instanzrechtsprechung[156]

---

153 BAG NZA 2006, 98, 99; BAG NZA 2007, 924; vgl. auch Staudinger/*Preis* § 626 BGB Rn. 173a, sowie LAG Schleswig-Holstein NZA-RR 2014, 417, 420.

154 BAG NZA 2007, 922, 924.

155 So wohl auch Besgen/Prinz/*Fausten*, Handbuch Internet.Arbeitsrecht § 1 Rn. 127.

156 LAG Rheinland-Pfalz BeckRS 2008, 50972.

zutreffend darauf ab, dass es für die Annahme einer Pflichtverletzung mindestens zu einer konkreten Belastungs- bzw. Störungsgefahr für die Betriebsmittel des Arbeitgebers kommen muss. Realisiert sich die konkrete Gefahr eines Downloads sogar, ist wegen des tatsächlichen Virusbefalls bzw. der Systemstörung stets von einer (schweren) Pflichtverletzung auszugehen. Als Systemstörung kommt neben einem Virenbefall z. B. die Überlastung der Internetverbindung in Betracht, insb. wenn große Mengen an Daten auf einmal heruntergeladen werden.

Diese Downloadfolgen ändern an der Pflichtverletzung selbst nichts. Es geht auch hier um die Fehlverhaltensweise „unbefugter Download". Zur besseren Übersichtlichkeit bietet es sich im Hinblick auf die unter 3. c) dargestellten kündigungsrechtlichen Konsequenzen allerdings an, die Pflichtverletzung schon auf der Stufe des „ob" in die Unterkategorien „ohne negative Folgen" und „mit negativen Folgen" aufzuteilen.

#### aa) Download ohne negative Folgen

Soweit das *BAG* für die Annahme einer Pflichtverletzung an die Erheblichkeit der heruntergeladenen Datenmenge anknüpft, ist dies ungenau und verlangt deshalb nach einer Differenzierung. In Rspr. und Literatur ist bislang unkommentiert geblieben, warum erst der Download einer erheblichen Datenmenge eine Pflichtverletzung begründen soll und nicht schon der Download einzelner Dateien. Eine solche erst bei einer erheblichen Datenmenge anzunehmen überzeugt nicht, wobei insoweit wohl einzugestehen ist, dass es in der Praxis regelmäßig nicht zum Download nur einer einzigen Datei kommt. Gewöhnlich liegen die Sachverhalte so, dass ein Arbeitnehmer, der während der gesamten Arbeitszeit Zugang zum Internet hat, eine Vielzahl an Dateien herunterlädt und nicht schon nach dem ersten Download die Privatnutzung einstellt.

Bereits das Herunterladen einer Datei bzw. einer geringen Datenmenge ist für sich gesehen ein Verstoß gegen das (alleinige) Bestimmungsrecht des Arbeitgebers hinsichtlich seiner Betriebsmittel und somit eine Pflichtverletzung i.S.d. § 241 Abs. 2 BGB. Die Unterscheidung zwischen geringer oder erheblicher Datenmenge mag bedeutsam für die unter dem Gliederungspunkt I. 3. c) behandelte Frage der (kündigungsrechtlichen) Konsequenz sein, also für die Beurteilung, ob lediglich der Ausspruch einer Abmahnung oder aber sogar eine Kündigung gerechtfertigt ist. Sie kann aber nicht maßgeblich sein für das Vorliegen einer Pflichtverletzung an sich. Entsprechend den obigen Ausführungen zu den Grundsätzen der unerlaubten privaten Internetnutzung muss auch im Rahmen von Downloads eine Erheblichkeitsschwelle abgelehnt werden.

In Konsequenz dieser Differenzierung ist ein arbeitsvertragliches Fehlverhalten bereits dann anzunehmen, wenn der Arbeitnehmer bspw. bei *Dropbox* einzelne Fotos der letzten Party oder vom Online-Account seines Mobilfunkanbieters die aktuelle Handyrechnung auf den von ihm genutzten Dienstrechner herunterlädt. Entsprechendes muss gelten, wenn auf ein dienstliches Smartphone Apps zur privaten Nutzung geladen werden, so wie z. B. das Augmented-Reality-Spiel (Englisch für „realitätserweiterndes Spiel) *Pokémon GO*,[157] das sich seit dem Sommer 2016 größter Beliebtheit erfreut.[158]

Eine Pflichtverletzung wegen unbefugten Downloads ist insb. auch bei der Installation einer sog. Anonymisierungssoftware gegeben, die bewirkt, dass die vom jeweiligen Computer hergestellten Verbindungen nicht zurückverfolgt werden können.[159] Der Download und die Verwendung eines derartigen Programmes stellen ebenfalls einen Eingriff in die Betriebsmittel des Arbeitgebers dar und zugleich wird ihm die Möglichkeit genommen, seine technischen Betriebsmittel zu überwachen und zu kontrollieren. Solch eine eigenmächtige Veränderung der technischen Arbeitsmittel ist als erhebliche Verletzung der dem Arbeitnehmer obliegenden Rücksichtnahmepflicht nach § 241 Abs. 2 BGB anzusehen. Dadurch missachtet er seine Obhuts- und Betreuungspflicht ggü. den ihm überlassenen Betriebsmitteln.[160]

---

157 Der Spieler schaltet sein Smartphone in den „Kamera-Modus“ und der Spielserver projiziert per Zufallsprinzip die Pokémon (= Fantasietiere) auf den Bildschirm des Spielers, so dass für diesen der Anschein erweckt wird, das Pokémon halte sich ebenfalls in der realen Welt auf. Aufgabe des Spiels ist es, die Pokémon mit sog. Pokébällen durch das Wischen auf dem Touchscreen des Smartphones abzuwerfen und so zu „fangen“. Die Nutzungsbedingungen der App lassen es zu, alle gesammelten Daten zu teilen oder an Dritte weiterzugeben. Die Nutzer müssen bei der Installation der App Zugriff auf die Kamerafunktion, Bilder und Videoaufnahmen, den Standort, GPS-Daten, Aktivitätserkennung, verwendete Konten, das Netzwerk und den Ruhezustand des Smartphones gewähren, vgl. Ausarbeitung des BDA im August 2008.

158 Der Download dieser App oder vergleichbarer Spiele birgt auch besonders die Gefahr in sich, dass die vertraglich geschuldete Hauptleistungspflicht verletzt wird. Kurze Zeit nach dem Launch von Pokémon GO zeigte sich eindrucksvoll, welches Suchtpotential in solchen Apps stecken kann: http://www.welt.de/newsticker/news1/article157065761/Debatte-ueber-moegliche-Gefahren-durch-Pokemon-Go.html (letzter Aufruf: 04.06.2017).

159 BAG NZA 2006, 980, 984.

160 BAG NZA 2006, 980, 983, 984.

### bb) Download mit negativen Folgen

Auch im Rahmen dieser Unterkategorie ist dahingehend zu unterscheiden, ob schon der Download einer geringen Datenmenge mit einem konkreten Viren- oder Störungsrisiko für das betriebliche System verbunden sein kann. Auf die Erheblichkeit der Menge der heruntergeladenen Daten kann es daher bei Hinzutreten einer konkreten Gefahr oder gar der Realisierung einer negativen Folge nicht ankommen. Zu einem Download mit negativen Folgen in Form der Vireninfizierung kann es beispielweise kommen, wenn ein Arbeitnehmer mit dem dienstlichen Rechner sog. share-Dateien (besser bekannt unter dem Begriff „Online-Tauschbörsen")[161] oder illegale Streaming-Seiten[162] nutzt. Bei Online-Tauschbörsen kommt es v. a. zum Austausch von Musik- und Filmdateien. Nutzt ein Arbeitnehmer über den Dienstrechner solche Online-Börsen, wird dabei einem (anderen) externen Nutzer der Tauschbörse der direkte Zugriff auf den betrieblichen Rechner erlaubt, was mit einer im Verhältnis zur „normalen" Internetnutzung ungleich höheren Gefahr der Vireninfizierung verbunden ist.[163] Bei share-Dateien kann wegen dieser unmittelbaren Zugriffsmöglichkeit anderer Tauschbörsennutzer regelmäßig eine konkrete Gefahr der Vireninfizierung unterstellt werden.

Auf illegalen Streaming-Portalen werden hauptsächlich Filmdateien (oftmals Raubkopien) zum Konsum, aber auch zum (gesetzeswidrigen) Download angeboten. Die beim Aufruf solcher Seiten regelmäßig automatisch startenden Werbe-pop-ups (Englisch für „plötzlich aufgehende Werbefenster") bergen ihrerseits ein bekanntes Virenrisiko. Zwar ist mit dem Öffnen des pop-up-Fensters selbst noch keine unmittelbare Gefahr der Vireninfizierung verbunden, allerdings kommt es häufig dann zum Virenbefall, wenn diese Fenster angeklickt werden. Dies kann aus Unachtsamkeit oder Neugierde geschehen. Weil dieses Risiko gerade durch den Aufruf des illegalen Streaming-Portals hervorgerufen wird, besteht damit eine erhöhte, eben konkrete Gefahr der Vireninfizierung.

Einen Berührungspunkt der Pflichtverletzung des unbefugten Downloads mit der Nutzung von Social Media gibt es insb. beim Download von Dateien mit sexuellem Inhalt, denn auch auf den zu Social Media gehörenden pornographischen Multimediaportalen ist das Herunterladen von entsprechenden Bild- und

---

161 Beispiele für Online-Tauschbörsen: www.boerse.to oder www.mygully.com.

162 Beispiele für Streaming-Seiten: www.kinox.to oder www.popcorn-time.to.

163 Vgl. LAG Schleswig-Holstein NZA-RR 2014, 417, 420; ganz in diesem Sinne auch das LAG Rheinland-Pfalz zum erhöhten Gefährdungsrisiko beim Installieren von sog. Free- oder Shareware aus unbekannten Quellen, MMR 2016, 571, 572.

Videomaterialien möglich. Der Download solcher Dateien wird in Literatur und Rspr. neben der Nichterbringung der vertraglich geschuldeten Arbeitsleistung hauptsächlich im Rahmen der sub I. 2. e) dargestellten Pflichtverletzung „Rufschädigung des Arbeitgebers" behandelt. Im Ergebnis stellt aber auch das unbefugte Herunterladen von Dateien eine eigenständige arbeitsvertragliche (Neben-) Pflichtverletzung dar, und zwar egal ob es sich lediglich um einzelne oder eine Vielzahl von Dateien handelt. Sie tritt neben die Verletzung der Hauptleistungspflicht „Nichterbringung der Arbeitsleistung".

*d) Verursachung von zusätzlichen Kosten für den Arbeitgeber*

Ein weiteres arbeitsrechtlich relevantes Fehlverhalten kommt in Betracht, wenn dem Arbeitgeber durch die private Internetnutzung zusätzliche Kosten entstehen,[164] z. B. weil das zwischen dem Arbeitgeber und seinem Internetprovider vereinbarte Transfer-Volumen überschritten wurde.[165] Die Gefahr des Entstehens von Zusatzkosten auf diese Weise ist heutzutage im Hinblick auf die von den Internetprovidern regelmäßig angebotenen Flatrates gering.[166] Es kann sich aber nach wie vor realisieren, wenn der Arbeitnehmer während einer Auslandsreise durch die private Social Media-Nutzung besondere, von einer Flatrate nicht mehr gedeckte, Roaming-Gebühren entstehen lässt.[167] In diesem Fall liegt ein Pflichtenverstoß i.S.d. § 241 Abs. 2 BGB vor.

Steht dem Arbeitnehmer ein Smartphone als Diensttelefon oder ein Tablet-PC zur Verfügung, können jedoch – ungeachtet der soeben dargestellten Verursachung von zusätzlichen Roaming-Gebühren bei Auslandsreisen – i. d. R. keine Zusatzkosten dadurch entstehen, dass die für die mobile Nutzung der Social Media erforderlichen Apps (wie etwa *Instagram*, *Pinterest*, *Google+* etc.) auf das Handy geladen werden. Auf den meisten Smartphones sind solche Apps ohnehin als Standardsoftware vorinstalliert (z. B. *Youtube* oder *Facebook*), und selbst wenn nicht, sind diese Apps regelmäßig kostenlos (neben *YouTube* und *Facebook* z. B. auch *Instagram*, *9GAG* oder *Vine*).

---

164 BAG NZA 2006, 99.

165 LAG Hamm BeckRS 2007, 44235.

166 Das ist sowohl für den stationären Internetzugang via LAN-Verbindung als auch für das mobile Internet via Smartphone oder Tablet anzunehmen.

167 *Howald* öAT 2014, 51; vgl. hierzu das Urteil des ArbG Frankfurt – 1 Ca 1139/09 – wo es wegen der erlaubten Privatnutzung eines betrieblichen Laptops zwar um einen Nutzungsersatzanspruch (§ 241 Abs. 1 S. 1 BGB i.V.m dem Arbeitsvertrag) für entstandene Nutzungsentgelte in Höhe von rd. € 31.000 ging, ein Schadensersatzanspruch bei fehlender Erlaubnis der Privatnutzung aber ebenfalls zur Ersatzpflicht geführt hätte, §§ 611, 241 Abs. 2 BGB i.V.m. dem Arbeitsvertrag.

Im Zusammenhang mit privaten Smartphones oder Tablet-PCs kann die Pflichtverletzung „zusätzliche Kostenverursachung“ aber auch mittelbar dadurch Bedeutung erlangen, dass der Arbeitnehmer den Akku seiner Smart Devices am Arbeitsplatz auflädt, ohne dafür die Erlaubnis des Arbeitgebers zu haben. Die Social Media-Apps stellen insoweit einen „Gefahrenherd“ dar, weil gerade sie einen erhöhten Stromverbrauch (insb. durch das ständige Laden von Bildern oder Videos z. B. mit der *Facebook-*, *Instagram-* oder *Pinterest*-App) verursachen. Dies hat zur Folge, dass das Gerät häufiger aufgeladen werden muss. Zwar werden die meisten Arbeitgeber keine Einwände haben oder gar arbeitsrechtliche Sanktionen verhängen, denn durch das einzelne Aufladen entstehen lediglich marginale Stromkosten. Dem Interesse des Arbeitgebers, das Aufladen von privat genutzten Smart-Devices zu unterbinden, ist aber nachvollziehbarer Weise ein bedeutsameres Gewicht beizumessen, wenn er eine Großzahl an Arbeitnehmern beschäftigt. Laden etwa hunderte Arbeitnehmer ihre mobilen Geräte täglich über den betrieblichen Stromanschluss, kann ein nicht unerheblicher Mehrverbrauch an Strom zu Buche schlagen.

Aus rechtlicher Sicht ist die Entziehung elektrischer Energie in Zueignungsabsicht gemäß § 248c Abs. 1 StGB eine Straftat und als Eigentumsdelikt zu Lasten des Arbeitgebers grundsätzlich dazu geeignet, eine schwerwiegende (Neben-) Pflichtverletzung i.S.d. § 241 Abs. 2 BGB darzustellen.[168] Auch wenn der auf diese Weise beim Arbeitgeber entstehende Schaden[169] kaum eine außerordentliche Kündigung zu rechtfertigen vermag, kann das wiederholte unerlaubte Aufladen des privaten Smartphones den Boden für eine wirksame verhaltensbedingte Kündigung bereiten.

#### *e) Rufschädigung des Arbeitgebers – Surfen auf pornographischen Webseiten*

Ruft der Arbeitnehmer über den Internetzugang des Arbeitgebers pornographische Webseiten auf, ist ihm wegen des evtl. moralisch anstößigen Inhalts an sich kein Vorwurf zu machen, so lange er keine strafrechtlich relevanten Inhalte betrachtet.[170] Möglicherweise divergierende Moralvorstellungen des Arbeitgebers stellen für sich allein noch keine Grundlage für arbeitsrechtliche Sanktionen

---

168 Vgl. *Howald* öAT 2014, 49.

169 In einem vom ArbG Oberhausen entschiedenen Fall ging es um 0,015 Cent.

170 BeckOK ArbR/*Stoffels* BGB § 626 Rn. 112; LAG Rheinland-Pfalz NZA-RR 2005, 634; a.A. Schaub/*Linck* § 53 Rn. 17, der das Surfen auf pornografischen Seiten ohne Begründung mit dem Aufrufen von Seiten mit gewaltverherrlichendem Inhalt gleichsetzt.

dar.[171] Das deutsche Arbeitsrecht beinhaltet nämlich keinen Grundsatz, der den Arbeitgeber zum Sittenwächter über die von ihm beschäftigten Arbeitnehmer bestellen würde.[172]

Kommt aber wegen des Abrufens solcher Seiten eine Rufschädigung des Arbeitgebers in Betracht, kann darin eine relevante Pflichtverletzung begründet sein. Hierzu ist zunächst festzustellen, dass in der heutigen Gesellschaft der Konsum von Pornographie immer noch als sittlich anstößig oder moralisch verwerflich anzusehen ist. Auch wenn diesbezüglich in den letzten Jahrzenten die gesellschaftliche Toleranz und Akzeptanz deutlich größer geworden ist, stoßen Bekenntnisse hierzu bei einem Großteil der Bevölkerung nach wie vor auf abwertende Reaktionen.

#### aa) Rufschädigung

Das Vorliegen einer Pflichtverletzung setzt zunächst voraus, dass das Aufrufen von pornographischen Webseiten in der Lage ist, den Ruf oder das Image des Arbeitgebers zu beeinträchtigen. Die h.M. in Rspr. und Literatur beziehen insoweit einen allgemeinen Standpunkt. Wegen der vielen unterschiedlichen Konstellationen in Bezug auf das Verhältnis der Arbeitsvertragsparteien zueinander und das des Arbeitgebers zu Dritten besteht allerdings Anlass dazu, die Voraussetzungen einer Pflichtverletzung differenzierter zu prüfen.

##### (1) Rechtsprechung und Literatur

Eine arbeitsrechtlich relevante Pflichtverletzung wegen des Surfens auf pornographischen Webseiten liegt nach den Ansichten in Literatur und Rspr. dann vor, wenn der Arbeitgeber dem Risiko ausgesetzt ist, gegen seinen Willen mit der vom Arbeitnehmer aufgerufenen pornographischen Webseite in Verbindung gebracht zu werden[173] und dadurch der Eindruck erweckt wird, er oder seine Arbeitnehmer befassen sich mit Pornographie.[174] Ein Bekanntwerden der Nutzung bestimmter –

---

171 Besgen/Prinz/*Fausten*, Handbuch Internet.Arbeitsrecht § 1 Rn. 123.

172 BeckOK ArbR/*Stoffels* BGB § 626 Rn. 112; ArbG Frankfurt a. M. NZA 2002, 1093; BAG NZA 1994, 1080; Besgen/Prinz/*Schumacher*, Handbuch Internet.Arbeitsrecht § 1 Rn. 91.

173 Vgl. ArbG Düsseldorf BeckRS 2008, 50725, das zum Teil aber in sich widersprüchlich argumentiert, wenn es in den Urteilsgründen die Unwirksamkeit der streitgegenständlichen außerordentlichen Kündigung auch darauf stützt, dass die Möglichkeit der Rückverfolgung der Seitenaufrufe zum Arbeitgeber durch den Portalbetreiber eher theoretische Natur sei.

174 Besgen/Prinz/*Fausten*, Handbuch Internet.Arbeitsrecht § 1 Rn. 91; BAG NZA 2006, 977, 979; LAG Hamm BeckRS 2007, 45218.

bspw. als anstößig oder verwerflich empfundener – Webseiten bei Dritten kann sich durchaus negativ auf das Ansehen des Arbeitgebers auswirken. Vor dem angesprochenen Hintergrund, dass der Konsum von Pornographie gesellschaftlich nicht „salonfähig", sondern weiterhin verpönt ist, ist dem Arbeitgeber jedenfalls dem Grunde nach ein berechtigtes Interesse daran zuzusprechen, dass er damit nicht assoziiert werden will.

Aus § 241 Abs. 2 BGB ergibt sich die dem Arbeitnehmer obliegende (Verhaltens-)Pflicht, eine Rufschädigung des Arbeitgebers zu vermeiden.[175] Entgegen der Ansicht des *LAG Köln* muss es diesbezüglich aber unerheblich sein, ob es sich beim Arbeitgeber um einen des öffentlichen Rechts oder einen der Privatwirtschaft handelt.[176] Zwar ist der Begründung des *LAG Köln*, dass Arbeitnehmer des öffentlichen Dienstes wegen gesteigerten Verhaltenspflichten unterliegen,[177] grundsätzlich zuzustimmen. Allerdings ergibt sich die hier in Frage stehende Pflicht zur Vermeidung einer Rufschädigung des Arbeitgebers bereits aus § 241 Abs. 2 BGB, so dass es für die Bejahung dieser Pflichtverletzung nicht erst einer gesteigerten Verhaltenspflicht bedarf. Das Argument der gesteigerten Verhaltenspflicht überzeugt auch deshalb nicht, weil deren Formulierung in den Regelwerken des öffentlichen Dienstes nicht explizit auf pornographische oder sexuelle Verhaltensweisen abzielt. Nur wenn dem so wäre, könnte entsprechend argumentiert werden. Im Fall des *LAG Köln* ging es sogar um einen Altfall, auf den § 8 Abs. 1 S. 1 BAT Anwendung fand. Dort heißt es jedoch:

> *„Der Angestellte hat sich so zu verhalten, wie es von Angehörigen des öffentlichen Dienstes erwartet wird."*

Warum in dieser Formulierung eine gesteigerte Verhaltenspflicht gerade in Bezug auf die Vermeidung einer Rufschädigung durch das Aufrufen pornographischer Webseiten enthalten sein und im (vom *LAG Köln* wohl gefassten) Umkehrschluss dazu in der Privatwirtschaft keine entsprechende Verhaltenspflicht bestehen soll, ist nicht erkennbar. Dies wird auch nicht näher begründet.

Für das nunmehr überwiegend relevante Nachfolgewerk des BAT, den TVöD, kann nichts Anderes gelten, zumal die dort enthaltene Verhaltenspflicht noch schwächer formuliert ist als die des § 8 Abs. 1 S. 1 BAT. In § 41 TVöD-BT-V heißt es:

---

175 MüKo-BGB/*Henssler* § 626 Rn. 169.

176 Ebenfalls ohne Differenzierung zwischen privatwirtschaftlichem und staatlichem Arbeitgeber Besgen/Prinz/*Fausten*, Handbuch Internet.Arbeitsrecht § 1 Rn. 85.

177 LAG Köln BeckRS 2009, 69586; vgl. auch BAG NZA 2006, 977.

*„[1]Die im Rahmen des Arbeitsvertrags geschuldete Leistung ist gewissenhaft und ordnungsgemäß auszuführen. [2]Beschäftigte des Bundes und anderer Arbeitgeber, in deren Aufgabenbereichen auch hoheitliche Tätigkeiten wahrgenommen werden, müssen sich durch ihr gesamtes Verhalten zur freiheitlich demokratischen Grundordnung im Sinne des Grundgesetzes bekennen."*

Im Ergebnis ist grundsätzlich jedem Arbeitgeber – ob öffentlich-rechtlich oder privatwirtschaftlich – ein diesbezügliches Integritätsinteresse zuzusprechen. Eine Rufschädigung wegen des evtl. erweckten Eindrucks, der Arbeitgeber oder seine Angestellten beschäftigen sich eher mit Pornographie als mit der eigentlichen Arbeit, kann daher eine Pflichtverletzung darstellen. Dem Integritätsinteresse des Arbeitgebers ist bei der nicht gestatteten Privatnutzung ein erhöhtes Gewicht zuzusprechen, da er grundsätzlich gar nicht befürchten muss, sein Internetanschluss werde für andere als dienstliche Zwecke (und erst recht nicht für den Konsum von Pornographie) genutzt.

### (2) Differenzierte Gegenauffassung

Das Vorliegen einer Pflichtverletzung wegen Rufschädigung wird von der h.M. bislang nur im Rahmen einer grobmaschigen Prüfung gemessen. Einziger Ausgangspunkt ist, dass der Eindruck erweckt werden könnte, entweder der Arbeitgeber oder seine Angestellten befassen sich mit Pornographie anstatt mit der eigentlichen Arbeit.

Soweit bei einer Rückverfolgung der aufgerufenen Webseiten auf den erweckten Anschein abgestellt wird, der Arbeitgeber selbst befasse sich mit Pornographie, kann dem aufgrund eines Vergleichs mit den Grundsätzen, die der *BGH* zur Täterhaftung bei illegalem Filesharing aufgestellt hat, nicht gefolgt werden. Insoweit ist es für (urheberrechtliche) Rechtsverletzungen ständige Rspr., dass bei einem Rechtsverstoß über den Internetanschluss des Anschlussinhabers dessen Täterschaft nicht ohne weiteres vermutet werden kann, wenn zum Zeitpunkt der Rechtsverletzung auch andere Personen diesen Anschluss benutzen konnten.[178] Dies hat zur Folge, dass ein Schadensersatzanspruch wegen etwaigen Lizenzverletzungen gegen den Anschlussinhaber als Täter ausscheidet.[179]

---

178 Vgl. nur BGH NJW 2014, 2360.

179 Vgl. hierzu die Entscheidung des AG Berlin-Charlottenburg BeckRS 2016, 11953, das eine Schadensersatzklage (§ 97 Abs. 2 S. 1 UrhG) gegen einen Arbeitgeber, von dessen Internetzugang unstreitig ein Filesharingverstoß begangen wurde, u. a. deshalb als unbegründet abwies, weil der Arbeitgeber substantiiert vorgetragen hatte,

Überträgt man diesen Gedanken auf die hier untersuchte Pflichtverletzung würde dies Folgendes bedeuten: Die Gefahr einer Rufschädigung ist schon dadurch relativiert, dass allein die Rückverfolgung der Seitenaufrufe nur zum Internetanschluss des Arbeitgebers noch nicht den Schluss darauf zulässt, gerade er persönlich habe im Internet Pornographie konsumiert. Die für die Rückverfolgung maßgebliche IP-Adresse ist keinem konkreten Nutzer, sondern nur einem Anschluss, nämlich dem des Arbeitgebers, zugeordnet. Sie gibt deshalb keine zuverlässige Auskunft über die Person, die zu einem konkreten Zeitpunkt einen bestimmten Internetanschluss nutzt.[180] Dürfen Arbeitnehmer („andere Personen") den Internetanschluss des Arbeitgebers nutzen – egal, ob ausschließlich dienstlich oder auch privat – besteht stets die Möglichkeit, dass ein Arbeitnehmer und nicht der Arbeitgeber den „verwerflichen" Seitenaufruf getätigt hat. Wegen dieser ungewissen „Tätereigenschaft" des Arbeitgebers in Bezug auf den Pornographiekonsum kann konsequenterweise nicht der unumstößliche Eindruck entstehen, der Arbeitgeber selbst befasse sich anstatt mit seiner beruflichen Tätigkeit mit Pornographie. Gerade dieser Eindruck soll aber nach h.M. die Annahme einer Pflichtverletzung begründen können.

Soweit die h.M. hinsichtlich einer Pflichtverletzung wegen Rufschädigung auch darauf abstellt, es könnte der Eindruck erweckt werden, ein Angestellter des Arbeitgebers (und nicht er selbst) befasse sich nicht mit der Arbeit, sondern mit Pornographie[181], ist richtigerweise weitergehend zu differenzieren.

Zunächst muss es eine Rolle spielen, welche Größe der Betrieb des Arbeitgebers hat. Handelt es sich um eine Aktiengesellschaft mit mehreren tausend Mitarbeitern, ist die Frage der Rufschädigung anders zu beurteilen als bei einem Arbeitgeber, der bspw. lediglich 15 Arbeitnehmer beschäftigt. Die Schädigung des Rufes eines Arbeitgebers, bei dem eine Großzahl an Arbeitnehmern angestellt ist, kann nicht schon dann angenommen werden, wenn einer seiner vielen Arbeitnehmer über den betrieblichen Internetanschluss Pornographie konsumiert. Es erscheint in diesem Fall unrealistisch, den Arbeitgeber in einer Form mit Pornographie zu assoziieren, die sich tatsächlich auf seinen Ruf auswirken könnte. Je größer der Betrieb des Arbeitgebers ist, desto schwächer tritt die Verbindung zwischen Arbeitgeber und Pornographie hervor, die durch das Aufrufen der Webseiten begründet wird. Dies bedeutet zugleich, dass eine Rufschädigung im tatsächlichen Sinne bei

dass zum fraglichen Zeitpunkt des Verstoßes mindestens einer seiner Mitarbeiter den Anschluss mitbenutzen konnte; vgl. hierzu auch *Jacobi* ArbRB 2016, 272.

180 BGH NJW 2010, 2061.

181 Vgl. LAG Hamm BeckRS 2007, 45218.

einem Arbeitgeber mit wenig Arbeitnehmern eher in Betracht kommt. Pauschal auf „den Arbeitgeber" abzustellen, so wie es die h.M. tut, ist nicht praxisgerecht.

Für die Annahme einer Pflichtverletzung wegen Ansehensschädigung muss zudem berücksichtigt werden, welche Stellung der Arbeitnehmer im Betrieb des Arbeitgebers hat. Der eine Pflichtverletzung begründende Vorwurf zielt in diesem Fall nämlich darauf ab, dass der Arbeitgeber Arbeitnehmer beschäftigt, die sich im Rahmen der beruflichen Tätigkeit mit Pornographie befassen. Insoweit wäre allerdings die Differenzierung notwendig, ob ein in der Unternehmenshierarchie weit oben angesiedelter Arbeitnehmer (bspw. ein Ressortleiter mit Repräsentationsfunktion) oder ein mit geringer Verantwortung betrauter Arbeitnehmer (zum Beispiel ein Lagerist ohne Kundenkontakt nach außen) pornographische Webseiten über seinen Dienstrechner bzw. das betriebliche mobile Endgerät aufruft. Die Unterscheidung ist deshalb von Bedeutung, weil das Surfen auf pornographischen Webseiten durch einen Arbeitnehmer, der für den Betrieb des Arbeitgebers keine herausgehobene Bedeutung hat, in der Öffentlichkeit kaum auf Interesse stoßen und damit seinem Ruf keinen Abbruch tun würde. Bei einem „einfachen" Arbeitnehmer dennoch eine Rufschädigung anzunehmen, wäre lebensfremd. Von ihr wäre auch nicht auszugehen, wenn der jeweilige Arbeitnehmer nicht über den betrieblichen, sondern über seinen privaten Internetanschluss pornographische Webseiten aufriefe und dies zusammen mit dem Beschäftigungsverhältnis beim Arbeitgeber „publik" würde.

Anders zu beurteilen wäre allerdings das entsprechende Handeln eines Angestellten mit repräsentativem Charakter. Hier würde bei einer Rückverfolgung der aufgerufenen Seiten „die Ausübung der unsittlichen Neigung" im Zusammenhang mit der beruflichen Tätigkeit stärker mit dem Arbeitgeber in Verbindung gebracht und eine (gesellschaftliche) Beeinträchtigung seines Ansehens wahrscheinlicher werden. In dieser Konstellation kann eine direkte Assoziierung mit dem Arbeitgeber und dessen Tätigkeit und damit eine Schädigung seines Integritätsinteresses eher angenommen werden.

Unabhängig von bzw. neben der Repräsentationsfunktion des Arbeitnehmers ist für die Frage, ob überhaupt eine Rufschädigung eintreten kann, die Eigenart bzw. der Charakter des Arbeitgebers zu berücksichtigen. Handelt es sich bspw. um einen kirchlichen Arbeitgeber, stünde dessen (sittliche) Glaubwürdigkeit stark in Frage, wenn er aufgrund der privaten Nutzung der Betriebsmittel durch den Arbeitnehmer mit Pornographie in Verbindung gebracht würde.[182] Ein dieser

182 Eine dogmatisch völlig andere, mit dem Thema Pornographie aber gleichwohl eng in Verbindung stehende Problematik stellt der unten auf den S. 218 ff. behandelte

Konstellation diametral gegenüberstehendes Gegenteil würde es darstellen, wenn sich ein bei der *Beate Uhse AG* Beschäftigter über seinen dortigen dienstlichen Internetzugang pornographisches Bild- oder Videomaterial ansähe. Hier würde die Annahme einer Pflichtverletzung wegen des Surfens auf pornographischen Webseiten schon von vornherein nicht überzeugen, da die *Beate Uhse AG* selbst im Bereich des Erotikentertainments tätig ist und eine Schädigung ihres Rufes nicht zu befürchten wäre. Hier muss von vorne herein in Betracht kommen, dass sich Angestellte eines Erotikunternehmens – auch während der Arbeitszeit – mit Pornographie befassen.

#### bb) Gefahr der Rufschädigung

Gelangt die Anwendung der soeben dargestellten Kriterien zu dem Ergebnis, dass es beim Arbeitgeber tatsächlich zu einer Rufschädigung kommen kann, ist weiter der Frage nachzugehen, ab welchem Grad der Gefahr eine arbeitsvertragliche Pflichtverletzung vorliegt. Diesbezüglich ist umstritten, ob bereits eine abstrakte oder lediglich eine konkrete Gefahr der Rufschädigung für die Annahme einer Pflichtverletzung genügen soll. Nach der Ansicht des *BAG* soll die abstrakte Möglichkeit der Ansehensbeschädigung in der Öffentlichkeit ausreichen. Das Gericht ist der Auffassung, schon allein die Befassung mit pornographischen Darstellungen könne die Gefahr einer Rückverfolgung des Nutzers mit sich bringen und damit den Eindruck erwecken, der Arbeitnehmer befasse sich anstatt mit seiner eigentlichen Arbeit mit Pornographie.[183] Worin allerdings diese abstrakte Gefahr begründet sein soll, erläutert das *BAG* genauso wenig wie die Anforderungen, die an deren Nachweis zu stellen sind.[184]

In Abkehr zur Auffassung des *BAG* relativiert eine in der Instanzrechtsprechung verbreitete Ansicht[185] die Gefahr der Rufschädigung mit dem Argument, dass eine Rückverfolgung im Internet bis zum Anschlussinhaber zwar technisch möglich sein mag, angesichts des gigantischen Umfangs der Nutzung des In-

Fall „Julia Pink" dar. Dort geht es um das außerdienstliche Verhalten einer bei einem kirchlichen Arbeitgeber beschäftigten Arbeitnehmerin, die an im Internet frei zugänglichen Erotikfilmen mitwirkte und deshalb gekündigt wurde.

183 BAG NZA 2006, 977, 979; vgl. hierzu auch BeckOK ArbR/*Stoffels* BGB § 626 Rn. 112 und ArbG Hannover NZA 2001, 1022, 1024.

184 *Kramer* NZA 2007, 1338, 1340; vgl. ArbG Hannover NZA 2001, 1022, 1024 das ebenfalls eine abstrakte Gefahr als ausreichend ansieht.

185 LAG Hamm BeckRS 2010, 67373; LAG Rheinland-Pfalz MMR 2004, 475 und ArbG Düsseldorf BeckRS 2008, 50725.

ternets aber eher theoretischer Natur erscheint. Das rein abstrakte Risiko der Rufschädigung des Arbeitgebers soll deshalb gerade nicht ausreichen.[186]

Im Ergebnis beizupflichten ist hier der zuletzt genannten Ansicht. Zwar ist es grundsätzlich richtig, dass ein Arbeitnehmer mit dem Aufruf pornographischer Webseiten im Internet Spuren hinterlässt, die zum Anschluss des Arbeitgebers zurückverfolgt werden können. Allerdings gilt dies regelmäßig nur im Verhältnis zwischen Arbeitgeber und dessen Internetprovider, weil dem Arbeitgeber nur von diesem die zurückzuverfolgende IP-Adresse zugeteilt wird. Andere Personen erlangen von den Daten der angewählten Webseiten regelmäßig keine Kenntnis, so dass sich auch insoweit keine Gefahr der Rufschädigung ergeben kann. Selbst wenn neben dem Internetprovider des Arbeitgebers andere Personen in technischer Hinsicht in der Lage sind, die angewählten Pornographiewebseiten zu identifizieren und dem Arbeitgeber zuzuordnen, bedeutet dies noch nicht, dass eine Gefahr für die Herabsetzung dessen Images zu befürchten ist.[187] Von einer als Pflichtverletzung einzuordnenden Belastung des Arbeitsverhältnisses kann nicht ausgegangen werden, wenn bloß die abstrakte bzw. theoretische Gefahr einer Rufschädigung besteht.

Auch spricht die Rspr. zur Pflichtverletzung bei unbefugtem Download mit negativen Folgen für das Erfordernis einer konkreten Gefahr der Rufschädigung.[188] Wie ausgeführt, wiegt der Pflichtenverstoß des unbefugten Downloads schwerer, wenn beim Arbeitgeber die konkrete Gefahr einer Vireninfizierung oder anderer Störungen des betrieblichen Systems besteht. Im Sinne einer einheitlichen Beurteilung vergleichbarer Konstellationen ist es konsequent, auch für die Gefahr der Ansehensbeeinträchtigung des Arbeitgebers ausschließlich auf das konkrete Risiko abzustellen, zumal es keine nachvollziehbaren Gründe gibt, einerseits auf die abstrakte und andererseits auf die konkrete Gefahr gleichliegender Fehlverhaltensweisen abzustellen.

Also erst, wenn ein Dritter tatsächlich von den über die Betriebsmittel des Arbeitgebers aufgerufenen Webseiten mit pornographischem Inhalt Kenntnis erlangte, wäre eine Schwelle übertreten, die das Tätigwerden des Arbeitgebers und dessen gesellschaftliches Ansehen nachteilig in Frage stellen könnte. Erst dann kann eine konkrete Gefährdung des Arbeitgeberrufes angenommen werden. Dieses konkrete Risiko muss dann allerdings ausreichen und als Pflichtverletzung eingestuft werden.

---

186 BeckOK ArbR/*Stoffels* BGB § 626 BGB Rn. 112 mit Verweis auf LAG Rheinland-Pfalz MMR 2004, 475; LAG Rheinland-Pfalz NZA-RR 2005, 634; LAG Rheinland-Pfalz BeckRS 2008, 50972; LAG Mainz MMR 2004, 475.

187 A.A. *Howald* öAT 2014, 49, 51.

188 Siehe hierzu die Ausführungen oben auf S. 35 f.

Für den Arbeitgeber hinge es vom Zufall ab, ob sich die konkrete Gefahr zu einer tatsächlichen Rufschädigung (bspw. durch die Veröffentlichung der Verbindungsdaten durch den Dritten) realisiert. Ferner wäre es sinnlos, eine arbeitsrechtliche Pflichtverletzung erst anzunehmen und damit dem Arbeitgeber die entsprechenden Reaktionsmöglichkeiten zu eröffnen, wenn es tatsächlich zu dessen Rufschädigung kommt. Er muss vielmehr schon dann arbeitsrechtliche Konsequenzen ziehen können, wenn die Gefahr einer Rufschädigung konkret besteht. Wird eine solche anhand der Prüfung mit den vorstehenden Kriterien bejaht, liegt eine kündigungsrelevante Pflichtverletzung i.S.d. § 241 Abs. 2 BGB vor.

cc) Zwischenergebnis

Eine arbeitsvertragliche Pflichtverletzung kann grundsätzlich darin liegen, dass ein Arbeitnehmer über den Internetanschluss des Arbeitgebers pornographische Webseiten aufruft und damit mindestens eine konkrete Gefahr der Beeinträchtigung des Arbeitgeberansehens verbunden ist. Ob der Arbeitgeber eine öffentlich-rechtliche oder eine private Rechtsform hat, ist in Bezug auf die drohende Rufschädigung ohne Belang. Allerdings kann eine solche nicht pauschal bei jedem Arbeitnehmer angenommen werden, der entsprechende Webseiten aufruft. Ob eine Rufschädigung als Grundlage einer Pflichtverletzung überhaupt in Betracht kommt, hängt von der Größe des Arbeitgeberunternehmens und der Stellung des Arbeitnehmers darin ab. Zu einer Rufschädigung kann es daher regelmäßig nur kommen, wenn ein Arbeitnehmer mit Repräsentationsfunktion eine Verbindung zwischen seiner „unsittlichen“ Internetaktivität und dem Arbeitgeber herstellt oder wenn die Ansehensbeschädigung aufgrund der Eigenart des Arbeitgebers (insb. des kirchlichen Arbeitgebers) einen besonderen Einschlag hätte. Ferner genügt die bloß abstrakte Gefahr einer Rufschädigung nicht für die Bejahung einer arbeitsrechtlichen Pflichtverletzung. Das Risiko der Ansehensbeeinträchtigung muss entweder konkret bestehen oder sich tatsächlich verwirklichen. Das rein theoretische Risiko einer Ansehensbeeinträchtigung stellt kein belastbares, sanktionsfähiges Fehlverhalten dar.

*f) Strafrechtlich relevante Webseiten und Handlungen*

Seitens des Arbeitnehmers besteht ferner eine arbeitsvertragliche Nebenpflicht zur Unterlassung rechtswidriger oder strafbarer Handlungen, die einen Bezug zum Arbeitsverhältnis aufweisen und betriebliche Interessen des Arbeitgebers berühren.[189] Das Aufrufen von Webseiten mit strafbaren Inhalten kann genauso wie das

189 Horen/Sieber/Holznagel/*Elschner* Teil 22.1 Rn. 61, vgl. auch BAG NZA 2004, 919, 920.

Herunterladen solcher Dateien als arbeitsvertragliche Pflichtverletzung qualifiziert werden. Es ist in diesem Zusammenhang zwischen der strafbaren Nutzung der betrieblichen Ressourcen einerseits und dem straffreien Abruf und individuellen Konsum strafrechtlich relevanter Inhalte andererseits zu differenzieren.[190]

Trotz dieser vorzunehmenden Unterscheidung liegt in beiden Fällen eine arbeitsvertragliche Pflichtverletzung vor. Im Fall der strafbaren Nutzung betrieblicher Ressourcen – bspw. beim Download kinderpornographischer Dateien oder Ankauf verbotener Gegenstände oder Substanzen im Darknet – ergibt sich der Bezug zum Arbeitsverhältnis bereits daraus, dass der Arbeitnehmer die im Eigentum des Arbeitgebers stehenden EDV-Systeme als Tatwerkzeug für die Begehung einer Straftat nach § 184b Abs. 3 StGB[191] missbraucht.[192] Gleiches gilt für das unbefugte Herunterladen oder Vervielfältigen von urheberrechtlich geschützten (Musik-, Bild- oder Video-)Dateien[193] oder den Download einer Hackersoftware.[194] Es liegt eine (ganz beachtliche) Nebenpflichtverletzung i.S.d. § 241 Abs. 2 BGB vor, wenn der Arbeitnehmer betriebliche Gegebenheiten nutzt, um Straftaten zu begehen.[195] Kein Arbeitgeber muss es dulden, dass seine Arbeitnehmer die Betriebsmittel für strafbare Privatgeschäfte nutzen.[196]

Der davon zu unterscheidende straffreie Aufruf und individuelle Konsum strafrechtlich relevanter Inhalte stellt aber ebenfalls stets eine arbeitsvertragliche Pflichtverletzung dar. Unerheblich ist dabei, ob im Ergebnis durch den Konsum ein Straftatbestand tatsächlich verletzt wird.[197] Auch wenn dies nicht der Fall ist, liegt eine Pflichtverletzung vor, denn das Arbeitsrecht stellt auf die unwiederbringliche Zerstörung des für das Arbeitsverhältnis wesentlichen Vertrauensverhältnisses ab.[198]

---

190 Horen/Sieber/Holznagel/*Elschner* Teil 22.1 Rn. 61.

191 BeckOK StGB/*Ziegler* StGB § 184b Rn. 15.

192 Horen/Sieber/Holznagel/*Elschner* Teil 22.1 Rn. 61.

193 *Kramer* NZA 2004, 457, 461; vgl. auch *Kramer* NZA 2016, 341, 343; LAG Sachsen-Anhalt, Urteil vom 26. Mai 2016 – Az. 6 Sa 23/16, juris.

194 Vgl. OLG Celle NZA-RR 2010, 299, 300, zur Kündigung eines GmbH-Geschäftsführers, der u. a. eine Hackersoftware auf den dienstlichen Laptop heruntergeladen hatte und damit eine Ordnungswidrigkeit nach § 111a Abs. 1 Nr. 1 lit. b) UrhG beging.

195 Vgl. nur BAG NZA 2016, 161, 161 und BAG NZA 2004, 919, 921.

196 LAG Köln BeckRS 2009, 69586; BAG NZA 2004, 919, 921.

197 Staudinger/*Preis* BGB § 626 Rn. 193; Besgen/Prinz/*Fausten*, Handbuch Internet. Arbeitsrecht § 1 Rn. 95.

198 Besgen/Prinz/*Fausten*, Handbuch Internet.Arbeitsrecht § 1 Rn. 95; *Kramer* NZA 2004, 457, 461.

Anders als bei der zuvor behandelten Pflichtverletzung wegen des Surfens auf pornographischen Webseiten liegt im Aufrufen von Webseiten mit strafbaren Inhalten auch dann eine kündigungsrelevante Pflichtverletzung, wenn für den Arbeitgeber keine konkrete Gefahr der Rufschädigung besteht. Insoweit existiert keine mit der Konstellation der Rufschädigung wegen Surfens auf „normalen" pornographischen Internetseiten (s. o.) vergleichbare Situation. Zwar ist die Rückverfolgung der aufgerufenen Webseiten mit strafrechtlich relevantem Inhalt zum Arbeitgeber auch hier nur theoretischer Natur, so dass ohne weitere Anhaltspunkte allenfalls eine abstrakte Gefahr der Rufschädigung in Frage kommt. Die Schwelle, die im Vergleich zum Aufrufen von normalen pornographischen Dateien überschritten wird und deshalb eine andere Beurteilung rechtfertigt, liegt allerdings im strafrechtlich relevanten Inhalt der abgerufenen Internetseiten. Wie dargelegt fußt bei Webseiten mit (strafrechtlich unbeachtlicher) Pornographie eine etwaige Rufschädigung darauf, dass in der Gesellschaft der Konsum von Pornographie jedenfalls noch teilweise als anstößig oder sittlich verwerflich angesehen wird. Dort steht lediglich eine moralische Bewertungsfrage in einem (straf-)rechtlich völlig unbedenklichen Bereich zur Diskussion. Dies rechtfertigt den Umstand, dass eine (arbeits-)rechtliche Relevanz beim Konsum von normaler Pornographie wenigstens die konkrete Gefahr einer Rufschädigung des Arbeitgebers voraussetzt.

Eine strengere Gewichtung ist beim (straffreien) Konsum von strafrechtlich relevantem Inhalt angebracht. Weil es sich bei strafrechtlich relevanten Inhalten – anders als bei normaler Pornographie – aber vom Gesetz ausdrücklich und eindeutig missbilligte Vorgänge handelt, ist deren Aufruf mit den Betriebsmitteln des Arbeitgebers trotz der regelmäßig nur abstrakten Gefahr der Identifizierung des Arbeitgebers als Pflichtverletzung i.S.d. § 241 Abs. 2 BGB einzuordnen. Grund dafür sind die bei einer Rückverfolgung dem Arbeitgeber drohenden, schweren Folgen, insb. dass für ihn neben die Gefahr einer Rufschädigung auch das Risiko tritt, strafrechtlichen Ermittlungsverfahren ausgesetzt zu werden.[199] Diese mögliche (erhebliche) Belastung, zu der es beim Surfen auf normalen Pornographiewebseiten nicht kommen kann, rechtfertigt die Annahme einer Pflichtverletzung trotz einer bloß abstrakten Gefahr der Rufschädigung. Dies reicht für eine unzumutbare Belastung des Arbeitsverhältnisses[200] und damit für die Annahme einer Pflichtverletzung aus.

---

199 Vgl. LAG München BeckRS 2009, 68264.

200 Im Ergebnis auch *Mengel* NZA 2005, 752, 753, die insoweit aber schon auf die leichte Erkennbarkeit der vom Arbeitgeberanschluss im Internet hinterlassenen Spuren ab-

Eine Pflichtverletzung nach § 241 Abs. 2 BGB ist daher immer dann anzunehmen, wenn ein Arbeitnehmer kinderpornografische, gewaltverherrlichende, volksverhetzende oder sonstige strafrechtlich indizierte Seiten abruft.[201] Der Arbeitnehmer, der bei nicht gestatteter Privatnutzung Webseiten mit strafbarem Inhalt besucht und ggf. sogar durch den Download solcher oder anderer Dateien einen Straftatbestand verletzt, begeht somit zwei voneinander zu trennende Pflichtverletzungen.

#### g) Zwischenergebnis

Gestattet der Arbeitgeber nicht ausdrücklich, seine betrieblichen Ressourcen auch zu privaten Zwecken zu nutzen, kann der Arbeitnehmer, der sich nicht an diese Vorgabe hält, unterschiedliche Pflichtverletzungen begehen. Das Internet und die Social Media bringen im Vergleich zu früher insb. aufgrund des großen Angebots an pornographischem und strafbarem Material neue arbeitsrechtlich zu bewertende Fehlverhaltensweisen mit sich. Die Realität zeigt auch, dass ein einheitliches Verhalten rechtsdogmatisch mehrere arbeitsrechtliche Pflichtverletzungen gleichzeitig darstellen kann. Am praxisrelevantesten ist die Pflichtverletzung der Nichterbringung der arbeitsvertraglich geschuldeten Arbeitsleistung. Dies – erstaunlicherweise – oftmals in Kombination mit Surfen auf pornographischen Webseiten. In diesem Zusammenhang spielt auch das unbefugte Herunterladen von Dateien auf betriebliche EDV-Systeme eine nicht unerhebliche Rolle.

Die ausbleibende Erbringung der Arbeitsleistung wegen der Privatnutzung ist ein klassischer Verstoß gegen die Hauptleistungspflicht des Arbeitnehmers. Die übrigen in Frage kommenden Pflichtverletzungen sind als Verstöße gegen arbeitsvertragliche Nebenpflichten gem. § 241 Abs. 2 BGB zu charakterisieren.

### 3. Kündigungsrechtliche Konsequenz der Pflichtverletzung

Obwohl sich die in Frage kommenden Pflichtverletzungen bei unerlaubter Privatnutzung betrieblicher Kommunikationsmittel rechtsdogmatisch grundsätzlich sauber in die jeweiligen Kategorien einordnen lassen, ist die praxisbezogene Wirksamkeitsprüfung einer hierauf bezogenen Kündigung eher von einer Gesamtschau des arbeitnehmerseitigen Fehlverhaltens geprägt. Vor dem Hintergrund, dass in den allermeisten Fällen eben nicht nur eine einzelne Pflichtverletzung

---

stellt, ohne genauer darauf einzugehen, dass die Frage der tatsächlichen Rückverfolgung regelmäßig nur theoretischer Natur ist; so auch ArbG Hannover NZA 2001, 1022, 1023; LAG München BeckRS 2009, 68264; ArbG München BeckRS 2009, 67992.

201 Vgl. *Mengel* NZA 2005, 752, 753.

vorliegt, sondern mehrere kumulativ gegeben sind, ist das auch nachvollziehbar. Gleichwohl gilt es, die jeweiligen Pflichtverletzungen einzeln auf ihre kündigungsrelevanten Konsequenzen hin zu untersuchen.

*a) Nichterbringen der vertraglich geschuldeten Arbeitsleistung*

Bei dieser Pflichtverletzung wird zunächst vom „normalen" unerlaubten Surfen – also weder auf pornographischen noch auf strafrechtlich relevanten Webseiten – ausgegangen. Diese Art der Pflichtverletzung kann im Hinblick auf ihre kündigungsrechtliche Konsequenz im Wesentlichen in zwei Gruppen unterteilt werden, wobei jeweils die Nutzungsdauer als maßgeblicher Anknüpfungspunkt herangezogen wird. Es geht insoweit entweder um die Privatnutzung in geringem Umfang (im Folgenden unter aa) dargestellt) oder um die sog. ausschweifende Nutzung (dazu unter bb)).

aa) Geringer Umfang der Privatnutzung

Bei der bloß im geringen Umfang stattfindenden unerlaubten Privatnutzung ist vor dem Ausspruch einer Kündigung grundsätzlich zuerst eine Abmahnung zu erteilen, denn es handelt sich hier um ein vom Arbeitnehmer steuerbares Verhalten, das er in Zukunft ändern kann.[202] Hier wiegt das Fehlverhalten nicht so schwer, dass nur noch eine Beendigung des Arbeitsverhältnisses verhältnismäßig wäre. Eine Kündigung wird daher wegen des Verhältnismäßigkeitsgrundsatzes regelmäßig unwirksam sein, wenn nicht bereits eine einschlägige Abmahnung vorliegt.[203] V.a. in Bezug auf eine fristlose Kündigung muss wegen der vergleichbaren Situation zwischen Arbeitszeitbetrug und Diebstahl eine Parallele zur Emmely-Entscheidung[204] des *BAG* gezogen werden. Liegt eine geringfügige Privatnutzung vor, ist daher im Rahmen der Interessenabwägung gerade bei einem langjährigen und störungsfreien Arbeitsverhältnis ein besonderer Akzent auf das angesparte Vertrauenskapital zu setzen.[205] Die Dauer der beanstandungsfreien Betriebszugehörigkeit erhält auch hier eine gesteigerte Bedeutung. Je länger sie ist, desto eher

---

202 Besgen/Prinz/*Fausten*, Handbuch Internet.Arbeitsrecht § 1 Rn. 83; vgl. LAG Köln, NZA-RR 2005, 136; LAG Frankfurt a. M., MDR 2002, 1075; a.A. *Koch* NZA 2004, 457, 462, der eine ordentliche Kündigung wegen umfangreicher Nutzung entgegen einem ausdrücklichen Verbot auch ohne vorherige Abmahnung als gerechtfertigt ansieht.

203 Vgl. *Bissels/Lützeler/Wisskirchen* BB 2010, 2433, 2343; *Wittek*, Soziale Netzwerke im Arbeitsrecht, S. 163.

204 BAG NZA 2010, 1227 ff.

205 Vgl. *Stoffels* NJW 2011, 118, 121 zur Emmely-Entscheidung.

wird eine fristlose Kündigung trotz des objektiv vorliegenden Arbeitszeitbetrugs unwirksam sein – vorbehaltlich anderer im Einzelfall zu berücksichtigender Gesichtspunkte.[206]

Wann eine noch geringe Nutzung vorliegt und ab welchem Umfang eine im Folgenden dargestellte ausschweifende Nutzung angenommen wird, kann bislang nicht mit einer minutengenauen Grenze voneinander getrennt werden. Von einer geringfügigen Nutzung ist aber auszugehen, wenn in einer nur unwesentlichen Zeitspanne die Arbeitsleistung aufgrund der Privatnutzung nicht erbracht wird. Darunter ist bspw. die Versendung einer E-Mail vom Dienst-PC an das private E-Mailpostfach[207] oder der ca. 20 Sekunden dauernde Abruf des privaten Kontostands über ein Online-Banking-Portal[208] zu subsumieren.

Insgesamt ist insoweit anzuerkennen, dass eine absolut sichere Eingruppierung solange nicht möglich sein wird, bis eine ausreichende Anzahl an Entscheidungen vorliegt, anhand derer eine genaue Einordnung in die Kategorien „geringfügige Privatnutzung", „nicht mehr geringfügige aber noch keine ausschweifende Privatnutzung" und „ausschweifende Nutzung" vorgenommen werden kann.

#### bb) Ausschweifende Nutzung

Bei der ausschweifenden, auch als exzessiv bezeichneten Privatnutzung des Internets ist es hingegen ständige Rspr., dass eine Abmahnung entbehrlich ist.[209] Regelmäßig liegt in diesen Fällen eine so erhebliche Pflichtverletzung vor, dass der Arbeitgeber das Arbeitsverhältnis unmittelbar mit einer außerordentlichen Kündigung beenden kann, erst recht mit einer ordentlichen.

Wann aber eine ausschweifende Nutzung anzunehmen ist, kann nicht pauschal festgelegt werden, da auch insoweit stets der jeweilige Einzelfall zu betrachten ist. Festzustellen ist zunächst, dass der von der Rspr. verwendete Terminus des Exzesses unglücklich gewählt ist. Bei einem Exzess handelt es sich um eine das gewöhnliche Maß erheblich überschreitende Handlung.[210] Bei einer direkten Übertragung dieser Definition auf die unerlaubte Nutzung moderner Kommunikationsmittel würde ein Arbeitnehmer daher im Exzess handeln, wenn er die ihm zur Verfügung gestellten Betriebsmittel in einer Art und Weise benutzt, die das übliche Maß überschreitet.[211] Da es vorliegend aber um die unerlaubte Nutzung

---

206 Vgl. *Stoffels* NJW 2011, 118, 122.

207 LAG Hamm ZD 2012, 488, 489.

208 LAG Rheinland-Pfalz NZA-RR 2010, 297, 298.

209 LAG Schleswig-Holstein NZA-RR 2014, 417, 420; BAG NZA 2006, 98, 101.

210 Besgen/Prinz/*Fausten*, Handbuch Internet.Arbeitsrecht § 1 Rn. 119.

211 Ebd.

der Kommunikationsmittel geht, bei der jegliche Privatnutzung untersagt ist, gibt es kein „übliches Maß", das überschritten werden kann. Wie bereits festgestellt scheidet eine Sozialadäquanz auch bei einer nur geringfügigen und kurzfristigen Privatnutzung aus und eine Erheblichkeitsschwelle ist ebenfalls abzulehnen.[212] Aufgrund dessen ist richtigerweise danach zu fragen, ob die unerlaubte Privatnutzung ausschweifend ist – also ein erhebliches Maß erreicht – oder nicht.[213] Im Folgenden wird daher der Begriff der ausschweifenden Nutzung verwendet.

In seiner Grundsatzentscheidung vom 07.07.2005 befand das *BAG* die Privatnutzung des betrieblichen Internetzugangs während der Arbeitszeit an zwei Tagen von 27 Minuten bzw. einer Stunde und 14 Minuten als „beträchtlichen zeitlichen Umfang", in dem der Arbeitnehmer seiner Arbeitspflicht nicht nachkam.[214] Hier kann nach Ansicht des *BAG* nicht mehr von einer kurzfristigen und unerheblichen Nutzung gesprochen werden und der pflichtwidrig handelnde Arbeitnehmer nicht darauf vertrauen, der Arbeitgeber werde dieses Verhalten tolerieren. In Konsequenz dessen, sah es eine Abmahnung als entbehrlich an. Unter Fortsetzung dieser Rpsr. bejahte es eine ausschweifende Nutzung bei einer über zwei Monate andauernden fast täglichen Privatnutzung zwischen 15 Minuten und knapp drei Stunden.[215] Auch das *LAG Hamm* geht bei einer durchschnittlichen Privatnutzungsdauer von einer viertel Stunde pro Arbeitstag grundsätzlich von einer ausschweifenden Nutzung aus.[216]

Gleichwohl setzt nicht jedes Instanzgericht den strengen Maßstab des *BAG* um. So war das *LAG Rheinland-Pfalz* in seinem Urteil vom 13.12.2007 der Auffassung, dass eine Privatnutzung von insgesamt mehr als fünf Stunden in einem Zeitraum

212 Siehe hierzu die Ausführungen oben auf S. 24.

213 So auch *Däubler*, Internet und Arbeitsrecht, S. 136 Rn. 189; vgl. LAG Hamm BeckRS 2015, 71241.

214 BAG NZA 2006, 98, wobei zu Gunsten des klagenden Arbeitnehmers sogar angenommen wurde, dass ein Großteil der Privatnutzung während der täglichen einstündigen Pause erfolgte.

215 BAG NZA 2006, 977, 978; Besgen/Prinz/*Fausten*, Handbuch Internet.Arbeitsrecht § 1 Rn. 121.

216 LAG Hamm BeckRS 2015, 71241; die dort streitgegenständliche außerordentliche Kündigung war aufgrund einer fehlerhaften Interessenabwägung unwirksam. Die Klägerin hatte nämlich 16 Monate vor Ausspruch der Kündigung ihr Fehlverhalten in Bezug auf die Privatnutzung selbst eingestellt und somit wäre wegen der positiven Zukunftsprognose eine Abmahnung trotz der ausschweifenden Nutzung ausnahmsweise erfolgsversprechend und nicht entbehrlich gewesen; zutreffend geht das LAG Hessen BeckRS 2016, 66739, bei einer Privatnutzung von insgesamt sieben Stunden innerhalb von sieben Tagen von einer ausschweifenden Privatnutzung aus.

von nahezu sechs Monaten nicht als ausschweifende Nutzung anzusehen ist.[217] Dies wäre schon als schwer vertretbar anzusehen, wenn sich die Gesamtdauer von über fünf Stunden aus kleinen Zeitabschnitten im Sinne einer geringfügigen Nutzung (s. o.) zusammengesetzt hätte. Im entschiedenen Fall wurden aber auch Nutzungsperioden von 15 bis 45 Minuten registriert, die nach der Rspr. des *BAG* ohne weiteres als ausschweifende Nutzung anzusehen gewesen wären.

Eine ausschweifende Nutzung, die den Arbeitgeber zur außerordentlichen Kündigung ohne vorherige Abmahnung berechtigt, liegt hingegen unstreitig in all den Fällen vor, in denen der Arbeitnehmer das betriebliche Internet in solch einem Rahmen nutzt, dass ihm kein Raum mehr für die Erbringung der arbeitsvertraglich geschuldeten Leistung verbleibt.[218] Im Rahmen der vorzunehmenden Verhältnismäßigkeitsprüfung ist ferner zu berücksichtigen, welche Arbeitsleistung der Arbeitnehmer wegen der Privatnutzung vernachlässigt. Ist er mit besonderen Aufsichtsfunktionen betraut, weil er z. B. sicherheitsrelevante Standards oder Arbeitsvorgänge überwachen muss, wiegt die Nichterbringung der geschuldeten Arbeit umso schwerer.[219]

### *b) Verstoß gegen ein ausdrückliches Verbot der privaten Nutzung*

Im Hinblick auf die kündigungsrelevante Konsequenz dieses Fehlverhaltens gilt zunächst auch hier, dass der Arbeitgeber eine Abmahnung auszusprechen hat. Zwar liegen im Ergebnis zwei selbständige Pflichtverletzungen vor (s. o.), allerdings führt das Hinzutreten des Verbotsverstoßes zur ohnehin vorliegenden Pflichtverletzung der unerlaubten Privatnutzung nicht zu einer Schwere, die die sofortige Beendigung des Arbeitsverhältnisses ohne vorherige Abmahnung rechtfertigen würde.

Insb. im Hinblick auf die vorzunehmende Interessenabwägung ist der jeweilige Einzelfall genau zu betrachten. In Bezug auf den Verbotsverstoß spielt es daher eine Rolle, ob das Verbot nur das Gebot der Unterlassung enthält oder auch gleichzeitig die (arbeitsrechtliche) Konsequenz eines Verstoßes bezeichnet. Ferner ist zu berücksichtigen, wann und auf welche Art der Arbeitgeber den Arbeitnehmer auf das Verbot hingewiesen hat. Teilt der Arbeitgeber z. B. in einer Mitarbeitererklärung das Verbot der Privatnutzung mit und verstößt der Ar-

---

217 LAG Rheinland-Pfalz BeckRS 2008, 50972; Besgen/Prinz/*Fausten*, Handbuch Internet.Arbeitsrecht § 1 Rn. 121.

218 LAG Niedersachen BeckRS 2010, 70504; in diesem Fall führte der fristlos gekündigte Arbeitnehmer im Chat eines Online Dating-Portals über einen Zeitraum von mehr als sieben Wochen arbeitstäglich mehrstündige Unterhaltungen.

219 BAG NZA 2006, 98, 100.

beitnehmer hiergegen fünf Jahre nach Erhalt dieser Mitteilung, wird man davon ausgehen müssen, dass der Verstoß wegen des allmählichen Verblassens der Mitteilung nicht mehr so schwer wiegt, als wenn der Arbeitnehmer bereits kurz nach Mitteilungserhalt gegen das Verbot verstößt. Erst recht wird nur eine Abmahnung in Frage kommen, wenn die Verbotsregelungen unklar sind.[220] In diesem Fall[221] begründet das *LAG Frankfurt a. M.* die Vorrangigkeit der Abmahnung unter anderem damit, dass die im Arbeitsrecht zunehmende Regelungsdichte dazu führe, dass die zahlreichen einzuhaltenden Pflichten vom Arbeitnehmer nicht ernst genug genommen werden. Es liege daher am Arbeitgeber, dass er die Bedeutung und Ernsthaftigkeit des betreffenden Verbots unmissverständlich hervorhebt.[222] Wenn völlig unklar ist, was in Bezug auf die Privatnutzung gilt, kann selbst eine Abmahnung unverhältnismäßig sein[223] und der Arbeitgeber allenfalls auf die kündigungsschutzrechtlich irrelevante, als Vorstufe zur Abmahnung geltende Ermahnung zurückgreifen.[224]

### *c) Unbefugter Download*

Bereits bei der Feststellung, ob ein unbefugter Download eine Pflichtverletzung nach § 241 Abs. 2 BGB darstellt, ist zwischen dem Download mit und ohne negativen Folgen zu unterscheiden. Das Erfordernis dieser Differenzierung wirkt sich auch bei der Frage nach den kündigungsrechtlichen Konsequenzen aus.

#### aa) Download ohne negative Folgen

Das bloße Herunterladen von Dateien kann regelmäßig nur eine Abmahnung rechtfertigen. Der Ausspruch einer verhaltensbedingten Kündigung wäre – wenn nicht weitere Pflichtverletzungen hinzutreten – ein Verstoß gegen das ultima ratio-Prinzip, denn gerade dieses Fehlverhalten kann für die Zukunft durch das Zeigen der „gelben Karte" abgestellt werden. Nutzt ein Arbeitnehmer bspw. den Dienstrechner ausschließlich außerhalb der Arbeitszeiten zum Dateiendownload

---

220 Besgen/Prinz/*Fausten*, Handbuch Internet.Arbeitsrecht § 1 Rn. 84; Küttner/*Kreitner* On. 229 Rn. 13.

221 Unklare Formulierungen sind insb. „Die Nutzung des betrieblichen Internets ist *hauptsächlich* zu geschäftlichen Zwecken gestattet" oder „Private E-Mails *sollten* nicht verschickt werden", vgl. LAG Frankfurt a. M., MDR 2002, 1075, 1076.

222 LAG Frankfurt a. M., MDR 2002, 1075, 1076.

223 So auch Besgen/Prinz/*Fausten*, Handbuch Internet.Arbeitsrecht § 1 Rn. 84.

224 Vgl. Besgen/Prinz/*Fausten*, Handbuch Internet.Arbeitsrecht § 1 Rn. 129; Küttner/*Eisemann* On. 2 Rn. 6; zusammenfassend zum Abmahnrecht *Hunold* ArbRAktuell 2016, 341 ff.

(die Nichterbringung der geschuldeten Arbeitszeit scheidet als weitere Pflichtverletzung also aus) und sind damit keine negativen Folgen verbunden, so kann der Arbeitgeber darauf lediglich mit einer Abmahnung reagieren.

Diese ist allerdings dann entbehrlich (der Arbeitgeber kann unmittelbar eine verhaltensbedingte außerordentliche Kündigung aussprechen), wenn der Arbeitnehmer eine Anonymisierungssoftware auf dem Dienstrechner installiert (s. o.). Entsprechend den oben dargestellten Grundsätzen zur Entbehrlichkeit der Abmahnung kann der Arbeitnehmer in einem solchen Fall nicht damit rechnen, der Arbeitgeber werde die Anbringung eines Spurenverwischungsprogramms akzeptieren. Die besondere Schwere der Pflichtverletzung ergibt sich zudem daraus, dass er das arbeitsvertragswidrige Verhalten (Nichterbringung der Arbeitsleistung und evtl. der Verstoß gegen ein ausdrückliches Privatnutzungsverbot) absichtlich verschleiert, und dies auch noch mit den Betriebsmitteln des Arbeitgebers. Hier muss es sich dem Arbeitnehmer geradezu aufdrängen, dass ein solches Verhalten dem Willen des Arbeitgebers eklatant zuwiderläuft.[225]

### bb) Download mit negativen Folgen

Anders zu beurteilen sind die kündigungsrechtlichen Möglichkeiten bei dieser Pflichtverletzung allerdings dann, wenn die konkrete Gefahr einer Vireninfizierung hervorgerufen wird bzw. sich eine solche Gefahr realisiert. Ferner, wenn eine so große Menge an Dateien auf die betrieblichen EDV-Systeme geladen wurde, dass Betriebsabläufe erheblich gestört werden und dem Arbeitgeber dadurch ein Schaden entsteht. Letzteres könnte z. B. bei datenmäßig umfangreichen Downloads der Fall sein, wenn sie die Internetleitung des Arbeitgebers derart auslasten, dass sie für geschäftliche Kommunikationsvorgänge mit Kunden des Arbeitgebers ausfällt und deswegen Geschäftsabschlüsse nicht zustande kommen. In diesen Fällen handelt es sich ebenfalls um die Pflichtverletzung „unbefugter Download“, allerdings liegt das Hauptaugenmerk auf dem dadurch eingetretenen Schaden.

Es erscheint im Hinblick auf die in Betracht kommende kündigungsrechtliche Maßnahme sinnvoll, sowohl beim Verschuldensgrad des Arbeitnehmers als auch beim Schadensausmaß des schädlichen Downloads weiter zu differenzieren. Denn insb. wenn es tatsächlich zu einer Vireninfizierung oder einer Störung des Betriebsablaufs (Systemausfall) kommt, sind die damit für den Arbeitgeber verbundenen Kosten (Reinigen des EDV-Systems durch ein IT-Unternehmen) bzw. Geschäftseinbußen (durch nicht zustande gekommene Verträge) zu berücksichtigen.

---

225 BAG NZA 2006, 980, 984.

Lädt der Arbeitnehmer z.B. auf der Webseite www.chip.de oder im Play-/Appstore des dienstlichen Smartphones versehentlich ein schadhaftes Programm herunter, obwohl er der Auffassung ist, die geladene Software ist unbedenklich, ist unter Berücksichtigung des Verhältnismäßigkeitsgrundsatzes regelmäßig nur eine Abmahnung auszusprechen. Die fehlende Vorhersehbarkeit hinsichtlich der negativen Folgen wäre im Rahmen der Interessenabwägung zu seinen Gunsten anzustellen. Führt allerdings dieser als unbedenklich eingestufte Download zu einem enormen Schaden beim Arbeitgeber, kann eine ordentliche Kündigung (auch ohne einschlägige vorherige Abmahnung) verhältnismäßig sein. Eine das Arbeitsverhältnis sofort beendende außerordentliche Kündigung wird in dieser Konstellation regelmäßig an der Interessenabwägung des § 626 Abs. 2 BGB scheitern.

Ist dem Arbeitnehmer hingegen ein grob fahrlässiges Verhalten vorzuwerfen bspw., weil er auf Webseiten gesurft ist, die für die Verbreitung von Malware (Englisch für „Schadprogramm") bekannt ist (z.B. Online-Tauschbörsen), kann wegen der Vorhersehbarkeit der negativen Folgen – ebenfalls unter Berücksichtigung deren Ausmaßes – eher die Verhältnismäßigkeit und damit Wirksamkeit einer ordentlichen Kündigung ohne Abmahnung angenommen werden. In besonders schweren Fällen ist auch eine außerordentliche Kündigung in Betracht zu ziehen. Eine solche kann aber erst dann rechtmäßig sein, wenn sowohl die Vorwerfbarkeit des Arbeitnehmerverhaltens als auch die eingetretenen Schäden ein hohes Maß erreichen. Die Wirksamkeit einer außerordentlichen Kündigung wird insb. dann anzunehmen sein, wenn er trotz des Warnhinweises eines auf dem Dienstrechner installierten Virenprogramms die unbekannte und schadhafte Software herunterlädt. Bei solch einem verantwortungslosen Handeln wird ein Arbeitnehmer nicht damit rechnen können, dass der Arbeitgeber lediglich eine Abmahnung ausspricht.[226]

### *d) Verursachung von zusätzlichen Kosten für den Arbeitgeber*

Führt die unberechtigte Privatnutzung dazu, dass dem Arbeitgeber zusätzliche Kosten entstehen, hängt es insb. von deren Höhe ab, ob sich der Arbeitgeber lediglich auf den Ausspruch einer Abmahnung beschränken oder auch ohne diese unmittelbar zur Kündigung greifen kann. Zunächst gilt, dass eine Zusatzkosten verursachende, unberechtigte Nutzung von Betriebsmitteln einen wichtigen Grund an sich i.S.d. § 626 Abs. 1 BGB[227] und damit erst recht i.S.d. § 1 Abs. 2 Var. 2 KSchG darstellen kann. Bei Zusatzkosten von mehreren Tausend Euro wird man davon ausgehen können, dass eine vorherige Abmahnung ent-

226 Vgl. LAG Rheinland-Pfalz MMR 2016, 571, 572.
227 BAG NZA 2006, 98, 99; LAG Hessen BeckRS 2011, 78091.

behrlich ist, v. a. dann, wenn dem Arbeitnehmer klar sein muss, dass die Privatnutzung nicht gestattet ist und beim Arbeitgeber zu Mehrkosten führt.[228]

Bei lediglich geringfügigen Kosten, wie sie z. B. beim Aufladen eines Smartphones entstehen,[229] kann der Arbeitgeber trotz des Vorliegens einer Straftat (§ 248c StGB) regelmäßig nur mit einer Abmahnung reagieren. Dies muss umso mehr gelten, wenn er auch andere Kosten, die bei ihm durch die Nutzung privater Geräte (wie z. B. Mikrowelle, Wasserkocher oder Kaffeemaschine) entstehen, akzeptiert. In diesem Fall ist für den Arbeitnehmer – ohne eindeutige Hinweise des Arbeitgebers dazu, welche Zusatzkosten er hinnimmt (und welche nicht) – nicht klar, ob auch das Aufladen des Mobiltelefons geduldet wird. Entsprechend der Rechtslage bei unbestimmten Regelungen bzgl. des Verbots der privaten Internetnutzung[230] erscheint das Verschulden bei solch einem Verstoß als gering, so dass der Arbeitgeber allenfalls eine Abmahnung aussprechen kann.[231] Eine Kündigung wäre aufgrund des Verhältnismäßigkeitsgrundsatzes nicht gerechtfertigt.

*e) Rufschädigung des Arbeitgebers – Surfen auf pornographischen Webseiten*

Wie gezeigt ist allein der Aufruf einer pornographischen Webseite mit dem betrieblichen EDV-System nicht ohne weiteres als eigenständige Pflichtverletzung anzusehen. Eine solche ist erst beim Hinzutreten einer konkreten Gefahr der Rufschädigung des Arbeitgebers anzunehmen.[232] Folglich bedeutet dies für die kündigungsrechtlichen Konsequenzen, dass der Arbeitgeber keinerlei Sanktionen ergreifen kann, wenn es nicht zu einem konkreten Schädigungsrisiko für seinen Ruf kommt. In diesem Fall kann er lediglich die tatsächlich vorliegenden Pflichtverletzungen wie z. B. die ausschweifende Privatnutzung oder den Verstoß gegen ein ausdrückliches Verbot der Privatnutzung ahnden.

Besteht hingegen tatsächlich eine reale Gefahr für sein Ansehen, handelt es sich hierbei um ein arbeitsvertragliches Fehlverhalten, das nach den Grundsätzen zur verhaltensbedingten Kündigung zu beurteilen ist. Man wird prinzipiell davon ausgehen müssen, dass es zunächst einer Abmahnung bedarf. Die Pflichtverletzung wiegt für sich betrachtet nicht so schwer, dass nur noch die Beendigung des Arbeitsverhält-

---

228 Vgl. LAG Hessen BeckRS 2011, 78091, hier verursachte der klagende Arbeitnehmer mit seiner privaten Internetnutzung über das betriebliche Mobiltelefon beim Arbeitgeber Nettokosten in Höhe von € 3.267,68.

229 Siehe hierzu die Ausführungen oben auf anstelle von S. 37.

230 Vgl. hierzu die Ausführungen oben auf anstelle von S. 52 f.

231 Vgl. LAG Hamm BeckRS 2010, 72669.

232 Siehe hierzu die Ausführungen oben auf anstelle von S. 43 f.

nisses als angemessen anzusehen wäre. Für die Entbehrlichkeit einer Abmahnung wäre nach den oben genannten Grundsätzen außerdem erforderlich, dass der Arbeitnehmer die Rechts- bzw. Vertragswidrigkeit bezogen auf die konkrete Gefahr der Rufschädigung – dies ist bei isolierter Betrachtung die arbeitsrechtliche Pflichtverletzung – ohne weiteres erkennen kann. Im Zeitpunkt des Aufrufens einer Webseite pornographischen Inhalts über das betriebliche EDV-System weiß der Arbeitnehmer aber gar nicht, ob lediglich die immer gegebene abstrakte Gefahr der Rufschädigung oder bereits ein reales Risiko für das Ansehen des Arbeitgebers besteht.

Dass eine Abmahnung beim Abrufen von Webseiten mit pornographischen Inhalten erforderlich ist, zeigt auch das vom *BAG*[233] gebilligte Judikat des *LAG Nürnberg*.[234] Letzteres gab der Kündigungsschutzklage eines leitenden Angestellten gegen eine außerordentliche Kündigung wegen des Surfens auf pornografischen Seiten (bei einem ausdrücklichen Verbot der Privatnutzung des betrieblichen Internetanschlusses) statt. In den Urteilsgründen führt das Gericht aus:

> *„Was als kündigungsrechtlich relevanter Sachverhalt bleibt, ist der Verstoß gegen das ausdrückliche Verbot des dienstlichen Internetanschlusses, das Aufrufen von Internetseiten bzw. das Herunterladen von Bildmaterial das zu einer Vireninfizierung des betrieblichen Betriebssystems hätte führen können und eine zu befürchtende Rufschädigung des Arbeitgebers aufgrund des Aufrufens erotischer/pornografischer Seiten und das Herunter[laden] entsprechenden Bildmaterials."*

Gleichwohl sah es die außerordentliche Kündigung wegen fehlerhafter Interessenabwägung aufgrund der langen Dauer des beanstandungsfreien Arbeitsverhältnisses als unwirksam an. Im Einklang mit der *BAG*-Rspr. wurde die Pflichtverletzung der Gefahr einer Rufschädigung angenommen, ohne eine Unterscheidung zwischen dem diesbezüglichen abstrakten oder konkreten Risiko für den Arbeitgeber vorzunehmen. Materiell-rechtlich kann eine Pflichtverletzung aber ohne entsprechende Feststellungen zu einer konkreten Gefahr nicht begründet werden, so dass jedenfalls die Gefahr einer Rufschädigung nicht als „kündigungsrechtlich relevanter Sachverhalt" herangezogen werden kann.

Im Ergebnis jedoch zutreffend sah das *LAG Nürnberg* eine Abmahnung als unentbehrlich an, was nach seiner Ansicht auch an der mittlerweile eingetretenen Häufigkeit des Konsums von Pornographie über die betriebliche Internetverbindung liegt. Dieses im Alltag vermehrt aufkommende Verhalten wirkt sich auf die Kündigungsmöglichkeiten des Arbeitgebers aus, was in den Urteilsgründen wie folgt zum Ausdruck kommt:

---

233 BAG NZA 2013, 27, 27.

234 LAG Nürnberg BeckRS 2012, 75682.

*„Insoweit ist es traurige Wirklichkeit, die sich in der Gerichtspraxis immer wieder zeigt, dass die verlockenden Angebote nur allzu sehr dazu verleiten, von ihnen per einfachem Mausklick Gebrauch zu machen. Dies vermag zwar das von der Beklagten behauptete Verhalten des Klägers nicht zu rechtfertigen oder entschuldigen, gebiete aber im konkreten Fall sowohl hinsichtlich der negativen Zukunftsprognose, was das künftige Verhalten des Klägers angelangt, als auch im Rahmen des Verhältnismäßigkeitsgrundsatzes den Ausspruch einer Abmahnung gegenüber dem Kläger".*

Daraus ist abzuleiten, dass die Häufigkeit des Pornographiekonsums die Schwere der Pflichtverletzung als gering erscheinen lässt, was ebenfalls für das Erfordernis einer Abmahnung spricht.

Die hilfsweise ausgesprochene ordentliche Kündigung kassierte das *LAG Nürnberg* ebenso wegen der fehlenden Abmahnung und stellte maßgeblich darauf ab, dass

*„(...) aufgrund der Intelligenz des Klägers davon ausgegangen werden [kann], auch der Ausspruch einer Abmahnung hätte die Gewähr dafür geboten, dass der Kläger – bei ihm zur Kenntnis gebrachter Kontrolle seiner Internetaktivitäten und der in Aussicht gestellten Beendigung des Vertragsverhältnisses – auch langfristig jegliche Privatnutzung unterlässt, insb. soweit sie sich auf „erotische" oder gar „pornografische" Inhalte bezieht."*

Das Argument, speziell die Intelligenz des Arbeitnehmers spreche gegen die Entbehrlichkeit einer Abmahnung, ist nicht überzeugend. Im Gegenteil: von einem besonders intelligenten Arbeitnehmer wird man erwarten können, dass dieser eher die Pflichtwidrigkeit seines Handels erkennen kann und entsprechende Verhaltensweisen unterlässt. Liegt keine besonders schwere Pflichtverletzung vor, ist eine Abmahnung nur dann abkömmlich, wenn selbst bei ihrem unterstellten Ausspruch eine Verhaltensänderung in Zukunft nicht zu erwarten ist, also weitere Aufrufe von pornographischen Webseiten zu befürchten wären. Liegen hierfür keine Anhaltspunkte vor, ist wegen des herrschenden Prognoseprinzips vom Erfordernis einer Abmahnung auszugehen. Die Erforderlichkeit einer Abmahnung zusätzlich mit der Intelligenz des sich pflichtwidrig verhaltenden Arbeitnehmers zu begründen, ist – jedenfalls dogmatisch – überflüssig und widerspricht im Übrigen der Logik.

Wenn also neben dem Surfen auf pornographischen Webseiten, das zu einer konkreten Gefahr für den Ruf des Arbeitgebers führt, nicht gleichzeitig eine ausschweifende Privatnutzung in o.g. Sinne vorliegt, wird der Arbeitgeber regelmäßig nur eine Abmahnung und nicht die sofortige (ordentliche oder außerordentliche) Kündigung aussprechen können.[235]

235 Vgl. Besgen/Prinz/*Fausten*, Handbuch Internet.Arbeitsrecht § 1 Rn. 122.

### *f) Strafrechtlich relevante Webseiten und Handlungen*

Anders verhält es sich, wenn strafrechtlich relevante Webseiten aufgesucht werden und der Arbeitnehmer unter Benutzung betrieblicher Kommunikationsmittel strafbare Handlungen begeht. In diesen Fällen ist die Rspr. konsequent streng und sieht eine vorherige Abmahnung als entbehrlich an.[236] Eine außerordentliche Kündigung ist in aller Regel gerechtfertigt.

Aufgrund der derzeit vorherrschenden und von den Medien als „Flüchtlingskrise" propagierten politischen Situation, können insb. fremdenfeindliche Äußerungen in Social Media Straftaten gegen die öffentliche Ordnung darstellen und auch kündigungsrechtlich relevant werden. So verurteilte bspw. das *AG Meißen* einen 36-Jährigen, der bei *Facebook* einen Brandanschlag auf eine geplante Asylunterkunft mit den Worten

> *„Hihi richtig so. Normalerweise erst einziehen, dann abbrennen. Aber so geht es auch."*

kommentierte, zu einer Geldstrafe.[237] Damit erfüllte der Täter den Straftatbestand des § 140 Nr. 2 Var. 2 StGB, nämlich die Billigung einer Straftat in einer Weise, die geeignet ist, den öffentlichen Frieden zu stören. Würde ein solcher Post über den betrieblichen Computer des Arbeitgebers veröffentlicht werden, müsste der Arbeitgeber nicht auf das mildere Mittel der Abmahnung zurückgreifen, sondern könnte unmittelbar eine verhaltensbedingte Kündigung aussprechen.

Auch die nicht selten vorkommende Fallgestaltung, dass Arbeitnehmer über den betrieblichen Internetanschluss Straftaten in Zusammenhang mit (Kinder) Pornographie begehen, wird in der Rspr. eindeutig gehandhabt. Sobald Straftaten nach den §§ 184 ff. StGB – wenn auch nur einmalig – begangen werden, ist der Arbeitgeber zur außerordentlichen Kündigung ohne vorherige Abmahnung berechtigt.[238] Gleiches gilt für die zweckentfremdete Nutzung eines Dienstcom-

---

236 *Mengel* NZA 2005, 753; Besgen/Prinz/*Fausten*, Handbuch Internet.Arbeitsrecht § 1 Rn. 92.

237 becklink 2001249 vom 02.10.2015; vgl. auch die Entscheidung des LG Frankfurt a. M. BeckRS 2016, 17168, mit der der dortige Angeklagte zu einer (Gesamt-)Freiheitsstrafe von acht Monaten auf Bewährung verurteilt wurde, weil er sich durch das Verlinken rechtsextremer Lieder im Internet des Verbreitens von Propagandamitteln verfassungswidriger Organisationen gem. §§ 86 Abs. 1 Nr. 4 und Abs. 2, 11 Abs. 3 StGB strafbar gemacht hatte.

238 Vgl. LAG München, BeckRS 2009, 68264, zum Download von pornographischen Dateien mit strafrechtlichem Inhalt auf den Dienstcomputer; Besgen/Prinz/*Fausten*, Handbuch Internet.Arbeitsrecht § 7 Rn. 92.

puters, um unter Umgehung eines Kopierschutzes Vervielfältigungen privat beschaffter Musik- oder Film-CDs/DVDs herzustellen.[239]

Wie bereits aufgezeigt ist es für die Bejahung einer Pflichtverletzung irrelevant, ob im Ergebnis ein einschlägiger Straftatbestand tatsächlich erfüllt ist. In Konsequenz dessen ist beim Vorliegen einer solchen Pflichtverletzung wegen der unwiederbringlichen Zerstörung des Vertrauens zum Arbeitnehmer auch eine außerordentliche Kündigung als rechtswirksam anzusehen.[240]

#### *g) Zwischenergebnis*

Eine Untersuchung der denkbaren Pflichtverletzungen unter Heranziehung der einschlägigen Rspr. auf ihre kündigungsrechtliche Relevanz führt zu dem Ergebnis, dass v. a. bei der ausschweifenden Privatnutzung und bei strafrechtlich relevantem Online-Verhalten eine verhaltensbedingte Kündigung ohne vorherige Abmahnung in Betracht kommt. Gleiches gilt für den Download einer Anonymisierungssoftware. Diese Pflichtverletzungen wiegen i. d. R. so schwer, dass dem Arbeitgeber eine sofortige, jedenfalls aber eine fristgerechte Beendigung des Arbeitsverhältnisses möglich ist. Die übrigen Pflichtverletzungen rechtfertigen regelmäßig lediglich den Ausspruch einer Abmahnung.

### *4. Anforderungen an die Betriebsratsanhörung gem. § 102 Abs. 1 S. 2 BetrVG*

Kommt eine (ordentliche oder außerordentliche) Kündigung des Arbeitnehmers wegen einer oder mehrerer der vorgenannten Pflichtverletzungen in Betracht, weil der Arbeitgeber bereits eine einschlägige Abmahnung ausgesprochen hat oder weil sie ausnahmsweise entbehrlich ist (s. o.), ist gem. § 102 Abs. 1 S. 1 BetrVG vor dem Ausspruch der Kündigung der Betriebsrat[241] – sofern ein solcher existiert – anzuhören. Wegen dem hohen technischen Bezug der Pflichtverletzungen sind an den Inhalt der Betriebsratsanhörung (hierzu nachfolgend sub lit. a)) besondere Anforderungen zu stellen. Die bei den Pflichtverletzungen vom Arbeitnehmer selbst produzierten IT-Daten berühren auch in datenschutzrechtlicher Hinsicht die Beteiligung der Arbeitnehmervertretung, worauf im Anschluss unter lit. b) einzugehen ist.

---

239 BAG NZA 2016, 161, 161.

240 Besgen/Prinz/*Fausten*, Handbuch Internet.Arbeitsrecht § 1 Rn. 95; *Kramer* NZA 2004, 457, 461; ArbG Frankfurt a. M. BeckRS 2009, 67992.

241 Vgl. das Pendant im öffentlichen Dienst: § 79 BPersVG bzw. die entsprechenden landesrechtlichen Vorschriften.

### *a) Inhalt der Anhörung*

Die Betriebsratsanhörung ist eine zwingende Wirksamkeitsvoraussetzung. Wenn sie unterbleibt oder inhaltlich mangelhaft, insb. unvollständig ist, ist die Kündigung bereits allein deswegen unwirksam,[242] § 102 Abs. 1 S. 3 BetrVG. Der Arbeitgeber muss dem Betriebsrat alle Gründe und Tatsachen angeben, die für seinen Kündigungsentschluss maßgebend sind und auf die er die Kündigung stützen will (sog. subjektive Determination der Kündigungsgründe).[243] Der Betriebsrat muss allein aufgrund der vom Arbeitgeber erhaltenen Informationen in der Lage sein, die Stichhaltigkeit der Kündigungsgründe ohne eigene Nachforschungen zu überprüfen.[244]

In Bezug auf die oben erörterten Pflichtverletzungen im Zusammenhang mit der unerlaubten Privatnutzung betrieblicher Kommunikationsmittel gilt daher, dass der Arbeitgeber den Betriebsrat detailliert darüber informieren muss, wann der zu kündigende Arbeitnehmer welche Webseiten wie lange aufgerufen bzw. welche Dateien er heruntergeladen hat oder welche Kosten dem Arbeitgeber der Höhe nach entstanden sind. So würde es bspw. hinsichtlich der Pflichtverletzung „Nichterbringung der arbeitsvertraglich geschuldeten Arbeitsleistung" nicht ausreichen, wenn der Arbeitgeber dem Betriebsrat nur in stichwortartiger Umschreibung mitteilt, dass der betroffene Arbeitnehmer „über einen längeren Zeitraum in erheblichem Umfang" während der Arbeitszeit im Internet gesurft ist.[245]

Bei einem Arbeitnehmer, der in einem Zeitraum von Januar bis November pro Arbeitstag durchschnittlich eine Stunde trotz eines Verbots zu privaten Zwecken im Internet surft, sieht das *ArbG Hannover* den Betriebsrat als ausreichend detailliert unterrichtet an, wenn der Arbeitgeber das Verbot der privaten Internetnutzung erwähnt und eine CD-ROM mit der Einzelauswertung der Internetnutzung des zu kündigenden Arbeitnehmers übergibt.[246] Eine gesonderte Beschreibung der auf den entsprechenden Webseiten angezeigten Inhalte sei nach Ansicht des Gerichts im Rahmen des Anhörungsverfahrens nicht erforderlich, da es dem Betriebsrat obliege, wie er die Webseiten bewertet.[247] Aufgrund der dem Arbeitgeber bei der Unterrichtung nach § 102 Abs. 1 S. 2 BetrVG zustehenden

242 Vgl. GK/*Raab* § 102 Rn. 77, 82; *Fitting* § 102 Rn. 56 ff.

243 Richardi/*Thüsing* § 102 Rn. 57; *Fitting* § 102 Rn. 41.

244 Richardi/*Thüsing* § 102 Rn. 56; ErfK/*Kania* BetrVG § 102 Rn. 6.

245 Vgl. Küttner/*Kreitner* On. 310 Rn. 27; Richardi/*Thüsing* § 102 Rn. 61.

246 ArbG Hannover BeckRS 2008, 50725.

247 Ebd.

Einschätzungsprärogative muss es aber unerheblich sein, wenn er den Betriebsrat mit solchen zusätzlichen Informationen versorgt.

#### *b) Datenschutz*

Die datenschutzrechtlichen Vorschriften des BDSG hindern den Arbeitgeber bei der Durchführung der Betriebsratsanhörung grundsätzlich nicht. Anders als bei der in diesem Teil der Arbeit unter dem Gliederungspunkt III. untersuchten Kontrolle des Arbeitnehmerverhaltens am Dienst-PC gelten die Vorschriften des BDSG für die nach § 102 Abs. 1 S. 2 BetrVG durchzuführende Unterrichtung des Betriebsrats nur eingeschränkt. Zwar handelt es sich bei der Mitteilung der maßgeblichen Informationen (s. o.) zum Zwecke des Anhörungsverfahrens um eine Übermittlung personenbezogener Daten i.S.d. § 3 Abs. 1 BDSG. Allerdings ist der Betriebsrat lediglich ein unselbständiger Teil der datenspeichernden Stelle „Arbeitgeber".[248] Er ist damit kein Dritter i.S.d. § 3 Abs. 4 S. 2 Nr. 3 BDSG, so dass es an dem Tatbestandsmerkmal „an einen Dritten" fehlt. Da auch die §§ 28 ff. BDSG an die allgemeinen Begrifflichkeiten des § 3 BDSG anknüpfen, liegt insgesamt keine Datenübermittlung im Sinne des Gesetzes vor.[249]

Allerdings handelt es sich bei der Weitergabe der personenbezogenen Daten im Rahmen der Betriebs- bzw. Personalratsanhörung um eine Datennutzung i.S.d. § 3 Abs. 5 BDSG.[250] Bezogen auf deren Zulässigkeit gelten grundsätzlich auch die §§ 28 ff. BDSG, wenn nicht gemäß § 1 Abs. 3 BDSG bzw. § 4 Abs. 1 BDSG andere Rechtsvorschriften die Zulässigkeit der Verarbeitung oder Nutzung personenbezogener Daten als lex specialis regeln.[251] Als eine dem BDSG vorgehende Erlaubnisnorm i.S.d. § 1 Abs. 3 BDSG – § 4 Abs. 1 BDSG bezieht sich auf im Verhältnis zu Bundesrecht nachrangige Rechtsvorschriften[252] – käme § 102 Abs. 1 S. 2 BetrVG in Betracht. Der Arbeitgeber kann die darin geregelte Unterrichtungspflicht nämlich nur erfüllen, wenn er dem Betriebs- bzw. Personalrat alle erforderlichen Daten, also auch personenbezogene mitteilt.[253] Jedoch sagt § 102 Abs. 1 S. 2 BetrVG nichts darüber aus, welche Daten relevant werden dürfen und in welcher Weise sie verarbeitet werden. Die diesbezüglichen Fragen

---

248 BAG NZA 1998, 385, 386; BAG BeckRS 2003, 41665; APS/*Koch* § 102 BetrVG Rn. 87.

249 Vgl. APS/*Koch* § 102 BetrVG Rn. 87.

250 Gola/Schomerus/*Gola/Klug* § 32 Rn. 37, 38.

251 Gola/Schomerus/*Gola/Klug* § 4 Rn. 7.

252 Ebd., wie z. B. landesrechtliche oder kommunalrechtliche Bestimmungen.

253 Vgl. Gola/Schomerus/*Gola/Klug* § 4 Rn. 9 zu der Mitteilung der Sozialdaten bei einer betriebsbedingten Kündigung oder der in § 80 Abs. 2 BetrVG geregelten Informationspflicht des Arbeitgebers.

sind deshalb nach den Vorschriften der §§ 28 Abs. 1 S. 1, 32 BDSG und dem dort vorgesehenen Abwägungsvorgang zu beantworten.[254]

Da es bei der Betriebs- bzw. Personalratsanhörung um die Beendigung eines Beschäftigungsverhältnisses geht, richtet sich die Zulässigkeit der Datennutzung in Form der Weitergabe an die Arbeitnehmervertretung also nach § 32 Abs. 1 S. 1 BDSG. Danach ist die Nutzung personenbezogener Daten zulässig, wenn sie für die Beendigung des Beschäftigungsverhältnisses erforderlich ist. Das Tatbestandsmerkmal der Erforderlichkeit ist auch zu bejahen, da der Arbeitgeber die Arbeitnehmervertretung anzuhören hat, bevor er dem Arbeitnehmer die Kündigung ausspricht, denn ansonsten kommt es zur Unwirksamkeitsfiktion des § 102 Abs. 1 S. 3 BetrVG.

### 5. *Zwischenergebnis*

Ist die private Nutzung des Internets bzw. der Social Media während der Arbeitszeit nicht gestattet, steht die Verletzung der Hauptleistungspflicht „Erbringung der Arbeitsleistung" im Vordergrund. Es geht insoweit (noch) nicht um den konkreten Inhalt der Kommunikation. Gleichwohl kommen neben der Pflichtverletzung des Arbeitszeitbetrugs weitere (Neben-)Pflichtverletzungen in Betracht, die regelmäßig in Kumulation auftauchen. Diese gilt es rechtsdogmatisch sauber zu trennen, was der Rspr. nicht immer gelingt.

Eine wirksame Kündigung kann der Arbeitgeber meistens nur dann aussprechen, wenn sich entweder in der Personalakte des vertragsbrüchig gewordenen Arbeitnehmers eine einschlägige Abmahnung befindet oder eine ausschweifende Privatnutzung bzw. eine strafbare Handlung vorliegt.

Die selbständig ausgesprochene ordentliche verhaltensbedingte Kündigung wegen Missbrauchs der betrieblichen Kommunikationsmittel fristet in der Praxis und damit in der Rspr. ein Schattendasein.[255] Es kommt kaum vor, dass ein Arbeitgeber die vorgenannten Pflichtverletzungen zunächst nur mit einer Abmahnung ahndet, um bei einem wiederholten (gleichartigen) Fehlverhalten eine ordentliche Kündigung auszusprechen. Vielmehr ist es überwiegender Usus, ohne vorausgegangene Abmahnung direkt eine außerordentliche Kündigung zu erklären, diese dann aber oftmals verbunden mit einer hilfsweise ordentlichen Kündigung.[256] Kommt man im Rahmen der Wirksamkeitsprüfung der außerordentlichen Kündigung dann jedoch zu dem Ergebnis, dass sie unwirksam ist,

254 Vgl. Gola/Schomerus/*Gola/Klug* § 4 Rn. 9.
255 Besgen/Prinz/*Fausten*, Handbuch Internet.Arbeitsrecht § 1 Rn. 99.
256 Ebd.

hängt der Bestand des Arbeitsverhältnisses von der Wirksamkeit der ebenfalls ohne vorherige Abmahnung hilfsweise ausgesprochenen ordentlichen Kündigung ab. Die begangene Pflichtverletzung muss ein solches Gewicht haben, dass eine deswegen erklärte ordentliche Kündigung auch ohne Abmahnung gerechtfertigt ist, denn das Abmahnungserfordernis ist für eine außerordentliche und eine hilfsweise ordentliche Kündigung bei identischem Kündigungssachverhalt nur einheitlich zu beurteilen.[257] Weil dies nur in den aufgezeigten Konstellationen der Fall sein wird, besteht für den Arbeitgeber bei diesem „alles oder nichts"-Vorgehen ein nicht unerhebliches Risiko.

Schließlich hat er bei einer erforderlichen Betriebsratsanhörung dafür Sorge zu tragen, dass er die Interessenvertretung in nicht zu beanstandender Weise von der beabsichtigten Kündigung unterrichtet. Dabei sollte er v. a. die Tatsachen, die die jeweilige Pflichtverletzung darstellen, verständlich und nachvollziehbar dartun, insb. die einzelnen Verbindungs- bzw. Downloaddaten auf einem Datenträger zur Einsichtnahme und Bewertung überreichen. Datenschutzrechtliche Schwierigkeiten erwarten den Arbeitgeber bei dieser Datennutzung nicht, da insoweit die Erlaubnisnorm des § 32 Abs. 1 S. 1 BDSG greift.

## II. Gestattete Privatnutzung der Social Media

Die Gestattung der Internet- bzw. Social Media-Nutzung zu privaten Zwecken kann sowohl die Nutzung der betrieblichen Ressourcen hierzu betreffen als auch die Internetaktivität während der Arbeitszeit an sich (z. B. mit dem eigenen Smartphone). I.d.R. wird sie beides umfassen, da die Privatnutzung eines mit Internet ausgerüsteten Arbeitsplatzes meistens mit betrieblichen Kommunikationsmitteln erfolgt. Die Art und Weise der Gestattung kann auf verschiedenen Wegen erfolgen und es liegt im Ermessen des Arbeitgebers, wie genau und wie weitläufig er sein Einverständnis ausgestaltet. Die hier festzustellenden einzelnen Parameter sind für die Einordnung, ob bzw. in welcher Schwere eine Pflichtverletzung des Arbeitnehmers trotz gestatteter Privatnutzung vorliegt, von maßgeblicher Bedeutung.

### *1. Anspruchsgrundlage für Privatnutzung*

Will der Arbeitgeber seinen Arbeitnehmern besondere, vom gesetzlichen Leitbild nicht vorgesehene Rechte einräumen, gibt es hierfür zwei Möglichkeiten: entweder durch individualvertragliche oder kollektivrechtliche Vereinbarungen. Dies gilt auch für die Gestattung der Privatnutzung des Internets bzw. der Social Media

257 *Kramer* NZA 2007, 1338, 1340; BAG NZA 1996, 81, 82.

während der Arbeitszeit mit oder ohne den betrieblichen Kommunikationsmitteln, denn darauf hat der Arbeitnehmer grundsätzlich keinen Anspruch (s. o.).

Bezüglich des individualvertraglich begründeten Anspruchs ist strittig, ob dieser schon durch das tatsächliche Dulden der Privatnutzung angenommen und deshalb ein Rechtsanspruch des Arbeitnehmers begründet werden kann. Bei der kollektivrechtlichen Erlaubnis in Form einer Betriebsvereinbarung ist fraglich, ob der Betriebsrat zu beteiligen ist, ob also eine mitbestimmungspflichtige Angelegenheit i.S.d. § 87 Abs. 1 BetrVG vorliegt.

### *a) Individualvertraglicher Anspruch*

Will der Arbeitgeber sein Einverständnis zur privaten Nutzung auf individualvertraglicher Ebene einräumen, kann er dies bereits ausdrücklich im Anstellungsvertrag regeln oder erst später durch eine formlose Erlaubniserteilung, wenn das Arbeitsverhältnis schon in Vollzug gesetzt ist. Rechtliche Schwierigkeiten treten insb. dann auf, wenn es an einer unmissverständlichen Regelung fehlt und der Arbeitnehmer das betriebliche Internet lediglich unter der Duldung des Arbeitgebers nutzt.

#### aa) Kein Anspruch durch betriebliche Übung

Fehlt es an einer ausdrücklichen Erlaubnis des Arbeitgebers, sei es in schriftlicher oder auch nur in mündlicher Form, könnte aufgrund der arbeitgeberseitigen Duldung der Privatnutzung ein Rechtsanspruch des Arbeitnehmers durch das Rechtsinstitut der betrieblichen Übung begründet werden.

Diese Auffassung wird teilweise vertreten, ein Anspruch aufgrund betrieblicher Übung also bejaht, wenn die Privatnutzung vom Arbeitgeber vorbehaltslos geduldet wird.[258] Hiernach soll es zur Anspruchsbegründung kommen, wenn der Arbeitnehmer den betrieblichen Internetzugang über einen Zeitraum von einem halben bis einem Jahr privat nutzt und dies für den Arbeitgeber erkennbar ist, er aber nicht widerspricht. Nach einer noch weiteren Ansicht, soll ein Anspruch auf die Privatnutzung sogar dann entstehen können, wenn der Arbeitgeber zwar zunächst darauf hingewiesen hat, dass nur eine dienstliche Nutzung erlaubt sei, er dies jedoch nicht kontrolliert und eine sich entwickelnde Privatnutzung nicht unterbindet.[259]

---

258 Küttner/*Kreitner* On. 229 Rn. 4; *Kramer*, NZA 2004, 457, 459; *Dickmann* NZA 2003, 1009, 1010; *Ernst* NZA 2002, 585, 586; *Fleischmann* NZA 2008, 1397; Auer-Reinsdorff/Conrad/*Conrad/Hausen* § 37 Rn. 200.

259 *Barton* NZA 2006, 460, 461; in diese Richtung gehend auch *Holzner* ZRP 2011, 12, 13.

Die gegenteilige Meinung[260] schließt die Begründung eines individualvertraglichen Anspruchs auf Privatnutzung betrieblicher Kommunikationsmittel durch betriebliche Übung in Gänze aus. Dies unabhängig davon, ob der Arbeitgeber die Privatnutzung ausdrücklich untersagt[261] oder sie bislang lediglich geduldet[262] hat. Zu folgen ist der letztgenannten Ansicht und das in beiden Konstellationen.

### (1) Bei Bestehen eines ausdrücklichen Verbots

Ist die Privatnutzung der betrieblichen Ressourcen ausdrücklich untersagt, muss dem Arbeitnehmer klar sein, dass der Arbeitgeber die weisungswidrige Privatnutzung gerade nicht tolerieren werde.[263] Schließlich kommt es bei der betrieblichen Übung darauf an, wie die Arbeitnehmer als Erklärungsempfänger das wiederholte Verhalten des Arbeitgebers nach Treu und Glauben unter Berücksichtigung aller Umstände verstehen durften.[264] Hat der Arbeitgeber aber im Wege einer Verbotsnorm ausdrücklich erklärt, dass die Privatnutzung nicht gestattet ist, können die Arbeitnehmer in Kenntnis dieser Positionierung nicht davon ausgehen, der Arbeitgeber unterbreite durch die spätere Hinnahme der (immer noch verbotenen) Privatnutzung ein dementsprechendes, seine ursprüngliche Haltung konterkarierendes Angebot für die Zukunft.[265] Ein solches wäre aber nach der vom *BAG* in ständiger Rspr. angewandten Vertragstheorie Voraussetzung für die Anspruchsentstehung durch betriebliche Übung.[266]

Daher ist bei Bestehen eines ausdrücklichen Verbots schon unabhängig von den weiteren tatsächlichen Voraussetzungen einer betrieblichen Übung, wie sie im Folgenden untersucht werden, ein Anspruch abzulehnen.

### (2) Keine Regelung zur Privatnutzung

Aber auch wenn kein ausdrückliches Verbot vorliegt und der Arbeitgeber gegen die stattfindende Privatnutzung nichts unternimmt, kann es in der Praxis nicht zur Anspruchsbegründung durch betriebliche Übung kommen. Um hinsichtlich des Verhaltens des Arbeitgebers zu einer Willenserklärung zu gelangen, die gemäß der Vertragstheorie des *BAG* vom Arbeitnehmer stillschweigend angenommen

---

260 *Bertram* GWR 2012, 388; *Howald* öAT 2014, 49, 50; *Waltermann* NZA 2007, 529, 531; *Bissels/Lützeler/Wisskirchen* BB 2010, 2433.

261 *Bertram* GWR 2012, 388, 391.

262 *Koch* NZA 2008, 911, 912.

263 *Bertram* GWR 2012, 388, 391.

264 Vgl. MüKo-BGB/*Müller-Glöge* § 611 Rn. 414.

265 Vgl. *Bertram* GWR 2012, 388, 391.

266 Vgl. MüKo-BGB/*Müller-Glöge* § 611 Rn. 411 ff.

wird (§ 151 S. 1 BGB), müssen ausreichende Anhaltspunkte vorliegen. Solche bei einem bloßen Dulden – also dem Nichtstun – festzustellen, ist ungleich schwerer als bei einer aktiven Handlung (z. B. der Zahlung einer Weihnachtsgratifikation). Zudem ist erforderlich, dass sich aus dem Dulden objektiv der Inhalt des Angebots „gestattete Privatnutzung" ergibt. Der Arbeitnehmer – auf dessen Sicht es bei der betrieblichen Übung ankommt – weiß aber regelmäßig nicht, ob der Arbeitgeber Kenntnis von der Privatnutzung hat und falls doch, ob er darüber weiß, welche Arbeitnehmer wie intensiv zu welcher Zeit und hinsichtlich welcher Inhalte das Internet nutzen.[267] Dies wird regelmäßig nicht der Fall sein, weshalb eine etwaige Duldung des nicht genau bestimmbaren Verhaltens keine nach § 151 S. 1 BGB anzunehmende Willenserklärung formen kann. Für ein schutzwürdiges Vertrauen des Arbeitnehmers auf einen Bindungswillen des Arbeitgebers müsste nämlich detailliert klar sein, worauf sich die Duldung des Arbeitgebers bezieht.[268]

Fehlt eine Gestattung des Arbeitgebers, übt der Arbeitnehmer hinsichtlich der Betriebsmittel verbotene Eigenmacht (§ 858 Abs. 1 BGB) aus.[269] Per definitionem ist verbotene Eigenmacht jede gesetzlich nicht besonders gestattete Beeinträchtigung des unmittelbaren Besitzes ohne das Einverständnis des Besitzers.[270] Entsprechendes gilt de lege lata für die nicht geregelte Privatnutzung des Internets, denn der Arbeitnehmer hat gerade keinen originären (Gestattungs-)Anspruch auf die Privatnutzung der betrieblichen Ressourcen seines Arbeitgebers als deren Besitzer. Somit steht dem Arbeitgeber nach § 862 BGB ein Unterlassungsanspruch zu, und selbst wenn er diesen nicht geltend macht, nimmt das dem Arbeitnehmerverhalten nicht die Widerrechtlichkeit.[271]

Die bloße Hinnahme unterschiedlichen (einzelnen) Arbeitnehmerverhaltens kann also nicht zum Entstehen einer betrieblichen Übung führen.[272] Gegen die Begründung eines Rechtsanspruchs durch das Konstrukt der betrieblichen Übung spricht auch deren Historie: Die betriebliche Übung wurde im Hinblick auf Vergütungsleistungen des Arbeitgebers entwickelt, insb. betriebliche Altersversorgung und Gratifikationen/Sonderleistungen – also Situationen, in denen der Arbeitgeber tatsächlich und aktiv Vorteile gewährt.[273] Dies ist nicht auf die

267 *Bertram* GWR 2012, 388, 392; vgl. auch *Fülbier/Splittberger* NJW 2012, 1995, 1998.
268 Vgl. *Bloesinger* BB 2007, 2177, 2180.
269 *Bloesinger* BB 2007, 2177, 2178.
270 MüKo-BGB/*Jobst* § 858 Rn. 2.
271 *Bloesinger* BB 2007, 2177, 2178.
272 *Bertram* GWR 2012, 388, 392.
273 *Mengel* BB 2004, 1445, 1446, 1447; MAH IT-Recht/*Hegewald* Teil 8 Rn. 60.

bloße passive Duldung eines nach Inhalt und Umfang nicht sauber abgrenzbaren Arbeitnehmerverhaltens übertragbar.[274]

In Unternehmen mit vielen Angestellten spricht gegen die Entstehung einer betrieblichen Übung darüber hinaus, dass i. d. R. nicht derjenige Personalverantwortliche die Nutzung wissentlich hinnimmt, der zur rechtswirksamen Abänderung des Arbeitsvertrags berechtigt wäre. Geduldet wird die Privatnutzung in vielen Fällen lediglich von einem Vorgesetzten, der nicht mit der erforderlichen Vertragskompetenz ausgestattet ist.[275] Schließlich können „kleine Annehmlichkeiten" nicht zur betrieblichen Übung erstarken und noch viel weniger ein Verhalten des Arbeitnehmers, mit dem er seine vertraglich geschuldete Hauptleistungspflicht verletzt.[276] Die (nicht gestattete) Privatnutzung der Betriebsmittel des Arbeitgebers ist aber als solch eine Annehmlichkeit einzustufen, die im Vergleich zur Zahlung einer Weihnachtsgratifikation nicht wesentlich ins Gewicht fällt.

#### bb) Schriftliche Gestattung

Schon im Anstellungsvertrag oder aber später in einer separaten Zusatzvereinbarung kann eine Regelung aufgenommen werden, nach der es dem Arbeitnehmer erlaubt ist, den betrieblichen Internetzugang während der Arbeitszeit zu privaten Zwecken zu nutzen.[277] Dadurch erwirbt er einen originären Anspruch auf die Privatnutzung. Den Parteien des Arbeitsvertrages ist in diesem Fall von Beginn an bzw. ab Abschluss der Zusatzvereinbarung klar, dass die Nutzung während der Arbeitszeit an sich grundsätzlich kein vertragswidriges Verhalten und damit keine Pflichtverletzung darstellt.

Regelmäßig wird es sich bei den entsprechenden Klauseln wie auch sonst um Allgemeine Geschäftsbedingungen handeln, so dass diesbezüglich die AGB-Kontrolle nach den §§ 305c Abs. 2, 306 bis 309 BGB Anwendung findet.[278] Im Hinblick auf die unter dem Gliederungspunkt III. erörterte Problematik von etwaigen Kontrollbefugnissen des Arbeitgebers wird von diesem bei schriftlichen Gestattungen regelmäßig die Einwilligung des Arbeitnehmers nach § 4a BDSG verlangt, für die grundsätzlich nach dessen Abs. 1 S. 3 die Schriftform gilt. Gem. § 4a Abs. 1 S. 4 BDSG soll sie besonders drucktechnisch hervorgehoben werden,

---

274 Ebd.

275 Vgl. Hornung/Müller-Terpitz/*Bayreuther*, Rechtshandbuch Social Media Kap. Rn. 19.

276 Ebd. mit Verweis auf BAG NZA 2006, 977; vgl. auch *Waltermann* RdA 2006, 257, 260; BAG NZA 1998, 423, 424.

277 Vgl. hierzu das Muster in BeckFormB ArbR/*Wybitul* A. IV. 5. S. 237 ff.

278 MAH IT-Recht/*Hegewald* Teil 8 Rn. 50.

wenn sie zusammen mit anderen Erklärungen – also insb. bei einer Koppelung mit dem Anstellungsvertrag – schriftlich abgegeben werden soll, da andernfalls schnell der Anschein der Unfreiwilligkeit in Bezug auf die Abgabe der Einwilligungserklärung entstehen kann.[279]

#### cc) Formlose Gestattung

Enthält der Anstellungsvertrag keine Bestimmung, nach der die Privatnutzung ausdrücklich gestattet ist, kann der Arbeitgeber seine Erlaubnis auch formlos zu Beginn des Arbeitsverhältnisses oder später, wenn es schon in Vollzug gesetzt ist, erteilen. Allerdings bestehen gerade in der formlosen Gestattung erhebliche Unsicherheiten über Inhalt und Umfang der Nutzung. Der Arbeitgeber wird bei seiner formlosen Einverständniserklärung i. d. R. nämlich nur zum Ausdruck bringen, dass er gegen die Privatnutzung an sich nichts einzuwenden hat. Bis zu welchem zeitlichen Umfang er dies tolerieren will, wird in den meisten Fällen genauso wenig kommuniziert wie die inhaltlich akzeptierte Nutzung.

### *b) Kollektivrechtlicher Anspruch*

Wie bereits dargestellt, fehlen für die Internetnutzung am Arbeitsplatz einschlägige spezielle gesetzliche Grundlagen, weshalb diesbezügliche Regelungen im Gros auf der arbeitsvertraglichen oder betriebsverfassungsrechtlichen Ebene[280] geschlossen werden. Trotzdem ist in kollektivrechtlicher Hinsicht der Tarifvertrag als mögliche Regelungsebene anzusehen.[281] Tarifliche Regelungen bezüglich privater Internet- bzw. Social Media Nutzung sind zwar grundsätzlich denkbar, allerdings erscheinen sie wegen der unterschiedlichen unternehmensbezogenen Anforderungen allenfalls als Firmentarifvertrag praktikabel.[282] In der Praxis kommen sie daher kaum vor.

### *c) Inhalt und Reichweite der gestatteten Nutzung*

Die Frage nach Inhalt und Reichweite der erlaubten Privatnutzung spielt für die Beurteilung einer Pflichtverletzung und deren arbeitsrechtliche Folgen eine wesentliche Rolle und zwar unabhängig davon, ob die Gestattung individualvertraglich oder kollektivrechtlich erfolgt. Nur wenn deren Grenzen in Bezug auf

---

279 *Maties* NJW 2008, 2219, 2221; dem folgend MAH IT-Recht/*Hegewald* Teil 8 Rn. 53.

280 Vgl. hierzu die Ausführungen auf anstelle von S. 83 ff.

281 Küttner/*Kreitner* On. 229 Rn. 15; Hornung/Müller-Terpitz/*Bayreuther*, Rechtshandbuch Social Media Kap. 8 Rn. 19.

282 Küttner/*Kreitner* On. 229 Rn. 16.

die Privatnutzung der betrieblichen Kommunikationsmittel eindeutig abgesteckt sind, besteht sowohl für den Arbeitgeber als auch den Arbeitnehmer Gewissheit darüber, welches Nutzungsverhalten sich (noch) im zulässigen Bereich bewegt oder (schon) eine arbeitsvertragliche Pflichtverletzung darstellt. Die Gestattung kann die Nutzung der dem Arbeitgeber gehörenden Kommunikationsmittel, den zeitlichen Umfang sowie die inhaltliche Nutzung betreffen.

#### aa) Nutzung der betrieblichen Kommunikationsmittel

Ist die Privatnutzung des betrieblichen Internetzugangs gestattet, ist zunächst davon auszugehen, dass der Arbeitgeber sein Einverständnis auch zur Nutzung der betrieblichen Kommunikationsmittel erteilt, selbst wenn er das nicht ausdrücklich kommuniziert. Dies ist v.a. dann anzunehmen, wenn der Arbeitsplatz nur mit einem stationären Internetanschluss (LAN) ausgestattet ist, denn in diesem Fall kann sich die Erlaubnis nur auf dessen Nutzung beziehen. Aber auch wenn im Betrieb der Zugang zum Internet über W-LAN möglich ist und der Arbeitnehmer sein eigenes Endgerät verwenden könnte (insb. bei BYOD-Modellen)[283], wird sich die Gestattung des Arbeitgebers auch auf die Nutzung der betrieblichen Kommunikationsmittel beziehen.

Nach den Grundsätzen der §§ 133, 157 BGB ist die Gestattungserklärung des Arbeitgebers so auszulegen, wie sie der Arbeitnehmer als Erklärungsempfänger nach Treu und Glauben unter Berücksichtigung der Verkehrssitte verstehen muss.[284] Der Arbeitnehmer wird davon ausgehen dürfen, dass sich die Nutzungserlaubnis sowohl auf den betrieblichen Internetzugang als auch auf die betriebliche Hardware bezieht, der Arbeitgeber also ohne anderweitige Anhaltspunkte keine Differenzierung zwischen dem Zugang zum Internet über LAN oder W-LAN macht.

Entsprechendes gilt für die Nutzung eines W-LAN-Zugangs, wenn dieser passwortgeschützt ist und der Arbeitgeber oder ein dazu befugter Stellvertreter das Passwort an den Arbeitnehmer ausdrücklich zur Nutzung weitergibt. Behält er dieses für sich, ist von ihm in aller Regel eine Nutzung des W-LANs nicht gewollt, dessen Gebrauch daher untersagt. Die Gestattung des Arbeitgebers bezieht sich dann lediglich auf den Zugang über den stationären Dienstrechner. Eine Privat-

283 BYOD steht als Abkürzung für „bring your own device", also die Nutzung des privaten Endgeräts (Laptop, Tablet oder Smartphone) zu betrieblichen Zwecken, vgl. MAH IT-Recht/*von dem Bussche/Schelinski* Teil 1 Rn. 468.

284 Palandt/*Heinrichs* BGB § 133 Rn. 9; Besgen/Prinz/*Fausten*, Handbuch Internet. Arbeitsrecht § 1 Rn. 19 zum Nutzungsumfang.

nutzung des W-LANs mit dem eigenen Privatgerät wäre daher verboten. Der Arbeitgeber hat für eine solche geteilte Gestattung (LAN-Zugang „Ja", W-LAN-Zugang „Nein") im Hinblick auf etwaige Schadenssoftware, die auf den privaten Geräten der Arbeitnehmer möglicherweise installiert ist, auch ein berechtigtes Interesse. Schließlich kann er dadurch jedenfalls das Risiko der Verbreitung dieser Programme über das betriebliche EDV-System verringern.

Ist das W-LAN jedoch entgegen der gängigen Praxis allgemein öffentlich, ist die Gestattungserklärung wohl dahingehend auszulegen, dass auch das W-LAN zu Privatnutzung verwendet werden kann. Erhält ein Arbeitnehmer für seinen ohne LAN-Anschluss ausgestatteten Arbeitsplatz lediglich einen Laptop, so sprechen im Rahmen der Auslegung schon die tatsächlichen Umstände dafür, dass die Nutzung des W-LANs zu privaten Zwecken von der grundsätzlichen Gestattung mitumfasst ist.

#### bb) Zeitlicher Nutzungsumfang

Von besonderer Bedeutung ist die Gestattung der Privatnutzung in zeitlicher Hinsicht. Trifft der Arbeitgeber insoweit keine eindeutige Regelung, ist die Gestattungserklärung des Arbeitgebers auch hinsichtlich des Nutzungsumfangs gemäß §§ 133, 157 BGB auszulegen.[285] Dabei hat eine Abwägung stattzufinden zwischen einer noch hinnehmbaren Nutzung und einer Nutzung, die die Grenzen des maximal Erlaubten überschreitet.[286] Im Rahmen der Auslegung müssen die arbeitsvertraglichen Pflichten insgesamt und die Einhaltung der täglichen Arbeitszeit Berücksichtigung finden. Ist der Umfang nicht geregelt, ergibt die Auslegung regelmäßig, dass die Nutzung zu keiner Beeinträchtigung der Arbeitsleistung führen darf und sich demzufolge auf die Pausenzeiten zu beschränken hat.[287] Die pauschale Gestattung ohne näher definierten Umfang kann aber auch die konkludente Erlaubnis des Arbeitgebers enthalten, dass die Privatnutzung zumindest in einem nicht erheblichen Umfang während der Arbeitszeit zulässig ist.[288] Hierfür müssen aber objektive Anhaltspunkte vorliegen, die im Rahmen der Auslegung der Gestattungserklärung dafür sprechen, dass die Privatnutzung auch während der Arbeitszeit stattfinden kann. Ein solcher Anhaltspunkt könnte etwa sein, dass der Arbeitgeber im Rahmen der Gestattungserklärung vorgibt,

---

285 *Frings/Wahlers* BB 2011, 3126, 3131; Hoeren/Sieber/Holznagel/*Elschner*, Teil 22.1 Rn. 54.

286 Besgen/Prinz/*Schumacher*, Handbuch Internet.Arbeitsrecht § 1 Rn. 19.

287 Besgen/Prinz/*Schumacher*, Handbuch Internet.Arbeitsrecht § 1 Rn. 20.

288 Hornung/Müller-Terpitz/*Bayreuther*, Rechtshandbuch Social Media Kap. 8 Rn. 21.

dass die geschuldete Arbeitsleistung durch die Privatnutzung nicht beeinträchtigt werden darf. Allerdings wird in solchen Konstellationen die Beurteilung, welche Nutzungsdauer sich noch im „nicht erheblichen Rahmen" befindet und von der Gestattung umfasst ist, äußerst schwierig sein.

Es empfiehlt sich daher für den Arbeitgeber, die Höchstdauer und die zeitliche Lage der Privatnutzung eindeutig festzusetzen.[289]

### cc) Inhaltlicher Nutzungsumfang

Der Inhalt der gestatteten Privatnutzung ist ebenfalls durch Auslegung zu ermitteln, wenn der Arbeitgeber hierzu keine ausdrücklichen Vorgaben macht. Dies kann er grundsätzlich tun, da es sich bei der gestatteten Privatnutzung um eine freiwillige „Leistung" handelt und er diese an Bedingungen knüpfen kann. Der Arbeitgeber kann bspw. die Vorgabe machen, den dienstlichen E-Mail-Account nicht für parteipolitische Mitteilungen zu nutzen[290] oder über den betrieblichen Internetanschluss keine pornographischen Seiten aufzurufen.

Allerdings zeigt die Praxis, dass die Gestattung oftmals lediglich dem Grunde nach erteilt, inhaltlich aber nicht näher ausgestaltet wird. Insb. wenn es um den Konsum von Pornographie geht, wird sich ein Arbeitgeber im Falle einer Streitigkeit i. d. R. auf den Standpunkt stellen, dass er die Gestattung zur Privatnutzung nur für solche Internetseiten erteilen wollte, die weder einen pornographischen noch strafbaren Inhalt haben. Wie oben bereits festgestellt ist das Aufrufen pornographischer Webseiten aber nicht zwangsläufig als arbeitsvertragliche Pflichtverletzung einzustufen. Es wäre widersprüchlich, wenn es der Arbeitgeber einerseits unterlässt, Vorgaben hinsichtlich der Nutzung zu machen, er sich aber andererseits zum Sittenwächter über die von ihm angestellten Arbeitnehmer aufschwingt; hierzu ist er nicht berufen. Dies ist auch im Rahmen der Auslegung einer bloßen Gestattung für die Nutzung an sich zu berücksichtigen, und zwar mit der Folge, dass bei einer nicht näher spezifizierten Gestattungserklärung das Aufrufen von pornographischen Webseiten grundsätzlich mitumfasst ist.[291] Gleichwohl trägt

---

289 BeckFormB ArbR/*Wybitul* A. IV. 5. S. 237 ff.

290 So etwa in dem Fall, in dem ein AfD-Fan mit einer von seiner dienstlichen Sparkassen-Account versandten E-Mail den SPD-Politiker Christopher Lauer wegen dessen Abneigung gegen die Verwendung des Begriffs „Nafri" kritisiert wurde. Die Sparkasse hatte ihren Mitarbeitern allerdings untersagt, die dienstlichen Accounts für parteipolitische Mitteilungen zu nutzen, http://www.spiegel.de/politik/deutschland/christopher-lauer-outet-sparkassen-mitarbeiter-als-afd-fan-a-1128610.html (letzter Aufruf: 04.06.2017).

291 Besgen/Prinz/*Fausten*, Handbuch Internet.Arbeitsrecht § 1 Rn. 122.

der Arbeitnehmer das – wenn auch geringe – Risiko, dass es zu einer konkreten Gefahr für den Ruf des Arbeitgebers kommt bzw. dieser tatsächlich in Mitleidenschaft gezogen wird und dann doch eine Pflichtverletzung vorliegt.

Allerdings kann bei besonderen Umständen die Auslegung auch dazu führen, dass das Aufrufen von pornographischen Webseiten nicht von der allgemein gehaltenen Gestattungserklärung umfasst ist. Dies kann z. B. dann der Fall sein, wenn es sich um einen kirchlichen Arbeitgeber handelt. In diesem Fall sind die – regelmäßig auch arbeitsvertraglich kodifizierten[292] – speziellen Moralvorstellungen des Arbeitgebers zu berücksichtigen. Ein kirchlicher Arbeitgeber wird regelmäßig nicht tolerieren, dass mit seinen betrieblichen Mitteln, Internetseiten aufgerufen werden, deren Inhalt seinen sexualethischen Moralvorstellungen zuwiderläuft.[293]

Möchte der (normale) Arbeitgeber gleichwohl den Besuch pornographischer Webseiten ohne Rechtsunsicherheit sanktionieren können, sollte er in der Gestattungserklärung festlegen, auf welche Art von Internetseiten sich seine Erlaubnis erstreckt, bzw. negativ formuliert, welche Internetnutzung er gerade nicht duldet.

Für den Aufruf von Internetseiten mit strafbarem Inhalt bedarf es grundsätzlich keines ausdrücklichen Verbots, denn dies ist ohnehin als Pflichtverletzung zu qualifizieren (s. o.). Insoweit wird eine Auslegung der Gestattungserklärung dahingehend zu erfolgen haben, dass der Arbeitgeber nur ein solches Verhalten toleriert, das keine arbeitsrechtliche Pflichtverletzung darstellt. Vom objektiven Empfängerhorizont aus gesehen kann eine nicht näher ausgestaltete Gestattungserklärung nur so verstanden werden. Aus Klarstellungsgründen sollte aber auch ein diesbezüglicher Hinweis in die Gestattungserklärung aufgenommen werden. Die unmissverständliche Kundgabe des Verbots bewirkt zudem, dass ein Verstoß dagegen noch gewichtiger ist. Der dem zuwiderhandelnde Arbeitnehmer wird es deswegen schwerer haben, zu seinem Schutz überzeugend die Behauptung aufzustellen, er habe von der Pflichtwidrigkeit eines solchen Verhaltens keine Kenntnis gehabt.

### dd) Unklare Gestattungserklärung

Regelt der Arbeitgeber die Gestattung nur dem Grunde nach, bzw. gibt er im Hinblick auf die o. g. Kategorien (insb. zur zeitlichen und inhaltlichen Nutzung) nur

---

292 Vgl. z. B. Anlage 9 der Arbeitsvertragsrichtlinien (AVR) des Diakonischen Werkes Bayern, dort §§ 6, 7 (Stand vom 15.05.2017), abrufbar auf http://www.diakonie-bayern.de/fileadmin/user_upload/Mitarbeiten_in_der_Diakonie/Arbeitsvertragsrichtlinien/1.Daten/AVR_Bayern_Version_2017_05_15.pdf (letzter Aufruf: 04.06.2017).

293 ArbG Augsburg BeckRS 2014, 73153.

grobe Vorgaben, bereitet dies regelmäßig Schwierigkeiten, wenn es darum geht, das „ob“ einer Pflichtverletzung zu bestimmen. Unklarheiten betreffend Inhalt und Reichweite der Gestattung können sowohl bei Individualabreden, AGB als auch Betriebsvereinbarungen aufkommen.

### (1) Unklare Individualabrede

Eine (wohl nur in der Theorie vorkommende) Individualabrede über die Gestattung der Privatnutzung ist gem. §§ 133, 157 BGB auszulegen. Solche vertraglichen Bestimmungen sind so zu verstehen, dass sie sich nicht als einseitige Interessendurchsetzung darstellen, sondern eine angemessene Berücksichtigung der Interessen des Vertragspartners ermöglichen.[294] Eine Reaktion auf ungenügende Berücksichtigung schutzwürdiger Interessen der Gegenseite ist v.a. die Anwendung des Grundsatzes, dass von einer Seite aufgestellte und durchgesetzte Vertragsbestimmungen zu deren Nachteil auszulegen sind, wenn sie sich als undeutlich herausstellen.[295]

Enthält daher eine Gestattungserklärung des Arbeitgebers in Form einer Individualvereinbarung ungenaue Regelungen zur Reichweite und zum Inhalt der Privatnutzung, geht die Unklarheit zu Lasten des wirtschaftlich überlegenen Arbeitgebers.[296]

### (2) Unklare AGB

Erfolgt die Gestattungserklärung im Rahmen des Arbeitsvertrags bzw. eines Zusatzes, findet in den allermeisten Fällen das Recht der AGB Anwendung, so dass Zweifel bei der ebenfalls nach §§ 133, 157 BGB vorzunehmenden Auslegung[297] der Gestattungserklärung zu Lasten des Arbeitgebers gehen, § 305c Abs. 2 BGB.

### (3) Unklare Betriebsvereinbarung

Bei einer Gestattungserklärung via Betriebsvereinbarung findet die Regelung des § 305c Abs. 2 BGB wegen § 310 Abs. 4 S. 1 BGB keine Anwendung,[298] vielmehr ist der hier betroffene normative Teil wie ein Gesetz auszulegen.[299] Aber auch die insoweit zur Verfügung stehenden Auslegungsmethoden können bspw.

---

294 MüKo-BGB/*Busche* § 157 Rn. 7.
295 MüKo-BGB/*Busche* § 157 Rn. 8.
296 Vgl. ebd.
297 MüKo-BGB/*Basedow* § 305c Rn. 18.
298 Richardi/*Richardi* § 77 Rn. 125.
299 Richardi/*Richardi* § 77 Rn. 115; BAG NZA 2003, 810, 811.

eine mit den Worten „nicht im erheblichen Rahmen“ beschriebene Vorgabe zur Nutzungsdauer nicht minutengenau bestimmen. Verbleibt eine Ungewissheit, ob die zu beurteilende Privatnutzung sich noch im zulässigen („nicht erheblichen“) Rahmen befindet oder bereits als Pflichtverletzung anzusehen ist, muss die Auslegung wegen des kündigungsrechtlichen Verhältnismäßigkeitsgrundsatzes zu Lasten des Arbeitgebers gehen.

#### *d) Zwischenergebnis*

Will der Arbeitgeber die Privatnutzung seiner betrieblichen Ressourcen gestatten, kann er dies zu Beginn oder während des Arbeitsverhältnisses, schriftlich oder mündlich, einzelvertraglich oder kollektivrechtlich tun. Ein Anspruch auf private Nutzung durch betriebliche Übung scheidet jedenfalls nach der hier vertretenen Auffassung aus. Gibt es keine eindeutige (schriftliche) Regelung sind Inhalt und Reichweite der Gestattung durch Auslegung zu ermitteln, was die rechtliche Beurteilung des Vorliegens einer Pflichtverletzung erschweren kann. Unklarheiten gehen regelmäßig zu Lasten des Arbeitgebers. Im Interesse der Rechtssicherheit sollte der Arbeitgeber klare Vorstellungen haben, in welcher Art und welchem Maß er die Privatnutzung akzeptiert, und diese dem Arbeitnehmer unmissverständlich kommunizieren.

### *2. Beseitigung der Gestattung der Privatnutzung*

Hat der Arbeitgeber die Privatnutzung gestattet und möchte er sich davon nachträglich wieder lösen, stellt sich für ihn die Frage, ob und ggf. wie die Rückgängigmachung der ursprünglichen Erlaubniserteilung durchzusetzen ist. Hier ist zu differenzieren, auf welche Art er die Gestattung der Privatnutzung geregelt hat. Hat er sie auf individualvertraglicher Ebene eingeräumt, ist maßgeblich, ob sich ein einseitiges Lösungsrecht, mittels dessen er von der Erlaubnis Abstand nehmen kann, vorbehalten hat. Hat er dies nicht, ist zu klären, ob er mittels einer Änderungskündigung von seiner früheren Gestattungserklärung wieder Abstand nehmen kann. Im Fall einer Erlaubniserteilung per Betriebsvereinbarung sind für die Loslösung die betriebsverfassungsrechtlichen Vorschriften zu beachten.

#### *a) Individualvertragliche Gestattung*

Wird die Gestattung auf individualrechtlicher Ebene ausgesprochen – sei es bereits im Anstellungsvertrag oder erst im Zuge einer späteren Zusatzvereinbarung –, ist diese oftmals zugleich mit einem Lösungsrecht des Arbeitgebers verbunden. Da es sich bei der Privatnutzung der Betriebsmittel um eine Sonderzuwendung des Arbeitgebers handelt, zu deren Gewährung er nicht verpflichtet ist, kommen für dessen Beseitigung insb. das vertragsrechtliche Instrumentarium des Freiwilligkeits- bzw. Widerrufsvorbehalts in Betracht. Fehlt es an solch einem Vorbehalt, bleibt dem Arbeitgeber lediglich die Änderungskündigung, um die ursprünglich erteilte Erlaubnis wieder zu beseitigen. Jede der vorgenannten Beseitigungsmöglichkeiten hat bestimmte Wirksamkeitsvoraussetzungen zu erfüllen, die nachfolgend untersucht werden.

#### aa) Widerrufsvorbehalt

Der Arbeitgeber kann die Erlaubnis zur Privatnutzung der Betriebsmittel mit einem Widerrufsvorbehalt verbinden. Dieser ist im Vergleich zum nachfolgend unter bb) dargestellten Freiwilligkeitsvorbehalt allerdings die schwächere Alternative,[300] denn lediglich letzterer ist ohne Angaben von Gründen wirksam.

Der Widerrufsvorbehalt ist zunächst an § 308 Nr. 4 BGB zu messen, da sich der Arbeitgeber vorbehält, die gestattete Privatnutzung zu widerrufen. Zwar gilt bei Sonderzuwendungen – anders als bei Leistungen, die unmittelbare Gegenleistungen für die Arbeitsleistung sind – in Bezug auf die Widerrufsmöglichkeit ein größerer Spielraum, jedoch steht auch einem unbeschränkten Widerruf die Vorschrift des § 308 Nr. 4 BGB entgegen.[301] Danach muss der Widerruf unter Berücksichtigung der Interessen des Arbeitgebers für den Arbeitnehmer zumutbar sein. Wegen des pacta sunt servanda-Grundsatzes ist er dies nur, wenn ein sachlicher Grund für den Widerruf vorliegt und dieser das Interesse des Arbeitnehmers an der Privatnutzung überwiegt.[302] Der Sachgrund muss gerade wegen der unsicheren Entwicklung der Verhältnisse als Anpassungsinstrument notwendig und schon in der Klausel genannt sein. Eine abschließende Aufzählung der in Betracht kommenden Gründe ist allerdings nicht erforderlich.[303] Ferner haben die Voraussetzungen, unter denen der Arbeitgeber den Widerruf ausüben kann, hinreichend konkret zu sein;[304] eine bloße Bezugnahme auf § 315 BGB genügt nicht, da sie dem Arbeitnehmer nicht hilft.[305]

Unter Berücksichtigung der vorgenannten Voraussetzungen sollte es ausreichend sein, wenn der Arbeitgeber angibt, dass der Widerruf bei Verstößen gegen die für die Privatnutzung im Übrigen geltenden Vorgaben (z. B. wenn der Aufruf bestimmter Seiten oder der Download von Privatdateien untersagt ist) möglich sein soll.

---

300 BeckFormB ArbR/*Wybitul* A. IV. 5. S. 248.
301 BeckOGK/*Maties* BGB § 611 Rn. 647.
302 BeckOGK/*Maties* BGB § 611 Rn. 649.
303 BeckOGK/*Maties* BGB § 611 Rn. 650; BAG NZA-RR 2010, 457, 459.
304 BeckOGK/*Maties* BGB § 611 Rn. 627.
305 Ebd.; *Hanau/Hromadka*, NZA 2005, 73, 77.

Neben § 308 Nr. 4 BGB hat die Klausel auch dem in § 307 Abs. 1 S. 2 BGB enthaltenen Transparenzgebot standzuhalten, so dass die Klausel den Widerrufsvorbehalt so klar und präzise wie möglich umschreibt.[306] Insb. darf keine Vermischung von Widerrufs- und Freiwilligkeitsvorbehalt („freiwillig und jederzeit widerruflich") erfolgen, da sie dann in sich widersprüchlich, folglich intransparent und damit unwirksam ist.[307]

#### bb) Freiwilligkeitsvorbehalt

Anstelle eines Widerrufsvorbehalts kann der Arbeitgeber die Privatnutzung auch unter einen Freiwilligkeitsvorbehalt stellen. In diesem Fall genügt eine einfache Mitteilung an den Arbeitnehmer, um zur gesetzlich vorgesehenen Rechtslage, dem grundsätzlichen Verbot der Privatnutzung, zurückzukehren.[308] Bei einem solchen Vorbehalt bringt der Arbeitgeber zum Ausdruck, dass er hinsichtlich der gestatteten Privatnutzung keine Bindung für die Zukunft möchte. Voraussetzung ist jedoch auch hier, dass die entsprechende Klausel nach AGB-Recht wirksam ist. Allerdings ist ein Freiwilligkeitsvorbehalt nicht an § 308 Nr. 4 BGB zu messen, da er jeden Rechtsanspruch für die Zukunft ausschließt und es somit schon an einer versprochenen Leistung i.S.v. § 308 Nr. 4 BGB fehlt.[309] Aus rein rechtsdogmatischer Sicht liegt keine Willenserklärung des Arbeitgebers vor,[310] so dass die unter einem Freiwilligkeitsvorbehalt erfolgende Privatnutzung vom Arbeitgeber eigentlich nicht gestattet ist, sondern lediglich geduldet wird. Es handelt sich gerade nicht um einen vertraglichen Anspruch auf Privatnutzung.

Weil es sich bei der gestatteten Privatnutzung um eine Sonderzuwendung handelt, fehlt es an einer Abweichung zu den gesetzlichen Vorschriften i.S.d. § 307 Abs. 3 S. 1 BGB, so dass auch deswegen keine Inhaltskontrolle gem. §§ 308, 309, 307 Abs. 1 S. 1, Abs. 2 BGB stattfindet. Vielmehr ist der Freiwilligkeitsvorbehalt lediglich auf seine Transparenz (§ 307 Abs. 1 S. 2 BGB) hin zu untersuchen, § 307 Abs. 3 S. 3 BGB. Insoweit gilt auch hier, dass die Klausel so klar und präzise wie möglich formuliert sein muss.

---

306 BeckOK ArbR/*Jacobs* BGB § 307 Rn. 59.

307 BeckOK ArbR/*Jacobs* BGB § 307 Rn. 70; BeckOGK/*Maties* BGB § 611 Rn. 660, 742.

308 BeckFormB ArbR/*Wybitul* A. IV. 5. S. 248: a.A. aber unzutreffend MAH IT-Recht/*Hegewald* Teil 8 Rn. 65, der lediglich auf von der Rechtsprechung für unwirksam erachtete Klauselkombinationen zu Sonderzahlungen verweist und deswegen einen wirksamen Freiwilligkeitsvorbehalt für die Privatnutzung für nicht möglich hält.

309 BeckOGK/*Maties* BGB § 611 Rn. 652.

310 BeckOGK/*Maties* BGB § 611 Rn. 653.

#### cc) Änderungskündigung

Problematisch kann die nachträgliche Lossagung von der Gestattung werden, wenn der Arbeitgeber sie ohne jeglichen Vorbehalt ausgesprochen bzw. eingeräumt hat, denn dann hat der Arbeitnehmer einen dauerhaften, vertraglichen Anspruch auf die Privatnutzung (s. o.). Diesen kann der Arbeitgeber nicht mehr ohne weiteres einseitig zunichtemachen. In diesem Fall muss er mit allen begünstigten Arbeitnehmern eine entsprechende einvernehmliche Aufhebungsvereinbarung treffen.[311] Kommt eine solche z. B. wegen der Weigerung einzelner oder aller Arbeitnehmer nicht zustande, bleibt dem Arbeitgeber lediglich das Instrument der Änderungskündigung.[312] Mit dieser hat er das bestehende Arbeitsverhältnis, im Rahmen dessen die Privatnutzung erlaubt ist, zu kündigen und gleichzeitig das Arbeitsverhältnis zu den alten Bedingungen – jedoch ohne gestattete Privatnutzung der betrieblichen Kommunikationsmittel – anzubieten. Allerdings hat auch eine solche Änderungskündigung den Voraussetzungen des KSchG – dessen Anwendbarkeit (s. o.) unterstellt – standzuhalten; die Änderung der bestehenden Arbeitsbedingungen muss also wie eine „normale" Beendigungskündigung sozial gerechtfertigt sein, vgl. §§ 2 S. 1, 1 Abs. 2 S. 1 KSchG. Da der Arbeitgeber i. d. R. beabsichtigt, den Anspruch auf Privatnutzung bei allen Arbeitnehmern zu beseitigen, kommt v. a. eine auf alle Arbeitsverhältnisse passende Änderungskündigung wegen eines dringenden betrieblichen Erfordernisses in Betracht.

Ihm gereicht es hinsichtlich deren Wirksamkeit aber zum Vorteil, dass es sich bei der Privatnutzung betrieblicher Kommunikationsmittel lediglich um eine Nebenabrede zum Arbeitsvertrag handelt,[313] die nur einen Randbereich der vertraglichen Vereinbarungen betrifft.[314] Eine Änderungskündigung zur Anpassung von vertraglichen Nebenabreden an geänderte Umstände unterliegt nämlich nicht den gleichen strengen Maßstäben wie eine Änderungskündigung zur Entgeltabsenkung.[315] Vielmehr kommt ein dringendes betriebliches Erfordernis zur Änderung solcher Arbeitsbedingungen i.S.d. §§ 2 S. 1, 1 Abs. 2 S. 1 KSchG schon dann in Betracht, wenn die Parteien des Arbeitsverhältnisses Nebenleistungen vereinbart haben, deren Gewährung an Umstände anknüpft, die nicht notwendig während der gesamten Dauer des Arbeitsverhältnisses vorliegen. Tritt dann eine

---

311 Besgen/Prinz/*Schumacher*, Handbuch Internet.Arbeitsrecht § 1 Rn. 26.

312 *Schwartmann/Ohr*, Recht der Sozialen Medien, S. 94 Rn. 198; Besgen/Prinz/*Schumacher*, Handbuch Internet.Arbeitsrecht § 1 Rn. 26; MAH IT-Recht/*Hegewald* Teil 8 Rn. 65.

313 Vgl. Besgen/Prinz/*Fausten*, Handbuch Internet.Arbeitsrecht § 1 Rn. 26.

314 Vgl. BAG NZA 2013, 1409, 1409 (2. Leitsatz).

315 BAG NJW 2003, 3579, 3580; *Beckschulze* DB 2003, 2777, 2779; *Bloesinger* BB 2007, 2177, 2181.

wesentliche Änderung der maßgeblichen äußeren Verhältnisse ein, die für die ursprüngliche Vereinbarung einer Nebenleistung bestimmend waren und die außerhalb kündigungsschutzrechtlicher Regelungen als möglicher Wegfall oder als mögliche Störung der Geschäftsgrundlage geprüft werden, kann dies geeignet sein, eine Änderung der betreffenden Nebenabrede sozial zu rechtfertigen.[316]

So kann bspw. ein vom Arbeitgeber gewährter Mietzuschuss, der ursprünglich die Preisdifferenz einer billigen Werkwohnung und einer Wohnung auf dem freien Markt ausgleichen sollte, wegen veränderter Umstände sachlich ungerechtfertigt werden.[317] Selbiges kann für die durch eine Änderungskündigung zu beseitigende Zusage einer kostenlosen Beförderung zum Betriebsgelände gelten.[318]

Die Arbeitsgerichtsbarkeit hatte bislang noch keine Entscheidung bzgl. der Wirksamkeit einer Änderungskündigung zur Beseitigung der Privatnutzung betrieblicher Kommunikationsmittel zu treffen. Aufgrund der oben dargestellten Voraussetzungen einer Änderungskündigung zur Lossagung von vertraglichen Nebenabreden muss dieses Instrument dem Arbeitgeber aber jedenfalls dann zur Verfügung stehen, wenn durch die gestattete Privatnutzung der Arbeitsablauf oder die Leistungen der Arbeitnehmer gestört oder Betriebsmittel wie Computer oder Smartphones beeinträchtigt werden. Das Aufkommen solcher Beeinträchtigungen stellt dann eine wesentliche Änderung der maßgebenden äußeren Verhältnisse dar, die für die Vereinbarung der Nebenleistung „gestattete Privatnutzung“ bestimmend waren und die i. d. R. von keiner Partei vorausgesehen bzw. erwartet wurden. Bei der Bewertung der beiderseitigen Interessen bzgl. des Vorliegens dringender betrieblicher Erfordernisse ist inbs. zu berücksichtigen, dass die Gestattung der Privatnutzung eine bloße Zusatzleistung des Arbeitgebers ist, auf die der Arbeitnehmer keinen Anspruch hat (s. o.). Außerdem ist zu beachten, dass bei der Einräumung der Privatnutzung – anders als bei den o. g. Beispielen zum Mietzuschuss oder den Beförderungskosten – überhaupt kein Entgeltbezug vorliegt. Daher sind an die Wirksamkeit einer Änderungskündigung zur Beseitigung des Anspruchs auf Privatnutzung keine hohen Anforderungen zu stellen.[319]

---

316 BAG NZA 2013, 1409, 1409 (1. Leitsatz).

317 Ebd.; BAG NJW 1982, 2687.

318 BAG NJW 2003, 3579, 3580.

319 So auch Besgen/Prinz/*Schumacher*, Handbuch Internet.Arbeitsrecht § 1 Rn. 26, *Beckschulze* DB 2003, 2777, 2779 und MAH IT-Recht/*Hegewald* Teil 8 Rn. 65, allerdings ohne nähere Begründung, warum der Arbeitgeber bei einer solchen Änderungskündigung nur geringe Hürden zu nehmen hat.

*b) Bei Gestattung durch Betriebsvereinbarung*

Hat der Arbeitgeber die Erlaubnis zur Privatnutzung der betrieblichen Kommunikationsmittel im Wege einer Betriebsvereinbarung erteilt, kann er sich davon durch die Kündigung der Betriebsvereinbarung lösen.[320] Ist nichts Anderweitiges vereinbart, gilt gem. § 77 Abs. 5 BetrVG eine Kündigungsfrist von drei Monaten. Jedoch ist die in § 77 Abs. 6 BetrVG geregelte Nachwirkung einer Betriebsvereinbarung zu beachten. Danach gelten ihre Regelungen, in denen ein Spruch der Einigungsstelle die Einigung zwischen Arbeitgeber und Betriebsrat ersetzen kann, weiter, bis sie durch eine andere Abmachung ersetzt werden. Wie die Ausführungen unter dem Gliederungspunkt II. 3 c) bb) zeigen werden handelt es sich bei der Erlaubnis zur Privatnutzung und den diesbezüglich aufgestellten Regelungen um zwingend mitbestimmungspflichtige Angelegenheiten gem. § 87 Abs. 1 Nr. 1 bzw. 6 BetrVG handelt. Dies hat aufgrund des § 87 Abs. 2 S. 2 BetrVG zur Folge, dass die Nachwirkung hier grundsätzlich greifen würde. Um dies zu vermeiden, kann die gesetzlich vorgesehene Nachwirkung bereits bei Abschluss der Betriebsvereinbarung abbedungen werden.[321]

*c) Rechtsfolge der nachträglichen Untersagung*

Entfällt die Gestattung der Privatnutzung nachträglich, kehrt das Arbeitsverhältnis diesbezüglich zum originären, von Gesetzes wegen geltenden Zustand zurück. Das bedeutet, dass nach dem Wirksamwerden der nachträglichen Untersagung eine gleichwohl stattfindende Privatnutzung eine oder ggf. mehrere Pflichtverletzungen darstellt. Es gelten dann die bereits oben erörterten Grundsätze mit den entsprechenden kündigungsrechtlichen Folgen.[322]

Um insoweit klare Verhältnisse zu schaffen, ist es aus der Sicht des Arbeitgebers empfehlenswert, im Zuge der Herbeiführung der nachträglichen Untersagung auf deren (Rechts-)Folgen ausdrücklich hinzuweisen. Entsprechende Verstöße können von Arbeitnehmern dann nicht mit der Schutzbehauptung, die Auswirkungen der Untersagung seien nicht bekannt gewesen, verharmlost werden. Zugleich kann mit unmissverständlichen Hinweisen eine Rückkehr zur gewollten Rechtslage erreicht werden, ohne unbeabsichtigte Pflichtverletzungen der Arbeitnehmer zu riskieren.

---

320 *Schwartmann/Ohr*, Recht der Sozialen Medien, S. 95 Rn. 199.

321 Ebd.; MAH IT-Recht/*Hegewald* Teil 8 Rn. 65; *Fitting* § 77 Rn. 180.

322 Siehe hierzu die Ausführungen oben auf anstelle von S. 28 ff.

### 3. *Social Media Guidelines*

Die Omnipräsenz der Social Media in der Arbeitswelt und die gestattete Nutzung derselben während der Arbeitszeit (mit oder ohne betrieblichen Kommunikationsmitteln) führte in den vergangenen Jahren auch dazu, dass Unternehmen ihre Arbeitnehmer vermehrt über den richtigen Umgang mit dem Internet an sich, aber auch speziell mit den Social Media aufklären. Denn das Web 2.0 kann, wie gezeigt, die unterschiedlichsten Probleme und Risiken mit sich bringen. Dies erfolgt in aller Regel mittels sog. Guidelines (Englisch für „Richtlinien"), die sich im Wesentlichen mit der richtigen Bedienung des Internets und der Social Media auseinandersetzen.

#### *a) Zweck und Inhalt*

Zweck solcher Social Media Guidelines ist es daher hauptsächlich, die Arbeitnehmer darüber zu informieren, wie mit dem Internet – dem Web 2.0 – richtig umzugehen ist. Dies betrifft regelmäßig sowohl die dienstliche als auch die private Nutzung. Es handelt sich dabei um unternehmerseitige Richtlinien, die den Arbeitnehmern freibleibende Handlungsempfehlungen und/oder verbindliche Leitlinien im Hinblick auf die Social Media Nutzung an die Hand geben.[323] Die Regelungen können sowohl das Leistungs- als auch das Ordnungsverhalten der Arbeitnehmer betreffen. Sie sollen sicherstellen, dass Arbeitszeit nicht beim Umgang mit Social Media verschwendet, ein einheitliches Auftreten für das Unternehmen gewahrt wird und Haftungsfälle (z. B. durch Urheberrechtsverletzungen) vermieden werden.[324] Insb. bezüglich letzterer besteht ein gewichtiges Interesse des Arbeitgebers, wenn er seine Arbeitnehmer mit der Betreuung eigener Social Media-Angebote beauftragt,[325] die Social Media-Tätigkeit also zur arbeitsvertraglich geschuldeten Leistung gehört. In diesem Fall hat der Arbeitgeber für das Fehlverhalten seiner Arbeitnehmer einzustehen, sei es über § 831 S. 1 BGB[326] oder bei wettbewerbsrechtlichen Verstößen über § 8 Abs. 2 UWG.[327] Jedenfalls bei einer im Raum stehenden Haftung nach § 831 S. 1 BGB kann die Social Media Guideline für eine Exkulpation des Arbeitgebers von Bedeutung sein. Wenn er nachweisen kann, dass er den Mitarbeiter, der einen Verstoß begangen hat, ordnungsgemäß ausgewählt, instruiert und überwacht hat, so scheidet eine Haftung

323 *Schwartmann/Ohr*, Recht der Sozialen Medien, S. 102 Rn. 219.
324 *Lexa/Hammer* CCZ 2014, 45, 46; vgl. auch *Ulbricht*, Social Media und Recht, S. 142.
325 *Lexa/Hammer* CCZ 2014, 45, 46.
326 Ebd.
327 LG Hamburg MMR 2013, 178.

aus (§ 831 S. 2 BGB).[328] Auch wenn bei wettbewerbsrechtlichen Verstößen eine Exkulpation nicht in Betracht kommt, weil § 8 Abs. 2 UWG eine echte Erfolgshaftung darstellt,[329] kann eine die Arbeitnehmer sensibilisierende Regelung in Social Media-Guidelines wenigstens präventiv das Haftungsrisiko verringern.[330]

Mit solchen Guidelines lässt sich daher ein allgemeiner Verhaltensmaßstab aufstellen, der zur Corporate Identity des jeweiligen Unternehmens passt und zugleich klare Verhältnisse in der Beziehung zu den Arbeitnehmern schafft.[331]

Für den jeweiligen Inhalt einer Social Media Guideline kommt es stets auf das konkrete Unternehmen und dessen beabsichtigte oder schon vorhandene Social Media-Präsenz sowie die diesbezüglichen Ziele an. Eine einheitliche best practice-Lösung, die für alle Unternehmen gleichermaßen passt, gibt es somit nicht. Es ist stets eine Abstimmung auf das jeweilige Unternehmen erforderlich,[332] insb. wenn es um die dienstliche Nutzung der Social Media geht. Die zahlreichen Ungewissheiten, die im Zusammenhang mit der Social Media Nutzung bestehen können, sind durch entsprechende Regelungen innerhalb einer Guideline soweit als möglich auszuräumen. Insoweit gilt entsprechend den obigen Ausführungen unter II. 1. c), dass eine detaillierte Umschreibung in Bezug auf die gestattete Privatnutzung betrieblicher Kommunikationsmittel nicht fehlen darf. Eine Guideline kann und sollte daher auch die nicht tolerierten Verhaltensverstöße definieren und dadurch belegbar Gründe für mögliche Abmahnungen oder Kündigungen liefern.[333]

Die meisten Social Media Guidelines enthalten auch Vorschläge dazu, wie sich der Arbeitnehmer im Rahmen der privaten Social Media Kommunikation verhalten sollte. Hierzu gehören zum einen Hinweise, die einen Bezug zum Arbeitsverhältnis aufweisen, so wie etwa die ausdrückliche Wiederholung der ohnehin geltenden nebenvertraglichen Pflichten,[334] keine Unternehmensgeheimnisse zu verraten oder keine unternehmensschädlichen Äußerungen zu tätigen.[335] Zum

---

328 *Lexa/Hammer* CCZ 2014, 45, 46.

329 Köhler/Bornkamm/*Köhler/Feddersen* § 8 Rn. 2.52.

330 *Schirmbacher* GRUR-Prax 2012, 309.

331 Auer-Reinsdorff/Conrad/*Conrad/Huppertz* § 37 Rn. 34.

332 *Lexa/Hammer* CCZ 2014, 45, 46; Auer-Reinsdorff/Conrad/*Conrad/Huppertz* § 37 Rn. 343.

333 Auer-Reinsdorff/Conrad/*Conrad/Huppertz* § 37 Rn. 341.

334 ErfK/*Preis* BGB § 611 Rn. 710, 734.

335 Auer-Reinsdorff/Conrad/*Conrad/Huppertz* § 37 Rn. 343 und Koreng/Lachmann/*Kremer/Sander* C. III. 5. mit jeweils einem Muster einer Social Media Guideline.

anderen werden allgemein geltende Regeln rekapituliert, bspw. der Hinweis, dass das Internet kein rechtsfreier Raum ist und die Rechte anderer (Urheberrechte, Persönlichkeitsrechte, das Recht am eigenen Bild etc.) nicht verletzt werden dürfen.[336] Sie enthalten daher auch allgemeine Verhaltensregeln zum Umgang mit anderen Usern, vergleichbar mit dem Inhalt sog. Netiquetten,[337] die Betreiber von Internetforen o. ä. vorgeben. Entsprechend den verbindlichen vom Arbeitnehmer einzuhaltenden Verhaltenspflichten, verweist eine Social Media Guideline regelmäßig auch auf drohende (arbeitsrechtliche) Konsequenzen bei etwaigem Fehlverhalten.

### *b) Rechtliche Einordnung*

Für die mit solchen Richtlinien bezweckte Einflussnahme auf die betriebliche und private Nutzung der Social Media stehen dem Arbeitgeber – so wie bei der Gestattung der Privatnutzung auch – verschiedene Instrumente zur Verfügung.[338] Da die meisten Richtlinien umfangreich ausgestaltet sind, bietet sich eine schriftliche Fixierung an. Individualrechtlich ist es möglich, bei Neueinstellungen das Reglement in den Arbeitsvertrag mit aufzunehmen, was aber zu einer Aufblähung des Vertragstextes führt und die Verhaltensregeln der AGB-Kontrolle nach den §§ 307 ff. BGB aussetzt.[339] Vorzugswürdig ist daher eine weniger „bürokratische" arbeitsvertragliche Bezugnahme auf eine vom Arbeitgeber vorgegebene Social Media Policy, die etwa auf der Firmenhomepage oder dem Intranet einsehbar ist.[340]

Da eine Social Media Guideline wegen der im Folgenden unter c) dargestellten Frage der Mitbestimmungspflichtigkeit ohnehin meistens in Form einer Betriebsvereinbarung zustande kommt,[341] bestehen in Bezug auf die Rechtsnatur einer solchen Guideline als Ganzes keine Schwierigkeiten. Allerdings stellen oftmals nicht alle in einer Guideline beschriebenen Verhaltensweisen verbindliche Anordnungen des Arbeitgebers dar. Gerade im Hinblick auf die private Social Media Nutzung steht es dem Arbeitgeber nicht zu, den Arbeitnehmern Weisungen zu

---

336 Ebd; vgl. *von Coelln* jurisPR-ITR 16/2008 Anm. 2.

337 Vgl. die Verhaltensregeln des FokusOnline-Forums, http://www.focus.de/community/forum/netiquette/tid-11743/netiquette-regeln-zur-forennutzung_aid_331337.html (letzter Aufruf: 04.06.2017).

338 Koreng/Lachenmann/*Kremer/Sander* C. III. 5.

339 *Leist/Koschker* BB, 2013, 2229; Küttner/*Kania* On. 384 Rn. 5.

340 *Leist/Koschker* BB 2013, 2229.

341 Auer-Reinsdorff/Conrad/*Conrad/Huppertz* § 37 Rn. 342.

erteilen,[342] denn die persönliche Lebensgestaltung ist der Regelungsmacht des Arbeitgebers entzogen.[343] Deshalb kann der Arbeitgeber dem Arbeitnehmer außerhalb seiner Arbeitszeit weder auf der Grundlage des Arbeitsvertrags noch aufgrund einer Betriebsvereinbarung verbindliche Verhaltensregeln vorschreiben.[344] Wegen der Privatnutzung von Social Media können Arbeitnehmer daher nicht angewiesen werden, sich in einer bestimmten Weise zu verhalten; zudem hat der Arbeitgeber kein Recht auf Offenlegung der Korrespondenz, die über diese Medien geführt wird.[345] Bei solchen Regelungen handelt es sich daher lediglich um unverbindliche Handlungsempfehlungen.

Eine Einschränkung ist diesbezüglich aber dann vorzunehmen, wenn der Arbeitgeber seinen Arbeitnehmern betriebliche Ressourcen auch zum privaten Gebrauch zur Verfügung stellt (etwa das Firmen-Smartphone oder den Firmenlaptop). Dann kann er auch in den privaten Bereich hinein verbindliche Anweisungen geben, die z. B. den Inhalt der Nutzung betreffen.

### *c) Mitbestimmung des Betriebsrats*

Existiert im Unternehmen ein Betriebsrat[346] und möchte der Arbeitgeber eine Social Media Guideline erlassen, stellt sich die Frage nach den Beteiligungsrechten der Arbeitnehmervertretung. Je nachdem wie die Guideline inhaltlich ausgestaltet ist, kommen Berührungspunkte mit den Mitbestimmungsrechten in Sozialen Angelegenheiten (§ 87 BetrVG) in Betracht. Nach Ansicht des *BAG* muss die Einschlägigkeit der Mitbestimmungsrechte für jede einzelne Richtlinie getroffen werden[347] und nicht nur für die Social Media Guideline als Ganzes im Sinne eines Gesamtwerks.[348] Es kommen v. a. die Mitbestimmungstatbestände § 87 Abs. 1 Nr. 1 und Nr. 6 BetrVG in Betracht.

---

342 Hornung/Müller-Terpitz/*Schulz*. Rechtshandbuch Social Media Kap. 10 Rn. 122.

343 Koreng/Lachenmann/*Kremer/Sander* C. III. 5; *Wortmann* ArbRB 2013, 375,376; BAG NZA 2008, 1248, 1254.

344 Koreng/Lachenmann/*Kremer/Sander* C. III. 5; *Melot de Beauregard/Gleich* DB 2012, 2044, 2046.

345 Ebd.; *Oberwetter* NJW 2011, 417, 418.

346 Handelt es sich beim Arbeitgeber um eine Dienststelle nach § 1 BPersVG, gelten die Vorschriften des BPersVG bzw. die landesrechtlichen Bestimmungen entsprechend. Anstelle der Mitbestimmungsrechte des Betriebsrats sind dann die Beteiligungsrechte des Personalrats einschlägig.

347 Hoeren/Sieber/Holznagel/*Solmecke,* Teil 21.1 Rn. 84; *Ulbricht*, Social Media und Recht, S. 150.

348 Vgl. BAG NZA 2008, 1248, 1248 (6. Leitsatz).

### aa) Kein Mitbestimmungsrecht

Nach § 87 Abs. 1 Nr. 1 BetrVG hat der Betriebsrat bei Fragen der Ordnung des Betriebs und des Verhaltens der Arbeitnehmer im Betrieb ein Mitbestimmungsrecht. Nach ständiger Rspr. des *BAG* ist der Betriebsrat nach dieser Vorschrift aber nur dann zwingend zu beteiligen, wenn Maßnahmen betroffen sind, die das Ordnungsverhalten der Arbeitnehmer im Betrieb tangieren.[349] Das ist bei Normen, Maßnahmen oder Weisungen des Arbeitgebers der Fall, wenn sie das Zusammenleben und Zusammenwirken der Arbeitnehmer außerhalb deren Arbeitsverhalten gestalten, gewährleisten oder aufrechterhalten sollen.[350] Unter § 87 Abs. 1 Nr. 1 BetrVG fallen somit nicht solche Maßnahmen, die gerade das Arbeitsverhalten regeln sollen. Bei einem vollständigen Verbot der Privatnutzung handelt es sich aber um eine solche Maßnahme, denn der Arbeitgeber konkretisiert in diesem Fall nur die Arbeitspflicht der Arbeitnehmer und nicht das Ordnungsverhalten.[351] Demnach ist der Betriebsrat nicht nach dem BetrVG zu beteiligen, wenn der Arbeitgeber die private Nutzung komplett untersagt.[352] Die trotz des Verbots in einer Guideline enthaltenen Bestimmungen zum außerdienstlichen Verhalten in Social Media sind dann lediglich unverbindliche Handlungsempfehlungen (s. o.).[353] Solch allgemeine Handlungsgrundsätze ethisch-moralischer Art oder die Wiedergabe allgemeiner Gesetzespflichten unterliegen aber nicht den Mitbestimmungsrechten des Betriebsrats.[354]

Grundsätzlich besteht ein Mitbestimmungsrecht des Betriebsrats auch dann nicht, wenn die Regelung die dienstliche Nutzung von Social Media betrifft.[355] Ein solcher dem Mitbestimmungsrecht des Betriebsrats entzogener Sachverhalt liegt bei den häufig auftretenden Fällen vor, in denen Arbeitnehmer einen Firmen-Account in einem Sozialen Netzwerk zu erstellen bzw. zu pflegen haben.[356] Hier übt der Ar-

349 *Eufinger* ArbRAktuell 2015, 340.

350 Hornung/Müller-Terpitz/*Bayreuther*, Rechtshandbuch Social Media Kap. 8 Rn. 76; BAG NZA 200, 1176, 1177; BAG NZA 1990, 320, 321.

351 LAG Hamm NZA-RR 2007, 20.

352 Koreng/Lachenmann/*Bergt* C. III. 1.; *Seel* öAT 2013, 4, 5; *Frings/Wahlers* BB 2011, 3126, 3130; LAG Hamm NZA-RR 2007, 20; *Stück* CCZ 2016, 285, 287.

353 Vgl. *Wortmann* ArbRB 2013, 375, 376.

354 Hoeren/Sieber/Holznagel/*Solmecke* Teil 21.1 Rn. 84; *Lützeler/Bissels* ArbRAktuell 2011, 499, 501; *Ulbricht*, Social Media und Recht, S. 150; Hornung/Müller-Terpitz/*Bayreuther*, Rechtshandbuch Social Media Kap. 8 Rn. 74; BAG NZA 2008, 1248, 1253.

355 *Schockenhoff*, Soziale Netzwerke im Arbeitsrecht, S. 131. m.w.N.

356 Vgl. Besgen/Prinz/*Herfs-Röttgen*, Handbuch Internet.Arbeitsrecht § 10 Rn. 66; *Wittek*, Soziale Netzwerke im Arbeitsrecht, S. 270.

beitgeber sein Weisungsrecht nach §§ 106, 6 Abs. 2 GewO aus und gibt den Arbeitnehmern vor, wie sie welche Arbeiten zu erbringen haben. Dann ist die Bestimmung der Social Media Guideline auf den Einsatz technischer Mittel zur Erreichung unternehmerischer Ziele gerichtet, also auf das § 87 Abs. 1 Nr. 1 BetrVG nicht unterfallende Arbeitsverhalten (s. o.).[357] Gleiches gilt für Richtlinien, die das Kenntlichmachen persönlicher Meinungen bei der dienstlichen Nutzung dirigieren.[358] Anders kann es sich jedoch verhalten, wenn die dienstliche Nutzung der Social Media dazu führt, dass das Verhalten oder die Leistung des Arbeitnehmers überwacht wird. In diesem Fall kommt das Mitbestimmungsrecht des § 87 Abs. 1 Nr. 6 BetrVG in Betracht. Hierauf wird unter dem Gliederungspunkt II. 3. c) bb) (2) eingegangen.

#### bb) Mitbestimmungspflichtige Regelungen

Hingegen können mitbestimmungspflichtige Reglements durchaus tangiert sein, wenn die Social Media Guidelines die Ordnung bzw. das Verhalten der Arbeitnehmer im Betrieb oder die Überwachung von deren Leistung und Verhalten mittels technischer Einrichtungen betreffen.

##### (1) § 87 Abs. 1 Nr. 1 BetrVG[359]

Der Mitbestimmungstatbestand des § 87 Abs. 1 Nr. 1 BetrVG ist einschlägig, wenn in der Social Media Guideline verbindliche Regelungen enthalten sind, die das betriebliche Verhalten der Arbeitnehmer betreffen. Dies ist bspw. der Fall, wenn der Arbeitgeber die Privatnutzung der Social Media während der Arbeitszeit gestattet, aber unter bestimmte Grundsätze stellt,[360] z. B. bei einer die Dauer der Privatnutzung betreffenden Regelung.[361] Ferner dann, wenn die Guidelines die Arbeitnehmer zum sensiblen Umgang mit sozialen Netzwerken am Arbeitsplatz oder mit Arbeitskollegen anhalten.[362]

§ 87 Abs. 1 Nr. 1 BetrVG ist auch dann eröffnet, wenn die Arbeitnehmer mittels der Social Media Guideline verpflichtet werden sollen, Verstöße anderer Arbeitnehmer gegen selbige zu melden.[363] Das gilt auch, wenn das vorgeschrie-

---

357 *Wittek*, Soziale Netzwerek im Arbeitsrecht, S. 271; *Wortmann* ArbRB 2013, 375, 376.

358 *Wittek*, Soziale Netzwerke im Arbeitsrecht, S. 271.

359 Vgl. § 75 Abs. 3 Nr. 15 BPersVG.

360 *Melot de Beauregard/Gleich* DB 2012, 2044, 2047; *Oberwetter* NJW 2011, 417, 420; *Legerlotz* ArbRB 2011, 250, 253; ErfK/*Kania* BetrVG § 87 Rn. 19.

361 *Wittek*, Soziale Netzwerke im Arbeitsrecht, S. 270; *Schockenhoff*, Soziale Netzwerke im Arbeitsrecht, S. 130 m.w.N.

362 *Fitting* § 87 Rn. 71.

363 *Forst* ZD 2012, 251, 254; ErfK/*Kania* BetrVG § 87 Rn. 21a.

bene Meldeverfahren nicht als Verpflichtung ausgestaltet ist, sondern lediglich in Form eines Appells an die Mitarbeiter gerichtet wird.[364] Hier ist die Thematik des Whistleblowings betroffen und insoweit besteht die Gefahr, dass eine vertragliche Verpflichtung zur Meldung von (Social Media-spezifischen) Pflichtverstößen zu einem Klima der Bespitzelung führt.[365] Ferner stehen das Persönlichkeitsrecht bzw. die Meinungsfreiheit der Arbeitnehmer und das Interesse des Arbeitgebers an der Loyalität seiner Angestellten im Spannungsfeld.[366] Im Ergebnis ist bei einer normierten Meldepflicht von Verstößen das Ordnungsverhalten der Arbeitnehmer im Betrieb betroffen und das Mitbestimmungsrecht des Betriebsrats wird ausgelöst.[367]

Es ist auch bei anderen als unverbindlich etikettierten Regeln von der Mitbestimmungspflichtigkeit auszugehen, wenn das Ordnungsverhalten der Arbeitnehmer betroffen ist.[368] Allein eine vom Arbeitgeber zwangslos gewählte Formulierung kann nicht über das Schicksal der Mitbestimmungspflicht entscheiden. Es kommt allein darauf an, ob die Maßnahme des Arbeitgebers das Arbeitnehmerverhalten steuern will.[369]

(2) § 87 Abs. 1 Nr. 6 BetrVG[370]

Gemäß § 87 Abs. 1 Nr. 6 BetrVG ist der Betriebsrat ferner zwingend zu beteiligen, wenn es um die Einführung und Anwendung von technischen Einrichtungen geht, die dazu bestimmt sind, das Verhalten oder die Leistung der Arbeitnehmer zu überwachen. Eine subjektive Überwachungsabsicht des Arbeitgebers ist dabei entgegen dem Wortlaut der Norm nicht erforderlich; eine sich aus dem angewandten System ergebende Überwachungsabsicht genügt.[371] Dieses Mitbestimmungsrecht dient dem Schutz des allgemeinen Persönlichkeitsrechts der Arbeitnehmer, da technische Kontrolleinrichtungen erheblich in den persönlichen Bereich der Beschäftigten eingreifen können.[372]

---

364 *Lützeler/Bissles* ArbRAktuell 2011, 499, 501; vgl. BAG NZA 2008, 1248, 1254.
365 *Thüsing*, Beschäftigtendatenschutz und Compliance § 6 Rn. 41.
366 Ebd.
367 BAG NZA 2008, 1248, 1253.
368 *Ulbricht*, Social Media und Recht, S. 150; *Wittek*, Soziale Netzwerke im Arbeitsrecht, S. 274.
369 *Däubler*, Internet und Arbeitsrecht, S. 180 Rn. 211x.
370 Vgl. § 75 Abs. 3 Nr. 17 BPersVG.
371 *Melot de Beauregard/Gleich* DB 2012, 2044, 2048; *Oberwetter* NJW 2011 417, 421; ErfK/*Kania* BetrVG § 87 Rn. 55; *Däubler*, Gläserne Belegschaften, Rn. 756.
372 *Eufinger* ArbRAktuell 2015, 340, 342; BAG NJW 1976, 261, 262.

An den Begriff der technischen Einrichtung sind keine besonderen Anforderungen zu stellen.[373] Durch ihn sollen lediglich nicht-technikbasierte Überwachungen ausgeschlossen werden, wie z. B. Überwachungen durch Vorgesetzte, Mitarbeiter, Revisoren oder Privatdetektive.[374] Als technische Einrichtungen gelten in diesem Zusammenhang z. B. der gespeicherte Verlauf des Webbrowsers[375], der Cache oder Proxy-Server[376] des betrieblichen Computers.[377] Der Mitbestimmungstatbestand wird hier aber nicht unmittelbar aufgrund der Social Media-Nutzung hervorgerufen, sondern durch die während der Arbeitszeit erlaubte Privatnutzung des betrieblichen Internetzugangs (zur Social Media Nutzung). Dem Arbeitgeber ist es anhand des Proxy-Servers (objektiv) möglich festzustellen, wann, wie lange und welche Seiten der Arbeitnehmer im Internet aufgerufen hat; er kann also das Surfverhalten überwachen.[378] Deshalb ist das Mitbestimmungsrecht nach § 87 Abs. 1 Nr. 6 BetrVG betroffen wenn, mit der Social Media Guideline erstmals die Erlaubnis zur privaten Internetnutzung eingeräumt wird.[379] Die Social Media-Nutzung ist in diesem Zusammenhang allerdings nur eine besondere Art der Internetnutzung. Sie hat aber nicht automatisch zur Folge, dass die nutzbaren Social Media als eigenständige technische Einrichtung i.S.d. § 87 Abs. 1 Nr. 6 BetrVG zu qualifizieren sind, die der Verhaltens- oder Leistungskontrolle dient.[380]

Unabhängig davon sind aber auch Social Media an sich unter den Begriff der technischen Einrichtung i.S.d § 87 Abs. 1 Nr. 6 BetrVG zu subsumieren.[381] Bei diesen bezieht sich die Eignung zur Arbeitnehmerüberwachung allerdings auf deren Funktion, jeden verfassten Eintrag sichtbar werden zu lassen, also

---

373 *Fitting* § 87 Rn. 224.

374 *Schockenhoff*, Soziale Netzwerke im Arbeitsrecht, S. 134; *Fitting* § 87 Rn. 224

375 *Seel* öAT 2013, 4, 7.

376 *Fitting* § 87 Rn. 245.

377 Trotz erheblicher Zweifel aufgrund des Alters des Tatbestands und des enormen technischen Fortschritts im Ergebnis auch Hornung/Müller-Terpitz/*Bayreuther*, Rechtshandbuch Social Media Kap. 8 Rn. 79.

378 Hornung/Müller-Terpitz/*Bayreuther*, Rechtshandbuch Social Media Kap. 8 Rn. 79; *Leist/Koschker* BB 2013, 2229.

379 So auch *Wittek*, Soziale Netzwerke im Arbeitsrecht, S. 272 Fn. 1406.

380 *Wittek*, Soziale Netzwerke im Arbeitsrecht, S. 272;

381 So zu sozialen Netzwerken pauschal und ohne nähere Begründung *Legerlotz* ArbRB 2011, 250, 253 und unter Verweis auf diesen auch Besgen/Prinz/*Herfs-Röttgen*, Handbuch Internet.Arbeitsrecht § 10 Rn. 65; *Schockenhoff*, Soziale Netzwerke im Arbeitsrecht, S. 134.

von welchem Profil, an welchem Datum und zu welcher Uhrzeit er veröffentlicht wurde.[382] Die Eignung zur Überwachung folgt gerade nicht (nur) aus der Möglichkeit des Arbeitgebers, über den Browserverlauf oder den Proxy-Server herauszufinden, wann der Arbeitnehmer für wie lange auf Social Media Seiten gesurft ist.[383] Dies ist keine Besonderheit der Social Media, sondern der normale (betriebsverfassungsrechtliche) Reflex der erlaubten Internetnutzung zu Privatzwecken.[384] Aber auch wenn Social Media als technische Einrichtung anzusehen sind, findet das Mitbestimmungsrecht des § 87 Abs. 1 Nr. 6 BetrVG nur wegen ihrer diesbezüglichen Eigenschaft grundsätzlich keine Anwendung. Dies deshalb, weil es an dem Tatbestandsmerkmal „Einführung und Anwendung" fehlt.[385] Das Mitbestimmungsrecht setzt die Entscheidung des Arbeitgebers, Informationen über das Arbeitnehmerverhalten durch die technische Einrichtung erfassen zu lassen, voraus.[386] Allein die Erlaubnis des Arbeitgebers, das Internet und die Social Media zu privaten Zwecken zu nutzen, erfüllt dieses Kriterium noch nicht. Die Arbeitnehmer entscheiden schließlich eigenmächtig, ob sie die Social Media nutzen und damit auch, ob der Social Media-Dienst etwaige Nutzungsdaten aufzeichnet und für Dritte – somit auch für den Arbeitgeber – erkennbar wiedergibt (z. B. Datum und Inhalt des Posts).[387]

Zwar entschied das *BAG* unlängst,[388] dass beim *Facebook*-Auftritt die Mitbestimmung des Betriebsrats durchaus betroffen sein kann. Allerdings handelte es sich dabei um den Fall der dienstlichen Social Media-Nutzung. Konkret ging es um eine Blutspendedienste betreibende Arbeitgeberin, die das soziale Netzwerk zum Zwecke des Marketings als Kommunikationsplattform zu Kunden nutzte. Personen, die zum Blutspenden gingen, konnten über ihren *Facebook*-Account die Blutspendeaktion und damit das von der Arbeitgeberin eingesetzte medizinische Personal mittels der Kommentarfunktion bewerten. Die Entscheidung des Arbeitgebers, die von den Besuchern auf der *Facebook*-Seite abgesetzten Beiträge unmittelbar zu veröffentlichen, sei mitbestimmungspflichtig, da sie nach

---

382 *Schockenhoff*, Soziale Netzwerke im Arbeitsrecht, S. 135.

383 Ebd.

384 Vgl. *Wittek*, Soziale Netzwerke im Arbeitsrecht, S. 271.

385 *Schockenhoff*, Soziale Netzwerke im Arbeitsrecht, S. 137; a.A. *Legerlotz* ArbRB 2011, 250, 253, der allerdings nicht auf das Tatbestandsmerkmal „Einführung und Anwendung" eingeht.

386 *Schockenhoff*, Soziale Netzwerke im Arbeitsrecht, S. 136 f.; BAG NZA 2004, 556, 559.

387 *Schockenhoff*, Soziale Netzwerke im Arbeitsrecht, S. 137.

388 BAG BB 2017, 1213.

der Auffassung des *BAG* dazu geeignet ist, das Verhalten und die Leistung der Arbeitnehmer zu überwachen.[389]

Ungeachtet der Richtigkeit der Entscheidung des *BAG* ist der dort streitgegenständliche dienstliche Nutzungszweck der wesentliche Unterschied zur hier untersuchten privaten Nutzung.[390] Bei letzterer steht es den Arbeitnehmern nämlich gerade frei, Social Media über ihren persönlichen Account zu nutzen. Es fehlt daher an der für § 87 Abs. 1 Nr. 6 BetrVG erforderlichen Initiative des Arbeitgebers, eine technische Überwachungseinrichtung einzuführen.[391]

#### (3) Zwischenergebnis

Der Betriebsrat hat kein Recht zur Mitbestimmung, wenn der Arbeitgeber die private Nutzung gänzlich untersagt und zwar auch dann nicht, wenn er gleichwohl Ratschläge zum Umgang mit Social Media im außerdienstlichen Bereich gibt. Hingegen ist § 87 Abs. 1 Nr. 1 BetrVG berührt, wenn die bereits erlaubte Privatnutzung durch eine Social Media Guideline näher ausgestaltet wird, bspw. in Bezug auf die Nutzungsdauer oder wenn Verstöße anderer Mitarbeiter gemeldet werden sollen.

Eine Mitbestimmungspflicht aus § 87 Abs. 1 Nr. 6 BetrVG ist gegeben, wenn mit einer Social Media-Guideline erstmals die (bislang verbotene) Privatnutzung erlaubt wird, weil dann über die üblichen Funktionen der Internetbrowser eine Überwachung möglich ist. Wegen der Charakteristika der Social Media selbst ist der Anwendungsbereich des § 87 Abs. 1 Nr. 6 BetrVG bei der privaten Nutzung nicht eröffnet.

### cc) Rechtsfolgen eines Verstoßes gegen die Mitbestimmungspflicht

Nicht überall dort, wo es um zwingend mitbestimmungspflichtige Angelegenheiten geht, wird der Betriebsrat auch ohne weiteres beteiligt. Auswirken kann sich eine Nichtbeachtung des Mitspracherechts nach § 87 Abs. 1 BetrVG sowohl im Verhältnis zwischen Arbeitgeber und Arbeitnehmer (individualvertragliche Ebene) als auch in der Rechtsbeziehung zwischen den Betriebspartnern (kollektivrechtliche Ebene).

#### (1) Individualvertragliche Ebene

Missachtet der Arbeitgeber das Mitbestimmungsrecht des Betriebsrats und erlässt er eine Social Media Guideline ohne den Betriebsrat zu beteiligen, ist sie – als mitbestimmungspflichtige Maßnahme – auf individualrechtlicher Ebene ggü. den

389 BAG BB 2017, 1213.

390 Vgl. insoweit auch *Schockenhoff*, Soziale Netzwerke im Arbeitsrecht, S. 138 f.

391 *Schockenhoff*, Soziale Netzwerke im Arbeitsrecht, S. 137.

Arbeitnehmern unwirksam.[392] Es kommt die Theorie der „Wirksamkeitsvoraussetzung“ zum Tragen, der das *BAG* schon seit dem Jahre 1956 folgt.[393] Danach ist die Beteiligung des Betriebsrats eine Wirksamkeitsvoraussetzung für alle mitbestimmungspflichtigen Regelungen und Maßnahmen.[394] Wird der Betriebsrat aber bei der Erstellung einer Social Media Guideline nicht im Rahmen seines Mitbestimmungsrechts beteiligt, hat dies zur Folge, dass die darin aufgestellten und vom Arbeitgeber als verbindlich gewollten Regelungen leerlaufen.

Die denknotwenig weitere Konsequenz ist, dass ein Verstoß der Arbeitnehmer gegen ein in der Social Media Guideline aufgestelltes Verbot keine arbeitsvertragliche Pflichtverletzung (mehr) darstellt. Dies kann allerdings nur unter der Prämisse gelten, dass das Verhalten des Arbeitnehmers auch ohne das Verbot des Arbeitgebers keine Pflichtverletzung darstellen würde. Ist die Privatnutzung des betrieblichen Internets gestattet, bspw. das Aufrufen von Webseiten eines Wettbewerbers des Arbeitgebers aber aufgrund der (unwirksamen) Social Media Guideline verboten, begeht der Arbeitnehmer, der gleichwohl auf solchen Webseiten surft, keine arbeitsvertragliche Pflichtverletzung. Das Surfen im Internet ist ihm gestattet und mangels strafrechtlich relevanten Charakters der Wettbewerber-Webseite verhält er sich nicht pflichtwidrig (s. o.).

(2) Kollektivrechtliche Ebene

Auf kollektivrechtlicher Ebene steht dem Betriebsrat gem. § 23 Abs. 3 BetrVG ein Anspruch auf Unterlassung der beabsichtigten Maßnahme – hier den Erlass der Social Media Guideline – zu. Im Falle der Verletzung seiner Mitbestimmungsrechte ist der Betriebsrat zudem auch frei in seiner Entscheidung, seine ordnungsgemäße Beteiligung im Wege einer einstweiligen Verfügung durchzusetzen.[395]

### *d) Zwischenergebnis*

Die Einführung von Social Media Guidelines wird regelmäßig das Mitbestimmungsrecht des Betriebsrats nach § 87 Abs. 1 Nr. 1 BetrVG tangieren, wenn darin die Grenzen der gestatteten Privatnutzung betrieblicher Kommunikationsmittel näher ausgestaltet werden sollen. Diesbezüglich ist es unerheblich, ob sich der

---

392 *Fitting* § 87 Rn. 599; GK/*Wiese* § 87 Rn. 98, 119; Hoeren/Sieber/Holznagel/*Solmecke* Teil 21.1 Rn. 84; a.A. Richardi/*Richardi* § 87 Rn. 101; vgl. auch *Kort* NZA 2012, 1321, 1324.

393 Richardi/*Richardi* § 87 Rn. 101, 102.

394 *Fitting* § 87 Rn. 599; GK/*Wiese* § 87 Rn. 98.

395 Hoeren/Sieber/Holznagel/*Solmecke* Teil 21.1 Rn. 84; *Ulbricht*, Social Media und Recht, S. 151.

Arbeitgeber bei der Formulierung für konkrete Vorgaben oder bloße Handlungsempfehlungen entscheidet.

Der Mitbestimmungstatbestand des § 87 Abs. 1 Nr. 6 BetrVG ist in den meisten Fällen nicht berührt, auch wenn Social Media Anwendungen als technische Einrichtung im Sinne der Norm angesehen werden können. Ausnahmsweise ist von dessen Einschlägigkeit aber auszugehen, wenn mit der Social Media Guideline erstmals die Privatnutzung betrieblicher Kommunikationsmittel gestattet wird.

Missachtet der Arbeitgeber zwingende Mitbestimmungsrechte des Betriebsrats, muss er in Kauf nehmen, dass die in der Guideline vorgesehenen Verbote wegen deren Unwirksamkeit leerlaufen und darauf gestützte Sanktionen unwirksam und damit gegenstandslos sind. Außerdem sieht er sich den Ansprüchen des Betriebsrats wegen Verstoß gegen zwingend mitbestimmungspflichtige (soziale) Angelegenheiten ausgesetzt.

### *4. Kündigungsrelevante Pflichtverletzungen bei gestatteter Privatnutzung*

Anknüpfend an *Bayreuther* und diesem zustimmend ist zunächst festzustellen, dass die gestatte Privatnutzung mehrere Konstellationen betreffen kann. Es ist zu unterscheiden zwischen der erlaubten Nutzung betrieblicher Ressourcen einerseits und der Erlaubnis, während der Arbeitszeit das Internet bzw. die Social Media über das eigene Endgerät privat zu nutzen andererseits.[396] Dementsprechend können bei der gestatteten Privatnutzung die im Folgenden aufgezeigten Pflichtverletzungen begangen werden, wobei es hier für eine rechtlich zutreffende Eingruppierung maßgeblich darauf ankommt, ob die Nutzung des eigenen Internetzugangs (mit dem eigenen Endgerät) oder mit dem des Arbeitgebers erfolgt.

#### *a) Nutzung der betrieblichen Ressourcen*

Erfolgt die Privatnutzung über betriebliche Ressourcen, steht im Hinblick auf die in Betracht kommenden Pflichtverletzungen allen voran die bereits oben erörterte Problematik des Arbeitszeitbetruges im Fokus. Daneben stellen, sofern vorhanden, die vom Arbeitgeber für den Inhalt der Privatnutzung aufgestellten Regeln einen selbständigen Anknüpfungspunkt für die Frage nach einer Pflichtverletzung dar.

##### aa) Nichterbringung der vertraglich geschuldeten Arbeitsleistung

Für die Beantwortung der Frage nach dieser Pflichtverletzung muss weiter differenziert werden, ob der Arbeitgeber die Privatnutzung seiner Betriebsmittel

---

396 Hornung/Müller-Terpitz/*Bayreuther*, Rechtshandbuch Social Media Kap. 8 Rn. 20.

lediglich außerhalb der Arbeitszeit toleriert, oder ob er die private Nutzung auch während der regulären Arbeitszeit gestattet.

### (1) Privatnutzung nur außerhalb der Arbeitszeit

Räumt der Arbeitgeber dem Arbeitnehmer das Recht ein, die betrieblichen Ressourcen wie Computer, Smartphone oder Tablet-PC privat zu nutzen und beschränkt er die diesbezügliche Erlaubnis aber nur auf die Pausenzeiten bzw. auf die Zeiten nach und vor der geltenden Arbeitszeit, kommt die bereits oben dargestellte Pflichtverletzung „Nichterbringung der vertraglich geschuldeten Arbeitszeit" in Betracht. Ist die Privatnutzung ausdrücklich auf die Zeiten außerhalb der Arbeitszeit beschränkt und surft der Arbeitnehmer gleichwohl während der Arbeitszeit im Internet, liegt zudem ein Verstoß gegen ein ausdrückliches Verbot der Privatnutzung (s. o.), mithin eine weitere Pflichtverletzung vor. Formal betrachtet, missachtet der Arbeitnehmer darüber hinaus die Vorgaben des Arbeitgebers, wie mit seinen Betriebsmitteln umzugehen ist.

### (2) Gestattete Privatnutzung während der Arbeitszeit

Gestattet der Arbeitgeber sowohl den Gebrauch der betrieblichen Ressourcen an sich als auch deren Nutzung während der Arbeitszeit, wird regelmäßig bloß die ausschweifende Nutzung als relevante Pflichtverletzung in Betracht kommen.

Zum Teil wird der Auffassung gefolgt, dass der Arbeitgeber, wenn er die Privatnutzung während der Arbeitszeit gestattet, sich dies bei der ausschweifenden Nutzung entgegen halten lassen müsse.[397] Dem kann so pauschal nicht zugestimmt werden. Bestehen konkrete Vorgaben des Arbeitgebers hinsichtlich des Zeitumfangs, innerhalb dessen er die Privatnutzung während der Arbeitszeit duldet, muss bei einer Überschreitung des zulässigen Rahmens dasselbe gelten, wie bei der gänzlich unerlaubten Privatnutzung.[398] Es kann keinen Unterschied machen, ob der Arbeitnehmer die zulässige Höchstdauer der Privatnutzung überschreitet und ab diesem Zeitpunkt seine Pflicht zur Arbeitserbringung verletzt oder er dies bereits ab der ersten Minute der Privatnutzung tut. In beiden Fällen handelt er seiner vertraglichen (Hauptleistungs-)Pflicht zur Erbringung der Arbeitsleistung zu wider.

Richtigerweise bestehen aber in Bezug auf das Vorliegen einer Pflichtverletzung Schwierigkeiten und damit erhöhte Risiken des Arbeitgebers, wenn die Privatnutzung zwar gestattet, insb. deren zeitlicher Umfang aber nicht klar abgesteckt ist. In diesem Fall bestehen insb. hinsichtlich der noch tolerierten Dauer

---

397 Besgen/Prinz/*Fausten*, Handbuch Internet.Arbeitsrecht § 1 Rn. 120.

398 So wohl auch *Däubler*, Internet und Arbeitsrecht, S. 139 Rn. 193b.

der privaten Nutzung während der Arbeitszeit Unklarheiten. Wie gezeigt ist in dieser Konstellation eine Auslegung der Erlaubnis vorzunehmen, um bestimmen zu können, was noch erlaubt ist und was nicht mehr. Liegt nicht eindeutig eine ausschweifende Nutzung im o. g. Sinne vor, kann eine Pflichtverletzung nicht mit Gewissheit angenommen und als Grundlage für eine Kündigung herangezogen werden.[399] Verbleibende Ungewissheiten gehen daher zu Lasten des Arbeitgebers.

#### bb) Nutzung entgegen der verbindlich aufgestellten Regeln

Eine Pflichtverletzung kommt auch dann in Betracht, wenn der Arbeitnehmer die individualvertraglich oder kollektivrechtlich aufgestellten Nutzungsregelungen bezogen auf die inhaltliche Nutzung seiner Betriebsmittel missachtet. Hierbei geht es um die Fallgestaltungen, in denen der Arbeitgeber – etwa im Rahmen einer Social Media Guideline – die Privatnutzung grundsätzlich gestattet, aber z. B. das Aufrufen bestimmter Seiten verbietet, die Erlaubnis also mit Einschränkungen versieht. Untersagt der Arbeitgeber bspw. das Surfen auf Webseiten mit pornographischem Inhalt oder gar das einfache „twittern" oder „bloggen"[400] und handelt der Arbeitnehmer dem Verbot durch die Vornahme einer solchen Handlung zuwider, begeht er mehrere Pflichtverletzungen. Zum einen verstößt er gegen die ausdrückliche Verhaltensvorschrift, zum anderen liegt auch hier die Missachtung des dem Arbeitgeber zustehenden Rechts vor, mit den Betriebsmitteln nach seinem Belieben bzw. seinen Vorgaben zu verfahren.

Im Hinblick auf das Verbot, pornographische Webseiten aufzurufen, besteht auch kein Widerspruch zum oben dargestellten Grundsatz, dass sich der Arbeitgeber nicht zum Sittenwächter seiner Arbeitnehmer bestellen kann.[401] Im Rahmen der Erlaubnis der Privatnutzung obliegt es ausschließlich ihm, wie weit er seinem Arbeitnehmer die Gestattung einräumt, auf die dieser dem Grunde nach gar keinen Anspruch hat. Möchte der Arbeitgeber nicht, dass über seinen Internetzugang auf Webseiten mit pornographischem Inhalt zugegriffen wird, kann er ein entsprechendes Surfverhalten des Arbeitnehmers auch zur Voraussetzung für die Gestattung der Privatnutzung machen. In diesem Fall ist es auch unerheblich, ob eine konkrete Gefährdung des Arbeitgeberrufes im Raum steht, da es lediglich

399 Vgl. *Frings/Wahlers* BB 2010, 3126, 3131.

400 Vgl. BeckFormB ArbR/*Wybitul* A. IV. 5. S. 238.

401 A.A. Besgen/Prinz/*Fausten*, Handbuch Internet.Arbeitsrecht § 1 Rn. 122, die der Auffassung ist, dass sich der Arbeitgeber auch dann unzulässiger Weise zum Sittenwächter aufschwingt, wenn er von der Erlaubnis der Privatnutzung pornographische Webseiten ausnimmt.

um den Verbotsverstoß und nicht um eine Rufschädigung geht. Diese will der Arbeitgeber mit der Verhaltensvorschrift regelmäßig präventiv vermeiden.

#### cc) Sonstige Pflichtverletzungen wegen Betriebsmittelnutzung

Die oben im Zusammenhang mit der unerlaubten Privatnutzung herausgearbeiteten Pflichtverletzungen „unbefugter Download", „Verursachung zusätzlicher Kosten", „Rufschädigung des Arbeitgebers" und „strafrechtlich relevante Handlungen" können auch bei der gestatteten Privatnutzung auftreten. Allein die Gestattung der Privatnutzung ändert an der rechtlichen Beurteilung dieser (grundsätzlich unzulässigen) Fehlverhaltensweisen nichts. Insoweit wird auf die obigen Ausführungen verwiesen.[402] Anders sähe dies nur in dem unwahrscheinlichen Fall aus, wenn der Arbeitgeber die vorgenannten Verhaltensweisen (ausdrücklich oder konkludent) billigte.

### *b) Nutzung der eigenen Geräte*

Untersagt der Arbeitgeber die private Nutzung der betriebseigenen Ressourcen, hat er aber nichts gegen die Privatnutzung des Arbeitnehmers während der Arbeitszeit mit seinen eigenen Endgeräten und gestattet er diese, kann es ebenfalls zu mehreren Pflichtverletzungen kommen. Zum einen, wenn der Arbeitnehmer entgegen dem Verbot des Arbeitgebers doch die betrieblichen Ressourcen zur Privatnutzung heranzieht, und zum anderen, wenn er in zeitlicher Hinsicht die erlaubte Dauer der Privatnutzung während der Arbeitszeit überschreitet. Im ersten Fall ist die Pflichtverletzung (§ 241 Abs. 2 BGB) darin zu sehen, dass der Arbeitnehmer das Recht des Arbeitgebers missachtet, nach seinem Belieben mit in seinem Eigentum stehenden Betriebsmitteln zu verfahren. Darüber hinaus sind durch die Begehung dieser Pflichtverletzung konsequenterweise alle anderen, auf der Nutzung der betrieblichen Ressourcen beruhenden Pflichtverletzungen möglich.

Nutzt der Arbeitnehmer jedoch lediglich sein privates Endgerät zur Privatnutzung, ist im Hinblick auf die Pflichtverletzung „Nichterbringung der arbeitsvertraglich geschuldeten Arbeitszeit" auf obige Ausführungen zu verweisen, da insoweit nichts anderes gilt. Die Pflichtverletzungen „unbefugter Download", „Verursachung zusätzlicher Kosten", „Rufschädigung des Arbeitgebers" und „strafrechtlich relevante Handlungen" scheiden allerdings aus, da deren Bejahung die Nutzung betrieblicher Mittel (insb. des Internetzugangs) voraussetzen.

---

402 Siehe hierzu die Ausführungen oben auf S. 32 ff.

Außerhalb der Arbeitszeit ist die private (Social Media-)Nutzung des Arbeitnehmers mit seinen eigenen Endgeräten in Bezug auf die hier dargestellten Pflichtverletzungen risikolos, da insoweit das außerdienstliche Verhalten betroffen ist. Die in diesem Bereich geltenden kündigungsrelevanten Pflichtverletzungen- und Konsequenzen werden ausführlich im Teil B dieses Teils der Arbeit untersucht.

### 5. *Kündigungsrechtliche Konsequenz einer Pflichtverletzung*

Sobald der Arbeitgeber die Privatnutzung betrieblicher Kommunikationsmittel gestattet, bestehen im Vergleich zur nicht gestatteten Privatnutzung für ihn regelmäßig weniger Möglichkeiten, das jeweilige Fehlverhalten des Arbeitnehmers mit arbeitsrechtlichen Gegenmaßnahmen zu sanktionieren. Hinsichtlich der kündigungsrelevanten Konsequenzen kommt es allerdings, wie schon bei der Untersuchung der Pflichtverletzung, auf den konkreten Inhalt der Gestattungserklärung an.

#### a) *Nutzung der betrieblichen Ressourcen*

##### aa) Nichterbringung der vertraglich geschuldeten Arbeitsleistung

Verstößt der Arbeitnehmer gegen die Einschränkung, dass betriebliche Geräte nur außerhalb der Arbeitszeit zu privaten Zwecken genutzt werden dürfen, bestehen seitens des Arbeitgebers dieselben kündigungsrechtlichen Möglichkeiten wie im Falle der unerlaubten Privatnutzung. Eine geringfügige Nutzung während der Arbeitszeit wird daher regelmäßig nur eine Abmahnung rechtfertigen können, und erst die ausschweifende Nutzung gereicht den Anforderungen einer verhaltensbedingten Kündigung.[403]

##### bb) Gestattete Nutzung während der Arbeitszeit

Grundsätzlich gelten auch hier die im Rahmen der nicht gestatteten Privatnutzung dargestellten Grundsätze zu den kündigungsrechtlichen Konsequenzen. Bei der gestatteten Privatnutzung sind jedoch für die Beurteilung der Frage, ob eine ausschweifende Nutzung vorliegt, die vom Arbeitgeber akzeptierten Privatnutzungszeiten zu berücksichtigen. Sind dem Arbeitnehmer bspw. 30 Minuten Privatnutzung während der Arbeitszeit pro Tag eingeräumt, dürfen diese bei der Prüfung einer ausschweifenden Nutzung nicht berücksichtigt werden – vergleichbar mit der notwendigen Außerachtlassung von Pausenzeiten. Ist der zeitliche Nutzungsumfang der privaten Nutzung trotz der in Abzug zu bringenden,

403 Siehe hierzu die Ausführungen oben auf S. 49 ff.

erlaubten Nutzungsdauer immer noch als ausschweifend anzusehen, gilt auch insoweit, dass eine außerordentliche Kündigung ohne vorherige Abmahnung gerechtfertigt ist.

Eine wirksame Beendigungskündigung (weder ordentlich noch außerordentlich) wird der Arbeitgeber aber dann nicht aussprechen können, wenn die Privatnutzung zwar dem Grunde nach gestattet ist, deren zeitlicher Umfang aber nicht oder nur durch auslegungsbedürftige Generalklauseln wie „geringfügig", „in vertretbarem Umfang" oder „in zeitlich untergeordnetem Maße" beschrieben ist.[404] Hier bedarf es zunächst einer Abmahnung.[405] Ungenauigkeiten im Rahmen der Nutzungsregelung gehen zu Lasten des Arbeitgebers.

### cc) Nutzung entgegen der verbindlich aufgestellten Regeln

Verstößt der Arbeitnehmer gegen die aufgestellten Grenzen der Privatnutzung (v.a. bezogen auf den Nutzungsinhalt), wird der Arbeitgeber regelmäßig eine Abmahnung wegen dieses Fehlverhaltens aussprechen können. Demnach wird eine ordentliche Kündigung ohne vorherige einschlägige Abmahnung einer gerichtlichen Überprüfung grundsätzlich nicht standhalten können. Dass klare und unmissverständliche Vorgaben zur Nutzungsweise der Betriebsmittel (bspw. in einer Social Media Guideline) bestanden haben, führt zwar regelmäßig dazu, dass die gleichwohl begangene Pflichtverletzung schwerer wiegt. Eine Beendigung des Arbeitsverhältnisses, rechtfertigt dies in aller Regel aber mangels Verhältnismäßigkeit nicht. Somit ist eine außerordentliche Kündigung allein wegen des Besuchs einer vom Arbeitgeber nicht erlaubten Webseite unwirksam, es sei denn, dass eine strafrechtlich relevante Handlung begangen wurde oder ein Fall der ausschweifenden Nutzung vorliegt (s.o.).

### dd) Sonstige Pflichtverletzungen wegen Betriebsmittelnutzung

Liegen trotz der Gestattung der Privatnutzung Pflichtverletzungen in Form des unbefugten Downloads, der Verursachung zusätzlicher Kosten, der Rufschädigung des Arbeitgebers oder strafrechtlich relevante Handlungen vor, stehen dem Arbeitgeber grundsätzlich die Sanktionsmöglichkeiten zu, die auch bei der nicht gestatteten Privatnutzung in Frage kämen. Allerdings gilt auch hier, dass die jeweilige Pflichtverletzung schwerer wiegt, wenn dem Arbeitnehmer die verbotene Verhaltensweise im Zeitpunkt des Fehlverhaltens wegen entsprechender Hinweise bekannt war. Das mag bei strafbaren Handlungsweisen, bei denen eine

---

404 Hornung/Müller-Terpitz/*Bayreuther*, Rechtshandbuch Social Media Kap. 8 Rn. 22.

405 Ebd.; Besgen/Prinz/*Fausten*, Handbuch Internet.Arbeitsrecht § 1 Rn. 88.

sofortige Kündigung i. d. R. ohnehin gerechtfertigt ist, zwar keine Rolle spielen, bei der Kumulation anderer, für sich genommen nicht so schwer wiegender Pflichtverletzungen könnte sich die Kenntnis des Arbeitnehmers von den ausdrücklichen Verboten aber durchaus auswirken. Lädt ein Arbeitnehmer z. B. unzulässiger Weise während der Arbeitszeit entgegen einem Verbot eine nicht unerhebliche Menge an Dateien auf den Dienstrechner, wiegen diese Pflichtverletzungen insgesamt schwerer, wenn die entsprechenden Verbote kurz zuvor in einer bekannt gemachten Social Media Guideline ausdrücklich verhängt wurden. Je nach Einzelfall kann eine ordentliche Kündigung ohne vorherige Abmahnung in Betracht kommen.

*b) Nutzung der eigenen Geräte*

Missachtet der Arbeitnehmer das Verbot, die betrieblichen Ressourcen für seine privaten Internetaktivitäten zu nutzen, liegt eine Pflichtverletzung vor, der der Arbeitgeber lediglich mit einer Abmahnung begegnen kann. Entsprechend den Ausführungen zur nicht gestatteten Privatnutzung ist bei der Missachtung des vom Arbeitgeber bestimmten Verwendungszwecks seiner Betriebsmittel keine so schwere Pflichtverletzung gegeben, dass eine Abmahnung abkömmlich wäre. Ohne besondere Anhaltspunkte ist bei ihrem unterstellten Ausspruch eine Verhaltensänderung in Zukunft zu erwarten, weitere Verstöße wären daher grundsätzlich nicht zu befürchten. Der Ausspruch einer Kündigung kommt nur aufgrund dieser Pflichtverletzung nicht in Betracht.

Nutzt der Arbeitnehmer sein eigenes Endgerät während der Arbeitszeit, kann aber theoretisch wegen ausschweifender Privatnutzung eine verhaltensbedingte Kündigung ausgesprochen werden. Es ist für die Bejahung der Pflichtverletzung „Nichterbringung der vertraglich geschuldeten Arbeitszeit“ irrelevant, ob der Arbeitnehmer von der Erfüllung der Arbeitsleistung durch sein eigenes Endgerät oder das des Arbeitgebers abgehalten wird. Allerdings hat es der Arbeitgeber in der Praxis um einiges schwerer, den Pflichtverstoß der ausschweifenden Privatnutzung nachzuweisen. Ihm stehen nämlich die Verbindungsnachweise bzw. der Browserverlauf des Endgeräts des Arbeitnehmers nicht zur Verfügung. Darauf hat er regelmäßig keinen Zugriff und ggü. dem Arbeitnehmer erst recht keinen Anspruch auf Offenlegung. Für den Nachweis einer ausschweifenden Nutzung wäre er auf Zeugenaussagen anderer Arbeitnehmer angewiesen, wobei hier von vornherein klar ist, dass der lückenlose Nachweis der Privatnutzung während der Arbeitszeit durch das Zeugnis von Personen nur äußerst schwer zu erbringen sein dürfte. Eine wirksame Handhabe scheidet für den Arbeitgeber in diesem Fall daher regelmäßig aus.

### 6. *Anforderungen an die Betriebsratsanhörung*

Liegen Pflichtverletzungen vor, die den Arbeitgeber auch bei der gestatteten Privatnutzung der betrieblichen Kommunikationsmittel zum Ausspruch einer Kündigung berechtigen, muss er ggf. auch hier den Betriebsrat gem. § 102 Abs. 1 S. 1 BetrVG anhören. Entsprechend den obigen Erläuterungen[406] ist die Unterrichtung der Interessenvertretung der Arbeitnehmer ausführlich und detailliert vorzunehmen. Hierzu gehören auch entlastende[407] oder in sonstiger Weise gegen die Kündigung sprechende Umstände[408]. Bei der gestatteten Privatnutzung ist der Betriebsrat daher auch über Art, Inhalt und Reichweite der erteilten Erlaubnis zu informieren, sofern sich daraus für den Arbeitnehmer entlastende Umstände ergeben.

### 7. *Zwischenergebnis*

Der Arbeitgeber kann die Gestattung der Privatnutzung auf verschiedene Weisen regeln. Es empfiehlt sich im Hinblick für die begehrte Rechtsicherheit, eindeutige Voraussetzungen aufzustellen. Je klarer die Regelungen zur Gestattung formuliert sind, desto leichter kann die Arbeitsgerichtsbarkeit im Streitfall über das Vorliegen einer Pflichtverletzung und damit die Wirksamkeit der Kündigung entscheiden.[409] Unklarheiten gehen zu Lasten des Arbeitgebers. Das gilt sowohl für die Beurteilung einer Pflichtverletzung als auch für die richtige Konstatierung der kündigungsrechtlichen Reaktion des Arbeitgebers. Besteht im Unternehmen ein Betriebsrat, ist dieser regelmäßig zwingend bei der Einführung der Regeln zu beteiligen. Ignoriert der Arbeitgeber bei der Reglementierung der Privatnutzung das nach § 87 Abs. 1 Nr. 1 oder Nr. 6 BetrVG bestehende Mitbestimmungsrecht der Arbeitnehmervertretung, kann dies sowohl individualvertragliche als auch kollektivrechtliche Auswirkungen zum Nachteil des Arbeitgebers haben.

In kündigungsrechtlicher Hinsicht bewirkt die Gestattung der Privatnutzung, dass sich der Arbeitgeber v. a. in Bezug auf die Pflichtverletzung „Nichterbringung der vertraglich geschuldeten Arbeitsleistung" teilweise der ihm sonst zustehenden arbeitsrechtlichen Sanktionsmöglichkeiten selbst einschränkt. Im Hinblick auf die sonstigen Pflichtverletzungen (Rufschädigung, unbefugter Download und Surfen auf strafrechtlich relevante Webseiten bzw. strafbare Handlungen) gelten grundsätzlich dieselben Regeln wie bei der nicht gestatteten Privatnutzung.

---

406 Siehe hierzu die Ausführungen oben auf S. 60 ff.

407 *Fitting* § 102 Rn. 24.

408 GK/*Raab* § 102 Rn. 68.

409 *Diller* FD-ArbR 2007, 230147.

Der Arbeitgeber sollte allerdings schon bei der Einräumung der Erlaubnis die Möglichkeit der späteren Untersagung im Blick haben. Dies gilt v.a. für die individualvertraglich eingeräumte Gestattung, denn ohne einen (rechtssicheren) Freiwilligkeits- oder Widerrufsvorbehalt steht dem Arbeitgeber lediglich die an höhere Voraussetzungen geknüpfte Änderungskündigung zur Verfügung. Bei der Gestattung auf betriebsverfassungsrechtlicher Ebene gilt es die gesetzliche Nachwirkung im Fall der Kündigung einer Betriebsvereinbarung zu berücksichtigen.

## III. Kontrollrechte des Arbeitgebers und verfahrensrechtliche Auswirkungen

Um die oben dargestellten Pflichtverletzungen überhaupt ahnden zu können, muss der Arbeitgeber zunächst einmal Kenntnis vom jeweiligen Fehlverhalten haben. Da die im Raum stehenden Verstöße und deren häufiges Vorkommen den meisten Arbeitgebern mittlerweile – ggf. sogar aus eigener Erfahrung – bekannt sein dürften, ist das Interesse, die Pflichtverstöße aufzudecken, um sie anschließend mit den entsprechenden arbeitsrechtlichen Instrumenten zu sanktionieren, nachvollziehbarer Weise groß.[410]

Ob Kontrollmöglichkeiten, und ggf. in welchem Umfang hierzu in Frage kommen, soll nach h.M. in der Literatur maßgeblich davon abhängen, ob die Privatnutzung gestattet ist oder nicht. Die Instanzrechtsprechung – eine obergerichtliche Entscheidung des *BAG* steht insoweit noch aus – unterscheidet hinsichtlich der Kontrollmöglichkeiten und deren Zulässigkeit hingegen nicht danach, wie sich der Arbeitgeber zur Privatnutzung des Internets bzw. der Social Media positioniert hat.

Im Folgenden werden die Kontrollrechte bei nicht gestatteter und gestatteter Privatnutzung mit den jeweiligen Auswirkungen auf die Handlungsmöglichkeiten des Arbeitgebers dargestellt. Anschließend ist die Frage einer Klärung zuzuführen, wie es sich prozessual auswirkt, wenn der Arbeitgeber durch eigene Recherchen in rechtlich nicht mehr zulässiger Weise Pflichtverletzungen des Arbeitnehmers zu Tage fördert – konkret, ob ein Beweisverwertungsverbot im arbeitsgerichtlichen Verfahren entstehen kann (s.u. 2. a)). In diesem Zusammenhang ist auch die Thematik der Darlegungs- und Beweislast der an einem Kündigungsschutzprozess beteiligten Parteien näher zu beleuchten (s.u. 2. b)).

---

410 *Wittek*, Soziale Netzwerke im Arbeitsrecht, S. 199 speziell zur Überwachung der sozialen Netzwerke; das „Verfolgungsinteresse" des Arbeitgebers wird aber bzgl. aller mit der Nutzung des Internets bzw. der Social Media in Betracht kommenden Pflichtverletzungen von erheblicher Bedeutung sein.

### 1. *Kontrollrechte*

Wie bereits angesprochen ist es für die überwiegende Stimme in der Literatur hinsichtlich des „Ob" und des „Wie" der Nutzungsüberwachung von maßgeblicher Bedeutung, welche Position der Arbeitgeber zur Privatnutzung der betrieblichen Ressourcen eingenommen hat. Zwar stellt die Rspr. nicht auf die Positionierung des Arbeitgebers ab, sie kommt allerdings bei der nicht gestatteten Privatnutzung zum selben Ergebnis wie die Literatur.

#### a) *Nicht gestattete Privatnutzung*

Ist dem Arbeitnehmer die Privatnutzung der betrieblichen Kommunikationsmittel nicht gestattet, richtet sich die Zulässigkeit von Kontrollmaßnahmen nach h.M. exklusiv nach dem BDSG.[411] Die speziellen Vorschriften des TKG, die die Kontrollmöglichkeiten des Arbeitgebers nicht unerheblich einschränken würden, sind nicht anwendbar. Der Arbeitgeber tritt – insoweit zwischen Rspr. und Literatur unstrittig – bei der nicht gestatteten Privatnutzung ggü. dem Arbeitnehmer nicht als Telekommunikationsdienstleister[412] und letzterer folglich nicht als Kunde bzgl. Telekommunikationsdienstleistungen auf.[413]

Somit erfolgt die Kontrolle nach den Vorschriften des BDSG und gem. § 4 Abs. 1 BDSG ist die Erhebung, Verarbeitung und Nutzung personenbezogener Daten nur zulässig, soweit das BDSG oder eine andere Rechtsvorschrift dies erlaubt oder anordnet oder der Betroffene (Arbeitnehmer) hierzu eine Einwilligung nach § 4a BDSG erteilt hat.[414] Als andere Rechtsvorschrift i.S.d. § 4 Abs. 1 BDSG soll nach der Rspr. und Teilen der Literatur eine Betriebsvereinbarung in Betracht kommen können,[415] also auch eine Social Media Guideline im o.g. Sinne.[416] Ob eine Betriebsvereinbarung aber überhaupt eine solche andere Rechtsvorschrift sein kann,

---

411 MAH IT-Recht/*Hegewald* Teil 8 Rn. 74; Besgen/Prinz/*Schumacher*, Handbuch Internet.Arbeitsrecht § 1 Rn. 39 ff.; *Brink/Wirtz* ArbRAktuell 2016, 255, 257.

412 Auer-Reinsdorff/Conrad/*Conrad/Hausen* § 37 Rn. 203; MAH IT-Recht/*Hegewald* Teil 8 Rn. 74; *Schwartmann*/Ohr, Recht der Sozialen Medien, S. 96 Rn. 203; *Wittek*, Soziale Netzwerke im Arbeitsrecht, S. 203; *Kratz/Gubbels* NZA 2009, 652, 653; vgl. *Däubler*, Internet und Arbeitsrecht, S. 211 Rn. 235.

413 Thüsing/*Thüsing* Beschäftigtendatenschutz und Compliance § 3 Rn. 65.

414 MAH IT-Recht/*Hegewald* Teil 8 Rn. 75.

415 BAG NJW 1987, 674, 677. Gola/Schomerus/*Klug/Gola/Körffer* BDSG § 4 Rn. 10; *Fitting* § 83 Rn. 29; ErfK/*Kania* BetrVG § 83 Rn. 11; *Kort* ZD 2016, 555, 557.

416 Vgl. LAG Berlin-Brandenburg BeckRS 2016, 67048 zu einer im dortigen Fall mangels Unterzeichnung des Betriebsrats (§ 77 Abs. 2 S. 2 HS. 1 BetrVG) nicht zu Geltung gekommenen IT-Nutzerrichtlinie.

ist seit langem heftig umstritten.[417] Eine gegenteilige Ansicht im Schrifttum lehnt eine Betriebsvereinbarung als „andere Rechtsvorschrift“ mit der Begründung ab, dass untergesetzliche Normen nicht vom BDSG abweichen, sondern dadurch nur die im Gesetz bestehenden Spielräume genutzt werden können.[418]

Letzterer Auffassung ist zu folgen, was mit dem in § 1 Abs. 1 BDSG geregelten Zweck begründet werden kann. Der Telos des BDSG ist es, den Einzelnen davor zu schützen, dass er durch den Umgang mit seinen personenbezogenen Daten in seinem Persönlichkeitsrecht beeinträchtigt wird. Das mit Verfassungsrang ausgestattete Persönlichkeitsrecht, das ohnehin den Einschränkungen des BDSG unterliegt, muss der weiteren Disposition der Betriebsparteien entzogen sein. Anderenfalls verbliebe vom Persönlichkeitsrecht des Einzelnen nur eine ausgehöhlte Hülle und der Gesetzeszweck könnte vom untergesetzlichen Normgeber ausgehebelt werden.

Liegt auch keine Einwilligung nach § 4a BDSG vor, ergibt sich der zulässige Umfang einer Kontrolle aus dem begrenzten Erlaubnistatbestand des § 32 BDSG,[419] den zu beachtenden Schranken, die sich aus dem Persönlichkeitsrecht des Arbeitnehmers ergeben, und dessen Recht auf informationelle Selbstbestimmung.[420]

#### aa) Umfang der Kontrolle

Der Arbeitgeber ist als Gläubiger der Arbeitsleistung autorisiert, sich darüber zu informieren, ob seine Arbeitnehmer die arbeitsvertraglich geschuldete Leistung ordnungsgemäß erbringen.[421] Im Zusammenhang mit der Internet- und Social Media-Nutzung ist dem Arbeitgeber eine vollumfängliche Kontrolle der

---

417 Auer-Reinsdorff/Conrad/*Conrad/Hausen* § 34 Rn. 181.

418 Auer-Reinsdorff/Conrad/*Conrad/Hausen* § 34 Rn. 181 mit Verweis auf Simitis/*Scholz/Sokol* § 4 Rn. 17.

419 § 32 BDSG regelt ausdrücklich die Datenerhebung, -verarbeitung und -nutzung für Zwecke des Beschäftigungsverhältnisses und ist damit grundsätzlich spezieller als § 28 BDSG, der die Datenerhebung und -speicherung für eigene Geschäftszwecke regelt. § 32 BDSG verdrängt als lex specialis aber nur § 28 Abs. 1 S. 1 Nr. 1 BDSG, die anderen Erlaubnistatbestände des § 28 BDSG sind neben § 32 BDSG anwendbar, vgl. MAH IT-Recht/*Hegewald* Teil 8 Rn. 77 und Besgen/Prinz/*Herfs-Röttgen*, Handbuch Internet.Arbeitsrecht § 10 Rn. 52; a.A. mit Verweis auf die Gesetzesbegründung (BT-Drucks. 16/13657 S. 35) ErfK/*Franzen* BDSG § 28 Rn. 2; vgl. zur a.A. auch *Schockenhoff*, Soziale Netzwerke im Arbeitsrecht, S. 101 f.

420 Vgl. speziell zu sozialen Netzwerken Hornung/Müller-Terpitz/*Bayreuther*, Rechtshandbuch Social Media Kap. 8 Rn. 55.

421 MAH IT-Recht/*Hegewald* Teil 8 Rn. 80; *Wittek*, Soziale Netzwerke im Arbeitsrecht, S. 217.

äußeren Verbindungsdaten in zulässiger Weise möglich.[422] Zu diesen gehören die IP-Adresse des benutzten Rechners, sämtliche Daten bezogen auf die Art des benutzten Dienstes, das Volumen des Datenverkehrs und die zeitlichen Eckdaten der Verbindungsaufnahme.[423] Diese geben Aufschluss darüber, wann der Nutzer welche Seiten im Internet mit welchem Titel aufgerufen hat (sog. Browserchronik) und sind personenbezogene Daten i.S.d. § 3 Abs. 1 BDSG.[424] Einer besonderen Einwilligung des Arbeitnehmers bedarf es gerade nicht, da die Zulässigkeit dieser inhaltlichen Kontrolle bereits aus § 32 Abs. 1 S. 1 BDSG folgt.[425]

Entsprechend dieses Kontrollumfangs benötigt der Arbeitgeber bezüglich der Pflichtverletzungen, die bei der nicht gestatteten Privatnutzung in Frage kommen, insb. die über die Firmen-IP-Adresse hergestellten Verbindungsdaten (inkl. deren Dauer und zeitliche Lage) und die im Wege der Privatnutzung übertragene Datenmenge. Der Inhalt etwaiger Kommunikationen bzw. Äußerungen des Arbeitnehmers spielt hier grundsätzlich noch keine Rolle.

Er kann indes auch bei der nicht gestatteten Privatnutzung eine Rolle spielen, nämlich dann, wenn Social Media-Dienste – wie im Fall *Barbulesco* (dort war es der *Yahoo*-Messenger) – zu dienstlichen Kommunikationszwecken eingesetzt werden. In diesem Fall kann der Arbeitgeber nur anhand des Inhalts feststellen, ob der Arbeitnehmer die Betriebsmittel mit rein dienstlicher Zielsetzung nutzt. Die Erhebung dieser Daten muss in dieser Konstellation ebenfalls als zulässig erachtet werden.[426]

### bb) Intensität der Kontrolle

Nachdem feststeht, welche Daten der Arbeitgeber bei der nicht gestatteten Privatnutzung kontrollieren darf, ist ferner zu eruieren, in welcher Intensität die Kontrolle erfolgen kann. Wie bereits ausgeführt, gelten für die Beurteilung der Zulässigkeit die arbeitnehmerdatenschutzrechtliche Bestimmung des § 32 BDSG sowie das Persönlichkeitsrecht des Arbeitnehmers und dessen Recht auf informationelle Selbstbestimmung. Diese Grenzen sind bei der Bestimmung der Rechtmäßigkeit der Arbeitgeberkontrolle zu beachten.

---

422 *Schwartmann/Ohr*, Recht der Sozialen Medien, S. 97 Rn. 205; MAH IT-Recht/*Hegewald* Teil 8 Rn. 80.

423 Vgl. Besgen/Prinz/*Schumacher*, Handbuch Internet.Arbeitsrecht § 1 Rn. 51; MAH IT-Recht/*Hegewald* Teil 8 Rn. 80.

424 Vgl. LAG Berlin-Brandenburg BeckRS 2016, 67048.

425 *Stück* CCZ 2016, 285, 286 zu EGMR BeckRS 2016, 80693 (Barbulesco).

426 So auch im Fall Barbulescu EGMR BeckRS 2016, 80693; siehe dazu die Anmerkung von *Stück* CCZ 2016, 285, 286 sowie *Grimm* ArbRB 2016, 99.

### (1) Legitimer Zweck

Die Kontrollmaßnahme des Arbeitgebers muss zunächst einem legitimen Zweck dienen.[427] Ein solcher liegt vor, wenn der Arbeitgeber damit z. B. im Wege einer Missbrauchskontrolle überprüfen will, ob der Arbeitnehmer das Internet bzw. die IT-Mittel nur zu dienstlichen Zwecken (ggf. wegen der Einhaltung einer betriebsinternen Nutzungsregelung) nutzt.[428] Ein ausreichender Anlass für eine Kontrollmaßnahme liegt ferner dann vor, wenn der überprüfte Arbeitnehmer von einem seiner Kollegen bei der Privatnutzung beobachtet wurde und dieser die Information dem Arbeitgeber bzw. Vorgesetzen zukommen lässt.[429]

Ein legitimes Interesse wird man dem Arbeitgeber hingegen absprechen müssen, wenn die Überprüfung der gespeicherten Daten nur deshalb erfolgt, um belastendes Material gegen einen unliebsamen Arbeitnehmer zu finden,[430] das dann als Grundlage für eine Kündigung herangezogen werden soll. In diesem Fall fehlte es an dem Tatbestandsmerkmal der Erforderlichkeit. Der Verwirklichung einer solchen (böswilligen) Intention des Arbeitgebers sollen die Vorschriften zum Beschäftigtendatenschutz gerade einen Riegel vorschieben.

### (2) Konkrete Interessenabwägung

Ausgehend vom Wortlaut des § 32 Abs. 1 S. 1 BDSG ist festzustellen, dass dieser Erlaubnistatbestand mangels bestimmter Voraussetzungen nicht sonderlich aufschlussreich ist. Zunächst ist zu beachten, dass es einerseits bei nicht gestatteter Privatnutzung gar nicht erst zur Speicherung privater Daten des Arbeitnehmers kommen dürfte und andererseits sich der Arbeitgeber gegen eine trotzdem stattfindende Nutzung seiner Betriebsmittel durch entsprechende Kontrollen schützen können muss.[431] Zudem kann der Arbeitgeber in den meisten Fällen auf keine anderen Erkenntnisquellen als die auf seinen Betriebsmitteln gespeicherten Daten zurückgreifen.[432] Allerdings wird man aufgrund des Tatbestandsmerkmals „erforderlich" und des Verhältnismäßigkeitsgrundsatzes davon ausgehen können, dass eine vorfallunabhängige, lücken- und pausenlose Überwachung der Privatnut-

427 LAG Berlin-Brandenburg BeckRS 2016, 67048; *Fülbier/Splittgerber* NJW 2012, 1995, 2000.

428 LAG Berlin-Brandenburg BeckRS 2016, 67048.

429 Vgl. *Däubler*, Internet und Arbeitsrecht, S. 250 Rn. 316e.

430 *Fülbier/Splittgerber* NJW 2012, 1995, 2000.

431 ArbG Düsseldorf BeckRS 2008, 50725.

432 *Brink/Wirtz* ArbRAktuell 2016, 255, 257; LAG Berlin-Brandenburg BeckRS 2016, 67048; *Stück* CCZ 2016, 285, 286.

zung nicht mehr zulässig ist.[433] Hierfür ist kein vernünftiges Interesse erkennbar, selbst bei einem die Privatnutzung untersagenden Arbeitgeber. Vielmehr ist stets das mildeste, gleichsam effektive Mittel der Kontrolle zu wählen. Der Arbeitgeber kann bereits durch stichprobenartige Kontrollen zwar nicht gleich, aber ähnlich effektiv eine unerlaubte Privatnutzung der betrieblichen Kommunikationsmittel feststellen und anschließend entsprechend ahnden.[434] Daher muss auch der Einsatz eines sog. Keyloggers (Englisch für „Tasten-Protokollierer") als unzulässig eingestuft werden.[435] Dabei handelt es sich um eine Hard- oder Software, mit der sämtliche Eingaben des Benutzers an der Tastatur des Computers protokolliert und in regelmäßigen Abständen Screenshots (Englisch für „Bildschirmfotos") angefertigt werden. Eine solche permanente Überwachung ist weder erforderlich noch verhältnismäßig.

Ferner sind die jeweiligen Interessen des Arbeitnehmers im Einzelfall ausreichend zu würdigen und mit den Interessen des Arbeitgebers abzuwägen. Bei der nicht gestatteten Privatnutzung sind die Interessen des Arbeitnehmers regelmäßig nicht sonderlich schwer zu gewichten, da er nicht darauf vertrauen kann, dass die bei einer unerlaubten Nutzung entstehenden Daten vertraulich sind. Die Einzelfallprüfung kann aber bspw. wegen eines überschießenden Eingriffs in das Persönlichkeitsrecht des Arbeitnehmers (Art. 2 Abs. 1, 1 Abs. 1 GG) – hier in seiner Ausprägung als Recht auf informationelle Selbstbestimmung – dazu führen, dass mangels Erforderlichkeit eine Rechtmäßigkeit der Kontrolle nicht mehr gegeben ist. Dies könnte z. B. angenommen werden, wenn der Arbeitgeber bereits aufgrund der gespeicherten Verbindungsdaten feststellen und nachweisen kann, dass der Arbeitnehmer durch das Aufrufen von bspw. *Twitter* oder www.seitensprung.de die Pflichtverletzung der ausschweifenden Privatnutzung begangen hat. Durchleuchtet und speichert der Arbeitgeber aber zusätzlich (etwa mittels eines installierten Keyloggers angefertigte Screenshots) auch den Inhalt der dabei erfolgten Kommunikation, greift er tiefer in den Arbeitnehmerdatenschutz ein, als er für die Durchführung des Beschäftigtenverhältnisses müsste bzw. bräuchte. Je stärker aber der Eingriff in das Persönlichkeitsrecht des Ar-

---

433 *Wittek*, Soziale Netzwerke im Arbeitsrecht, S. 219; *Kratz/Gubbels* NZA 2009, 652, 654; *Brink/Wirtz* ArbRAktuell 2016, 255, 258.

434 *Wittek*, Soziale Netzwerke im Arbeitsrecht, S. 219; *Kratz/Gubbels* NZA 2009, 652, 654; *Däubler*, Internet und Arbeitsrecht, S. 227 Rn. 256.

435 Vgl. LAG Hamm BeckRS 2016, 72746, das die Unverhältnismäßigkeit des Eingriffs aber u. a. damit begründet hat, dass der gespeicherte Internetverlauf in Abwesenheit des Arbeitnehmers ausgewertet wurde. Diese Begründung überzeugt jedoch nicht – siehe hierzu die Ausführungen unten auf S. 122 ff.

beitnehmers ist, desto gewichtiger müssen auch die rechtfertigenden Gründe des Arbeitgebers hierfür sein.[436]

In der vorgenannten Konstellation reicht für die Durchführung des Beschäftigungsverhältnisses die Feststellung des privaten Charakters aus, was sich meistens aus der vom Arbeitnehmer angewählten Adresse ergibt. Schon anhand dieser Erkenntnis ist der Arbeitgeber in der Lage, die in Frage kommenden arbeitsrechtlichen Konsequenzen zu ziehen. Ein überwiegendes Arbeitgeberinteresse auch noch vom konkreten Inhalt der privaten Nutzung Kenntnis zu erlangen, besteht nicht. Daher wären dennoch gespeicherte Inhaltsdaten nicht mehr vom Erlaubnistatbestand des § 32 Abs. 1 S. 1 BDSG umfasst und die Kontrollen des Arbeitgebers insgesamt unzulässig.[437]

Folglich muss im Rahmen der Zulässigkeit der Kontrollmaßnahme zum einen darauf geachtet werden, dass eine dauerhafte und anlassunabhängige Kontrolle nicht rechtmäßig ist, und zum anderen ist bei der nicht gestatteten Privatnutzung zwischen Verbindungs- und Kommunikationsinhaltsdaten zu differenzieren.[438] An der Verarbeitung Letzterer hat der Arbeitgeber – abgesehen von Sachverhalten wie im Fall Barbulesco – kein berechtigtes Interesse.

Anknüpfend an obige Ausführungen zu einer etwaigen Betriebsratsanhörung kann sich der Arbeitgeber in der Praxis in einem Spannungsfeld wiederfinden. In seiner ihm insoweit zustehenden Einschätzungsprärogative will der Arbeitgeber seine Kündigungsentscheidung ggü. der Arbeitnehmervertretung i. d. R. mit so vielen Fakten wie möglich untermauern, und wie bereits festgestellt wurde,[439] findet insb. § 32 Abs. 1 BDSG auch in diesem Verhältnis Anwendung. Dies kann zur Konsequenz haben, dass er zum Zwecke der Betriebsratsanhörung „zu viele“ Daten, nämlich die Kommunikationsinhalte, ggf. sogar zu intensiv (dauerhaft) erhebt und damit selbst die datenschutzrechtliche Unzulässigkeit der Kontrollmaßnahme herbeiführt.

### *b) Gestattete Privatnutzung*

Ist die private Nutzung gestattet, sieht sich der Arbeitgeber nach herrschender, aber verfehlter Ansicht der Literatur erheblichen Einschränkungen ausgesetzt, wenn es um die Nutzungskontrolle geht. In diesem Fall wird nämlich angenom-

---

436 *Däubler*, Internet und Arbeitsrecht, S. 221 Rn. 248.

437 Vgl. Auer-Reinsdorff/*Conrad/Hausen* § 37 Rn. 203.

438 Vgl. *Wittek*, Soziale Netzwerke im Arbeitsrecht, S. 218; *Kratz/Gubbels* NZA 2009, 654, 654; vgl. auch *Däubler*, Internet und Arbeitsrecht, S. 227 f. Rn. 257 ff.

439 Siehe hierzu die Ausführungen oben auf S. 60 f.

men, dass der Arbeitgeber Anbieter von Telekommunikationsdienstleistungen i.S.d. § 3 Nr. 6 TKG sei.[440] Dies hätte zur Konsequenz, dass er nach § 88 Abs. 2 TKG – eine einfachgesetzliche Ausprägung des Grundrechts aus Art. 10 Abs. 1 GG – das Fernmeldegeheimnis zu wahren hätte.[441] Diesem unterfallen der Kommunikationsinhalt sowie die näheren Umstände der Kommunikation an sich, also unter anderem auch die Tatsache, ob jemand an einem Telekommunikationsvorgang beteiligt ist.[442] Bei dieser rechtlichen Qualifizierung wäre es dem Arbeitgeber wegen § 88 Abs. 3 S. 1 TKG grundsätzlich untersagt, eine Protokollierung der privaten Internet- bzw. Social Media-Nutzung und somit eine Speicherung von Verbindungs- und Nutzungsdaten außer zu Abrechnungszwecken,[443] bei Störungen der Telekommunikationsanlagen oder zu Missbrauchskontrollen vorzunehmen.[444] Eine Erhebung der vom Arbeitnehmer durch die Privatnutzung hergestellten Verbindungsdaten darf für die Auswertung des Arbeitnehmerverhaltens nämlich nur unter den strengen Voraussetzungen des § 100 Abs. 3 S. 1 TKG erfolgen. Danach ist eine Verhaltenskontrolle lediglich dann zulässig, wenn sie zur Aufklärung eines Missbrauchs der betrieblichen Kommunikationsanlagen durchgeführt wird.[445] Die Heranziehung des § 100 Abs. 3 S. 1 TKG als Rechtfertigungstatbestand ist in der Praxis aber erheblich dadurch eingeengt, dass die Verwendung von Verkehrsdaten zur Aufklärung der Verletzung von Arbeitgeberinteressen auf telekommunikationsspezifische Missbrauchsfälle beschränkt ist.[446] Die Beeinträchtigung anderer betrieblicher Interessen durch den Transfer bestimmter Telekommunikationsinhalte – und um diese geht es im Rahmen der privaten Internetnutzung gerade – soll von § 100 Abs. 3 S. 1 TKG gerade nicht erfasst werden.[447] Der praxisrelevanteste Fall des Arbeitszeitbetrugs fiele somit wegen der nur mittelbaren Berührung mit § 100 Abs. 3 S. 1 TKG aus seinem Anwendungsbereich heraus.

---

440 Besgen/Prinz/*Schumacher*, Handbuch Internet.Arbeitsrecht § 1 Rn. 45; *Frings/Wahlers* BB 2011, 3126, 3219; *Tinnefeld/Petri/Brink* MMR 2010, 727, 733; MAH IT-Recht/*Hegewald* Teil 8 Rn. 82; *Vietmeyer/Byers* MMR 2010, 807, 808; *Kömpf/Kunz* NZA 2007, 1341, 1345; *Kratz/Gubbels* NZA 2009, 652, 654; *Wittek*, Soziale Netzwerke im Arbeitsrecht, S. 204 m.w.N.; *Wellhörner/Byers* BB 2009, 2310, 2310; *Brink/Wirtz* ArbRAktuell 2016, 255, 256.

441 Vgl. Gola/Schomerus/*Körffer/Gola/Klug* BDSG § 32 Rn. 23; *Gola/Pötters/Wronka*, Handbuch Arbeitnehmerdatenschutz S. 366 f. Rn. 1281 f.

442 Auer-Reinsdorff/Conrad/*Conrad/Hausen* § 37 Rn. 201.

443 Vgl. Auer-Reinsdorff/Conrad/*Conrad/Hausen* § 37 Rn. 201.

444 MAH IT-Recht/*Hegewald* Teil 8 Rn. 94.

445 *Vietmeyer/Byers* MMR 2010, 807, 808.

446 *Vietmeyer/Byers* MMR 2010, 807, 808.

447 Vgl. *Vietmeyer/Byers* MMR 2010, 807, 808.

Ferner dürften keine Schlüsse daraus gezogen werden, wie oft der Arbeitnehmer das Internet bzw. die Social Media privat nutzt und dem Arbeitgeber aufgrund dessen seine Arbeitsleistung vorenthält.[448] Das würde bedeuten, dass die mit am häufigsten vorkommende Pflichtverletzung des Arbeitszeitbetrugs nicht von § 100 Abs. 3 S. 1 TKG erfasst wäre und eine diesbezüglich erfolgende Datenerhebung unzulässig wäre. Das führte zwangsläufig dazu, dass v. a. die Pflichtverletzung des ausschweifenden Surfens nie in zulässiger Weise vom Arbeitgeber nachgewiesen werden könnte. Dafür muss festgestellt werden können, wann und wie lange die jeweiligen Abschnitte der Privatnutzung erfolgten.

Im Ergebnis besteht bei der gestatteten Privatnutzung nach Ansicht der Literatur eine sehr eingeschränkte Kontrollbefugnis des Arbeitgebers, woran nur eine Einwilligung des Arbeitnehmers etwas ändern könnte, denn das grundrechtlich geschützte Fernmeldegeheimnis (Art. 10 Abs. 1 GG) steht zur Disposition des Arbeitnehmers. Dieser müsste seine Einwilligung bzgl. der Erfassung und Nutzung der personenbezogenen Daten erklären,[449] um dem Arbeitgeber so die Möglichkeit einräumen, zulässigerweise das Privatnutzungsverhalten zu kontrollieren.

Der Meinungsstand zu Kontrollmöglichkeiten des Arbeitgebers bei gestatteter Privatnutzung hingegen weicht in der Rspr. von demjenigen der Literatur ab, denn die Rspr. sieht die Anwendbarkeit des TKG in diesem Falle als nicht gegeben an. Sie stützt ihre Ansicht auf die folgenden Argumente. Zum einen greife das Fernmeldegeheimnis, das nach § 88 Abs. 2 TKG zu schützen wäre, nur dann, wenn Vorgänge betroffen sind, die – jeweils ohne Wissen und Wollen des Telekommunikationsteilnehmers – der kontinuierlichen Überwachung der laufenden Kommunikation dienen.[450] Für nach Abschluss des Datenübertragungsvorgangs im Herrschaftsbereich des Kommunikationsteilnehmers gespeicherte Verbindungsdaten sei der Schutz des Fernmeldegeheimnisses hingegen nicht mehr gegeben.[451] Konsequenterweise gelte nach Beendigung des Übermittlungsvorgangs der Schutz des Fernmeldegeheimnisses (§ 88 Abs. 2 TKG) nicht mehr, was gleichzeitig zur Folge habe, dass auch das strenge Verbot des § 88 Abs. 3 TKG vom Arbeitgeber nicht einzuhalten sei. Von der Rspr. wird daher entsprechend den vorstehenden Ausführungen angenommen, dass bei auf dem Dienstrechner

448 *Vietmeyer/Byers* MMR 2010, 807, 808. m.V.a. *Wellhörner/Byers* BB 2010, 2310, 2311.

449 MAH IT-Recht/*Hegewald* Teil 8 Rn. 96.

450 VGH Kassel NJW 2009, 2470, 2471.

451 VGH Kassel NJW 2009, 2470, 2471; LAG Niedersachsen BeckRS 2010, 70504; LAG Berlin-Brandenburg NZA-RR 2011, 342, 343; VG Karlsruhe NVwZ-RR 2013, 797, 800; LAG Berlin-Brandenburg BeckRS 2016, 67048.

gespeicherten (privaten) E-Mails[452], Browserchroniken[453] und Chatprotokollen[454] der Schutzbereich des Fernmeldegeheimnisses (Art. 10 Abs. 1 GG) wegen der Beendigung des Übertragungsvorgangs nicht tangiert ist.

Zum anderen sei derjenige Arbeitgeber, der die private Nutzung betrieblicher Kommunikationsmittel dulde bzw. gestatte, kein Diensteanbieter i.S.d. § 3 Nr. 16 TKG.[455] Hierzu fehle es sowohl am Tatbestandsmerkmal der geschäftsmäßigen Erbringung von Telekommunikationsdienstleistungen (§ 3 Nr. 16 lit. a) TKG), als auch an einer Mitwirkung bei einer solchen Erbringung (§ 3 Nr. 16 lit. b) TKG).

Dem ist zuzustimmen, denn auch der in § 1 TKG niedergeschriebene Gesetzeszweck spricht gegen eine Anwendbarkeit des Telekommunikationsgesetzes.[456] Dort heißt es:

> *„Zweck dieses Gesetzes ist es, durch technologieneutrale Regulierung den Wettbewerb im Bereich der Telekommunikation und leistungsfähige Telekommunikationsinfrastrukturen zu fördern und flächendeckend angemessene und ausreichende Dienstleistungen zu gewährleisten."*

Danach steht die Förderung des privaten Wettbewerbs im Bereich der Telekommunikation im Vordergrund. Es wird also auf die Rechtsbeziehungen zwischen Staat und Telekommunikationsanbietern sowie diejenigen zwischen den Telekommunikationsanbietern untereinander abgezielt. Mit dem Gesetz wird gerade nicht der Zweck verfolgt, die im Rahmen dieser Arbeit zu untersuchenden (unternehmens- bzw. behördeninternen) Rechtsbeziehungen zwischen Arbeitgeber und Arbeitnehmer zu dirigieren.[457] Für eine Übertragung der im TKG geltenden Vorschriften auf das Rechtsverhältnis zwischen Arbeitgeber und Arbeitnehmer besteht auch deshalb kein Anlass, weil es mit den Vorschriften des BDSG ausreichend geregelt ist.

Im Ergebnis spielt das TKG nach richtiger Auffassung der Rspr. bei der Frage nach Kontrollmöglichkeiten des Arbeitgebers schon mangels Vorliegens eines Diensteanbieters keine Rolle. Und selbst wenn man mit der Literatur die Voraus-

---

452 VGH Kassel NJW 2009, 2470, 2471.

453 LAG Berlin-Brandenburg BeckRS 2016, 67048.

454 LAG Hamm BeckRS 2012, 71605.

455 LAG Niedersachsen BeckRS 2010, 70504; LAG Berlin-Brandenburg NZA-RR 2011, 342, 343; VG Karlsruhe NVwZ-RR 2013, 797, 800; LAG Berlin-Brandenburg BeckRS 2016, 67048.

456 VG Karlsruhe NVwZ-RR 2013, 979, 801.

457 Ebd.

setzungen des § 3 Nr. 16 lit. a) oder b) TKG bejahte, dann allenfalls für den hier nicht einschlägigen Zeitraum des Kommunikationsvorgangs.

Für die Kontrollbefugnisse des Arbeitgebers bei der gestatteten Privatnutzung gilt daher entsprechend den obigen Ausführungen zur nicht gestatteten Privatnutzung,[458] dass als Beurteilungsmaßstab für die Zulässigkeit der Überwachungsmaßnahmen die Vorschriften des Arbeitnehmerdatenschutzes (§§ 28 Abs. 1 Nr. 2, 32 BDSG), das Persönlichkeitsrecht des Arbeitnehmers und dessen Recht auf informationelle Selbstbestimmung heranzuziehen sind.

#### *c) Zwischenergebnis*

Die Literatur knüpft im Hinblick auf die Kontrollmöglichkeiten des Arbeitgebers maßgeblich daran an, wie sich der Arbeitgeber zur Privatnutzung positioniert hat. Bei fehlender Gestattung oder gar einem ausdrücklichen Verbot der Privatnutzung richtet sich die Zulässigkeit einer Kontrolle durch den Arbeitgeber nach den weniger strengen Voraussetzungen des BDSG. Danach sind stichprobenartige Überprüfungen der Verbindungsdaten bedenkenlos möglich. Allerdings muss auch hier das Persönlichkeitsrecht des Arbeitnehmers berücksichtigt werden. Dieses ist immer dann in nicht mehr zu rechtfertigender Weise beeinträchtigt, wenn der Arbeitgeber Daten zu Kommunikationsinhalten erfasst. Die Rspr. kommt insoweit zum selben Ergebnis.

Ist die Privatnutzung vom Arbeitgeber gestattet, sollen nach überwiegender Auffassung in der Literatur die Vorschriften des TKG Anwendung finden. Dies habe zur Folge, dass eine Kontrolle der Privatnutzung nur unter sehr hohen Voraussetzungen zulässig wäre, wenn nicht der Arbeitnehmer dazu seine Einwilligung nach § 4a BDSG gegeben hat. Die in der Praxis am häufigsten vorkommende Pflichtverletzung der ausschweifenden Privatnutzung könnte nach dieser Auffassung in rechtlich unbedenklicher Weise daher so gut wie nie aufgedeckt werden. Die Rspr. hingegen sieht richtigerweise auch bei gestatteter Privatnutzung den Anwendungsbereich des TKG als nicht eröffnet an, so dass sich auch in dieser Konstellation die Zulässigkeit der Kontrollmaßnahmen nach dem BDSG richtet.

### *2. Verfahrensrechtliche Auswirkungen*

Die ständige Weiterentwicklung der Technologie wirkt sich nicht nur auf die materiell-rechtliche Bewertung arbeitsrechtlicher Sachverhalte aus. Die verschiedenen Konstellationen mit Bezug zum Internet und der Social Media sind auch im bestehenden Gerüst des Verfahrensrechts richtig einzuordnen und zu be-

458 Siehe hierzu die Ausführungen oben auf S. 101 ff.

handeln. Hinsichtlich der Sachverhaltsschilderung geht es in einem ersten Schritt um die Frage des „Was?“. Folgende Darstellungen (s. u. a)) setzen sich daher mit dem Sachvortrag und der Darlegungslast der Parteien eines Kündigungsschutzprozesses auseinander.

Anschließend ist das dazu konnexe Thema der Beweisverwertung – ebenfalls mit besonderem Fokus auf Kündigungen im Zusammenhang mit Internet- bzw. Social Media-Nutzung – zu beleuchten (s. u. b)). In diesem zweiten Schritt ist die Frage zu beantworten, ob der erfolgte Vortrag berechtigterweise angebracht bzw. verwertet werden darf. Gerade im hier maßgeblichen sensiblen datenschutzrechtlichen Bereich ist die Rspr. vermehrt mit dem richtigen Umgang von evtl. rechtswidrig erlangten Informationen bzw. Beweismitteln konfrontiert. Unter Heranziehung der aktuellen Gerichtsentscheidungen werden Sachverhalte zur verhaltensbedingten Kündigung zu der Frage der Beweisverwertbarkeit untersucht.

#### *a) Sachvortrag im Kündigungsschutzprozess*

Der Arbeitgeber hat die Gründe, auf die er eine verhaltensbedingte Kündigung stützt, darzulegen und zu beweisen (vgl. § 1 Abs. 2 S. 4 KSchG). Entsprechendes gilt für eine außerordentliche Kündigung nach § 626 BGB. Dem Arbeitnehmer hingegen obliegt im Grundsatz lediglich die sekundäre Darlegungslast bzgl. der für ihn sprechenden Rechtfertigungs- bzw. Entschuldigungsgründe. Hinsichtlich deren Entkräftigung liegt die Darlegungs- und Beweislast wiederum beim Arbeitgeber.[459] In Anwendung dieser Grundsätze sind für Rechtsstreitigkeiten im Hinblick auf verhaltensbedingte Kündigungen im Zusammenhang mit Internet bzw. Social Media die diesbezüglichen technischen Besonderheiten zu beachten. Vor dem Hintergrund, dass der Arbeitgeber zu einem viel größeren Teil darlegungs- und beweisbelastet ist als der Arbeitnehmer, wird im Folgenden v. a. der erforderliche Sachvortrag des Arbeitgebers näher beleuchtet.

#### aa) Sachvortrag des Arbeitgebers

Der Arbeitgeber muss die vom Arbeitnehmer begangene Pflichtverletzung, wegen derer er das Arbeitsverhältnis gekündigt hat, zunächst ausreichend substantiiert darlegen. Dies ist gleichzeitig mit der Nutzung der zuvor erhobenen Daten verbunden, so dass der Tatbestand des § 4 Abs. 1 Var. 3 BDSG grundsätzlich erfüllt ist. Allerdings ist die Datennutzung gem. § 32 Abs. 1 S. 1 BDSG zulässig, denn nur mit einem ausreichend konkreten Sachvortrag kann der Arbeitgeber seiner

---

459 BAG BeckRS 2016, 72235; siehe hierzu auch Anm. *Schuster* ArbRAktuell 2016, 531.

Darlegungs- und Beweislast prozessrechtlich genügen.[460] Für die in Betracht kommenden und oben dargestellten Kündigungsgründe hat er daher unter Beweisantritt wie folgt vorzutragen.[461]

### (1) Nichterbringung der vertraglich geschuldeten Arbeitsleistung

Diese Pflichtverletzung hat in Form der ausschweifenden Nutzung, wie bereits ausgeführt, in der Praxis die größte Bedeutung. Hier muss der Arbeitgeber v.a. zur Dauer und zeitlichen Lage der vertragswidrigen Privatnutzung im Einzelnen vortragen.[462] Dies kann er erreichen, indem er für die einzelnen im Browserverlauf gespeicherten und vorgelegten Internetaufrufe, die auf eine zusammenhängende und ausschließliche Beschäftigung mit dem Internet hindeuten, einen nachvollziehbaren Durchschnittswert zugrunde legt. Anhand diesem und der Anzahl der aufgerufenen Webseiten kann der Arbeitgeber die Privatnutzungsdauer berechnen. Werden bspw. im Zeitraum zwischen 08:15 und 8:30 Uhr auf der Domain von *Facebook* 70 Seitenaufrufe registriert, ergibt dies eine durchschnittliche Dauer von 12,86 Sekunden je Seitenaufruf.[463] Die Zugrundelegung eines Zeitaufwandes von mindestens zehn Sekunden je protokolliertem Internetseitenaufruf wäre in diesem Fall als plausibel anzusehen.[464] Kann der Arbeitgeber auf diese Weise die einzelnen Zeiträume der Internetnutzung analysieren und darlegen, dass der Arbeitnehmer in einer Woche während der Arbeitszeit 2.000 Seitenaufrufe zu privaten Zwecken getätigt hat, ist von 20.000 Sekunden, also 333,33 Minuten oder 5,55 Stunden privater Nutzung auszugehen. Der Nachweis einer ausschweifenden Nutzung wäre damit geführt.

Gem. § 138 Abs. 2 ZPO läge es dann am Arbeitnehmer vorzutragen, dass für die registrierten Seitenaufrufe („Klicks“) ein geringerer Durchschnittswert als zehn Sekunden zugrunde zu legen wäre. Kann er dies nicht und erscheinen die vom Arbeitgeber dargetanen Werte nachvollziehbar, kann die Dauer der Privatnutzung entsprechend dem geschilderten Vorgehen im Prozess zur Beurteilung der Pflichtverletzung herangezogen werden.

---

460 Simitis/*Seifert* § 32 Rn. 135.

461 Vgl. *Kramer* NZA 2006, 1338, 1340.

462 Trägt der Arbeitgeber nichts zur Verweildauer im Internet des gekündigten Arbeitnehmers vor, kommt er der ihm obliegenden Darlegungslast nicht in ausreichendem Maße nach, vgl. LAG Rheinland-Pfalz NZA-RR 2010, 297; vgl. auch LAG Köln, Urteil vom 11.04.2006, Az. 9 Sa 1546/06 – n.v.

463 15 Minuten sind 900 Sekunden, diese dividiert durch die Anzahl der in dieser Zeitspanne registrierten Seitenaufrufe ergibt die durchschnittliche Dauer von 12,86 Sekunden pro Seitenaufruf.

464 Vgl. Berlin-Brandenburg BeckRS 2016, 67048.

Ein minutengenauer Vortrag der Privatnutzung ist aber ausnahmsweise dann nicht notwendig, wenn die ausschweifende Nutzung anders, bspw. durch den Fund erheblicher Datenmengen, nachgewiesen ist. Dies gilt jedenfalls dann, wenn der Arbeitnehmer durch das eigenmächtige Löschen des Browserverlaufs für die „Beweisnot" des Arbeitgebers verantwortlich ist.[465]

Nicht vortragen muss der Arbeitgeber allerdings, dass und inwiefern die Arbeitsleistung des Arbeitnehmers während der Dienstzeit unter seinen Privatbeschäftigungen gelitten hat.[466] Es ist vielmehr ausreichend, wenn der Arbeitgeber die Zeiten darstellt, die der Arbeitnehmer verbotswidrig ohne Kenntnis des Arbeitgebers am Arbeitsplatz mit privaten Dingen verbracht hat und sich als Arbeitszeit bezahlen ließ.[467] Erst wenn es (regelmäßig vom Arbeitnehmer vorgetragene) Anhaltspunkte dafür gibt, dass der Arbeitgeber dem Arbeitnehmer nicht in ausreichendem Umfang Arbeiten zugewiesen hat, ist davon auszugehen, dass der Arbeitgebervortrag auch bzgl. der Beeinträchtigung der Arbeitsleistung ergänzt werden muss.[468]

Ein „Mehr" an Sachvortrag ist vom Arbeitgeber auch dann zu fordern, wenn der Arbeitnehmer die Privatnutzung bestreitet und vorbringt, der dienstliche Computer, auf dem die unzulässigen Nutzungen erfolgten, war zu den fraglichen Zeitpunkten auch dem Zugriff anderer Arbeitnehmer ausgesetzt. In dieser Konstellation liegt es ebenfalls am Arbeitgeber Tatsachen vorzutragen und ggf. zu beweisen, aus denen doch die Zuordnung zum gekündigten Arbeitnehmer folgt.[469]

### (2) Verstoß gegen ein ausdrückliches Verbot der privaten Nutzung

Stützt der Arbeitgeber die Kündigung (auch) auf diese Pflichtverletzung, hat er Art, Inhalt und Zeitpunkt des Verbotsausspruchs darzulegen sowie die Kenntnisnahme davon durch den Arbeitnehmer bzw. mindestens die Möglichkeit der Kenntnisnahme. Da sich ein Verstoß gegen ein ausdrückliches Verbot auch im Rahmen der anzustellenden Verhältnismäßigkeitsprüfung auswirken kann, muss der Arbeitgeber bei mehreren Verstößen deren Anzahl und die jeweiligen Zeitpunkte vortragen.

---

465 LAG Schleswig Holstein NZA-RR 2014, 417, 420.

466 LAG Hessen BeckRS 2016, 66739; BAG NZA 2006, 977, 979; der Leitsatz des LAG Rheinland-Pfalz NZA-RR 2010, 297 ist insoweit missverständlich, als dass darin die pauschale Aussage enthalten ist, der Arbeitgeber müsse nachweisen, dass es durch die private Internetnutzung zu einer erheblichen Beeinträchtigung der arbeitsvertraglich geschuldeten Leistung gekommen sei. Ohne konkrete Anhaltspunkte bzgl. einer zu geringen Arbeitszuweisung muss er das nach der Rspr. des BAG gerade nicht.

467 BAG NZA 2006, 977, 979.

468 Vgl. BAG NZA 2006, 977, 979; *Kramer* NZA 2007, 1338, 1340.

469 *Kramer* NZA 2007, 1338, 1340.

### (3) Unbefugter Download

Wirft der Arbeitgeber dem Arbeitnehmer die Pflichtverletzung des unbefugten Downloads vor, muss er darlegen können, wann welche Datei heruntergeladen wurde. Handelt es sich um mehrere Dateien, genügt den Anforderungen an einen substantiierten Sachvortrag nur die Nennung der einzelnen Dateien sowie die dazugehörigen Internetseiten. Auch hat der Arbeitgeber die jeweiligen Zeitpunkte der Downloads so konkret wie möglich darzutun. Der pauschale Vortrag, der betroffene Arbeitnehmer habe „mehrere Dateien“ heruntergeladen, ist unzureichend.[470] In Bezug auf die heruntergeladenen und gespeicherten Dateien gilt es § 371 Abs. 1 S. 2 ZPO zu beachten, wonach der Beweis durch die Vorlage der Datei auf einem geeigneten Speichermedium zu erfolgen hat.[471] Hier kann entweder die vom Arbeitnehmer verwendete Festplatte oder ein anderer Datenträger (z. B. CD-ROM oder USB-Stick) vorgelegt werden, auf den die Datei kopiert wurde.[472]

Sind mit dem Download negative Folgen für den Arbeitgeber verbunden, muss er den Eintritt von Störungen bzw. die diesbezügliche konkrete Gefahr darlegen. Da aber regelmäßig mehrere Arbeitnehmer und wohl auch der Arbeitgeber selbst die EDV-Anlage zugleich nutzen, ist es darüber hinaus erforderlich, dass er die Ursächlichkeit des Downloads des gekündigten Arbeitnehmers für die Störungen bzw. die konkrete Gefahr darlegt.

### (4) Verursachung von zusätzlichen Kosten für den Arbeitgeber

Der Arbeitgeber hat zunächst vorzutragen, dass ihm zusätzliche Kosten aufgrund der vertragswidrigen Privatnutzung des gekündigten Arbeitnehmers entstanden sind. Für einen ausreichend substantiierten und dementsprechend vom Arbeitsgericht zu berücksichtigenden Vortrag ist zudem erforderlich, dass der Arbeitgeber die entstandenen Kosten konkret beziffert. Nur wenn ein detaillierter Vortrag zur Kostenbelastung angebracht wird, kann dieser Gesichtspunkt zu Lasten des Arbeitnehmers gewichtet werden.[473]

### (5) Rufschädigung des Arbeitgebers – Surfen auf pornographischen Seiten

Bei dieser Pflichtverletzung muss der Arbeitgeber vortragen können, auf welche pornographische Seiten der Arbeitnehmer von den Betriebsmitteln des Arbeitgebers in welchem Umfang wann zugegriffen hat. Nur diese genauen Angaben

---

470 Vgl. LAG Hamm BeckRS 2007, 44235.

471 LAG Hamm BeckRS 2007, 44235.

472 MüKo-ZPO/*Zimmermann* § 371 Rn. 10.

473 Vgl. LAG Hamm BeckRS 2007, 44235.

genügen den Anforderungen an einen ausreichend substantiierten Sachvortrag. Hier kann entsprechend dem Vorgehen bei der ausschweifenden Privatnutzung vorgegangen werden. Um überhaupt eine Pflichtverletzung annehmen zu können, ist aber unter Verweis auf die oben dargestellten materiell-rechtlichen Voraussetzungen erforderlich, dass sich der Arbeitgeber zur Stellung des vertragsbrüchig gewordenen Arbeitnehmers im Betrieb zu erklären hat. Aus diesem Vortrag muss sich ergeben, dass es sich beim klagenden Arbeitnehmer um einen mit Repräsentationsfunktion handelt, aufgrund derer überhaupt erst eine Ansehensbeschädigung des Arbeitgebers in Frage kommt. Schließlich müssen sich im Tatsachenvortrag des Arbeitgebers auch diejenigen Umstände wiederfinden, die die Annahme einer konkreten Gefahr oder sogar eines Eintritts der Rufschädigung rechtfertigen. Hieran wird es in der Praxis aber regelmäßig scheitern, da ein solcher Nachweis kaum zu führen ist. Die bloße Möglichkeit, also die abstrakte Gefahr einer Ansehensbeeinträchtigung, ist für die Annahme einer Pflichtverletzung nach der hier vertretenen Auffassung gerade nicht ausreichend.

#### (6) Strafrechtlich relevante Webseiten und Handlungen

Bei der Pflichtverletzung mit strafrechtlichen Berührungspunkten sind die relevanten Handlungen konkret darzulegen. Die besuchten Webseiten mit strafrechtlich relevantem Inhalt sind mit entsprechender Zeitangabe des Abrufes zu nennen genauso wie das Betriebsmittel des Arbeitgebers, von dem aus der Zugriff erfolgt ist. Da es hier für die Beurteilung der Frage, ob eine kündigungsrelevante Pflichtverletzung vorliegt nicht darauf ankommt, dass eine Rufschädigung konkret zu befürchten ist, bedarf es konsequenterweise auch keines diesbezüglichen Sachvortrags. Gleiches gilt für die anderen in Betracht kommenden strafrechtlich relevanten Handlungen wie z. B. die Verbreitung oder der Download kinderpornographischen Materials.

### bb) Sachvortrag des Arbeitnehmers

Die prozessuale Ausgangslage des Arbeitnehmers ist wegen der sehr zu Lasten des Arbeitgebers gehenden Darlegungs- und Beweislastsituation vorteilhaft, denn er kann sich zunächst auf das einfache Bestreiten der vorgeworfenen Pflichtverletzung zurückziehen. Der Arbeitnehmer ist aber prozessual dann gefordert, wenn es um Gesichtspunkte geht, die im Rahmen der Wirksamkeitsprüfung der Kündigung zu seinen Gunsten anzustellen sind. Dies gilt insb. für die Pflichtverletzung der Nichterbringung der geschuldeten Arbeitszeit, ggf. auch in Kombination mit dem Verstoß gegen ein ausdrückliches Verbot der privaten Nutzung.

### (1) Betriebliche Übung

Für den Kündigungsgrund der ausschweifenden Privatnutzung während der Arbeitszeit könnte es ihm nämlich zum Vorteil gereichen, wenn bei der Beurteilung der Pflichtverletzung von einer gestatteten Privatnutzung auszugehen ist. Da teilweise vertreten wird, der Anspruch auf Privatnutzung der betrieblichen Ressourcen könne durch betriebliche Übung entstehen, kann dieser Umstand insb. dann eine gewichtige Rolle spielen, wenn der Arbeitgeber der Auffassung ist, die Privatnutzung sei bei ihm nicht erlaubt und er darauf auch maßgeblich die Kündigung stützt. In diesem Fall muss der Arbeitnehmer das Bestehen und den Umfang der betrieblichen Übung darlegen und ggf. beweisen.[474] Es hat ein ins Einzelne gehender Vortrag zu erfolgen, wann und wie der Arbeitgeber Kenntnis von Art, Lage, Dauer und Ausmaß der Privatnutzung sämtlicher Mitarbeiter, die davon Gebrauch machen, erlangt haben soll.[475] Erst wenn dem Arbeitnehmer das (ungeachtet eines diesbezüglichen Bestreitens des Arbeitgebers) gelingt, hat der Arbeitgeber im zweiten Zuge darzulegen und nachzuweisen, dass die Kündigung trotz der (durch die betriebliche Übung) gestatteten Privatnutzung wegen (erheblichen) Missbrauchs gerechtfertigt ist.[476]

### (2) Gleichbehandlungsgrundsatz

Für den Ausgang eines Kündigungsschutzprozesses kann es ferner von Bedeutung sein, dass nicht nur der gekündigte Arbeitnehmer, sondern auch ein oder mehrere Kollegen inhaltlich gleichartige Pflichtverletzungen im Zusammenhang mit der Privatnutzung begangen hat bzw. haben. In einer solchen Konstellation kann sich der arbeitsrechtliche Gleichbehandlungsgrundsatz auswirken. Zwar findet dieser im Kündigungsrecht prinzipiell – jedenfalls i.S.e. gesonderten Unwirksamkeitsgrundes – keine Anwendung.[477] Er kann aber mittelbare Geltung erfahren, wenn zeitlich zusammen[478] mehrere Arbeitnehmer sich vergleichbar vertragswidrig bei völliger Gleichartigkeit der Fehlverhaltensweisen und ihrer jeweiligen arbeitsvertraglichen Vorgeschichte verhalten.[479] Die Konsequenz davon ist, dass der Arbeit-

---

474 *Kratz/Gubbels* NZA 2009, 652, 653;MüKo-BGB/*Müller-Glöge* § 611 Rn. 417.

475 *Bloesinger* BB 2007, 2177, 2180.

476 *Kratz/Gubbels* NZA 2009, 652, 653;MüKo-BGB/*Müller-Glöge* § 611 Rn. 417.

477 ErfK/*Oetker* KSchG § 1 Rn. 90 m.V.a. BAG NJW 1982, 2687, 2687; BeckOK ArbR/*Rolfs* KSchG § 1 Rn. 86; LAG Rheinland-Pfalz BeckRS 2007, 45617.

478 ErfK/*Oetker* KSchG § 1 Rn. 90 mit zutreffendem Vergleich mit BGH NJW 2013, 1519 ff.

479 LAG Hessen BeckRS 2012, 68300, das allerdings ausdrücklich der Auffassung ist, dass auch zeitlich auseinander liegende gleichartige Sachverhalte zu einer Selbst-

geber als sozial mächtigere Vertragspartei[480] keine herausgreifende Kündigung aussprechen kann, es sei denn, er ist in der Lage, die unterschiedliche Behandlung mit sachlichen Kriterien zu begründen.[481]

Theoretisch kann es einem Arbeitnehmer bzw. dessen Prozessbevollmächtigten auf diese Weise gelingen, die Wirksamkeit einer Kündigung abzuwenden. Dem wird in der Praxis aber regelmäßig der Umstand entgegenstehen, dass der Arbeitnehmer zu den Pflichtverletzungen der anderen, nicht gekündigten Arbeitnehmer nicht substantiiert genug vortragen kann. Beruft sich ein Arbeitnehmer auf den Gleichbehandlungsgrundsatz, muss er nämlich dessen Voraussetzungen, insb. die Gleichartigkeit der zu beurteilenden Pflichtverletzungen ausreichend konkret darlegen. Beim Kündigungsgrund „ausschweifende Pflichtverletzung" also wann und für wie lange es bei den Kollegen zur Privatnutzung kam[482] und darüber hinaus, dass der Arbeitgeber hiervon Kenntnis hatte und trotz dieser Kenntnis keine Kündigungen (oder nur Abmahnungen)[483] aussprach.

Bewältigt der klagende Arbeitnehmer allerdings diese prozessuale Hürde, obliegt es dem Arbeitgeber, Gründe vorzutragen, die die differenzierende Behandlung mehrerer Arbeitnehmer im Lichte des Kündigungsschutzes sachlich rechtfertigen.[484] Der Arbeitgeber müsste sich bspw. darauf berufen können, dass er auf die Weiterarbeit eines der anderen „Störer" angewiesen sei.[485] Fehlt es daran, muss in Zweifel gezogen werden, ob dem Arbeitgeber die Fortsetzung des Arbeitsverhältnisses tatsächlich in einem solchen Maße unzumutbar ist, dass nur dessen Beendigung in Frage kommt.[486]

Diese sich primär im Bereich der Darlegungs- und Beweislast aufdrängende Thematik ist in materiell-rechtlicher Hinsicht im Rahmen der Interessenabwägung dogmatisch richtig zu verorten. Allein die Tatsache, dass auch andere Arbeitnehmer gegen ihre arbeitsvertraglichen Pflichten verstoßen, nimmt dem

---

bindung des Arbeitgebers führen können, die es im verwehrt, unterschiedlich auf eine Pflichtverletzung zu reagieren; a.A. BeckOK ArbR/*Rolfs* KSchG § 1 Rn. 86, der eine Berufung auf den Gleichbehandlungsgrundsatz ablehnt, wenn der Arbeitgeber zu einem anderen Zeitpunkt nicht mit einer Kündigung reagiert hat.

480 Vgl. BGH NJW 2013, 1519, 1521.

481 ErfK/*Oetker* KSchG § 1 Rn. 90.

482 In diese Richtung auch LAG Schleswig-Holstein NZA-RR 2014, 417,421, obwohl die Thematik des Gleichbehandlungsgrundsatzes nicht ausdrücklich diskutiert wurde.

483 Vgl. LAG Rheinland-Pfalz BeckRS 2007, 45617.

484 LAG Hessen BeckRS 2011, 71537.

485 Erfk/*Oetker* KSchG § 1 Rn. 90.

486 LAG Hessen BeckRS 2012, 68300; LAG Hessen BeckRS 2011, 71537.

Verhalten des gekündigten Arbeitnehmers nicht die Pflichtwidrigkeit. Allerdings relativiert die Nichtahndung bzw. mildere Ahndung inhaltlich gleichartiger Pflichtverstöße bei anderen Arbeitnehmern das Gewicht des Fehlverhaltens des gekündigten Arbeitnehmers.[487]

### (3) Sonstige Rechtfertigungsgründe

Will der Arbeitnehmer den Vorwurf der – objektiv tatsächlich vorliegenden und vom Arbeitgeber nachgewiesenen – ausschweifenden Privatnutzung entkräften, muss er konkret darlegen, dass der Arbeitgeber ihm in zu geringem Umfang Arbeit zugewiesen hat.[488] Hier wird aber eine pauschale Behauptung nicht ausreichen. Stattdessen ist zu fordern, dass der Arbeitnehmer vorträgt, welche Arbeiten er wann aufgetragen bekommen hat, und dass trotz deren ordnungsgemäßer Erledigung die umfangreiche Privatnutzung erfolgen konnte. Nur bei einem entsprechend substantiierten Vorbringen kommt der Arbeitnehmer seiner Darlegungslast im Hinblick auf den Rechtfertigungsgrund „mangelnde Arbeitsauslastung" nach.[489] Gelingt ihm dies, ist vom Arbeitgeber im Rahmen der sekundären Darlegungslast vorzutragen und ggf. zu beweisen, ob und inwiefern die Arbeitsleistung des Arbeitnehmers aufgrund dessen Privatnutzung während der Arbeitszeit gelitten hat.[490]

Wie bereits bei den Ausführungen zum Sachvortrag des Arbeitgebers erwähnt kann sich auch das Löschen des Browserverlaufs durch den Arbeitnehmer prozessual zu seinen Lasten auswirken. Er kann sich dann nämlich nicht auf das einfache Bestreiten der ihm vorgeworfenen Privatnutzung zurückziehen, wenn der Arbeitgeber (aufgrund anderer Anhaltspunkte) die Privatnutzung nicht minutengenau, sondern nur im groben Umfang nachweisen kann. Der Arbeitnehmer hat vielmehr im Einzelnen darzutun, in welcher ungefähren Dimension die Privatnutzung durch ihn stattfand und v. a., dass hierdurch seine Arbeitsleistung nicht beeinträchtig worden ist.[491] Grund für die in diesem Fall erhöhte Darlegungslast des Arbeitnehmers in Bezug auf den Kündigungsgrund sind die zur Anwendung kommenden zivilprozessrechtlichen Grundsätze der Beweisvereitelung. Eine sol-

---

487 LAG Hessen BeckRS 2011, 71537.

488 *Bloesinger* BB 2007, 2177, 2180.

489 BAG NZA 2016, 161, 161.

490 Ebd.; vgl. auch BAG NZA 2006, 977, 979; vgl. bzgl. der Darlegungs- und Beweislast des Arbeitgebers für den vom Arbeitnehmer vorgetragenen Rechtfertigungsgrund BAG BeckRS 2016, 72235 und Anm. *Schuster* ArbRAktuell 2016, 531.

491 LAG Schleswig-Holstein NZA-RR 2014, 417, 420.

che liegt vor, wenn eine Partei Handlungen vornimmt, die ihrem beweisbelasteten Prozessgegner die Beweisführung schuldhaft erschweren oder unmöglich machen können.[492] Welche Rechtsfolgen eine Beweisvereitelung nach sich zieht, ist eine Frage der im tatrichterlichen Ermessen liegenden Überzeugungsbildung.[493] Sie können von der Beweiserleichterung bis hin zur Beweislastumkehr reichen.[494] Eine komplette Beweislastumkehr erscheint im Hinblick darauf, dass dem Arbeitnehmer abgesehen von seiner Anhörung nach §§ 447, 448 ZPO regelmäßig keine anderen Beweismittel zur Verfügung stehen, überzogen. Eine Beweiserleichterung zugunsten des Arbeitgebers dergestalt, dass sich das Beweismaß auf eine überwiegende oder gar geringe Wahrscheinlichkeit reduziert,[495] ist angemessen. Hierzu kann es dann ausreichend sein, wenn der Arbeitgeber die Zeiten der unzulässigen Privatnutzung nur ungefähr (und nicht minutengenau) vorträgt.

### *b) Beweisverwertungsverbot*

Nachdem nun geklärt ist, was und wie die Beteiligten eines Kündigungsschutzprozesses ihren Sachvortrag zu gestalten haben, ist aus dem Blickwinkel des Arbeitgebers zu untersuchen, ob seine dargetanen Tatsachen im Prozess ohne weiteres verwertbar sind. Wie die obigen Ausführungen zeigen hat der Arbeitgeber im Rahmen der Kontrollmaßnahmen die Anforderungen des BDSG einzuhalten. Überschreitet er die dort festgelegten Grenzen, ist wegen eines Verstoßes gegen das Persönlichkeitsrecht des Arbeitnehmers zunächst von einer datenschutzrechtlich unzulässigen Datenerhebung auszugehen. Gleichwohl bleibt es dem Arbeitgeber unbenommen, die so erlangten Beweismittel, die die Pflichtverletzung(en) des Arbeitnehmers nachweisen sollen, als Grundlage für den Ausspruch einer verhaltensbedingten Kündigung zu verwenden. Tut er dies, ist im Falle eines sich anschließenden Kündigungsrechtstreits die Frage zu beantworten, ob den von ihm in das Verfahren eingeführten Beweismitteln ein zivilprozessuales Verwertungsverbot entgegensteht.

Im Folgenden werden nach kurzer Skizzierung der Grundsätze der prozessualen Beweisverwertung (s. u. aa)) die im Zusammenhang mit Internet bzw. Social Media stehenden Rechtsphänomene (s. u. bb)) behandelt.

---

492 BeckOK ZPO/*Bacher* § 284 Rn. 89; Musielak/Voit/*Foerste* § 286 Rn. 62; BGH GRUR 2016, 88, 92; BGH NJW 1997, 3311, 3312.

493 BeckOK ZPO/*Bacher* § 284 Rn. 93; BGH NJW-RR 2005, 1051, 1052.

494 BeckOK ZPO/*Bacher* § 284 Rn. 89, 93. Musielak/Voit/*Foerste* § 286 Rn. 63.

495 Musielak/Voit/*Foerste* § 286 Rn. 63.

#### aa) Allgemeine Voraussetzungen der Zivilprozessordnung

Die ZPO kennt – anders als die StPO – für rechtswidrig erlangte Informationen oder Beweismittel kein ausdrückliches prozessuales Verwendungs- bzw. Verwertungsverbot, denn ein solches würde den Anspruch der Parteien auf rechtliches Gehör einschränken.[496] Im Gegenteil: Aus § 46 Abs. 2 ArbGG i.V.m. § 286 ZPO i.V.m. Art. 103 Abs. 1 GG folgt die grundsätzliche Verpflichtung der Gerichte, den von den Parteien vorgetragenen Sachverhalt und die von ihnen angebotenen Beweise zu berücksichtigen.[497]

Gleichwohl kann ein rechtswidriges Verhalten einer Prozesspartei bei der Informations- bzw. Beweisgewinnung zu einem prozessualen Verwertungsverbot führen. Ist eine streitige, entscheidungserhebliche Tatsache zu beweisen, steht ein Beweisverwertungsverbot im Raum; geht es hingegen um zwischen den Parteien unstreitige Tatsachen, kommt ein Sachvortragsverwertungsverbot in Betracht.[498] Ein solches Verbot ist anzunehmen, wenn unter Beachtung des Schutzzwecks der verletzten Norm nur die Nichtverwertung zwingend geboten erscheint. Schließlich ist in einem gerichtlichen Verfahren darauf zu achten, dass das zur Entscheidung berufene Gericht den Prozessbeteiligten in Ausübung seiner staatlichen Hoheitsgewalt ggü. tritt.[499] Das Prozessgericht unterliegt bei der Urteilsfindung gem. Art. 1 Abs. 3 GG der Grundrechtsbindung und es ist zu einer rechtsstaatlichen Verfahrensgestaltung berufen. Aus dem in Art. 20 Abs. 3 GG verankerten Rechtsstaatsprinzip folgt die gerichtliche Pflicht zu einer fairen Handhabung des Prozess- und Beweisrechts.[500] Demzufolge ist eine unzulässig erlangte Information unverwertbar, wenn mit ihrer gerichtlichen Verwertung neben der ursprünglichen Rechtsverletzung bei der Informationsgewinnung ein erneuter Eingriff in rechtlich geschützte, hochrangige Positionen der anderen Prozesspartei oder die Perpetuierung eines solchen Eingriffs verbunden wäre, und dies auch durch schutzwürdige Interessen der Gegenseite nicht gerechtfertigt werden könnte.[501]

Somit ist für jeden Einzelfall zu untersuchen, welche gesetzliche Bestimmung im Rahmen der Beweisgewinnung durch den Arbeitgeber verletzt wurde. An-

---

496 BAG NZA 2011, 571, 573; *Kort* NZA 2012, 1321, 1324; *Däubler*, Internet und Arbeitsrecht, S. 249 Rn. 316b.

497 LAG Berlin-Brandenburg BeckRS 2016, 67048; BAG NZA 2017, 112, 113 und dies zusammenfassend *Fuhlrott/Schröder* NZA 2017, 278, 280 f.

498 Thüsing/Wurth/*Vossen*, Social Media im Betrieb, S. 223. Rn 48 (FN 89), zusammenfassend, i.E. aber a.A. *Dzida/Grau* NZA 2010, 1201, 1205.

499 BAG NZA 2011, 571, 573; BAG NZA 2014, 143, 145.

500 Ebd.; BVerfG NJW 2007, 753, 758.

501 BAG NZA 2011, 571, 573; BAG NZA 2008, 1008, 1011.

schließend sind die beeinträchtigten Rechtspositionen des Arbeitnehmers den (berechtigten) Interessen des Arbeitgebers an der Informations- bzw. Beweisverwertung gegenüberzustellen und mittels einer umfassenden Beurteilung der einzelnen Belange eine auf die Seite des Arbeitnehmers oder des Arbeitgebers ausschlagende Gewichtung vorzunehmen. Ob die rechtswidrig erlangten Beweismittel im Prozess verwertbar sind, hängt also von einer anzustellenden Güterabwägung ab.[502]

### bb) Besonderheiten bei Kündigungen im Zusammenhang mit Internet und Social Media

Ausgehend von den vorstehenden Grundsätzen ist die Frage nach der Verwertbarkeit auf die hier untersuchte Situation der Internet- bzw. Social Media-Daten zu übertragen. Wie oben ausgeführt geht es hinsichtlich der vom Arbeitgeber gespeicherten und im Prozess verwendeten Daten auf Seiten des Arbeitnehmers um den Eingriff in dessen Persönlichkeitsrecht in der Ausprägung des Rechts auf informationelle Selbstbestimmung, Art. 2 Abs. 1 GG i.V.m. Art. 1 Abs. 1 GG. Gelangt man bereits bei der Prüfung der Rechtmäßigkeit der Kontrollmaßnahme zu dem Ergebnis, dass die Daten- bzw. Informationserhebung zulässig war, erübrigt sich die Frage nach der prozessualen Verwertbarkeit. In diesem Fall fehlt es schon an der Perpetuierung einer Rechtsverletzung mit der Folge, dass die Verwertbarkeit zu bejahen ist.[503] Ergibt die rechtliche Würdigung hingegen, dass die Beweisgewinnung des Arbeitgebers gegen den Schutz des Arbeitnehmers verstieß, der aus den §§ 28, 32 BDSG folgt, muss sich dem Problem des prozessualen Beweisverwertungsverbots gestellt werden.

#### (1) Abwägungsbelange

Im Rahmen des hier notwendigen Abwägungsvorgangs werden von der Rspr. unterschiedliche Belange des Arbeitgebers herangezogen, die dem Persönlichkeitsrecht des betroffenen Arbeitnehmers gegenüberzustellen sind. Zum einen ist von Bedeutung, wie sich der Arbeitgeber zur Privatnutzung positioniert hat. Ist die Privatnutzung ausdrücklich untersagt, steigt das Interesse des Arbeitgebers an der Aufdeckung etwaiger Zuwiderhandlungen. Hinzu kommt, dass der Arbeitgeber in diesem Fall davon ausgehen darf, dass der Arbeitnehmer die Betriebsmittel nur dienstlich nutzt.[504] Gleiches gilt wohl, wenn der Arbeitgeber zwar die private Nutzung seiner elektronischen Res-

---

502 *Kratz/Gubbels* NZA 2009, 652, 655.

503 So auch *Fuhlrott/Schröder* NZA 2017, 278 ,283.

504 Vgl. auch EGMR BeckRS 2016, 80693.

sourcen gestattet, aber gleichzeitig darauf hinweist, dass eine Überprüfung der entstehenden technischen Daten durch stichprobenartige Kontrollen stattfindet. Auch in diesem Fall kann der Arbeitnehmer bzgl. der bei der Privatnutzung entstandenen und gespeicherten Daten keine Vertraulichkeit erwarten.[505]

Zum anderen wird sich ein Missbrauch der betrieblichen Geräte regelmäßig auf keinem anderen Wege feststellen und nachweisen lassen. Insb. wenn Arbeitnehmer alleine in ihrem eigenen Büro arbeiten, kann der Arbeitgeber nicht auf den (ohnehin schwachen) Zeugenbeweis zurückgreifen. Gewährt der Arbeitgeber auf diese Weise einen Vertrauensvorschuss zur selbständigen und ordnungsgemäßen Arbeitserbringung ohne soziale Kontrollen durch andere Mitarbeiter, muss der betroffene Arbeitnehmer eine in der Auswertung personenbezogener Daten liegende Verletzung seines Persönlichkeitsrechts mit Rücksicht auf berechtigte Belange des Arbeitgebers hinnehmen.[506] Das Interesse des Arbeitgebers überwiegt daher.

Die Beweisnot des Arbeitgebers ist aber auch dann nicht anders zu bewerten, wenn sich mehrere Arbeitnehmer einen Arbeitsbereich teilen (was in Großraumbüros häufig der Fall ist). Wie aus den obigen Ausführungen zur Darlegungslast des Arbeitgebers hervorgeht, hat dieser seinen Tatsachenvortrag im Hinblick auf die Pflichtverletzung konkret auszugestalten und genau vorzubringen, wann der jeweilige Arbeitnehmer wie lange die betrieblichen Kommunikationsmittel zu privaten Zwecken genutzt hat. Dem kann er nur dann erschöpfend nachkommen, wenn er die einzelnen Verbindungsdaten substantiiert vorträgt. Diese Informationen in der erforderlichen Dichte von einem Zeugen zu erhalten erscheint ausgeschlossen, zumal zu bedenken ist, dass die als Zeugen in Frage kommenden Mitarbeiter selbst ihrer Arbeit nachzugehen haben. Mehr als ungenaue Angaben wird ein Arbeitgeber daher von den Kollegen nicht erwarten können. Eine andere, gleich geeignete Erkenntnisquelle wie die ausgewerteten Verbindungsdaten steht dem Arbeitgeber nicht zur Verfügung.

### (2) Verhältnismäßigkeitsprüfung

Von maßgeblicher Bedeutung ist darüber hinaus die Frage, ob eine rechtswidrige (Daten-)Kontrolle des Arbeitgebers als praktisch einzig erfolgversprechende

---

505 LAG Berlin-Brandenburg BeckRS 2016, 67048; so auch LAG Hamm BeckRS 2012, 71605: In dem dort entschiedenen Fall wies der Arbeitgeber sogar ausdrücklich darauf hin, „dass der Mitarbeiter bei der Abwicklung persönlicher Angelegenheiten auf elektronischen Geräten und über das Netzwerk der Mitarbeiter keine Vertraulichkeit erwarten kann".

506 LAG Berlin-Brandenburg BeckRS 2016, 67048; so auch LAG Niedersachsen BeckRS 2010, 70504.

Maßnahme zur Überführung des Arbeitnehmers in Betracht kam und sich im Rahmen einer Gesamtschau nicht als unverhältnismäßig darstellt.[507] Im Zuge dieser Verhältnismäßigkeitsprüfung ist v. a. die Grundsatzentscheidung des *BAG* vom 20.06.2013[508] zu beachten. Darin entschied es, dass eine heimliche Schrankdurchsuchung in Abwesenheit des Arbeitnehmers unverhältnismäßig ist und die dadurch gefundenen Beweise im Prozess unverwertbar sind. Zur Begründung führte das *BAG* aus, dass die Schrankdurchsuchung im Beisein des Arbeitnehmers genauso effektiv und damit als milderes Mittel vorrangig gewesen wäre.[509]

Liegen tatsächliche Anhaltspunkte dafür vor, dass der Arbeitnehmer die betrieblichen Ressourcen während der Arbeitszeit unzulässiger und/oder in strafrechtlich relevanter Weise nutzt, kann angedacht werden, die vorgenannte Rspr. auf die Kontrolle der gespeicherten Verbindungsdaten zu übertragen. Dann wäre es konsequent zu sagen, die Auswertung der Daten müsse im Beisein des Arbeitnehmers erfolgen, um die hier gefundenen Beweise in einem späteren Kündigungsschutzprozess zulässigerweise verwerten zu können.[510]

Dieser Überlegung ist allerdings eine Absage zu erteilen. Die zulasten des Arbeitnehmers ausgewerteten Einträge der aufgerufenen Internetseiten in der Chronik des auf dem Dienstrechner des Arbeitnehmers installierten Internet-Browsers können zum Beweis einer unerlaubten Internetnutzung verwertet werden. Dies auch dann, wenn der Arbeitgeber die Auswertung ohne Hinzuziehung des Arbeitnehmers, also heimlich vorgenommen hat.[511] Anders als bei der Durchsuchung eines Spinds, bei dessen Inhalt es sich um einen Teil der Privatsphäre des geschützten Bereichs des allgemeinen Persönlichkeitsrechts handelt,[512] ist der gespeicherte Datenbestand im Hinblick auf die Vertraulichkeit ähnlich zu beurteilen wie schriftliche Notizen, die ein Arbeitnehmer auf seinem Schreibtisch zurücklässt.[513] In beiden Fällen muss dem Arbeitnehmer klar sein, dass die von ihm „produzierten Daten“ nicht in einem

507 *Schwartmann/Ohr*, Recht der Sozialen Medien, S. 99 Rn. 212.

508 BAG NZA 2014, 143; siehe hierzu auch *Däubler*, Internet und Arbeitsrecht, S. 251 Rn. 316e.

509 BAG NZA 2014, 143, 147.

510 Vgl. LAG Hamm BeckRS 2016, 72746; dem folgend *Tiedemann* ZD 2017, 140, 143 Anm. zu LAG Hamm, Urt. v. 17.06.2016, 16 Sa 1711/15 (= BeckRS 2016, 72746).

511 LAG Berlin-Brandenburg BeckRS 2016, 67048; a.A. LAG Hamm BeckRS 2016, 72746 und dem zustimmend *Tiedemann* ZD 2017, 140, 143 Anm. zu LAG Hamm, Urt. v. 17.06.2016, 16 Sa 1711/15 (= BeckRS 2016, 72746).

512 BAG NZA 2014, 143, 146.

513 Vgl. LAG Hamm BeckRS 2012, 71605, das das Zurücklassen von schriftlichen Notizen dem gespeicherten Datenbestand sogar völlig gleichstellt.

Bereich hinterlegt sind, der dem Zugriff Dritter völlig entzogen ist, sondern dass eine Kenntnisnahme durch andere Personen jedenfalls nicht ausgeschlossen ist. Die in einer Chronik gespeicherten Daten sind nicht von solch einem Charakter, dass sie dem absolut geschützten Kernbereich des Persönlichkeitsrechts (etwa wie höchstpersönliche Tagebuchaufzeichnungen)[514] zuzuordnen wären.[515] Sie betreffen lediglich den Bereich der Sozialsphäre.

Vor diesem Hintergrund muss schon die Verletzung des Persönlichkeitsrechts des Arbeitnehmers in Frage gestellt werden. Ist die Privatnutzung der betrieblichen Ressourcen nicht erlaubt, ist der Zugriff des Arbeitgebers auf die produzierten Daten regelmäßig gerechtfertigt. Sein Interesse an der Aufdeckung von Zuwiderhandlungen überwiegt das Interesse des Arbeitnehmers am Schutz seines auf der untersten Stufe berührten Persönlichkeitsrechts. Im Übrigen wäre die Art und Weise der Auswertung im Beisein des Arbeitnehmers keine andere. Auch in diesem Punkt ist die Situation im Verhältnis zur Spinddurchsuchung in Abwesenheit des Betroffenen nicht vergleichbar. Dort könnte der anwesende Arbeitnehmer etwa durch die freiwillige Herausgabe der gesuchten Gegenstände auf die Durchsuchung Einfluss nehmen oder sie sogar ganz abwenden.[516] Bei der Auswertung von Verbindungsdaten hingegen besteht keine vergleichbare Möglichkeit der Einflussnahme, um die Maßnahme für den Arbeitnehmer schonender zu gestalten. Ein Bedürfnis hierfür ist außerdem nicht erkennbar, denn bei den gespeicherten Daten handelt es sich im Gegensatz zum Spindinhalt nicht um einen besonders sensiblen (Privat-)Bereich.[517]

### (3) Verstoß gegen Mitbestimmungsrechte des Betriebsrats

Diskutiert wurde in der Vergangenheit auch die Frage, ob ein Verstoß gegen Mitbestimmungsrechte des Betriebsrats zu einem Beweisverwertungsverbot führen kann. Im Fall von Internet und Social Media könnte es in diesem Zusammenhang bspw. um folgende Konstellation gehen: Der Arbeitgeber, der bislang die Privatnutzung der betrieblichen Ressourcen untersagt hatte, ändert seine Meinung und möchte die Gestattung sowie deren Grenzen (Dauer und inhaltliche Nutzung) im Wege einer Social Media Guideline regeln. In einem Abschnitt dieser Guideline behält sich der Arbeitgeber auch Kontrollen der Privatnutzung vor. Den bestehen-

---

514 Vgl. BVerfG NJW 1990, 563, 564.

515 LAG Hamm BeckRS 2012, 71605; ohne Begründung wohl a.A. LAG Hamm BeckRS 2016, 72746.

516 BAG NZA 2014, 143, 147.

517 Vgl. *Howald* öAT 2014, 49, 52, der in diesem Zusammenhang ebenfalls die Spind-Entscheidung des BAG anspricht, sich hierzu aber nicht positioniert; a.A. wohl LAG Hamm BeckRS 2016, 72746, das aber nicht auf den Charakter der Daten abstellt.

den Betriebsrat beteiligt er bei der Erstellung und Gestaltung dieses Regelwerks allerdings nicht. Ein Arbeitnehmer nutzt nun die privaten Kommunikationsmittel unerlaubt ausschweifend und der Arbeitgeber kündigt deswegen unter Verweis auf die ausgewerteten IT-Daten verhaltensbedingt.

Wie oben dargestellt ist in solchen Fällen der Betriebsrat gem. § 87 Abs. 1 Nr. 1 und Nr. 6 BetrVG zwingend zu beteiligen.[518] Da der Arbeitgeber den Betriebsrat im geschilderten Beispiel aber nicht involvierte, wurden dessen Mitbestimmungsrechte verletzt. Das *BAG* entschied zu einer unter Verstoß gegen § 87 Abs. 1 Nr. 1 BetrVG durchgeführten Taschenkontrolle, dass ein Verwertungsverbot mangels gesetzlicher Grundlage nur dann in Betracht komme, wenn in verfassungsrechtliche Grundpositionen einer Prozesspartei eingegriffen werde.[519] Es führt in seiner dortigen Begründung aus, dass allein der Verstoß gegen Mitbestimmungsrechte des Betriebsrats nicht zu einer individualprozessrechtlichen Sanktion in Form eines Verwertungsverbots zu Lasten des Arbeitgebers führe.[520] Für diesen Fall sähen nämlich sowohl das Betriebsverfassungsrecht kollektivrechtliche Sanktionen (z. B. § 23 Abs. 3 BetrVG) als auch das Individualarbeitsrecht (z. B. Leistungsverweigerungsrechte) Reaktionsmöglichkeiten vor.[521] Schließlich folge aus dem persönlichkeitsschützenden Zweck des § 87 Abs. 1 Nr. 1 BetrVG kein weitergehendes Verwertungsverbot.

Diese Begründung des *BAG* hinkt nach *Däubler* aber,[522] soweit es darauf abstellt, dass ein Verwertungsverbot nur bei Eingriffen in verfassungsrechtliche Grundpositionen in Frage kommen soll. Richtig sei zwar, dass es sich bei § 87 Abs. 1 Nr. 1 BetrVG lediglich um ein einfaches Gesetz handelt. Allerdings habe gerade diese Norm (und § 87 Abs. 1 Nr. 6 BetrVG ebenfalls) zum Zweck, das in der Verfassung verankerte Persönlichkeitsrecht auch auf betriebsverfassungsrechtlicher Ebene zu schützen.[523] Es sei somit gerade eine einfachgesetzliche Ausprägung des Verfassungsrechts, weshalb es nur konsequent wäre, den Persönlichkeitsschutz auch im Gerichtsverfahren mit einem entsprechenden Stellenwert fortzuführen. Ein Beweisverwertungsverbot bei Verstößen gegen § 87 Abs. 1 Nr. 1 und 6 BetrVG wäre die logische Folge.[524]

---

518 Siehe hierzu die Ausführungen oben auf S. 86 ff.

519 BAG NZA 2008, 1008, 1010.

520 Ebd.; *Howald* öAT 2014, 49, 51.

521 BAG NZA 2008, 1008, 1011.

522 *Däubler*, Internet und Arbeitsrecht, S. 255 Rn. 316l.

523 Ebd.; *Fitting* § 87 Rn. 63, 215; GK/*Wiese* § 87 Rn. 170, 484.

524 Folgt man der Auffassung, dass ein Verstoß gegen zwingende Mitbestimmungsrechte des Betriebsrats zu einem Beweisverwertungsverbot führen muss, kann ein solches

Auch wenn die mit der prozessualen Waffengleichheit argumentierende Kritik von *Däubler* zum Überdenken bzgl. der Annahme eines Beweisverwertungsverbotes anregen mag, ist im Ergebnis dem *BAG* zu folgen und bei lediglich mitbestimmungswidrig erlangten IT-Daten ein Beweisverwertungsverbot abzulehnen. Folgte man der Ansicht von *Däubler*, läge eine nicht zu rechtfertigende Abkehr der Rspr. zu Beweisverwertungsverboten in der ZPO vor. Schließlich hat das zur Entscheidung berufene Gericht im Einzelfall zu bewerten, ob in das Persönlichkeitsrecht des klagenden Arbeitnehmers – der Betriebsrat ist gerade nicht Partei des Rechtsstreits – in unzumutbarem Maß eingegriffen wurde. Außerdem wären Arbeitnehmer in Betrieben, in denen keine organisierte Arbeitnehmervertretung bestünde, in prozessualer Hinsicht automatisch schlechter gestellt. Die verfahrensrechtlichen Grundsätze haben aber für jede Bestandsschutzstreitigkeit gleichermaßen Anwendung zu finden und zwar unabhängig davon, ob bei dem beklagten Arbeitgeber ein Betriebsrat besteht oder nicht. Das Betriebsverfassungsrecht hingegen soll auf betrieblicher Ebene die Rechte der Arbeitnehmer ausreichend wahren, nicht auf prozessualer. Schließlich ist für die Frage, ob ein Verwertungsverbot greift, allein maßgeblich, ob die Verwertung des Beweismittels durch das Gericht verfassungsrechtlich garantierte Rechtspositionen des Prozessgegners verletzt.[525] Bei dem hier betroffenen Persönlichkeitsrecht des Arbeitnehmers handelt es sich im Gegensatz zu den betriebsverfassungsrechtlichen Vorschriften zur zwingenden Mitbestimmung um Verfassungsrechte i.S.d. GG, so dass nur letztgenannte bei der Frage nach einem Verwertungsverbot heranzuziehen sind.

### 3. *Zwischenergebnis*

Die Frage nach der Möglichkeit und Zulässigkeit der Kontrolle kann zugunsten des Arbeitgebers beantwortet werden, und zwar egal, wie er sich zur Privatnutzung seiner Betriebsmittel positioniert hat. Zwar bestehen für ihn keine uferlosen Kontrollrechte, allerdings muss er die im Verhältnis zum TKG weniger strenge Voraussetzungen enthaltenden Vorschriften des BDSG zum Beschäftigtendatenschutz einhalten.

---

im Ergebnis aber auch dann ausscheiden, wenn der im Rahmen des § 102 BetrVG anzuhörende Betriebsrat der beabsichtigten Kündigung zustimmt. Dann ist nämlich ausgeschlossen, dass die ursprünglich mitbestimmungswidrig erlangten Daten kollektive Interessen verletzen, vgl. BAG NZA 2003, 1193, 1196; BAG NZA 2007, 617, 619; und unter Verweis auf die vorgenannte BAG Rechtsprechung ausdrücklich zur privaten Internetnutzung ArbG Düsseldorf BeckRS 2008, 50725.

525 *Dzida/Grau* NZA 2010, 1201, 1205; ausführlich *Lunk* NZA 2009, 457, 462 ff.

Was die Situation im Prozess hingegen anbelangt, hat der Arbeitgeber einen detaillierten Sachvortrag in Bezug auf die Pflichtverletzung, die die Kündigung bedingt hat, anzubringen. Dies gilt insb. für die ausschweifende Privatnutzung. Allerdings kann der Ausgang des Prozesses auch vom (nicht) erfolgten Tatsachenvorbingen des Arbeitnehmers abhängen, wenn er sich auf Rechtfertigungsgründe beruft, oder er dem Arbeitgeber z. B. durch das Löschen des Browserverlaufs den substantiierten Vortrag zum Kündigungsgrund erschwert oder unmöglich gemacht hat.

Gerade im Hinblick auf den die Pflichtverletzung des Arbeitnehmers beweisenden Sachvortrag des Arbeitgebers kann sich zudem die Frage nach der Zulässigkeit der prozessualen Verwertbarkeit stellen. Verletzt der Arbeitgeber im Rahmen seiner Kontroll- bzw. Überwachungsmaßnahmen Vorschriften, die dem (Daten-)Schutz des Arbeitnehmers – also dessen Recht auf informationelle Selbstbestimmung – dienen, ist im Wege einer Abwägung und Verhältnismäßigkeitsprüfung betreffend den jeweiligen Einzelfall zu prüfen, ob dem Verstoß ein prozessuales Beweisverwertungsverbot folgen muss. Dies kommt allerdings nur bei besonders schweren Verstößen des Arbeitgebers gegen das Persönlichkeitsrecht des Arbeitnehmers in Betracht. Verletzt der Arbeitgeber zwingende Mitbestimmungsrechte des Betriebsrats, folgt nach der im Ergebnis zutreffenden Ansicht des *BAG* kein prozessuales Verwertungsverbot.

## IV. Zusammenfassung Teil A

Die aus der ständigen und schnellen Weiterentwicklung des Internets entstandenen Social Media wirken sich unmittelbar auf das Arbeitsverhältnis zwischen Arbeitgeber und Arbeitnehmer aus. Durch deren private Nutzung am Arbeitsplatz kann der Arbeitnehmer unterschiedliche Pflichtverletzungen begehen, auf die der Arbeitgeber mit den üblichen arbeitsrechtlichen Sanktionen reagieren kann. Obwohl aus rechtsdogmatischer Sicht meistens mehrere Pflichtverletzungen auf einmal begangen werden, kommt eine verhaltensbedingte Kündigung i. d. R. nur bei groben Pflichtverletzungen in Betracht. Die wichtigste Weichenstellung für die richtige kündigungsrechtliche Einordnung ist die Positionierung des Arbeitgebers zur Privatnutzung am Arbeitsplatz. Je weniger er erlaubt, desto besser sind seine Handlungsmöglichkeiten.

Als Rechtsgrundlage der Gestattung kommen die üblichen arbeitsrechtlichen Rechtsgeschäfte in Betracht, eine Anspruchsbegründung durch betriebliche Übung scheidet aber aus. Besteht im Unternehmen des Arbeitgebers ein Betriebsrat, ist dieser bei der Einführung von Social Media Guidelines regelmäßig zwingend zu beteiligen.

Auch wenn der Arbeitgeber die private Nutzung gestattet, hat er ein Interesse daran, das private Surfverhalten seiner Angestellten zu überwachen. Diesbezüglich muss er sich an die Vorschriften des BDSG halten. Bei groben Verstößen hiergegen kann im Rahmen eines Kündigungsschutzrechtsstreits sogar ein Beweisverwertungsverbot die Folge sein. Im Prozess selbst hat der Arbeitgeber in Bezug auf die Darlegungslast die üblichen (hohen) Hürden zu nehmen, wobei er hinsichtlich seines Sachvortrags die Besonderheiten der Informationstechnologie zu beachten hat (Internetprotokolle, Downloads, IP-Kennung etc.).

## B. Außerdienstliche Social Media Nutzung als Pflichtverletzung mit mittelbarem Bezug zum Arbeitsverhältnis

Anders als die im Teil A behandelten Verhaltensweisen betrifft die außerdienstliche Social Media-Nutzung diejenigen Sachverhalte, in denen es um die privaten Tätigkeiten des Arbeitnehmers im Social Web geht. Insoweit ist in arbeitsrechtlicher Hinsicht zunächst der Prüfungsmaßstab für die Beurteilung von Pflichtverletzungen festzulegen. Ausgehend von der Norm des § 241 Abs. 2 BGB sind die unterschiedlichen Konstellationen zu untersuchen, die kündigungsrechtliche Relevanz erlangen können. Im Vordergrund steht das Nutzungsverhalten des Arbeitnehmers in den Social Media, das aus Sicht des Arbeitgebers ein Grund zur Kündigung darstellt. Die Praxis zeigt, dass v. a. Beleidigungen (des Arbeitgebers bzw. von Kollegen) und unternehmensschädliche Äußerungen wiederkehrend zu Bestandschutzstreitigkeiten führen. Letztere können in den unterschiedlichsten Variationen vorkommen – vom Verrat von Unternehmensgeheimnissen über volksverhetzende Posts bis hin zur Mitwirkung an pornographischen Filmen, die im Internet veröffentlicht werden.

Für die kündigungsrechtliche Beurteilung sind nicht nur der Inhalt der Beiträge von Relevanz, sondern auch die unterschiedlichen Wirkungsweisen der verschiedenen Social Media-Dienste. Das dank dieser zur Selbstverständlichkeit gewordene Liken, Teilen und Verwenden von Emojis lässt die klassischen Kündigungsgründe in neuem Licht erscheinen. Diese Phänomene sind daher unter Berücksichtigung der technischen Besonderheiten des Einzelfalls gesondert zu prüfen und zu bewerten.

Schließlich führt der Umstand, dass sich die hier untersuchten Pflichtverletzungen allesamt in der digitalen Welt abspielen, zwangsläufig auch zu einer intensiven Berührung mit datenschutzrechtlichen Aspekten. Diese und damit verbundene Eingriffe in das Persönlichkeitsrecht des Arbeitnehmers sind näher zu beleuchten, wenn es um die prozessuale Verwertbarkeit der vom Arbeitgeber erlangten und im Kündigungsschutzprozess vorgebrachten Beweismittel geht.

## I. Grundsätzliche Unbeachtlichkeit des Privatlebens

Im Fokus eines Arbeitsverhältnisses stehen die im Gegenseitigkeitsverhältnis stehenden Hauptleistungspflichten sowie die Nebenleistungspflichten der Vertragsparteien. Hinsichtlich einer verhaltensbedingten Kündigung des Arbeitgebers kommen insb. Pflichtverletzungen des Arbeitnehmers in Betracht, die in unmittelbarem Bezug zu seinen Haupt- oder Nebenleistungspflichten stehen, egal, ob der Vertrauens- oder Leistungsbereich betroffen ist. Das außerdienstliche Verhalten des Arbeitnehmers ist hiervon strikt zu trennen. Für die Frage, ob es um außerdienstliches Verhalten geht, ist nicht allein maßgeblich, ob ein Geschehen außerhalb der Arbeitszeit erfolgt.[526] Außerdienstliches Verhalten im kündigungsrechtlichen Sinn ist vielmehr dann betroffen, wenn es um ein Verhalten des Arbeitnehmers im privaten Lebensbereich geht.[527]

Das außerdienstliche Verhalten ist dem Regelungsbereich und der Einflusssphäre des Arbeitgebers grundsätzlich entzogen.[528] Der Arbeitnehmer kann daher weder durch den Arbeitsvertag noch durch Weisungen des Arbeitgebers dazu verpflichtet werden, „ein ordentliches Leben zu führen“.[529] Grund dafür ist das in Art. 1 Abs. 1, 2 Abs. 1 GG enthaltene allgemeine Persönlichkeitsrecht des Arbeitnehmers.[530] Berühren private Tätigkeiten und Verhaltensweisen den arbeitsvertraglichen Pflichtenkreis nicht, ist der Arbeitgeber konsequenterweise nicht berechtigt, Umstände aus der Privatsphäre des Arbeitnehmers durch den Ausspruch einer Abmahnung oder gar einer Kündigung zu missbilligen.[531] Der Arbeitgeber kann sich nicht zum Sittenwächter über den von ihm beschäftigten Arbeitnehmer aufschwingen, denn nur diesem obliegt die Gestaltung seiner privaten Lebenssphäre.[532] Grundsätzlich enden die Verpflichtungen des Arbeitnehmers dort, wo sein privater Bereich beginnt.[533] Die Formulierung „Die Pflichten aus dem Arbeitsverhältnis enden am Werkstor“[534] gibt dieses Prinzip plakativ wieder und lässt sich sinngemäß auf alle Arbeitsverhältnisse übertragen.

---

526 LAG Düsseldorf BeckRS 2016, 69007.
527 Ebd.
528 BAG NZA-RR 2009, 362, 366.
529 BeckOK ArbR/*Joussen* BGB § 611 Rn. 390 mit Verweis auf BAG NZA 1994, 1080.
530 *Müller* öAT 2016, 93, 96; BeckOK ArbR/*Joussen* BGB § 611 Rn. 390.
531 KSchR-HK/*Fiebig/Zimmermann* § 1 Rn. 404, BAG NZA-RR 2009, 362, 366.
532 BeckOK ArbR/*Joussen* BGB § 611 Rn. 390; KSchR-HK/*Fiebig/Zimmermann* § 1 Rn. 405.
533 Schaub/*Linck* § 53 Rn. 7.
534 APS/*Dörner/Vossen* BGB § 626 Rn. 77; BeckOGK/*Günther* BGB § 626 Rn. 345.

Für die private Nutzung der Social Media bedeutet das dem Grunde nach, dass der Arbeitnehmer weder dazu angewiesen werden kann, sich in bestimmter Art und Weise in den Social Media zu verhalten, noch kann der Arbeitgeber die Offenlegung der Korrespondenz, die der Arbeitnehmer im Social Web führt, verlangen.[535]

## II. Kündigungsrelevante Pflichtverletzungen

Trotz des soeben beschriebenen Grundsatzes, können dennoch Konstellationen im Zusammenhang mit Social Media auftreten, in denen das außerdienstliche Verhalten einen mittelbaren Bezug zum und damit Auswirkungen auf das Arbeitsverhältnis hat. Insoweit kommt es darauf an, wie die Schnittstelle zwischen Arbeitsverhältnis und dem virtuellen Privatleben zu definieren ist. Rechtsdogmatisch ist diese Grenzziehung unter § 241 Abs. 2 BGB zu subsumieren.

Wie bereits im Ersten Teil unter Kapitel A. dargestellt, macht gerade die eigene Mitgestaltung des Internetinhalts (user generated content) das Social Web und die Social Media aus. Kündigungsrelevante Pflichtverletzungen können daher in Form von geposteten Kommentaren, Bildern oder Videos oder aber durch das „liken" von Beiträgen anderer Nutzer zu Tage treten. Um beurteilen zu können, ob die vorgenannten Verhaltensweisen als Pflichtverletzung i.S.d. § 241 Abs. 2 BGB anzusehen sind, sind zunächst Umfang und Inhalt der arbeitsvertraglichen Rücksichtnahmepflicht abzustecken. Dies erfolgt nachstehend unter 1., um anschließend die einzelnen Handlungen im Hinblick auf die kündigungsrechtliche Relevanz hin untersuchen zu können (im Folgenden unter 2. bis 4.).

### *1. Verstoß gegen Rücksichtnahmepflichten*

Die in § 241 Abs. 2 BGB vom Gesetzgeber lediglich unbestimmt normierte Rücksichtnahmepflicht wirkt sich auf das Arbeitsverhältnis dergestalt aus, dass der Arbeitnehmer nicht nur während der Erbringung seiner Arbeitsleistung an seinem Arbeitsplatz, sondern auch abseits des Arbeitsverhältnisses auf die berechtigten Interessen des Arbeitgebers Rücksicht nehmen muss. Tut er dies nicht (ausreichend), kann auch sein außerdienstliches Verhalten den Tatbestand einer (Neben-)Pflichtverletzung erfüllen und eine ordentliche oder gar außerordentliche verhaltensbedingte Kündigung rechtfertigen.

---

535 Koreng/Lachenmann/*Kremer/Sander* C. III. 5.; *Oberwetter* NJW 2001, 417, 418; *Gabriel/Cornels* MMR-Aktuell 2011, 316759.

### a) *Inhalt und Grenzen der Rücksichtnahmepflichten im außerdienstlichen Bereich*

In Rspr. und Literatur finden sich unzählige Fälle und Beispiele zum Verhalten im außerdienstlichen Bereich. Gleichwohl sucht man taugliche Abgrenzungskriterien dafür, wann der dienstliche und wann der außerdienstliche Bereich betroffen ist, vergeblich. Klar ist, dass es um die Privatsphäre eines bei einer Versicherung in der Schadensregulierung beschäftigten Arbeitnehmers geht, wenn dieser am Samstagnachmittag in der Allianz Arena das Bundesligaspiel zwischen dem *FC Bayern München* und dem *BVB 09* besucht. Mit derselben Eindeutigkeit ist der dienstliche Bereich betroffen, wenn es um die wöchentliche Teambesprechung eines Arbeitnehmers während der Arbeitszeit geht.

Es kann aber auch Konstellationen geben, bei denen es sich nicht sofort aufdrängt, welcher Bereich betroffen ist. Diese Feststellung ist gleichwohl von großer Bedeutung, da für die Annahme einer Pflichtverletzung im außerdienstlichen Bereich andere Anforderungen gelten als für Pflichtverletzungen im unmittelbar dienstlichen Bereich. Zwar ist die Frage nach der Außerdienstlichkeit für jedes Arbeitsverhältnis individuell zu beantworten, allerdings können hierfür stets die gleichen Kriterien herangezogen werden.

#### aa) Außerdienstlicher Bereich

*Wisskirchen* grenzt den außerdienstlichen zum dienstlichen Bereich wie folgt ab: Mit außerdienstlichem Verhalten ist das in zeitlicher und räumlicher Hinsicht außerhalb der Arbeitsleitung liegende Verhalten gemeint.[536]

Allein auf zeitliche und räumliche Aspekte abzustellen, ist aber nicht ausreichend. Zu beachten ist auch die inhaltliche Komponente, also die Frage danach, ob das Verhalten, das auf eine etwaige Pflichtwidrigkeit hin untersucht werden soll, mit der arbeitsvertraglich geschuldeten Leistung in Zusammenhang steht.

Die zeitliche Komponente scheint am gewichtigsten, denn regelmäßig wird es um den dienstlichen Bereich gehen, wenn ein Verhalten des Arbeitnehmers während seiner Arbeitszeit zu beurteilen ist. Die räumliche Komponente ist betroffen, wenn es um die örtliche Nähe zur Betriebsstätte des Arbeitgebers geht. Sie spielt allerdings eine weniger bedeutsame Rolle. Wegen des immer häufiger auftauchenden Arbeitsmodells „Homeoffice“ oder der Eigenart der Tätigkeit selbst (Vertrieb, Außendienst) ist nicht immer ein direkter örtlicher Bezug zur Betriebsstätte des Arbeitgebers erforderlich, damit der dienstliche Bereich betroffen ist.

---

536 *Wisskirchen*, Außerdienstliches Verhalten von Arbeitnehmern, S. 12.

Aus der Ferne betrachtet scheint es, dass Aktivitäten in Social Media unzweideutig dem außerdienstlichen Bereich zuzuordnen sind. Im Ergebnis ist dies für privat – also nicht dienstlich – genutzte Social Media-Kanäle zutreffend. Allerdings geben zwei ältere Entscheidungen aus dem Zeitalter vor den Social Media Anlass dazu, dies auch dogmatisch näher zu begründen. Im Jahr 2004 stufte nämlich das *LAG Hamm* schwere Beschimpfungen, die ein Arbeitnehmer auf einer Betriebsfeier außerhalb der Arbeitszeit ggü. seinem Vorgesetzten benutzte, als grobe Pflichtverletzung und damit als wichtigen Grund i.S.d. § 626 Abs. 1 BGB ein,[537] ohne sich differenziert mit dem Umstand auseinanderzusetzen, dass die beleidigenden Äußerungen im außerdienstlichen Bereich gefallen sind. Vielmehr bejahte das Gericht schlichtweg (gleichwohl zu Recht) das Vorliegen einer schweren Pflichtverletzung.

Demgegenüber gelangte das *BAG* im Rahmen einer Entscheidung aus dem Jahr 1997 bei einem vergleichbaren Sachverhalt – es ging ebenfalls um wüste Beschimpfungen auf einer Betriebsfeier, dort jedoch ggü. dem Geschäftsführer der Arbeitgeberin – zu dem Ergebnis, dass eine derartige Pflichtverletzung gerade nicht dem außerdienstlichen Bereich zuzuordnen sei, sondern vielmehr einen „arbeitsvertraglichen Pflichtenverstoß“ darstelle.[538] Zur Begründung führte das *BAG* aus:

> *„Wer vor der versammelten Belegschaft den Arbeitgeber grob beleidigt, bewegt sich nicht im außerdienstlichen Bereich, sondern untergräbt die Autorität seines Arbeitgebers und verstößt damit erheblich gegen seine arbeitsvertraglichen Pflichten.“*

Beide Entscheidungen überzeugen in ihrer Dogmatik nicht. Zunächst ist festzustellen, dass Betriebsfeiern unzweifelhaft dem außerdienstlichen Bereich zuzuordnen sind und zwar egal, ob sie in der Betriebsstätte des Arbeitgebers (z. B. in der Kantinenaula) oder in einer von ihm angemieteten Gaststätte stattfinden (räumliche Komponente). Allein die örtliche Nähe zur Arbeitsstätte hat nämlich nicht zur Folge, dass unmittelbar das Arbeitsverhältnis betroffen ist. Auch die Anwesenheit der Belegschaft (oder eines Großteils davon) bewirkt nicht, dass einer solchen Veranstaltung der private Charakter genommen und ihr ein dienstliches Gepräge gegeben wird. Der Anlass der Feier (z. B. ein Jubiläum oder Weihnachten) entspringt der privaten Sphäre. Weder erbringt der Arbeitgeber mit der Ausrichtung einer Feier arbeitsvertragliche Pflichten, noch besteht seitens der Arbeitnehmer eine Verpflichtung, an solchen Veranstaltungen teilzunehmen

537 LAG Hamm 2004, 30802796.
538 BAG BeckRS 1997, 30368988.

(inhaltliche Komponente). Betriebliche Festlichkeiten finden zudem regelmäßig außerhalb der Arbeitszeit statt, bzw. können von Arbeitnehmern, die während der Feier ihre vertraglich geschuldete Tätigkeit erbringen müssen,[539] nicht besucht werden (zeitliche Komponente). Das Argument, der betriebliche Bereich sei betroffen, weil die Äußerung vor der versammelten Belegschaft stattgefunden habe, überzeugt ebenfalls nicht. Zwar mag das aus allen Kollegen bestehende personelle Umfeld für den betrieblichen Charakter sprechen, allerdings beruht das Zusammenkommen derselben nicht auf arbeitsvertraglicher, sondern auf freiwilliger und freizeitorientierter Basis. Für das Vorliegen einer Pflichtverletzung sind daher die Grundsätze zum außerdienstlichen Verhalten heranzuziehen.

Überträgt man diese Analyse auf die private Nutzung der Social Media, ist auch sie unzweifelhaft dem außerdienstlichen Bereich zuzuordnen, denn sie ist originärer Ausdruck der Freizeitgestaltung des jeweiligen Nutzers. Der Arbeitgeber lädt hierzu weder ein, noch sind dort ausschließlich andere Mitarbeiter des Arbeitgebers als Nutzer registriert. Selbst wenn ein Arbeitnehmer über den Dienstrechner an seinem Arbeitsplatz oder mit seinem eigenen Smartphone vom Firmenparkplatz aus eine der nachfolgend untersuchten Fehlverhaltensweisen begeht, kann die Außerdienstlichkeit allein wegen der räumlichen Komponente nicht abgelehnt werden. Egal von wo aus oder über welches Endgerät der Arbeitnehmer Social Media privat nutzt, rechtlich geht es stets um außerdienstliches Verhalten. Dies sogar dann, wenn er den Dienstrechner verwendet, obwohl dessen Nutzung zu privaten Zwecken untersagt ist. Dadurch können lediglich weitere Pflichtverletzungen hinzutreten.[540]

Die Annahme der Außerdienstlichkeit wird auch nicht dadurch berührt, dass der Arbeitnehmer über seinen Social Media-Account mit anderen Mitarbeitern des Arbeitgebers vernetzt ist. Anders als es das *BAG* in der oben zitierten Entscheidung betreffend die Beleidigung im Rahmen einer Betriebsfeier annahm, steht und fällt die Außerdienstlichkeit nicht damit, ob ein gewisser Anteil des Empfängerkreises ebenfalls im Betrieb des Arbeitgebers beschäftigt ist. Die Annahme des außerdienstlichen Bereichs stünde auch nicht in Frage, wenn entsprechende Verhaltensweisen in einer aus mehreren Kollegen bestehenden

---

539 Z.B. Pflegekräfte eines Krankenhauses, die während der Zeit der Betriebsfeier zum Nachtdienst eingeteilt sind.

540 Je nach der betrieblichen Regelung, können sogar drei Pflichtverletzungen vorliegen. Dies könnte z.B. der Fall sein, wenn der Arbeitnehmer während der Arbeitszeit gegen das Privatnutzungsverbot verstößt, weil er auf Facebook einen Kollegen beleidigt und dies entsprechend den nachfolgend dargetanen Voraussetzungen als Pflichtverletzung zu werten ist.

Stammtischrunde am Wochenende vorfielen. Der Gesichtspunkt der Zusammensetzung des Empfängerkreises (Kollegen, Vorgesetzte oder der Arbeitgeber selbst) kann allerdings für die Betriebsbezogenheit des außerdienstlichen Verhaltens eine Rolle spielen. Hierauf wird im Einzelnen bei den unten untersuchten Pflichtverletzungen „Rufschädigung durch das Veröffentlichen von Fotos/Videos“ (II. 2. d) bb) (1)) und „außerdienstliche Beleidigung“ (II. 3. d) aa) (2)) eingegangen.

Es ist somit festzuhalten, dass die private Social Media-Aktivität in kündigungsrechtlicher Hinsicht als außerdienstliches Verhalten zu behandeln und dementsprechend zu prüfen ist.

### bb) Inhalt und Grenzen der Rücksichtnahmepflicht

Der Wortlaut des § 241 Abs. 2 BGB ist weit gezogen. Die als Generalklausel formulierte Vorschrift umfasst nicht nur Schutzpflichten im engeren Sinne, sondern alle über die Leistung hinausgehenden weiteren Verhaltenspflichten des Schuldners.[541] Inhalt und Grenzen dieser Pflicht zur Rücksichtnahme sind für jedes Arbeitsverhältnis im Einzelnen zu bestimmen.[542] Für das hier untersuchte außerdienstliche Verhalten gebietet es die Rücksichtnahmepflicht, dass der Arbeitnehmer seine private Tätigkeit so gestaltet, dass hierdurch berechtigte Interessen des Arbeitsgebers, insb. der Betriebsablauf nicht beeinträchtigt werden.[543] Eine solche zur Annahme einer Pflichtverletzung führende Interessensbeeinträchtigung liegt grundsätzlich nur dann vor, wenn das private (Fehl-)Verhalten einen Zusammenhang zum Arbeitsverhältnis aufweist.[544] Fehlt es hingegen an einem (konkreten) Zusammenhang zwischen dem privaten Benehmen und der dienstlichen Tätigkeit, scheidet eine Verletzung der vertraglichen Pflicht zur Rücksichtnahme auf die Interessen des Arbeitgebers i. d. R. aus.[545] Maßgebliches Kriterium für die Beurteilung, ob das außerdienstliche Verhalten eine Pflichtverletzung nach § 241 Abs. 2 BGB darstellt, ist daher die Betriebsbezogenheit. Das *BAG* geht in diesem Zusammenhang von der Frage aus, ob das außerdienstliche Verhalten den arbeitsvertraglichen Pflichtenkreis berührt.[546] Betriebsbezogenheit und damit die Verletzung der Rücksichtnahmepflicht wird bspw. angenommen, wenn Arbeitgeber oder Kollegen aufgrund einer außerdienstlichen

541 MüKo-BGB/*Bachmann* § 241 Rn. 48.

542 *Hromadka/Maschmann* § 6 Rn. 107; vgl. allgemein auch MüKo-BGB/*Bachmann* § 241 Rn. 52.

543 Dazu grundsätzlich *Berkowsky* NZA-RR 2001, 57, 67.

544 BAG NZA 2011, 112, 113; BAG NZA 2010, 220, 222; KSchR-HK/*Fiebig/Zimmermann* § 1 Rn. 404.

545 BAG NZA 2011, 112, 114. BAG NZA 2010, 220, 222.

546 BAG NZA-RR 2009, 326, 366. BAG BeckRS 2005, 40426.

Straftat des Arbeitnehmers staatlichen Ermittlungen ausgesetzt oder in der Öffentlichkeit mit der Straftat in Verbindung gebracht werden.[547] Betriebsbezogenheit in vorgenanntem Sinne liegt ferner dann vor, wenn der Arbeitnehmer in seiner Freizeit eine Straftat unter Verwendung der Betriebsmittel des Arbeitgebers begeht.[548]

Der erforderliche Zusammenhang kann aber auch wegen anderer, strafrechtlich nicht relevanter Umstände gegeben sein. Wegen § 241 Abs. 2 BGB besteht die Verpflichtung zum Schutz des Vertragszwecks und dieser darf auch durch das Freizeitverhalten des Arbeitnehmers nicht ernsthaft gefährdet werden.[549] Ein Verstoß gegen § 241 Abs. 2 BGB wegen Gefährdung des Vertragszwecks kann bspw. darin liegen, wenn ein angestellter Lehrer in seiner Freizeit einen seiner noch nicht volljährigen Schüler betrunken macht, indem er den Schüler zum Konsum alkoholischer Getränke veranlasst. Der dem Lehrer durch das Arbeitsverhältnis übertragene Erziehungsauftrag kann durch ein solches privates Benehmen gefährdet sein.[550]

Das außerdienstliche Verhalten kann aber auch dann kündigungsrechtlich relevant sein, wenn es mangels konkreten Bezugs zum Arbeitsverhältnis keine Pflichtverletzung i.S.d. § 241 Abs. 2 BGB darstellt. In Betracht kommt insofern, dass private Freizeitaktivitäten oder Verhaltensweisen des Arbeitnehmers Anlass dazu geben können, mangels ausreichenden Maßes an Zuverlässigkeit und Vertrauenswürdigkeit an seiner charakterlichen Eignung für die Erbringung der arbeitsvertraglich geschuldeten Leistung zu zweifeln.[551] Auch hier spielen in der arbeitsrechtlichen Praxis im privaten Bereich begangene Straftaten eine große Rolle. So können wiederholte (außerdienstliche) Trunkenheitsfahrten eines in der Personenbeförderung als Omnibusfahrer beschäftigten Arbeitnehmers die erforderliche Zuverlässigkeit in einer so hohen Intensität besorgen, dass dessen Eignung für die geschuldete Leistung als nicht mehr vorhanden anzusehen ist.[552]

Bei Arbeitsverhältnissen, die dem öffentlichen Dienst zuzuordnen sind, wird die persönliche Eignung bei Beschäftigten ferner dann in Frage gestellt, wenn ihre private Tätigkeit begründete Zweifel daran aufkommen lässt, dass ihnen das notwendige Maß an Verfassungstreue fehlt.[553]

---

547 BAG NZA 2011, 112, 114.

548 Ebd.

549 BAG NZA 2009, 604, 606.

550 Ebd.

551 KSchR-HK/*Gallner* § 1 Rn. 537; vgl. BAG NZA-RR 2012, 43; vgl. zum öffentlichen Dienst KSchR-HK/*Fiebig/Zimmermann* § 1 Rn. 408.

552 BAG BeckRS 9998, 113815; vgl. auch LAG Berlin BeckRS 1996, 30890757.

553 Vgl. BAG NZA-RR 2012, 43; BAG NZA-RR 2013, 441, 443; KSchG-PK/*Liebscher* § 1 Rn. 366; vgl. zu einem auf Widerruf verbeamteten Polizisten, der auf Facebook

In beiden vorgenannten Fällen handelt es sich beim außerdienstlichen Verhalten nicht um arbeitsvertragliche Pflichtverletzungen i.S.d. § 241 Abs. 2 BGB, die zu einer verhaltensbedingten Kündigung führen können, sondern um in der Person des Arbeitnehmers liegende Gründe. Stützt der Arbeitgeber bei solchen Sachverhalten eine Kündigung auf das private Benehmen des Arbeitnehmers, muss sie den Voraussetzungen standhalten, die für eine personenbedingte Kündigung gelten.

### *b) Erhöhte Pflichten bei besonderen Arbeitsverhältnissen*

Vorstehende Ausführungen geben grobe Linien vor, anhand derer das außerdienstliche Verhalten eines Arbeitnehmers auf etwaige kündigungsrechtliche Relevanz hin zu untersuchen ist. Wie bereits erwähnt können die in Bezug auf § 241 Abs. 2 BGB zu ziehenden Grenzen zwischen Privatleben und Arbeitsverhältnis pauschal nicht eindeutig bestimmt werden. Hierfür kommt es stets auf das im Einzelfall zu betrachtende Arbeitsverhältnis an. Einige Arbeitsverhältnisse bringen es mit sich, dass für den Arbeitnehmer erhöhte Rücksichtnahmepflichten gelten. Die gesteigerte Pflicht zur Wahrung der Arbeitgeberinteressen – insb. in Bezug auf das außerdienstliche Verhalten – kann sich entweder aus der Stellung des Arbeitnehmers im Betrieb oder dem speziellen Charakter des Arbeitgebers ergeben.

#### aa) Leitende Angestellte und Führungskräfte

Leitende Angestellte i.S.d. § 14 Abs. 2 S. 1 KSchG und andere Führungskräfte, die eine ähnlich herausgehobene Stellung im Betrieb einnehmen, sind trotz ihrer Arbeitnehmereigenschaft tendenziell der Arbeitgeberseite zuzuordnen. Damit ist eine erhöhte Loyalitäts- und Rücksichtnahmepflicht ggü. dem Arbeitgeber verbunden.[554] Dies resultiert daraus, dass Arbeitnehmer in solchen Positionen regelmäßig besonderes Vertrauen des Arbeitgebers genießen. Zum anderen repräsentieren sie ihn verstärkt ggü. Dritten. Diese Vertretungsfunktion hat zur Folge, dass die Arbeitnehmer in gesondertem Maße auf die Interessen des Arbeitgebers zu achten haben. Schließlich kommt ihnen zumeist eine Vorbild- und Leitungsfunktion zu und sie sind insgesamt näher dem Arbeitgeberlager (z. B. bei

---

den „Gefällt mir"-Button für eine Seite mit u. a. fremdenfeindlichen, rassistischen, nationalsozialistischen, frauenverachtenden und antisemitischen Inhalten anklickte VG Potsdam BeckRS 2013, 55764.

554 ErfK/*Preis* BGB § 611 Rn. 107; *Fuhlrott* ArbRAktuell 2011, 55, 57; *Gabriel//Cornels* MMR 2011, 316759.

Personalführungskompetenzen, finanziellen Entscheidungsspielräumen, bessere Verdienstmöglichkeiten) zuzuordnen.[555]

Die gesteigerte Rücksichts- bzw. Loyalitätspflicht führt in kündigungsrechtlicher Hinsicht dazu, dass der Beurteilungsmaßstab bei verhaltensbedingten Vertragsverletzungen leitender Angestellter bzw. von Führungskräften strenger ist als bei „normalen" Arbeitnehmern.[556] Demnach können bei ihnen schon solche Verhaltensweisen, die bei einem „normalen" Arbeitnehmer unter dem Einfluss des Verhältnismäßigkeitsprinzips lediglich eine Abmahnung rechtfertigen würden, bereits eine wirksame Kündigung nach sich ziehen.[557]

Bei leitenden Angestellten i.S.d. § 14 Abs. 2 S. 1 KSchG ist die Relevanz der materiell-rechtlichen Beurteilung der hier untersuchten Pflichtverletzungen durch § 14 Abs. 2 S. 2 KSchG allerdings faktisch stark eingeschränkt. Wegen der darin enthaltenden Modifizierung des § 9 Abs. 1 S. 2 KSchG muss der Arbeitgeber seinen Auflösungsantrag nicht begründen. Vielmehr hat das Gericht allein wegen des Arbeitgeberantrags das Arbeitsverhältnis mit dem leitenden Angestellten aufzulösen und den Arbeitgeber zur Zahlung einer angemessenen Abfindung zu verurteilen. Er kann daher den originär bestehenden Kündigungsschutz des leitenden Angestellten ohne dessen Zustimmung „abkaufen". Dies ist ihm bei anderen Führungskräften, die nicht unter § 14 Abs. 2 S. 1 KSchG fallen, unmöglich. Daher wirken sich die erhöhten Rücksichtnahmepflichten in der arbeitsgerichtlichen Rspr. v. a. bei diesen höher stehenden Arbeitnehmern aus.

#### bb) Besondere Arbeitgeber

Gesteigerte Rücksichtnahmepflichten können sich auch aus dem besonderen Charakter des Arbeitgebers ergeben. So können für Arbeitnehmer, die bei einem Arbeitgeber des öffentlichen Dienstes beschäftigt sind (siehe nachfolgend unter (1)), aber auch für in Tendenzbetrieben angestellte Arbeitnehmer (nachfolgend unter (2)) qualifizierte Anforderungen an deren außerdienstliches Verhalten gestellt werden.

#### (1) Öffentlich-rechtliche Arbeitgeber

Gesteigerte Rücksichtnahmepflichten sind zum einen bei denjenigen Beschäftigungsverhältnissen (sog. Altfälle) anzunehmen, auf die noch der BAT Anwendung findet. Dessen § 8 Abs. 1 S. 1 enthält die oben zitierte (ungenaue) Regelung

---

555 *Burr*, Posting als Kündigungsgrund, S. 128 f; Staudinger/*Preis* BGB § 626 Rn. 200.

556 *Fuhlrott* ArbRAktuell 2011, 55, 57; Küttner/*Kania* On. 275 Rn. 2.

557 Ebd.

für die Verhaltensweisen der Beschäftigten des öffentlichen Dienstes. Danach haben sich Arbeitnehmer des öffentlichen Dienstes auch außerhalb des Dienstes so zu verhalten, dass das Ansehen des Arbeitgebers bzw. des Amtes nicht beeinträchtigt wird.[558] Der Arbeitnehmer hat in seinem außerdienstlichen Verhalten auch die ungeschriebenen Anstandsgesetze zu beachten, wobei ihm trotzdem das Recht zusteht, sein Privatleben nach seinem eigenen Belieben zu gestalten. Gleichwohl sind gröbliche Verstöße gegen ein achtungswürdiges Verhalten untersagt.[559]

Zum anderen kann es gesteigerte Verhaltenspflichten für Arbeitnehmer geben, deren Beschäftigungsverhältnisse sich nach den Regelungen des TVöD bzw. dessen landesrechtlichen Ausprägungen richten. Dies aber nur bei Arbeitnehmern, in deren Aufgabenbereich auch hoheitliche Tätigkeiten fallen.[560] Von diesen fordert bspw. § 41 S. 1 TVöD-BT-V,[561] dass sie sich durch ihr gesamtes Verhalten zur freiheitlich demokratischen Grundordnung i.S.d. Grundgesetzes bekennen müssen. Für die übrigen, den Vorschriften des TVöD unterfallende Arbeitnehmer gelten im außerdienstlichen Bereich über § 241 Abs. 2 BGB dieselben Verhaltenspflichten, wie für Arbeitnehmer der Privatwirtschaft (s. o.).[562]

#### (2) Tendenzbetriebe

Als Tendenzbetriebe, bei denen Arbeitnehmer ebenfalls gesteigerten Rücksichtnahme- und Loyalitätspflichten im außerdienstlichen Bereich unterliegen können, gelten insb. kirchliche (konfessionelle) Einrichtungen sowie Unternehmen, die unmittelbar oder jedenfalls überwiegend politische oder auch erzieherische Zwecke verfolgen, bzw. Zwecken der Berichterstattung oder Meinungsäußerung dienen, vgl. § 118 Abs. 1 BetrVG.[563]

#### (a) Kirchliche Arbeitgeber

Bei kirchlichen Einrichtungen (z. B. kirchliche Krankenhausträger oder Diakonien) ist in diesem Zusammenhang der aus Art. 140 GG i.V.m. Art. 137 WRV abgeleiteten Garantie des kirchlichen Selbstbestimmungsrechts Beachtung zu schenken.[564]

---

558 Vgl. das Zitat unter dem Gliederungspunkt I. 2. e) aa) (1); KSchR-HK/*Fiebig/Zimmermann* § 1 Rn. 406.

559 Ebd.

560 Vgl. zu einem angestellten Polizisten (TV-L) ArbG Hamburg BeckRS 27 Ca 207/13.

561 Für den Bereich der Länder ist entsprechendes in § 3 Abs. 1 S. 2 TV-L geregelt, vgl. hierzu ArbG Hamburg BeckRS 2013, 72370.

562 BAG NZA 2011, 112, 113; KSchR-HK/*Fiebig/Zimmermann* § 1 Rn. 407.

563 Vgl. KSchR-HK/*Fiebig/Zimmermann* § 1 Rn. 409.

564 KSchR-HK/*Fiebig/Zimmermann* § 1 Rn. 410.

Kirchliche Arbeitgeber können ihren Arbeitnehmern durch ihre (privatrechtlichen) Arbeitsverträge besondere Obliegenheiten der kirchlichen Lebensweise auferlegen.[565] Das den Kirchen insoweit zustehende Selbstbestimmungsrecht gilt aber nicht absolut, denn diesem stehen die grundrechtlich geschützten Positionen der Arbeitnehmer gegenüber.[566] Somit sind deren allgemeine Handlungsfreiheit, Berufsfreiheit, Schutz von Ehe und Familie, aber auch die Kunst- und Meinungsfreiheit von der Kirche zu berücksichtigen.[567]

Setzt der kirchliche Arbeitgeber entsprechende Loyalitätspflichten fest, nimmt er damit neben der allgemeinen Vertragsfreiheit sein verfassungsrechtliches Selbstbestimmungsrecht in Anspruch.[568] Kirchliche Arbeitgeber verpflichten ihre Arbeitnehmer regelmäßig dazu, die tragenden Grundsätze der kirchlichen Glaubens- und Sittenlehre einzuhalten.[569] Ferner wird verlangt, dass sie nicht gegen die fundamentalen Verpflichtungen verstoßen, die sich aus der Zugehörigkeit zur Kirche ergeben und die jedem Kirchen(mit)glied obliegen.[570] Die Glaubwürdigkeit der Kirchen kann davon abhängen, dass ihre Mitglieder, die dort als Arbeitnehmer beschäftigt sind, die kirchliche Ordnung sowohl bei der Ausübung der beruflichen Tätigkeit als auch im Rahmen ihrer privaten Lebensführung respektieren.[571]

Was § 241 Abs. 2 BGB und die zu beachtenden Loyalitäts- und Rücksichtnahmepflichten anbelangt, besteht bei kirchlichen Arbeitgebern die weitere Besonderheit, dass die staatliche Arbeitsgerichtsbarkeit die von der Kirche vorgegebenen Maßstäbe für die Beurteilung, ob ein Loyalitätspflichtverstoß vorliegt, zugrunde zu legen hat.[572] Es ist daher den jeweiligen kirchlichen Einrichtungen überlassen festzulegen, was die Glaubwürdigkeit der Kirche erfordert oder was die wesentlichen Grundsätze der Glaubens- und Sittenlehre sind und wann ein schwerer Verstoß gegen diese anzunehmen ist.[573]

---

565 *Melot de Beauregard/Baur* NZA-RR 2014, 625, 626; ausführlich hierzu *Melot de Beauregard* NZA-RR 2014, 225, 229 ff.

566 MHA/*Berkowsky* § 124 Rn. 22.

567 Ebd.

568 KSchR-HK/*Fiebig/Zimmermann* § 1 Rn. 410.

569 Ebd.

570 Ebd.

571 Ebd.

572 Ebd.; BVerfG NZA-RR 2014, 1387, 1389.

573 BVerfG NJW 1986, 367, 367; BAG NZA 2012, 443, 446; LAG Hamm BeckRS 2013, 70949; Schaub/*Linck* § 127 Rn. 100; LAG Baden-Württemberg BeckRS 2012, 73552.

#### (b) Andere Tendenzunternehmen

Auch für Arbeitnehmer, die in anderen Tendenzbetrieben beschäftigt sind, gilt neben der oben beschriebenen, allgemeinen Rücksichtnahmepflicht zusätzlich, dass sie sich im außerdienstlichen Bereich nicht gegen die grundsätzliche Zielsetzung, eben die Tendenz ihres Arbeitgebers wenden dürfen.[574] Dies gilt v.a. für Tendenzträger, also Arbeitnehmer, für deren Tätigkeit die Bestimmungen und Zwecke des Tendenzunternehmens prägend sind.[575] Ihnen ist es untersagt, außerdienstliche Handlungen und Äußerungen vorzunehmen, die der Tendenz des Unternehmens nachhaltig zuwiderlaufen und damit betriebliche Interessen des Arbeitgebers erheblich berühren.[576] Diese erhöhte Rücksichtnahmepflicht gilt aber nicht ausschließlich für Tendenzträger im vorgenannten klassischen Sinne, sondern ebenfalls für andere Beschäftigte des Tendenzunternehmens. So dürfen sich auch diejenigen Arbeitnehmer, denen keine tendenzbezogenen Arbeiten übertragen wurden, mit ihrem außerdienstlichen Verhalten nicht in Widerspruch zur Zielsetzung des Arbeitgebers setzen.[577] Allerdings ist das Nichtvorliegen der Tendenzträgereigenschaft – sofern das außerdienstliche Verhalten eine Pflichtverletzung darstellt – im Rahmen der Interessenabwägung zu berücksichtigen, da hierdurch die Schwere der Vertragsverletzung wesentlich bestimmt wird.[578]

### *c) Zwischenergebnis*

Grundsätzlich steht das private Wirken eines Arbeitnehmers außerhalb der Einflusssphäre des Arbeitgebers. Wird allerdings durch das außerdienstliche Verhalten der arbeitsvertragliche Pflichtenkreis berührt, also dadurch ein Bezug zum Arbeitsverhältnis hergestellt, kann ein Verstoß gegen Loyalitäts- bzw. Rücksichtnahmepflichten und damit ein arbeitsvertragliches Fehlverhalten i.S.d. § 241 Abs. 2 BGB vorliegen. Erhöhte Anforderungen gelten insoweit für leitende Angestellte bzw. Führungskräfte, Beschäftigte, die dem TVöD oder (noch) dem BAT unterliegen, sowie für Arbeitnehmer in Tendenzunternehmen. Das außerdienstliche Verhalten von Tendenzträgern und Arbeitnehmern, die zwar keine Tendenzträger im eigentlichen Sinne sind, sich aber ebenfalls an besondere Anforderungen des Tendenzunternehmens zu halten haben, darf der Verwirklichung der Tendenz nicht entgegenstehen.[579]

---

574 KSchR-HK/*Fiebig/Zimmermann* § 1 Rn. 409; BAG NZA-RR 2009, 362, 366.

575 KSchR-HK/*Fiebig/Zimmermann* § 1 Rn. 409.

576 BAG NZA-RR 2009, 362, 366; A/P/S/*Dörner/Vossen* KSchG § 1 Rn. 857.

577 Ebd.

578 Ebd.

579 A/P/S/*Dörner/Vossen* KSchG § 1 Rn. 857a.

Diese Grundsätze gelten auch im Bereich der privaten Social Media-Nutzung.[580] Allerdings hängt die Beantwortung der Frage nach der – für jedes Arbeitsverhältnis individuell zu beurteilenden – Betriebsbezogenheit davon ab, was und wie sich der Arbeitnehmer in den Social Media mitteilt. Darauf wird im Folgenden näher eingegangen, denn es ist u. a. zu unterscheiden, ob der Arbeitnehmer in Social Media Tatsachen, seine von Art. 5 Abs. 1 S. 1 GG geschützte Meinung oder aber künstlerische Beiträge postet.[581]

### 2. *Tatsachenäußerung des Arbeitnehmers in Social Media*

Arbeitnehmer können durch Tatsachenäußerungen in ihrer privaten Social Media-Nutzung mehrere voneinander zu unterscheidende Pflichtverletzungen i.S.d. § 241 Abs. 2 BGB begehen. Zum einen besteht die Gefahr, dass im Netz Unternehmensgeheimnisse ausgeplaudert werden, die (aus der Sicht des Arbeitgebers) nicht an die Öffentlichkeit geraten dürfen. Zum anderen kann auch im Falle des Whistleblowings eine arbeitsvertragliche Pflichtverletzung gesehen werden. Schließlich tragen auch andere Handlungsweisen wie bspw. das Posten von Bildern oder Videos die Gefahr in sich, den Tatbestand einer Pflichtverletzung zu erfüllen.

#### a) *Abgrenzung von Tatsachen- und Meinungsäußerung*

Die Abgrenzung zwischen Tatsachen- und Meinungsäußerung ist im Arbeitsrecht von nicht unbeachtlicher Bedeutung, insb. im Zusammenhang mit der Nutzung von Social Media. Die Frage, ob eine (privat) getätigte Äußerung als Meinung oder als Tatsache anzusehen ist, stellt sich aus arbeitsrechtlicher Sicht betrachtet im Rahmen des § 241 Abs. 2 BGB. Handelt es sich um eine aus Arbeitgebersicht unliebsame Meinungsäußerung, die aber noch von der Meinungsfreiheit des Arbeitnehmers geschützt ist, scheidet eine Pflichtverletzung zwangsläufig aus.[582] Stellt eine Äußerung des Arbeitnehmers hingegen eine nicht in den Schutzbereich des Art. 5 Abs. 1 S. 1 GG fallende Tataschenkundgabe dar, kann darin ein Verstoß gegen die Rücksichtnahmepflicht und damit eine arbeitsrechtliche Pflichtverletzung i.S.d. § 241 Abs. 2 BGB zu sehen sein. Folgende Ausführungen beschäftigten sich mit vom Schutzbereich des Art. 5 Abs. 1 S. 1 GG nicht umfassten Tatsachen-

---

580 Vgl. ArbG Hamburg BeckRS 2013, 72370 und speziell zur (Meinungs-)Äußerungsfreiheit *Wiese* NZA 2012, 1, 4.

581 Vgl. BAG NZA 2005, 158, 160.

582 Vgl. BAG NZA 2015, 245, 250; *Däubler,* Internet und Arbeitsrecht, S. 190 Rn. 212i; LAG Baden-Württemberg BeckRS 2010, 66551.

äußerungen von Arbeitnehmern in Social Media.[583] Die Auseinandersetzung mit der arbeitsrechtlichen Klassifizierung von privaten Meinungsäußerungen über das Social Web erfolgt daran im Anschluss weiter unten (sub II. 3.)

### *b) Verrat von Unternehmensgeheimnissen*

Bei Unternehmensgeheimnissen handelt es sich regelmäßig um Tatsachen,[584] so dass deren Kundgabe nicht vom Schutzbereich des Art. 5 Abs. 1 S. 1 GG umfasst ist.[585] Die Meinungsfreiheit ist hingegen bei der diesbezüglichen Prüfung des § 241 Abs. 2 BGB allenfalls von untergeordneter Bedeutung. Zwar können auch meinungsbezogene Tatsachen der Meinungsfreiheit unterfallen, aber in aller Regel überwiegt das von den Art. 14 Abs. 1, Art. 12 Abs. 1 GG geschützte Geheimhaltungsinteresse des Arbeitgebers mit der Folge, dass die Meinungsfreiheit des Arbeitnehmers bei der Preisgabe von Unternehmensgeheimnissen keine Rolle spielt.[586] Bei der Frage, ob deren Veröffentlichung eine Pflichtverletzung darstellt, ist daher lediglich von Bedeutung, ob es sich um von der Geheimhaltungspflicht erfasste Informationen handelt.

#### aa) Grundsätze der Geheimhaltungspflicht

Nach allgemeiner Meinung sind Arbeitnehmer während eines bestehenden Arbeitsverhältnisses wegen der aus § 241 Abs. 2 BGB folgenden Rücksichtnahmepflicht dazu verpflichtet, über Betriebs- und Geschäftsgeheimnisse Stillschweigen zu bewahren.[587] Unter diesem Geheimnisbegriff sind Tatsachen zu verstehen, die im Zusammenhang mit einem Geschäftsbetrieb stehen, die nur einem eng begrenzten Personenkreis bekannt und nicht offenkundig und nicht nach dem ausdrücklich oder schlüssig erklärten Willen des Arbeitgebers auf Grund eines berechtigten wirtschaftlichen Willens geheim zu halten sind.[588] Geschäftsgeheimnisse beziehen sich v. a. auf wirtschaftliche Vorgänge und Betriebsgeheimnisse auf

583 *Fuhlrott/Ottmanns* vertreten in ihrem Aufsatz NZA 2016, 785, 786 ohne jegliche Differenzierung die Auffassung, dass nahezu alle Postings in sozialen Netzwerken eine Meinungsäußerung darstellen.

584 MüKo-BGB/*Henssler* § 626 Rn. 194.

585 *Lelley/Fuchs* CCZ 2010, 147, 149; *Burr* NZA-Beil. 2015, 114, 115; Hoeren/Siebert/Holznagel/*Solmecke* Teil 21.1 Rn. 75.

586 *Burr*, Posting als Kündigungsgrund, S. 85 f.

587 Siehe nur *Burr* NZA-Beil. 2015, 114, 115, *Göpfert/Wilke* ArbRAktuell 2011, 159 oder BeckOK ArbR/*Joussen* BGB § 611 Rn. 404.

588 BeckOK ArbR/*Joussen* BGB § 611 Rn. 405; *Burr* NZA-Beil. 2015, 114, 115; BVerfG NVwZ 2006, 1041, 1042; zu § 17 UWG siehe BGH NJW 2009, 1420, 1420.

technische Angelegenheiten.[589] Umfasst sind also insb. Kunden- und Preislisten, Bilanzen, technisches Know-how und Informationen über Lieferanten.[590]

### bb) Besonderheiten der Social Media

Verrät ein Arbeitnehmer Unternehmensgeheimnisse, liegt eine Pflichtverletzung i.S.d. § 241 Abs. 2 BGB vor, und zwar unabhängig davon, ob die Kundgabe der Unternehmensinterna über Social Media oder auf anderem Wege erfolgte (mündlich, schriftlich, E-Mail). Insoweit muss der Frage nach der Betriebsbezogenheit keine Aufmerksamkeit geschenkt werden, denn diese ist bei der Veröffentlichung von Unternehmensgeheimnissen stets zu bejahen. Gleichwohl können Social Media bei dieser Unterkategorie der Rücksichtnahmepflicht eine besondere Rolle spielen. Einmal nämlich bereits bei der Frage, ob Kontaktdaten eines berufsbezogenen sozialen Netzwerks Geschäftsgeheimnisse darstellen und in deren Weitergabe damit eine Pflichtverletzung zu sehen ist. Ferner ist zu klären, ob der Verrat von Unternehmensgeheimnissen gerade durch Social Media anders zu beurteilen ist, als eine entsprechende Pflichtverletzung über andere Kanäle.

#### (1) Social Media-Kontakte als Geschäftsgeheimnis

Wegen des außerordentlich hohen Stellenwerts der beruflichen Netzwerke wie *XING* und *LinkedIn*, die eine weitreichende Verknüpfung von Geschäftsbeziehungen ermöglichen, wird diskutiert, ob auch diese Kontaktdaten als Geschäftsgeheimnisse zu werten sind. Das *ArbG Hamburg* vertritt hierzu die Auffassung, dass Social Media-Kontakte grundsätzlich Geschäftsgeheimnisse i.S.d. § 17 UWG sein können. Dafür sei aber – in Anlehnung an die *BGH*-Rspr.[591] zur Übertragung von im Rahmen geschäftlicher Tätigkeiten erlangten und in persönliche Unterlagen übertragenen Kundennamen – erforderlich, dass die Kontaktaufnahmen über das Netzwerk im Rahmen der geschäftlichen Tätigkeit zustande gekommen sind.[592]

Dem kann so pauschal allerdings nicht zugestimmt werden, denn es muss differenziert werden, ob es sich bei dem Account, bei dem die Kontaktdaten gespeichert sind, um eine rein private und daher dem Arbeitnehmer „gehörende“ oder eine vom Arbeitgeber bereitgestellte, also dienstlich veranlasste Mitglied-

---

589 *Bissels/Lützeler/Wisskirchen* BB 2010, 2433, 2435.

590 Ebd.

591 BGH GRUR 2003, 453, 454.

592 ArbG Hamburg BeckRS 2013, 68150; dem zustimmend *Krupna* MMR-Aktuell 2014, 355388; ähnlich, aber zur Frage der Herausgabepflicht von Daten bei der Beendigung des Arbeitsverhältnisses *Bissels/Lützeler/Wisskirchen* BB 2010, 2433, 2438.

schaft in dem sozialen Netzwerk handelt.[593] Im ersten Fall wären die in dem Karrierenetzwerk zustande gekommenen Kontakte nämlich nicht anders zu bewerten als private Freundschaften auf *Facebook*, die der Arbeitnehmer mit Kunden des Arbeitgebers oder Angestellten des Kunden schließt.[594] Auf diese hat der Arbeitgeber keinerlei Zugriffs- oder Einflussrechte.[595] Es ist insofern zu berücksichtigen, dass ein privat erstellter Account in berufsbezogenen sozialen Netzwerken vom Arbeitnehmer grundsätzlich dazu genutzt wird, um eigene berufliche Kontakte zu knüpfen und zu pflegen, also zum Zwecke der persönlichen beruflichen Entwicklung.[596] Gerade darin liegt der Unterschied zu den betrieblichen Kommunikationsmitteln, die der Arbeitgeber zur Kundenakquise bereitstellt.[597] Eine Weitergabe der privat geknüpften, aber berufsbezogenen Kontakte wäre daher keine Verletzung der Pflicht zur Bewahrung von Geschäftsgeheimnissen. Dabei kann es auch keine Rolle spielen, wenn der Arbeitgeber von den privaten Kontakten des Arbeitnehmers in einem berufsbezogenen Netzwerk profitiert.

Im Zweiten Fall hingegen sind die geknüpften Kontakte – genauer gesagt, die diesbezüglich in dem entsprechenden Netzwerk hinterlegten Daten – als Arbeitsmittel zu qualifizieren.[598] Bereits oben wurde dargestellt, dass das Bestimmungsrecht über Arbeitsmittel allein dem Arbeitgeber obliegt. Deren Weitergabe an Dritte durch den Arbeitnehmer ist daher nur dann zulässig, wenn der Arbeitgeber diesen Vorgang ausdrücklich oder konkludent billigt. Eine Verletzung der Geheimhaltungspflicht bei der unbefugten Weitergabe von Social Media-Kontakten kann in dieser Fallkonstellation somit grundsätzlich angenommen werden.

Für das Vorliegen einer Pflichtverletzung muss es im Übrigen unerheblich sein, ob die Personen, deren Netzwerkdaten vom Arbeitnehmer weitergegeben werden, bereits „echte" Kunden des Arbeitgebers sind, mit ihm also schon in einer Geschäftsbeziehung stehen oder nicht.[599] Die Schutzbedürftigkeit des Arbeit-

---

593 Vgl. *Bissels/Lützeler/Wisskirchen* BB 2010, 2433, 2438 zur Herausgabe von Kontaktdaten bei der Beendigung eines Arbeitsverhältnisses.

594 Vgl. ebd.; *Legerlotz* ArbRB 2011, 250, 252.

595 Vgl. *Ernst* NJOZ 2011, 953, 958.

596 *Legerlotz* ArbRB 2011, 250, 252.

597 Ebd.

598 Vgl. *Legerlotz* ArbRB 2011, 250, 252.

599 Vgl. OLG Köln GRUR-RR 2010, 480, 480; dort ging es um mehrere hundert Adressen von potentiellen Kunden, die bereits einen Werbebrief erhalten hatten; a.A. BGH NJW 2009, 1420, 1420, der grundsätzlich das Bestehen einer Geschäftsbeziehung voraussetzt.

gebers ist auch berührt, wenn der Arbeitnehmer Kontakte von nur potentiellen Geschäftspartnern weitergibt. Diese haben für den Arbeitgeber jedenfalls dann einen die Schutzpflicht des § 241 Abs. 2 BGB auslösenden Wert, wenn sie nicht nur aus allgemeinen Angaben bestehen, die der Arbeitgeber jederzeit ohne großen Aufwand aus öffentlich zugänglichen Quellen erhalten kann.[600]

Die (Kontakt-)Daten, die durch Verbindungen in berufsbezogenen Netzwerken entstehen, sind in aller Regel auch mehr als öffentlich zugängliche Daten im vorgenannten Sinne. Grund dafür ist, dass die einzelnen Daten der Online-Kontakte – je nach deren Accounteinstellungen – auch für registrierte Mitglieder erst nach der Kontaktbestätigung einsehbar sind. Zumeist ist daher das Bestehen der virtuellen Beziehung erforderlich, um auf die für den Arbeitgeber interessanten Informationen zugreifen zu können. Dies sind v. a. die Vernetzung zu anderen Kontakten, die einzelnen Qualifikationen und Interessen, aber auch die früheren beruflichen Stationen.[601]

Somit ist die Weitergabe von Daten potentieller Kunden ebenfalls als unlautere Handlung und Pflichtverletzung i.S.d. § 241 Abs. 2 BGB anzusehen.[602]

#### (2) Pflichtverletzung durch Social Media

Ein anderer Problemkreis beim Verrat von Unternehmensgeheimnissen ist dann berührt, wenn ein Arbeitnehmer Geschäfts- oder Betriebsgeheimnisse gerade in den Social Media preisgibt. Dies kann sogar derart geschehen, dass ein Arbeitnehmer Unternehmensinterna unautorisiert veröffentlicht, ohne sich dessen bewusst zu sein. Diskutiert bspw. ein in einer Entwicklungsabteilung angestellter Techniker über seinen privaten PC von zu Hause aus in einem Internetforum mit anderen Fachleuten über ein aktuelles noch nicht veröffentlichtes Projekt und ist dabei für die anderen Diskussionsteilnehmer zu erkennen, dass es sich um ein solches des Arbeitgebers handelt, verletzt er unproblematisch seine Pflicht zur Wahrung von Betriebsgeheimnissen. Ein Verrat von Geschäftsgeheimnissen liegt ferner vor, wenn ein Arbeitnehmer auf *Twitter* die neuen Quartalszahlen des Arbeitgebers postet, bevor diese veröffentlicht wurden.[603] Auch das oben bereits erwähnte augmented-Reality-Spiel *Pokémon GO* hat eine diesbezügliche Relevanz, denn das Spiel ermöglicht es, Film- und Fotoaufnahmen mit anderen (Freunden

600 Vgl. BGH NJW 2009, 1420, 1420.

601 So etwa bei XING.

602 Vgl. OLG Köln GRUR-RR 2010, 480, 480.

603 So das Beispiel bei Besgen/Prinz/*Herfs-Röttgen*, Handbuch Internet.Arbeitsrecht § 10 Rn. 41.

oder „Teammitgliedern") zu teilen.[604] Dadurch können Dritte einen Einblick von der vom Betriebsgelände und den dort stehenden Maschinen oder Technologien, ggf. also vertrauliche betriebliche Informationen erhalten.[605]

In solchen Fällen handelt es sich zwar in Bezug auf das Vorliegen der Pflichtverletzung an sich nicht um Social Media bedingte Neuerungen. Allerdings verleiten gerade deren Charakteristika, diesem Fehlverhalten zu verfallen – wenn auch nur unbewusst. So spielen hier das Gefühl der Anonymität aufgrund der unzähligen Mitglieder in sozialen Netzwerken bzw. allgemein zugänglichen Foren, die vermeintlich private Atmosphäre[606] und die Besonderheit, dass die Teilnahme zumeist von einer sicheren und ungestörten Umgebung (z. B. vom heimischen Computer aus) erfolgt, eine wesentliche Rolle.[607] Bei den Erscheinungsformen wie dem Handy-Spiel *Pokémon GO* wirkt sich auch die spielerische und ungezwungene Nutzungssituation aus. Unter solchen Rahmenbedingungen kann die Kundgabe von geheimen Unternehmensinformationen schneller „von der Hand" gehen[608] als bspw. in einem öffentlichen Fortbildungsseminar, wo sich mehrere Angestellte vis-à-vis begegnen und die direkte Wettbewerbssituation (der jeweiligen Arbeitgeber) z. B. durch das Tragen von Namensschildern deutlich zu Tage tritt.

Hinzu kommt, dass der den Social Media inne wohnende hohe Verbreitungsgrad von Posts und die Tatsache, dass einmal veröffentlichte Inhalte so gut wie nicht mehr vollständig gelöscht werden können, der Pflichtverletzung des Geheimnisverrats eine besondere Schwere verleihen. Dies ist die eigentliche Auswirkung der Social Media auf die Pflichtverletzung des Geheimnisverrats, die dogmatisch richtigerweise im Rahmen der kündigungsrechtlichen Folgen zu berücksichtigen ist. Hierauf wird unter dem Gliederungspunkt III. 1. a) eingegangen.

---

604 So ausdrücklich die Beschreibung auf der offiziellen Pokémon GO Webseite: http://www.pokemongo.com/de-de/photos/.

605 Vgl. *Jacobs/Lotz/Maschmann* BB 2016, 2997, 2997, die u. a. wegen dieser Gefahr Abwehransprüche des Betriebsinhabers gegen den Betreiber von augmented-reality-Software untersuchen.

606 *Zintl/Naumann* NJW-Spezial 2013, 306, 306.

607 Vgl. auch LAG Berlin-Brandenburg BeckRS 2009, 55187; *Heckmann* jurisPR-ITR 2/2006 Anm. 7.

608 Vgl. das von *Günther* ArbRAktuell 2013, 223, 224 zusammengefasste Beispiel aus den USA, wo ein Hacker in einem sozialen Netzwerk unter falschem Namen streng vertrauliche Informationen von Mitgliedern der US-Armee und des Geheimdienstes erhielt (der Fall „Robin Sage"); *Zintl/Naumann* NJW-Spezial 2013, 306, 307.

### cc) Zwischenergebnis

Bei Geschäfts- und Betriebsgeheimnissen handelt es sich um Tatsachen, die vom Schutzbereich der Meinungsfreiheit nicht umfasst sind. Deren Verrat stellt eine Pflichtverletzung i.S.d. § 241 Abs. 2 BGB dar, egal ob sie der Arbeitnehmer durch Posts in den Social Media, die Weitergabe von Dokumenten oder mündliche Mitteilungen begeht. Die Eigenart der Social Media führt es mit sich, dass im Rahmen ihrer Nutzung die erhöhte Gefahr besteht, Firmenwissen auf leichtfertige Art und Weise unerlaubt an Dritte weiterzugeben. Die Besonderheit der Social Media kann ferner dann eine Rolle spielen, wenn es um die Frage geht, ob Social Media-Kontakte als Geschäftsgeheimnisse zu werten sind. Dies wird regelmäßig für den Einzelfall zu prüfen und nur dann zu bejahen sein, wenn der Account eines berufsbezogenen Netzwerks speziell vom Arbeitgeber für den Arbeitnehmer bereitgestellt wird.

### *c) Whistleblowing*

Das Thema Whistleblowing wurde schon vor der dominanten Präsenz der Social Media arbeitsrechtlich problematisiert, erhielt durch sie aber eine neue Plattform. Gesetzliche Regelungen, die die Zulässigkeit des Whistleblowings abstecken, finden sich aber weder in nationalen noch internationalen arbeitsrechtlichen Normen,[609] weshalb die insoweit geltenden Anforderungen durch die Rspr. der Arbeitsgerichtsbarkeit geprägt sind. Auch hier steht die Vorschrift des § 241 Abs. 2 BGB im Fokus,[610] denn der Arbeitgeber darf – fußend auf der Rücksichtnahmepflicht des Arbeitnehmers – erwarten, dass ihm etwaiges Fehlverhalten zunächst unternehmensintern angezeigt wird, damit es intern untersucht und ggf. selbst für Abhilfe gesorgt werden kann.[611]

Ausgehend vom Begriff des Whistleblowings (nachfolgend unter aa) dargestellt) werden die derzeit geltenden Grundsätze erörtert (dazu unter bb)) und die im Zusammenhang mit Social Media stehenden Erscheinungsformen dieser Pflichtverletzung näher beleuchtet (anschließend unter cc)).

### aa) Definition

Unter dem aus dem Englischen stammenden Begriff des Whistleblowings ist das an die Öffentlichkeit bringen von tatsächlichen oder behaupteten Missständen

---

609 Lediglich im Beamtenrecht finden sich in § 37 Abs. 2 Nr. 3 BeamtStG und in § 67 Abs. 2 Nr. 3 BBG Regelungen zur Thematik Whistleblowing.

610 Küttner/*Kania* On. 461 Rn. 4.

611 *Bissels/Lützeler/Wisskirchen* BB 2010, 2433, 2436.

oder Fehlverhalten im Unternehmen des Arbeitgebers durch kritische Äußerungen, Beschwerden oder Anzeigen eines dort beschäftigten Arbeitnehmers zu verstehen.[612] Solche Äußerungen können bspw. Korruption, Verstöße gegen Steuer- oder Sozialversicherungsrecht, Arbeitsschutz- oder Umweltschutzregelungen betreffen. Der Oberbegriff „Whistleblowing" ist zu untergliedern in das interne und externe Whistleblowing. Beim internen Whistleblowing umgeht der hinweisgebende Arbeitnehmer die unternehmensüblichen Informations- oder Berichtswege (z. B. Meldung direkt an den Geschäftsführer anstatt den nächsten im Rang höheren Vorgesetzten).[613] Das externe Whistleblowing, dem auch die Aufmerksamkeit dieser Untersuchung gewidmet ist, betrifft die unmittelbare, die Grenzen des Unternehmens verlassende Unterrichtung von Strafverfolgungs- bzw. Aufsichtsbehörden und/oder Medien.[614]

Richtigerweise ist das Whistleblowing im Rahmen der Tatsachenäußerung zu untersuchen, denn anders als bei geschäftsschädigenden Werturteilen über den Arbeitgeber, geht es beim Whistleblowing um Umstände, die sich im Tatsächlichen abspielen. Der Arbeitnehmer äußert sich nach außen zu Fehlverhaltensweisen oder Missständen im Betrieb seines Arbeitgebers, so dass es um dem Beweis zugängliche Tatsachen, nämlich um die Frage geht, ob die behaupteten Missstände wirklich vorliegen oder nicht. Daran ändert sich nichts, wenn sich die Vorwürfe später als falsch herausstellen. Davon ist dann lediglich die Wahrheit oder Unwahrheit der getätigten Behauptung betroffen, nicht aber die Bewertung der Äußerung als Tatsache. Die gleichzeitige Äußerung von (sachlicher oder unsachlicher) Kritik am Arbeitgeber flankiert zwar die Meinungsfreiheit des Arbeitnehmers gem. Art. 5 Abs. 1 S. 1 GG,[615] sie steht aber nicht so stark im Vordergrund, wie bei sonstigen geschäftsschädigenden Äußerungen. Diese werden unter dem Gliederungspunkt II. 3. d) bb) bzw. dd) behandelt.

#### bb) Grundsätze zum Whistleblowing

Grundsätzlich gilt, dass ein Arbeitnehmer nicht stets gehalten ist, etwaige Missstände zunächst innerbetrieblich zu klären, bevor er mit deren Anzeige die Unternehmensgrenzen nach außen verlässt. Insoweit ist es ständige Rspr. des *BAG*,

---

612 Küttner/*Kania* On. 461 Rn. 1.

613 Küttner/*Kania* On. 461 Rn. 1.

614 Ebd.

615 Vgl. *Simon/Schilling* BB 2011, 2421, 2422, die auch das LAG Rheinland-Pfalz BeckRS 2006, 42791 zitieren, das (bezogen auf die Motivation des Whistleblowers) lediglich von der Berührung des Schutzbereichs von Art. 5 Abs. 1 S. 1 GG spricht, ohne aber eine komplette Prüfung der Meinungsfreit durchzuführen.

dass für jeden Einzelfall zu prüfen ist, ob das Unterlassen des innerbetrieblichen Hinweises für den Arbeitnehmer unzumutbar und damit kein pflichtwidriges Verhalten war.[616] Dabei ist im Wege einer Interessenabwägung zu berücksichtigen, ob der Arbeitnehmer zur Anzeige berechtigt war, welche Motivation und alternative Handlungsmöglichkeiten er hatte, und ob die Anzeige sich insgesamt als verhältnismäßige Reaktion darstellt.[617] Eine vorherige betriebsinterne Meldung und Klärung ist ihm i. d. R. unzumutbar, wenn der Arbeitnehmer Kenntnis von Straftaten erhält, durch deren Nichtanzeige er entweder sich selbst einer Strafverfolgung ausgesetzt sehen würde oder bei denen es sich um schwerwiegende bzw. vom Arbeitgeber selbst begangene Straftaten handelte.[618] Liegt hingegen eine Straftat eines Kollegen vor, muss der Arbeitnehmer zunächst den Arbeitgeber informieren.[619]

#### cc) Besonderheiten der Social Media

Entsprechend den obigen Ausführungen zum Verrat von Unternehmensgeheimnissen liegt bei der Pflichtverletzung des Whistleblowings stets Betriebsbezogenheit vor, wenn der Arbeitnehmer abseits des Arbeitsplatzes im Unternehmen seines Arbeitgebers herrschende Missstände an die Öffentlichkeit bringt. Irrelevant ist auch hier, über welchen Kanal er dies tut (persönliche Anzeige bei der Polizei, Leserbrief an die Zeitung oder Interview im Radio). Allerdings können die Besonderheiten der Social Media auch beim Whistleblowing zu Tage treten. Parallel zum Pflichtverstoß bei Geschäfts- und Betriebsgeheimnissen kann es dabei zum einen um die Frage gehen, ob ein entsprechender Eintrag in einem sozialen Netzwerk als Veröffentlichung und damit schon als Whistleblowing i.S.e. Pflichtverletzung anzusehen ist (hierzu anschließend unter (1) dargestellt). Zum anderen kann die Pflichtverletzung dadurch anders zu betrachten und bewerten sein, weil sie gerade über Social Media-Plattformen begangenen wird (nachfolgend unter (2)).

##### (1) Soziale Netzwerke als „Öffentlichkeit"

Die Kundgabe von Missständen oder Fehlverhaltensweisen in einem Interview für Fernsehen, Radio oder Printmedien ist unproblematisch als „an die Öffentlich-

---

616 Besgen/Prinz/*Herfs-Röttgen*, Handbuch Internet.Arbeitsrecht § 10 Rn. 43; MüKo-BGB/*Henssler* § 626 Rn. 166; Thüsing/Wurth/*Willemsen*, Social Media im Betrieb, S. 137 Rn. 96.

617 Mükö/Henssler BGB § 626 Rn. 167; BAG NZA 2004, 427, 430.

618 MüKo-BGB/*Henssler* § 626 Rn. 166.

619 Küttner/*Kania* On. 461 Rn. 6; Müko-BGB/*Henssler* § 626 Rn. 166.

keit bringen" i.S.d. oben stehenden Definition zu verstehen.[620] Nicht so eindeutig ist aber die Antwort auf die Frage, ob auch ein Post bei *Facebook* oder ein Tweet bei *Twitter* als solch eine öffentliche Äußerung zu verstehen ist. Zum Teil wird vertreten, dass Einträge auf Internetplattformen stets als öffentliche Äußerungen anzusehen seien.[621] Es erscheint allerdings zweifelhaft, ob davon ohne jegliche Differenzierung ausgegangen werden kann. Das originäre Ziel der Presse ist es, die große Masse, also die Öffentlichkeit, zu erreichen. Wählt ein Arbeitnehmer für die Kundgabe von Missständen bei seinem Arbeitgeber den Weg über die Presse, sucht er gerade dieses Sprachrohr, um so viele Empfänger wie möglich zu erreichen. Diese Intention auf eine Stufe mit einem entsprechenden Post auf *Facebook* oder Tweet bei *Twitter* zu stellen, überzeugt nicht, kommt es dem Nutzer dort doch primär darauf an, seine Freunde bzw. Follower zu erreichen. Für private, aber berufsbezogene Netzwerke wie *XING* oder *LinkedIn* kann für die Frage nach dem „Ob" einer Pflichtverletzung im Ergebnis nicht anderes gelten. Auch wenn dort die Veröffentlichung von Missständen wegen dem näheren Kontakt zu Konkurrenten des eigenen Arbeitgebers einen stärkeren Einschlag haben kann, betrifft dies nicht die Frage der Öffentlichkeit. Allerdings kann es sich bei den kündigungsrechtlichen Konsequenzen auswirken, dass der Tatbestand des Whistleblowings in einem berufsbezogenen Netzwerk begangen wurde (hierzu sub III. 1. b)).

Richtigerweise ist aber – insoweit im Einklang mit o. g. Auffassung – zu berücksichtigen, dass die in Social Media getätigten Äußerungen umso öffentlicher werden, je mehr Nutzer des jeweiligen Social Media-Portals auf die Statusmeldung oder den Kommentar zugreifen können. Dabei muss aber für jeden Einzelfall geprüft werden, ob die Dimension der Öffentlichkeit erreicht wird. Hier können z. B. die Anzahl der Freunde auf *Facebook* oder der Follower auf *Twitter* genauso eine Rolle spielen, wie die Profileinstellungen des betroffenen Arbeitnehmers. Hat dieser bspw. 1000 Freunde und seine Posts können auch von Freundes-Freunden oder gar allen *Facebook*-Nutzern gesehen werden, wird man eher von einer öffentlichen Äußerung i.S.d. Whistleblowings ausgehen können als bei einem Arbeitnehmer, der lediglich 20 Personen in seiner Freundesliste hat und dessen Beiträge nur von diesen betrachtet werden können.

---

620 *Kursawe* ArbRB 2010, 21, 23.

621 Ebd.; so wohl auch *Frings/Wahlers* BB 2011, 3216, 3131, die pauschal auf die Anzahl der weltweiten Nutzer auf Twitter abstellen; ebenso *Wittek*, Soziale Netzwerke im Arbeitsrecht, S. 189, der ohne ausreichend genaue Unterscheidung auf einen Beitrag in einem sozialen Netzwerk abstellt („[…] beispieslweise in einer (Fan-)Gruppe […]").

Es ist aber auch denkbar, dass der Arbeitnehmer mit wenigen Freunden und strengen Privatsphäre-Einstellungen eine den Tatbestand des Whistleblowings im Übrigen erfüllende Äußerung dort platziert, wo sie von mehreren tausend oder gar Millionen Personen gesehen werden kann. Von der Erfüllung des Merkmals „an die Öffentlichkeit bringen" muss man daher auch ausgehen, wenn z. B. ein Fan des Fußballvereins *FC Bayern München* auf dessen offizieller *Facebook*-Seite bei einer im Rahmen der Visitor-Posts (Englisch für „Besucherbeiträge") stattfindenden Diskussion einen Kommentar zu Missständen im Unternehmen seines Arbeitgebers anbringt. Diesen können dann nicht nur alle dem *FC Bayern München* auf *Facebook* folgenden Personen,[622] sondern wegen der offenen Accounteinstellung der Vereinsseite alle Internetnutzer weltweit sehen. In solchen Konstellationen ist das Vorliegen einer Pflichtverletzung zu bejahen.

In dieser Fallgestaltung wird eine Äußerung gerade durch die Nutzung der Social Media zur Pflichtverletzung, so dass sie schon auf der ersten Stufe der Wirksamkeitsprüfung einer Kündigung eine wesentliche Rolle spielen können.

(2) Pflichtverletzung durch Social Media

Von einem die in § 241 Abs. 2 BGB normierte Rücksichtnahmepflicht verletzenden Fall des Whistleblowings wird auch dann auszugehen sein, wenn ein Arbeitnehmer ohne vorangegangenen betriebsinternen Klärungsversuch z. B. auf einem Online-Bewertungsportal angibt, sein Arbeitgeber halte zwingende Vorgaben zum Arbeitsschutz nicht ein.[623] Anders als eine Anzeige ggü. dem zuständigen Vorgesetzten oder dem Gewerbeaufsichtsamt bezweckt eine Kommentierung auf dem Bewertungsportal nicht die Beseitigung der Missstände, sondern eher den Arbeitgeber deswegen an den Pranger zu stellen. Das Kriterium der Öffentlichkeit bereitet hier im Gegensatz zum obigen Beispiel zur Äußerung in einem sozialen Netzwerk keine Schwierigkeiten, denn bei einem Bewertungsprotal geht es dem beurteilenden Arbeitnehmer nicht darum, seine verlinkten Freunde oder Bekannte zu erreichen, sondern unmittelbar darum, andere (i. d. R. unbekannte) Personen von seinen Erfahrungen bezüglich seines Arbeitgebers zu unterrichten.[624]

Wie auch beim Verrat von Unternehmensgeheimnissen, bedingen es die spezifischen Charakteristika der Social Media, dass die Pflichtverletzung des Whistleblowings leichtfertig begangen werden kann. Ferner können diese We-

622 Anzahl der Follower des FC Bayern München auf Facebook: 38.537.499 (Stand: 14.08.2016).

623 Vgl. *Wiese* NZA 2012, 1, 4.

624 Vgl. *Oberthür* AnwBl 2015, 849, 853.

sensmerkmale hier ebenfalls zu einer besonderen Schwere der Pflichtverletzung führen, deren rechtliche Berücksichtigung allerdings im Rahmen der kündigungsrechtlichen Konsequenzen stattzufinden hat (hierzu sub III. 1. b)).

#### dd) Zwischenergebnis

Die Pflichtverletzung des Whistleblowings ist wegen der Social Media präsenter denn je. Sie können dazu führen, dass erst deren Nutzung den Tatbestand des Whistleblowings erfüllt. Hier kommt es darauf an, wann von der Erfüllung des Tatbestandsmerkmals „an die Öffentlichkeit bringen" gesprochen werden kann. Wegen der vielfältigen Nutzbarkeit und individuellen Nutzung der Social Media – insb. der sozialen Netzwerke – scheidet die pauschale Annahme eines Verstoßes gegen die Rücksichtnahmepflicht bei einem Post in Social Media aus. Ob ein solcher vorliegt, muss vielmehr im Rahmen einer alle Umstände des Einzelfalls berücksichtigenden Prüfung erfolgen.

### *d) Sonstige Tatsachenäußerungen/Handlungen*

Es kann auch zu Äußerungen oder Handlungen kommen, die zwar nicht den beiden vorgenannten Sonderkategorien der Tatsachenkundgabe zuzuordnen, aber auch nicht als Meinung i.S.d. Art. 5 Abs. 1 S. 1 GG anzusehen sind. Gemeint sind schlichtweg unwahre Tatsachenbehauptungen oder das Hochladen von Fotos oder Videos diskutablen Inhalts, mit denen keine weitergehende Erklärung i.S. einer Meinung verbunden ist. Gerade bei letztgenannten Konstellationen stellen sich nicht einfach zu beantwortende Fragen zur Betriebsbezogenheit und zur Reichweite der Rücksichtnahmepflicht im außerdienstlichen Bereich.

#### aa) Unwahre Tatsachenbehauptungen über den Arbeitgeber

Veröffentlicht der Arbeitnehmer in Social Media (nachweislich) unwahre Tatsachen über den Arbeitgeber, kann darin ein Verstoß gegen § 241 Abs. 2 BGB liegen,[625] wenn für ihn die Unwahrheit bereits im Zeitpunkt der Äußerung feststeht.[626] Auf die Meinungsfreiheit kann sich nämlich nicht berufen, wer Tatsachenbehauptungen von sich gibt, die – wie unwahre Tatsachen – zur Meinungsbildung

---

625 Vgl. *Burr* NZA-Beil. 2015, 114, 115 mit Verweis auf LAG Hamm BeckRS 2013, 69037, das die dort streitbefangene Äußerung eines Arbeitnehmers in einem YouTube-Video als bewusst wahrheitswidrige Tatsache ansah, was vom BAG im Revisionsverfahren aber als noch von der Meinungsfreiheit gedeckt angesehen wurde.

626 *Hinrichs/Hörtz* NJW 2013, 648, 651.

nichts beitragen.[627] Die für § 241 Abs. 2 BGB erforderliche Betriebsbezogenheit stellt insoweit regelmäßig kein Problem dar, wenn durch die ausdrückliche Nennung des Arbeitgebers oder die sonstigen Umstände ein eindeutiger Bezug zum Arbeitsverhältnis hergestellt wird.

Behauptet bspw. eine Arbeitnehmerin in einem Beitrag auf ihrem Blog bewusst wahrheitswidrig, dass sie ein Verhältnis mit dem Geschäftsführer ihres Arbeitgebers habe, liegt darin eine kündigungsrelevante Pflichtverletzung i.S.d. § 241 Abs. 2 BGB.[628] Im Einklang mit der Rspr. des *BAG* zur erheblichen Ehrverletzung des Arbeitgebers, ist sogar ein wichtiger Grund i.S.d. § 626 Abs. 1 BGB gegeben, da es sich um eine bewusst unwahr aufgestellte Tatsachenbehauptung handelt, die den Straftatbestand einer üblen Nachrede erfüllt.[629]

Die Rspr. verlangt von demjenigen Arbeitnehmer, der nachteilige Tatsachenbehauptungen über seinen Arbeitgeber von sich gibt, dass er über den Wahrheitsgehalt sorgfältige Recherchen einholt, deren Art und Umfang sich nach den vom jeweiligen Einzelfall abhängigen Aufklärungsmöglichkeiten richten.[630] Je schwerwiegender die Äußerung in die Rechtsposition des Arbeitgebers eingreifen kann, umso höhere Anforderungen sind an die diesbezügliche Aufklärungs- bzw. Sorgfaltspflicht zu stellen.[631]

Scheidet der Arbeitgeber z. B. bei einem Vergabeverfahren um einen lukrativen Auftrag aus und stellt ein Arbeitnehmer bei *XING* daraufhin einen Beitrag mit den Worten

*„Vergabeverfahren aus – das war´s. Jetzt ist der Chef pleite“*

ein, obwohl er weiß, dass sein Arbeitgeber trotz des Ausscheidens finanziell gut da steht, wird es sich dabei um eine schwerwiegende Beeinträchtigung handeln, weil gerade in berufsbezogenen Netzwerken solche Äußerungen schnell weitlaufende Kreise ziehen können.[632] Es kommt auch hinzu, dass hier besonders die Gefahr besteht, dass eine Großzahl an Kunden oder Geschäftspartnern des Ar-

---

627 *Hinrichs/Hörtz* NJW 2013, 648, 649; vgl. Jarass/Pieroth/*Jarass* GG Art. 5 Rn. 7.

628 Vgl. *Hinrichs/Hörtz* NJW 2013, 648, 649 in Anlehnung an LAG Schleswig-Holstein BeckRS 2007, 48809, das darüber zu entscheiden hatte, ob eine solche mündlich geäußerte Behauptung eine außerordentliche Kündigung rechtfertigen kann.

629 Vgl. BAG BeckRS 2000, 30783188; im Anschluss daran auch LAG Rheinland-Pfalz BeckRS 2006, 44587 und LAG Schleswig-Holstein BeckRS 2007, 48809.

630 *Hinrichs/Hörtz* NJW 2013, 648, 651 unter Bezugnahme auf BVerfG NJW-RR 2010, 470, 472.

631 Ebd.

632 Vgl. ArbG Mönchengladbach BeckRS 2016, 69489, wo es allerdings nicht um eine unwahre Tatsachenbehauptung, sondern lediglich um eine ggü. der BILD-Zeitung

beitgebers gleichzeitig von der unwahren Tatsachenbehauptung Kenntnis erlangen und sich dies negativ auf Geschäftsbeziehungen des Arbeitgebers auswirken kann.[633] Erfolgt eine entsprechende Äußerung hingegen über eine ausschließlich privaten Zwecken dienende Plattform, ändert dies zwar nichts an der Unwahrheit der Tatsachenbehauptung, gleichwohl wird die Rechtsposition des Arbeitgebers wertungsmäßig weniger belastet als ein Post bei *XING*.

Im Ergebnis ist in beiden Fällen eine kündigungsrelevante Pflichtverletzung gegeben, denn dem Arbeitnehmer ist es ohne weiteres möglich, den Wahrheitsgehalt seines Beitrags zu verifizieren, und selbst wenn ihm dies nicht gelingen würde, wäre eine solch bedeutsame Behauptung zu unterlassen. Der qualitative Unterschied zwischen einer Äußerung bei *XING* oder *Facebook* kann sich aber bei den kündigungsrechtlichen Konsequenzen auswirken.

Erneut ist festzustellen, dass auch in der Behauptung von unwahren Tatsachen keine Social Media-spezifische Besonderheit zu sehen ist. Allerdings besteht auch insoweit im Rahmen der Social Media-Nutzung ein ungewöhnlich hoher Grad an Verlockung, sich unbedarft und nachlässig zu äußern.[634]

#### bb) Rufschädigung durch das Veröffentlichen von Fotos/Videos

Einen besonderen Stellenwert bei der privaten Social Media-Nutzung hat das Posten von Bild- und Videodateien, was insb. in allen namhaften sozialen Netzwerken bzw. Multimediaportalen aber auch bei *Twitter* möglich ist.[635] Die richtige arbeitsrechtliche Einordnung des Uploads einer solchen Datei hängt zunächst davon ab, ob es sich bei dieser Handlung um eine von Art. 5 Abs. 1 S. 1 GG erfasste Meinungsäußerung handelt oder nicht. Je nach dem, was auf dem Bild oder in dem Video zu sehen bzw. ob, und ggf. wie es kommentiert ist, kann hier eine unterschiedliche Prüfung die Folge sein. Im Rahmen dieses Gliederungspunktes wird zunächst der Upload von solchen Bild- bzw. Videodateien näher behandelt, die keine Meinungsäußerung i.S.d. Meinungsfreiheit enthalten,[636] sondern als schlichte Tatsachenäußerungen zu betrachten sind.

---

kund getane und von dieser medial verbreitete Rechtsauffassung des (bereits ausgeschiedenen) Arbeitnehmers betreffend die Höhe seines Lohnanspruchs ging.

633 Vgl. LAG Berlin NZA-RR 2003, 362, 362 (Leitsatz).

634 Vgl. *Günther* ArbRAktuell 2013, 223, 224 und *Zintl/Naumann* NJW-Spezial 2013, 306, 306 zum Verrat von Geschäfts- und Betriebsgeheimnissen, was aber für alle Äußerungen in Social Media gelten muss.

635 Vgl. *Göpfert/Wilke* ArbRAktuell 2011, 159, 160.

636 A.A. *Burr*, Posting als Kündigungsgrund, S. 88, der diese Problematik der Meinungsfreiheit zuordnet; die Bedeutung von Beiträgen, mit denen eine Meinungskundgabe

(1) Betriebsbezogenheit

Postet bspw. ein Arbeitnehmer ein Urlaubsfoto, auf dem zu sehen ist, wie er mit volltrunkenem, aber glückseligem Gesichtsausdruck einen Sangria-Eimer umarmt und dabei eine Kappe trägt, auf der das Firmenlogo des Arbeitgebers gut sichtbar ist,[637] kann diskutiert werden, ob damit eine Rufschädigung des Arbeitgebers verbunden und deswegen eine Pflichtverletzung gegeben ist.[638]

Wie oben bereits dargestellt, bedarf es hierzu zwischen dem außerdienstlichen Verhalten und dem Arbeitsverhältnis zunächst eines Zusammenhangs.[639] Liegt ein solcher nicht vor, erübrigt sich jede weitere Diskussion darüber, ob das außerdienstliche Verhalten des Arbeitnehmers eine Verletzung der Rücksichtnahmepflicht gem. § 241 Abs. 2 BGB in Form der Rufschädigung darstellt. Im soeben genannten Beispiel kann als Bezugspunkt allenfalls das Tragen der Kappe mit dem Logo des Arbeitgebers in Betracht kommen. Hier ist aber schon fraglich, ob allein damit eine ausreichende Beziehung zum Arbeitgeber hergestellt wird. Diese Frage ist jedenfalls dann zu verneinen, wenn es sich in solchen Konstellationen um Klamotten oder Produkte mit dem Arbeitgeberlogo- oder Schriftzug handelt, die nicht nur Arbeitnehmern des betroffenen Arbeitgebers zur Verfügung stehen, sondern auch von Dritten erworben werden können. Es ist dann nicht sofort und deutlich erkennbar, dass gerade wegen der Klamotten oder Produkte, die auf dem Foto oder Video zu sehen sind, tatsächlich eine Beziehung zwischen dem Arbeitgeber und dem postenden Arbeitnehmer besteht. So läge bspw. der Fall, wenn der Arbeitnehmer auf dem Bild mit einem T-Shirt abgebildet ist, das der Arbeitgeber auch als Werbegeschenk hergibt oder als Merchandiseartikel verkauft. Hier würde es sich lediglich um eine beliebige, für die hier untersuchte Pflichtverletzung nichts bedeutende Verbindung handeln. Der für § 241 Abs. 2 BGB erforderliche Bezug zwischen außerdienstlichem Verhalten und Arbeitgeber muss vielmehr ein ausreichendes Gewicht haben und deutlich erkennbar sein.

Ein relevanter Bezug würde dann bestehen, wenn der Arbeitnehmer auf dem Foto Arbeitsklamotten des Arbeitgebers trägt, die er nur an seine Angestellten herausgibt. So wäre im Unterschied zur obigen Fallgestaltung von einem gewichtigen Bezug zum Arbeitsverhältnis auszugehen, wenn ein Lokführer der *Deutsche*

---

verbunden ist, wird weiter unten einer rechtlichen Prüfung unterzogen. Siehe hierzu die Ausführungen zur Meinungsäußerung des Arbeitnehmers in Social Media unten auf S. 162 ff.

637 Dem Beispiel bei Besgen/Prinz/*Herfs-Röttgen*, Handbuch Internet.Arbeitsrecht § 10 Rn. 37 nachempfunden.

638 Ebd.

639 *Göpfert/Wilke* ArbRAktuell 2011, 159, 160.

*Bahn AG* nach der Arbeit, aber noch mit der klassischen Dienstuniform bekleidet, an einer „Sauforgie" im Freundeskreis teilnimmt und dabei ein Foto entsteht, das er anschließend bei *Facebook* oder *Instagram* hochlädt.[640] Hier ist es schon aufgrund der bekannten Uniform (auf der auch das Logo der *Deutsche Bahn AG* abgebildet ist) ohne weiteres erkennbar, dass der Arbeitnehmer bei der *Deutsche Bahn AG* angestellt ist. Der Bezug zum Arbeitsverhältnis kann bejaht werden.[641]

Dieser ist ferner dann unproblematisch anzunehmen, wenn der Arbeitnehmer in seinem Profil seinen Arbeitgeber angibt[642] – was bei den berufsgeneigten sozialen Netzwerken schon aufgrund deren Zielsetzung regelmäßig zu bejahen sein wird.[643] Der Arbeitnehmer kommuniziert in diesem Fall sogar ausdrücklich, dass er mit seinem Arbeitgeber in einem Arbeitsverhältnis steht. In einer solchen Konstellation ist es dann auch nicht erforderlich, dass durch das in Rede stehende Foto nochmals ein Bezug zum Arbeitgeber hergestellt wird. Die Angaben im Profil reichen hierfür aus.

Ein im Hinblick auf die Betriebsbezogenheit gleichartig eindeutiger Fall, der sich aber in einem völlig anderen Zusammenhang abspielte, gelangte Anfang 2016 zum dritten Strafsenat des *BGH*.[644] Dort ging es um einen Richter, der wegen seines *Facebook*-Auftritts (er war auf einem Bild mit einem Bier in der Hand und einem T-Shirt mit der Aufschrift *„Wir geben Ihrer Zukunft ein Zuhause: JVA"* zu sehen) von einem Angeklagten wegen Befangenheit abgelehnt worden war. Der Senat befand die Befangenheitsrüge als begründet und stellte zurecht fest, dass die *Facebook*-Seite des Richters wegen der dort enthaltenen Angaben *„2. Große Strafkammer LG Rostock"* und *„von 1996 bis heute"* deutlich auf seine berufliche Tätigkeit hinwies.

Weitaus schwieriger ist die Frage zu beantworten, ob ein Bezug zum Betrieb auch dann anzunehmen ist, wenn der Arbeitnehmer weder seinen Arbeitgeber im Profil angibt, noch über Merkmale auf dem Foto oder Video erkennbar ist, dass er in einem Beschäftigungsverhältnis zu seinem Arbeitgeber steht. Zu diskutieren ist dies

---

640 Vgl. hinsichtlich des Bezugs zum Arbeitsverhältnis *Dzida/Förster* BB 2017, 757, 758.

641 Das LAG Berlin Brandenburg NZA-RR 2014, 468, 471 stellt (zwar nur kurz, aber ebenfalls auf eine etwaige Rufschädigung bezogen) auf die Erkennbarkeit der Beziehung zum Arbeitgeber ab; siehe auch *Dzida/Förster* BB 2017, 757, 758.

642 ArbG Mannheim NZA-RR 2016, 254, 255; *Dzida/Förster* BB 2017,757, 757.

643 Gleichwohl wird diese Pflichtverletzung tendenziell eher die rein privaten sozialen Netzwerke betreffen, da in den berufsbezogenen sozialen Netzwerken regelmäßig keine Fotos aus dem privaten Bereich hochgeladen werden.

644 BGH BeckRS 2016, 03692.

v. a. in dem Fall, in dem der Arbeitnehmer mit mehreren Kunden oder Geschäftspartnern seines Arbeitgebers über den jeweiligen Social Media-Dienst verbunden ist, sei es durch virtuelle „Freundschaften" oder das „Folgen". Richtigerweise muss aber auch hier von einem relevanten Bezug zum Arbeitsverhältnis ausgegangen werden, selbst wenn er nur auf private Verbindungen des Arbeitnehmers zurückzuführen ist. Die Kunden oder Geschäftspartner des Arbeitgebers können über ihren eigenen Social Media-Account die kompromittierenden Privatfotos des Arbeitnehmers sehen bzw. werden sogar über Benachrichtigungen (z. B. den Newsfeed bei *Facebook*) darüber in Kenntnis gesetzt. Der Bezug zum Arbeitsverhältnis wird in diesen Fällen durch die digitale Beziehung zwischen dem Arbeitnehmer und den Geschäftspartnern oder Kunden des Arbeitgebers hergestellt.

Allerdings muss auch hier gefordert werden, dass die Betriebsbezogenheit ein gewisses Gewicht hat. Als Beurteilungsmaßstab bietet sich v. a. die Anzahl und Art der Kontakte an, die der Arbeitnehmer zum Kunden oder Geschäftspartner seines Arbeitgebers hat. So muss es für die Gewichtung eine Rolle spielen, ob eine digitale Bekanntschaft lediglich zu drei Angestellten des Arbeitgeberkunden oder aber zu 50 dort beschäftigten Personen besteht. Ferner muss berücksichtigt werden, welchen Status die Angestellten im Betrieb des Kunden bzw. Geschäftspartners haben. Sind es einfache Angestellte, die keinen Einfluss auf die Geschäftsbeziehung zwischen ihrem Arbeitgeber und dem des postenden Arbeitnehmers haben, ist mangels Intensität der Verbindung nicht davon auszugehen, dass Fotos der dargestellten Art irgendwie zu einer Rufschädigung des Arbeitgebers führen können. Dies kann aber anders beurteilt werden, wenn digitale Beziehungen zu Personen bestehen, die beim Kunden oder Geschäftspartner Tätigkeiten ausführen, die sich unmittelbar auf die Geschäftsbeziehung zum Arbeitgeber auswirken können (z. B. bei Entscheidungsträgern für Vertragsabschlüsse). Nehmen diese Kenntnis von den Privatfotos des Arbeitnehmers, kann es eher zu einer negativen Meinung über den Arbeitgeber („*Was für Leute sind denn dort beschäftigt?!*") kommen.

Ob über die Kontakte des Arbeitnehmers ein für § 241 Abs. 2 BGB relevanter Bezug zum Arbeitsverhältnis besteht, ist daher für jeden Einzelfall zu untersuchen und kann nicht pauschal beantwortet werden. V.a. anhand der Anzahl und Art der Kontakte ist zu prüfen, ob eine Betriebsbezogenheit von ausreichendem Gewicht gegeben ist.

#### (2) Rufschädigung

Kann über die Kleidung, die Angaben im Profil oder den digitalen Bekanntenkreis ein ausreichend erkennbarer Bezug zum Arbeitsverhältnis bejaht werden, ist in einem nächsten Schritt zu klären, ob durch die hochgeladene Foto- oder

Videodatei aus dem privaten Lebensbereich überhaupt die Gefahr einer Rufschädigung des Arbeitgebers besteht. Dies ist deshalb problematisch, weil eine etwaige Beeinträchtigung des Ansehens lediglich reflexiv wirkt, also die konkrete Online-Darstellung des Arbeitnehmers sich nicht direkt rufschädigend gegen das Unternehmen richtet, sondern darauf negativ abfärbt, weil der Arbeitgeber eine Person beschäftigt, die sich aus seiner Sicht ungünstig präsentiert.[645]

Ob dem so ist, ist davon abhängig, wie weit die Grenzen der Rücksichtnahmepflicht des Arbeitnehmers bezüglich seines außerdienstlichen Verhaltens gehen. Greift man in diesem Zusammenhang obiges Beispiel des volltrunkenen Lokführers der *Deutsche Bahn AG* auf, wird man zu dem Ergebnis gelangen, dass die Gefahr einer Rufschädigung durch den Upload eines entsprechenden Partybildes ausscheiden muss. Ist auf dem Foto nämlich erkennbar, dass das dort abgebildete Szenario dem privaten Bereich zuzuordnen ist[646] und der Alkoholkonsum nicht im Zusammenhang mit der arbeitsvertraglich geschuldeten Tätigkeit steht oder stehen kann, sind die Grenzen der Rücksichtnahmepflicht eines normalen Arbeitnehmers bei der *Deutsche Bahn AG* nicht berührt. Insoweit gilt der Grundsatz, dass das außerdienstliche Verhalten Privatsache des Arbeitnehmers bleibt und die Veröffentlichung kompromittierender Fotos vom Arbeitgeber regelmäßig zu dulden ist.[647]

Anders wäre dies zu beurteilen, wenn das hochgeladene Bild den Lokführer im Führerhaus der Zugmaschine zeigte, wie er aus einer Bierflasche trinkt. In diesem Fall wäre der Pflichtenkreis des Arbeitsverhältnisses berührt, denn dann kann ohne weiteres der Eindruck entstehen, dass der Arbeitnehmer während seiner Tätigkeit (Personenbeförderung) Alkohol konsumiert. Dies wäre mit einem erheblichen Imageschaden für die *Deutsche Bahn AG* verbunden, und zwar auch dann, wenn das Foto nach Dienstende, also in der Freizeit des Arbeitnehmers, entstanden ist.

Schließlich ist von der Verletzung der Rücksichtnahmepflicht nach § 241 Abs. 2 BGB auch auszugehen, wenn ein höherrangiger Arbeitnehmer mit Leitungsfunktion, der mit vielen Kunden oder Geschäftspartnern des Arbeitgebers in einem sozialen Netzwerk befreundet ist, ein Foto von sich in volltrunkenem oder anderweitig unpassenden Zustand hochlädt. Gleiches gilt, wenn er eine Verlinkung zu einem solchen Bild, das ein Dritter veröffentlicht hat, duldet.[648]

---

645 *Determann* BB 2013, 181, 186.

646 Vgl. Besgen/Prinz/*Herfs-Röttgen*, Handbuch Internet.Arbeitsrecht § 10 Rn. 37.

647 *Göpfert/Wilke* ArbRAktuell 2011, 159, 160.

648 Vgl. *Göpfert/Wilke* ArbRAktuell 2011, 159, 160.

In diesem Fall ist an die Selbstdarstellung in den Social Media anzuknüpfen,[649] wozu auch das Bestehenlassen von Verlinkungen Dritter gehört, da diese (je nach den Accounteinstellungen) ebenfalls im Profil angezeigt werden.

Hat der Arbeitnehmer nämlich eine Repräsentationsfunktion inne, kann der Arbeitgeber von ihm auch erwarten, dass er sich im privaten Bereich angemessen verhält und nicht durch unangebrachte Verhaltensweisen mit ihm in Verbindung gebracht wird. Die oben erwähnte, mögliche Reaktion eines Geschäftspartners oder Kunden („*Was für Leute sind denn dort beschäftigt?!*") über leitende Angestellte oder Führungskräfte muss der Arbeitgeber nicht dulden.

Für die Annahme einer Pflichtverletzung muss insoweit auch unerheblich sein, ob es tatsächlich zu einer Schädigung des Arbeitgeberrufes gekommen ist. Die konkrete Gefahr einer Schädigung des Arbeitgeberrufes ist ausreichend. Anders als bei der weiter oben behandelten Problematik des Surfens auf pornographischen Webseiten über den Dienstrechner,[650] ist bei der Social Media Nutzung auch stets von einer konkreten Gefahr der Rufschädigung auszugehen. Im Gegensatz zur theoretischen Rückverfolgung einer IP-Adresse sind Beiträge in sozialen Netzwerken oder Microblogs gerade darauf angelegt, von anderen Personen – den virtuellen Freunden oder Followern – gesehen zu werden. Somit ist von einer Verbreitung der kompromittierenden Bild- oder Videodatei mit an Sicherheit grenzender Wahrscheinlichkeit auszugehen. Allein dies begründet die konkrete Gefahr einer Rufschädigung.

Allerdings muss auch hier der jeweilige Einzelfall für sich betrachtet werden. In den Konstellationen, bei denen es für die Betriebsbezogenheit nicht auf den Umfang der Freundes- bzw. Followerliste ankommt, ist die Gefahr der Verbreitung von blamablen Fotos und damit das Risiko einer Rufschädigung sehr gering, wenn der postende Arbeitnehmer nur mit fünf Kontakten verbunden ist. Das Vorliegen einer Pflichtverletzung i.S.d. § 241 Abs. 2 BGB kann dann nicht in vertretbarer Weise angenommen werden.

Dass die soeben dargestellten Verhaltensweisen ein arbeitsrechtliches Fehlverhalten darstellen können, ist unmittelbar auf die Existenz der Social Media zurückzuführen. Anders als der Verrat von Unternehmensgeheimnissen wären die soeben geschilderten Beispiele von bei *Facebook* hochgeladenen Partyfotos in den Neunzigerjahren noch nicht denkbar gewesen. Das liegt daran, dass solche Verhaltensweisen damals mangels der heute bestehenden technischen Möglich-

649 *Burr*, Posting als Kündigungsgrund, S. 89.
650 Siehe hierzu die Ausführungen oben auf S. 43 ff.

keiten (Fotographie mit der Smartphone-Kamera und Upload direkt über die *Facebook*-App) rein tatsächlich nicht in Frage kamen. Die meisten Arbeitnehmer haben heutzutage ihr Smartphone auch während der Arbeit immer griffbereit, wohingegen damals Fotos nur mit einer Fotokamera angefertigt werden konnten, deren Negativfilm zunächst zum Entwickeln gegeben werden musste. Auch stand damals eine mit den Social Media vergleichbare Plattform zur Veröffentlichung von Fotos nicht zur Verfügung. Daraus folgt, dass diese Erscheinungsformen der Pflichtverletzung i.S.d. § 241 Abs. 2 BGB direkt auf die Social Media an sich und die damit in Zusammenhang stehende technische Entwicklung zurückgehen.

### cc) Wettbewerbsrechtliches Fehlverhalten

Eine Pflichtverletzung i.S.d. § 241 Abs. 2 BGB liegt auch dann vor, wenn sich ein Arbeitnehmer auf einer privaten Social Media Plattform in wettbewerbswidriger Weise über seinen Arbeitgeber oder dessen Wettbewerber äußert.[651] Grund dafür ist, dass Wettbewerbsverstöße eines Mitarbeiters gem. § 8 Abs. 2 UWG dem Arbeitgeber als Unternehmensinhaber zugerechnet werden. § 8 Abs. 2 UWG begründet für den Arbeitgeber eine Erfolgshaftung ohne Entlastungsmöglichkeit.[652] Dieser muss sich dann so behandeln lassen, als hätte er die wettbewerbsrechtliche Zuwiderhandlung selbst begangen. Er sieht sich somit den Beseitigungs- und Unterlassungsansprüchen (§ 8 Abs. 1 UWG) seiner Mitbewerber, rechtsfähigen Wirtschafts- und Berufsverbänden, Verbraucherschutzverbänden und Industrie- und Handelskammern ausgesetzt, vgl. § 8 Abs. 3 UWG.

Postet ein bei seinem Arbeitgeber (Inhaber des Autohauses *Bayern-Auto*) als Verkäufer angestellter Arbeitnehmer über seinen privaten *Facebook*-Account unter der Angabe seiner geschäftlichen Telefonnummer ein Foto eines Kfz, das im Verkaufsraum des Autohauses steht, und beschreibt er das Foto mit den Worten

> *„unsere neue Aktion bei Bayern-Auto“*

liegt darin ein Verstoß gegen § 5a Abs. 4 UWG, wenn nicht zugleich die nach Unionsrecht erforderlichen Verbraucherinformationen angegeben werden.[653] Der

---

651 *Oberthür* AnwBl 2015, 849, 853.

652 Harte-Bavendamm/Henning-Bodewig/*Bergmann/Goldmann* UWG § 8 Rn. 297.

653 LG Freiburg MMR 2014, 118, 119: Im dort zu entscheidenden Fall handelte es sich um einen Verstoß gegen§ 1 Pkw-EnVKV i.V.m. RL 1999/94/EG, denn gem. § 1 Pkw-EnVKV haben Hersteller und Händler, die neue Personenkraftwagen ausstellen, zum Kauf oder Leasing anbieten oder für diese werben, Angaben über den Kraftstoffverbrauch und die CO2-Emissionen zu machen.

Arbeitgeber kann in diesem Fall kostenpflichtig abgemahnt und anschließend gerichtlich auf Unterlassung in Anspruch genommen werden (§ 12 Abs. 1 UWG).

Wegen dieser negativen Folgen für den Arbeitgeber ist in solch einem außerdienstlichen Verhalten eine Verletzung der Rücksichtnahmepflicht i.S.d. § 241 Abs. 2 BGB gegeben. Dabei ist auch unerheblich, wenn der Arbeitnehmer von der Wettbewerbswidrigkeit seiner Handlung keine Kenntnis hatte und er eigentlich im Interesse seines Arbeitgebers tätig werden wollte. Diese Aspekte sind allenfalls im Rahmen der kündigungsrechtlichen Folgen von Bedeutung (hierzu sub III. 1. c) cc)), ändern aber nichts am Vorliegen der Pflichtverletzung an sich.

#### dd) Zwischenergebnis

Die Pflichtverletzung der unwahren Tatsachenbehauptung hatte schon vor den Social Media Relevanz. Gleichwohl erhielt sie durch deren Präsenz eine neue Plattform. Die Besonderheiten, die mit der Social Media-Nutzung verbunden sind, bringen es mit sich, dass schneller unwahre Tatsachen über den Arbeitgeber geäußert werden können. Die Beurteilung, ob eine kündigungsrelevante Pflichtverletzung vorliegt, kann aber mit den bislang geltenden arbeitsrechtlichen Maßstäben vorgenommen werden.

Eine ganz neue Art der kündigungsrelevanten Pflichtverletzung bringen die Social Media aber zu Tage, wenn es um das Veröffentlichen privater Foto- oder Videodateien, also die sog. Uploads, geht. Das außerdienstliche Verhalten kann zu einer Schädigung des Arbeitgeberrufes führen, wobei für jeden Einzelfall festzustellen ist, ob ein ausreichend erkennbarer Bezug zum Arbeitsverhältnis gegeben ist und ob der Arbeitnehmer überhaupt seine Rücksichtnahmepflicht verletzt hat. Stellt man beides fest, ist regelmäßig davon auszugehen, dass aufgrund der Veröffentlichung in den Social Media eine konkrete Gefahr der Rufschädigung gegeben ist.

Ähnliches gilt für etwaige wettbewerbsrechtliche Verstöße durch den Arbeitnehmer. Zwar waren solche Pflichtverletzungen auch bereits vor der Existenz der Social Media möglich, dennoch bedingen gerade sie, dass leichtfertige und unbedachte Zuwiderhandlungen gegen das UWG vorgenommen werden.

### *e) Zwischenergebnis*

Die Grenzziehung zwischen Meinungs- und Tatsachenäußerung ist für das Arbeitsrecht von elementarer Bedeutung und auch bei der rechtlichen Bewertung des außerdienstlichen Social Media-Verhaltens eines Arbeitnehmers zu berücksichtigen. Tatsachenbehauptungen im privaten Bereich können ein kündigungsrelevantes Fehlverhalten i.S.d. § 241 Abs. 2 BGB darstellen. Dies galt für den

Verrat von Unternehmensgeheimnissen, das Whistleblowing und der Behauptung von unwahren Tatsachen bereits vor der Existenz der Social Media. Gleichwohl bieten sie neue Möglichkeiten, um diese Pflichtverletzungen leichtfertiger als früher zu begehen. Da die Social Media unverkennbare Veränderungen des Kommunikationsverhaltens der sie nutzenden Personen bewirkt haben, ist es nicht verwunderlich, dass sich durch das Posten von kompromittierenden Bild- oder Videodateien aus dem privaten Bereich eine bisher noch nicht da gewesene Pflichtverletzung entwickelte.

### *3. Meinungsäußerung des Arbeitnehmers in Social Media*

Anknüpfend an die rechtliche Untersuchung der Pflichtverletzung wegen Tatsachenäußerungen im außerdienstlichen Bereich geht es im Folgenden um die Frage der arbeitsrechtlichen Relevanz von privaten Meinungsäußerungen in den Social Media. Ein Blick auf die Rspr. der Arbeitsgerichtsbarkeit der vergangenen Jahre zeigt, dass die moderne Sucht, in den Social Media alles und jeden zum Gegenstand einer Darstellung oder Bewertung zu machen,[654] auch im Verhältnis zwischen Arbeitnehmer und Arbeitgeber angekommen ist. Rspr. und Literatur hatten sich daher vermehrt mit diesem in verschiedenen Ausprägungen vorkommenden Äußerungsphänomen auseinanderzusetzen. Der Schwerpunkt liegt dabei v. a. auf der Bewertung der Meinungsfreiheit des Arbeitnehmers. Diesbezüglich ist zunächst darzustellen, wie sich die einschlägigen Grundrechte der Parteien eines Arbeitsverhältnisses im selbigen auswirken. Im Anschluss daran werden die einzelnen Varianten der in den Social Media vorkommenden Äußerungsmöglichkeiten im Hinblick auf ihre kündigungsrechtliche Relevanz hin untersucht. Besondere Bedeutung erlangt dabei der Tatbestand der Beleidigung, von der neben den Kollegen des Arbeitnehmers meist der Arbeitgeber selbst betroffen ist. Aufgrund der politischen Entwicklung in Europa der letzten Jahre finden sich allerdings auch vermehrt (rechts-)extreme Äußerungen im Netz, die es ebenfalls mit Blick auf das Arbeitsrecht zu untersuchen gilt.

#### *a) Wirkung der Grundrechte im Arbeitsverhältnis*

Die grundsätzlich für die Rechtsbeziehung zwischen Staat und Bürger geltenden Grundrechte („Abwehrrechte des Bürgers gegen den Staat")[655] können auch im Privatrecht, also den Rechtsbeziehungen zwischen den Bürgern untereinander Geltung erfahren. Das am 01.01.2002 in Kraft getretene Gesetz zur Moder-

654 Vgl. *Wiese* NZA 2012, 1, 4.

655 Dreier/*Dreier* Vorbemerkungen vor Art. 1 GG Rn. 84.

nisierung des Schuldrechts hat den Entfaltungsspielraum für die Grundrechte im Privatrecht im Vergleich zur alten Rechtslage ausgeweitet,[656] was sich daher auch in den Beziehungen der Parteien eines Arbeitsvertrags bemerkbar macht.[657] Somit ist davon gleichsam das außerdienstliche Verhalten des Arbeitnehmers betroffen, denn das Maß der insoweit gebotenen Rücksichtnahme kann nicht beurteilt werden, ohne hierbei auch den jeweils betroffenen Grundrechtspositionen in ausreichendem Maße Aufmerksamkeit zu schenken.[658] Es geht insoweit um die mittelbare Grundrechtswirkung im Privatrecht,[659] der zufolge sich der Rechtsgehalt der Grundrechte v. a. über die Generalklauseln und der sonstigen wertungsoffenen Zentralbegriffe des bürgerlichen Rechts vermittelt.[660] Im Fokus steht auch hier die als Generalklausel formulierte Norm des § 241 Abs. 2 BGB.

Der Arbeitnehmer ist darin frei, wie er sich privat mitteilt und das gilt grundsätzlich auch bei Äußerungen über seinen Arbeitgeber. Er kann sich insb. auf seine in Art. 5 Abs. 1 S. 1 GG verankerte Meinungsfreiheit berufen, wobei aber auch die Interessen des Arbeitgebers, insb. dessen Persönlichkeitsrecht und die von Art. 12 Abs. 1 GG geschützte Berufsfreiheit, zu berücksichtigen sind.[661]

### *b) Grundrechte des Arbeitnehmers*

Im Hinblick auf die Teilnahme am virtuellen Leben und die dort möglichen Kommunikationsformen kommen auf Seiten des Arbeitnehmers v. a. dessen Meinungs- und Kunstfreiheit in Betracht.

#### aa) Meinungsfreiheit

Nachdem bereits die Kundgabe von Tatsachen auf ihre kündigungsrechtliche Relevanz hin überprüft wurde, liegt die Aufmerksamkeit im Folgenden auf in Social Media getätigten Meinungsäußerungen. Zentrale Bedeutung hat deshalb die Meinungsfreiheit des Arbeitnehmers, da für jeden Post im Einzelfall zu prüfen ist, ob die darin enthaltene Äußerung dem Schutz des Art. 5 Abs. 1 S. 1 GG unterfällt. Prinzipiell kennt das deutsche Arbeitsrecht keine speziellen Sonderbestimmungen zum Schutz der Meinungsfreiheit im Arbeitsverhältnis,[662] so dass

---

656 *Oetker* RdA 2004, 8, 11.
657 Vgl. *Oberthür* AnwBl 2015, 849, 851.
658 Ebd.
659 *Oberthür* AnwBl 2015, 849, 851; *Fuhlrott/Ottmanns* NZA 2016, 785, 786; *Howald* ArbRAktuell 2013, 195, 195.
660 Dreier/*Dreier* Vorbemerkungen vor Artikel 1 GG Rn. 98.
661 Vgl. *Wiese* NZA 2012, 1, 4.
662 *Oetker* RdA 2004, 8, 18.

die im Verfassungsrecht geltenden Grundsätze auch auf private Äußerungen eines Arbeitnehmers anzuwenden sind. Danach ist der Begriff Meinung weit zu verstehen.[663] Er ist durch das Element der Stellungnahme, des Dafürhaltens oder Meinens geprägt[664] und umfasst Werturteile, ferner Tatsachenbehauptungen, wenn sie Voraussetzung für die Bildung von Meinungen sind.[665] Die Meinungsfreiheit schützt die Kommunikation in allen Bereichen und es ist nicht von Bedeutung, ob mit ihrer Kundgabe öffentliche, insb. politische, oder private Zwecke verfolgt werden.[666] Das Medium der Meinungsäußerung ist unerheblich, die in Art. 5 Abs. 1 S. 1 GG genannten Formen „Wort, Schrift und Bild" stellen nur eine beispielhafte Aufzählung dar. Geschützt wird jede Form der Äußerung (z. B. durch Bilder, Gesten, Verwenden von Symbolen), v. a. auch im Internet.[667] Dort besitzen insb. die Handlungen des Likens und Teilens, mit denen Beiträge anderer verbreitet werden, besondere Relevanz und insoweit ist es von Bedeutung, dass zum geschützten Kommunikationsprozess auch das schlichte Verbreiten einer fremden Meinung gehört.[668]

Der verfassungsrechtliche Schutz ist dabei unabhängig davon, ob eine Äußerung rational oder emotional, begründet oder grundlos ist, und ob sie von anderen als nützlich oder schädlich, werthaltig oder wertlos erachtet wird.[669] Eine Äußerung ist auch dann noch vom Schutzbereich des Art. 5 Abs. 1 S. 1 GG umfasst, wenn sie polemisch oder verletzend formuliert ist.[670]

Übertragen auf Äußerungen mit Bezug zum Arbeitsverhältnis bedeutet dies, dass Kritik am Arbeitgeber, Kollegen oder Kunden des Arbeitgebers ausgeübt werden darf, auch wenn sie überspitzt, ausfällig oder polemisch ist.[671] Abfällige Bemerkungen über die eigene Arbeit sind ebenfalls zulässig,[672] genauso deutliche Kritik an den betrieblichen Verhältnissen,[673] wenn sie sich noch im Rahmen der Meinungsfreiheit bewegen.

---

663 Jarass/Pieroth/*Jarass* GG Art. 5 Rn. 5.

664 BVerfG NJW 2012, 3712, 3713.

665 Jarass/Pieroth/*Jarass* GG Art. 5 Rn. 6.

666 Jarass/Pieroth/*Jarass* GG Art. 5 Rn. 5

667 Jarass/Pieroth/*Jarass* GG Art. 5 Rn. 12, 13.

668 BVerfG NJW-RR 2010, 470, 470.

669 *Oberthür* AnwBl 2015, 849, 851; BAG NZA 2006, 650, 652.

670 *Ebd.*

671 *Oberthür* AnwBl 2015, 849, 851.

672 *Ebd.*

673 Vgl. LAG Düsseldorf BeckRS 2016, 68431 zu einer die betrieblichen Verhältnisse betreffenden Anspielung eines Betriebsratsmitglieds auf das nationalsozialistische Terrorsystem.

### bb) Kunstfreiheit

Neben der Meinungsfreiheit ist bei Äußerungen, die dem Arbeitgeber missfallen, auch zu berücksichtigen, dass dem Arbeitnehmer das Grundrecht der Kunstfreiheit aus Art. 5 Abs. 3 GG zur Seite stehen kann. Die Rspr. geht insoweit von einer weiten Definition des Begriffs Kunst aus und versteht darunter eine freie schöpferische Gestaltung, in der Eindrücke, Erfahrungen, Erlebnisse des Künstlers durch das Medium einer bestimmten Formensprache zur unmittelbaren Anschauung gebracht werden.[674] Bei Kritik am Arbeitgeber in künstlerischer Form ist der Kreis der zu tolerierenden Aussagen größer als bei normalen Meinungsäußerungen ohne Bezug zur Kunst, wobei auch hier gilt, dass Schmähkritiken oder Diffamierungen nicht erlaubt sind.[675]

Der Schutz der Kunstfreiheit kann dem Arbeitnehmer im Übrigen nicht nur bei den Arbeitgeber betreffenden Äußerungen zu Gute kommen, sondern auch bei anderen Verhaltensweisen, die nicht gegen den Arbeitgeber gerichtet sind. So ist insb. bei der kündigungsrechtlichen Beurteilung von privaten (Neben-)Tätigkeiten, die der Gesinnung des Arbeitgebers zuwiderlaufen, aber gleichzeitig einen künstlerischen Einschlag haben (z. B. Tätigkeit als Schriftsteller),[676] der Kunstfreiheit des Arbeitnehmers ausreichend Beachtung zu schenken.[677]

### *c) Grundrechte des Arbeitgebers*

So wie sich der Arbeitnehmer auf sein Recht zur freien Meinungsäußerung bzw. die Kunstfreiheit berufen kann, streiten für den Arbeitgeber ebenfalls verfassungsrechtlich geschützte Positionen. Insoweit sind zu beachten seine Menschenwürde (Art. 1 Abs. 1 GG),[678] sein Persönlichkeitsrecht (Art. 2 Abs. 1 GG), sein Recht der persönlichen Ehre (Art. 5 Abs. 2 GG) und die Art. 12 Abs. 1 GG

---

674 *Däubler*, Internet und Arbeitsrecht, S. 191 f. Rn. 212k m.V.a. BVerfG NJW 198, 261, 262 und BVerfG NJW 1971, 1645, 1645.

675 *Däubler*, Internet und Arbeitsrecht, S. 191 f. Rn. 212k; vgl. LAG Hamm BeckRS 2011, 74322, das das (private) Verfassen und Veröffentlichen eines Romans mit dem Titel „Wer die Hölle fürchtet, kennt das Büro nicht“, mit dem der Alltag mit Arbeitskollegen und Vorgesetzten des Arbeitnehmers auf satirische Art beschrieben wird, als von dessen Kunstfreiheit gedeckt ansah und deshalb einen Verstoß gegen § 241 Abs. 2 BGB ablehnte.

676 LAG Hamm BeckRS 2011, 74322.

677 Vgl. hierzu insb. die Ausführungen unten auf S. 221 ff. und 240 f. zum Fall „Julia Pink“.

678 Dies gilt wegen Art. 19 Abs. 3 GG nur für Arbeitgeber, die natürliche Personen sind, da juristische Personen keine personale Würde haben, vgl. Jarass/Piertoh/*Jarass* GG Art. 1 Rn. 7.

unterfallende wirtschaftliche Betätigungsfreiheit.[679] Letztgenanntem Freiheitsrecht ist eine besondere Bedeutung beizumessen, denn Art. 12 Abs. 1 GG kann v. a. dann tangiert werden, wenn es zu Störungen des Betriebsfriedens und des Arbeitsablaufs kommt.[680] Insb. die im Mittelpunkt dieser Arbeit stehenden negativen oder gar schädlichen Äußerungen des Arbeitnehmers über seinen Arbeitgeber sind häufig geeignet, die zwischen den beiden bestehende Rechtsbeziehung und damit den Betriebsfrieden zu belasten. Auch das Image und die Reputation des Arbeitgebers sind grundrechtlich über Art. 2 Abs. 1 i.V.m. 1 Abs. 1 GG[681] bzw. bei einer juristischen Person über Art. 19 Abs. 3 und Art. 12 Abs. 1 GG geschützt.[682]

Diese schutzbedürftigen Interessen enden nicht „am Werkstor" bzw. mit Ablauf der täglichen Arbeitszeit, weshalb der Arbeitnehmer auch durch sein außerdienstliches Social Media Verhalten die wirtschaftliche Betätigungsfreiheit seines Arbeitsgebers zu wahren hat.

### *d) Praktische Konkordanz mit arbeitsrechtsspezifischer Ausprägung*

Die vorstehenden Ausführungen zeigen, welche jeweiligen Interessen der Arbeitsvertragsparteien sich gegenüberstehen. Obgleich die Pflichtverletzungen wegen Äußerungen in Social Media mittlerweile einen besonderen Stellenwert haben, kann insoweit weder der Meinungsfreiheit des Arbeitnehmers noch der Berufsfreiheit oder dem Persönlichkeitsrecht des Arbeitgebers eine pauschale Priorität zukommen.[683] Da die Meinungsfreiheit im Rahmen allgemeiner Gesetze eingeschränkt werden kann (vgl. Art. 5 Abs. 2 GG), ist anerkannt, dass auch arbeitsvertragliche Interessenwahrungs- und Rücksichtnahmepflichten gem. § 241 Abs. 2 BGB die Meinungsäußerungsfreiheit des Arbeitnehmers begrenzen können.[684] Demnach hat der Arbeitnehmer bei der Kundgabe seiner Meinung über den Arbeitgeber auf dessen berechtigte Belange Rücksicht zu nehmen.[685] Die Meinungsfreiheit selbst muss wiederum im Lichte der Beschränkung berücksichtigt und ihr besonderer

---

679 *Oberthür* AnwBl 2015, 849, 851; *Burr* NZA-Beil. 2015, 114, 114; *Bauer/Günther* NZA 2013, 67, 68.

680 BVerfG NZA 1996, 381, 383; BAG NZA 2006, 917, 921; LAG Berlin-Brandenburg BeckRS 2009, 55187.

681 OLG Hamburg NJOZ 2007, 2696, 2699; vgl. *Burr*, Posting als Kündigungsgrund, S. 72.

682 BGH NJW 2008, 2110, 2112; *Ziegelmayer* GRUR 2012, 761, 762; vgl. *Burr*, Posting als Kündigungsgrund, S. 73.

683 *Fuhlrott/Oltmanns* NZA 2016, 785, 786.

684 *Oetker* RdA 2004, 8, 18; *Wiese* NZA 2012, 1, 4.

685 *Oetker* RdA 2004, 8, 18.

Wertgehalt bewahrt werden.[686] Bei der Konkretisierung der vertraglichen Rücksichtnahmepflicht hat somit zwischen den jeweiligen Grundrechtspositionen eine Interessenabwägung in Form der praktischen Konkordanz zu erfolgen.[687]

Nach diesen Grundsätzen ist der Arbeitnehmer berechtigt, seine Meinung in den Social Media zu äußern und zu betrieblichen Angelegenheiten Stellung zu nehmen. Durch das sehr weitläufige Sprachrohr der Social Media werden zwar seine tatsächlichen Kommunikationsmöglichkeiten, nicht aber der Rahmen ihrer rechtlichen Zulässigkeit erweitert.[688] Vielmehr gelten die aus dem Arbeitsverhältnis folgenden Grenzen der Meinungsäußerungsfreiheit auch für Verlautbarungen im Internet.[689] Ergibt daher eine die Arbeitgeberinteressen berücksichtigende Prüfung, dass die vom Arbeitnehmer getätigte Äußerung noch von seiner Meinungs- oder Kunstfreiheit gedeckt ist, fehlt es schon an einer kündigungsrelevanten Pflichtverletzung i.S.d. § 241 Abs. 2 BGB.[690]

Bezeichnet z. B. ein Arbeitnehmer die Branche, in der sein Arbeitgeber tätig ist, auf seinem privaten Blog als „*Abzock-Mafia*" und schreibt er über Kollegen, die das Arbeitsverhältnis zum Arbeitgeber beenden wollen, mit den Worten „*Die Ratten verlassen das sinkende (Abo-)Schiff*", kann darin zwar ein polemisches, aber noch von Art. 5 Abs. 1 S. 1 GG getragenes Werturteil zu sehen sein.[691] Eine Pflichtverletzung wäre daher zu verneinen.

Entsprechendes müsste wegen der zu berücksichtigenden Kunstfreiheit für einen bei *Facebook* abgesetzten Post eines Arbeitnehmers gelten, der den Liedtext der Band „Deichkind"

> *„Bück dich hoch! Komm steiger´ den Profit! Bück dich hoch! Mach dich beim Chef beliebt! Bück dich hoch! Auch wenn es dich verbiegt!"*

mit den eigenen dazu gedichteten Worten

> *„Pass dich an, du bist nicht! Glaub ans Team! Halt die Schnauze, frisch ans Werk und verdien`! Komm steiger´ den Profit! Sonst wirst Du ausgesiebt!"*

---

686 *Howald* ArbRAktuell 2013, 195, 195.

687 BAG NZA 2005, 158, 160; *Hinrichs/Hörtz* NJW 2013, 648, 650.

688 *Wiese* NZA 2012, 1, 4.

689 Ebd.

690 Vgl. BAG NZA 2015, 245, 250; *Däubler,* Internet und Arbeitsrecht, S. 190 Rn. 212i; LAG Baden-Württemberg BeckRS 2010, 66551; LAG Berlin-Brandenburg BeckRS 2009, 55187.

691 Angelehnt an ArbG Herford BeckRS 2010, 04582, das den im Wege des einstweiligen Rechtsschutzes geltend gemachten Unterlassungsanspruch des Arbeitgebers mangels Verfügungsgrund ablehnte.

ergänzte.[692] Die darin enthaltene Kritik an den beim Arbeitgeber herrschenden Arbeitsbedingungen bewegt sich noch im zulässigen, im Schutzbereich der Meinungs- und Kunstfreiheit liegenden Rahmen, so dass eine Pflichtverletzung nach § 241 Abs. 2 BGB ausscheidet. Im Hinblick auf die Kategorisierung, ob ein Beitrag noch als zulässig anzusehen ist, muss insb. bei mehrdeutigen Äußerungen berücksichtigt werden, dass diese Mehrdeutigkeit nicht zu Lasten des Arbeitnehmers als Beleidigung ausgelegt wird.[693] Eine arbeitsrechtliche Konsequenzen nach sich ziehende Pflichtverletzung kommt nur dann in Betracht, wenn eine Deutung, die zu einem von Art. 5 Abs. 1 S. 1 GG gedeckten Ergebnis führen würde, mit überzeugender Begründung ausgeschlossen worden ist.[694]

Von arbeitsrechtlicher Relevanz sind daher v. a. Beleidigungen und Ehrverletzungen ggü. dem Arbeitgeber, Vorgesetzten, Kollegen aber auch Kunden des Arbeitgebers, massive Schmähkritik, geschäftsschädigende Äußerungen, aber auch rassistische und menschenverachtende Äußerungen.[695] Hinsichtlich der Kundgabe solcher unerlaubten Äußerungen über Social Media stellt sich zum einen die Frage, wie es sich auswirkt, dass der private Lebensbereich des Arbeitnehmers betroffen ist. Insoweit gilt es insb. die Betriebsbezogenheit der Social Media-Nutzung zu untersuchen. Zum anderen bringen die Social Media neue (technische) Möglichkeiten hervor, sich mitzuteilen. Diese gilt es ebenfalls einer rechtlichen Prüfung zu unterziehen.

#### aa) Außerdienstliche Beleidigung

Bereits oben wurde angesprochen, dass grobe Beleidigungen des Arbeitgebers oder seiner Repräsentanten einerseits und der Arbeitskollegen andererseits, einen gewichtigen Verstoß des Arbeitnehmers gegen die ihm obliegende Rücksichtnahmepflicht nach § 241 Abs. 2 BGB darstellen können. Die Meinungsfreiheit gereicht hier dem Schutz des Arbeitnehmers nicht mehr.

Ob vorgenannte Grundsätze unbekümmert auf entsprechende Äußerungen in den Social Media übertragen werden können, ist allerdings fraglich. Grund dafür ist, dass im Rahmen der außerdienstlichen, also privaten Social Media-Nutzung ein direkter Bezug zwischen der ehrverletzenden Äußerung und dem Arbeitsverhältnis nicht ohne weiteres unterstellt werden kann. Es ist daher zu beleuchten, ob Beleidigungen und ähnliche Handlungen während der privaten

---

692 *Däubler*, Internet und Arbeitsrecht, S. 193 Rn. 212 m.

693 *Däubler*, Internet und Arbeitsrecht, S. 188 Rn. 212 f.

694 BAG NZA 2015, 245, 249 m.V.a. BVerfG NJW 2006, 207, 208; *Däubler*, Internet und Arbeitsrecht, S. 188 Rn. 212 f.

695 Vgl. *Howald* ArbRAktuell 2013, 195, 196.

Social Media-Aktivität nur unter zusätzlichen Voraussetzungen kündigungsrechtliche Relevanz erhalten können. Um die rechtsdogmatische Prüfung der einschlägigen Pflichtverletzungen durchführen zu können, ist jedoch vorab zu eruieren, warum herablassende Verhaltensweisen gerade in den Social Media in der gegebenen Häufigkeit vorkommen.

Ferner sind die dort gegebenen technischen Äußerungsmöglichkeiten näher zu betrachten. Standen dem Arbeitnehmer früher lediglich das gesprochene Wort und die Schrift als gängige Mitteilungsmedien zur Verfügung, brachten es die Social Media auch in Bezug auf den Äußerungskanal zu mehreren Neuerungen. Neben den normalen Posts oder Kommentaren wird sich häufig durch das sog. „Liken", „Teilen" und Versenden von Emoticons bzw. Emojis ausgedrückt. Ob diese Handlungen rechtlich wie eine mündliche Aussage oder ein schriftlicher Kommentar zu bewerten sind, gilt es daher eingehend zu untersuchen.

### (1) Besonderheit der Social Media: Flaming und Shitstorm

Die Vergangenheit zeigt, dass gerade das Web 2.0 von seinen Nutzern dazu missbraucht wird, Personen zu beleidigen bzw. negativ über sie zu urteilen. Bezeichnet wird dieses Phänomen als „Flaming". Ein Anglizismus, der vom englischen Wort „flame" (Englisch für „Flamme") herrührt und eine verbale Attacke in der schriftlichen Kommunikation im Internet bezeichnet.[696] Die Besonderheit im Vergleich zu einer normalen Beleidigung, üblen Nachrede oder Verleumdung, bei der der Äußernde dem Betroffenen (§ 185 StGB) oder Dritten (§ 186, 187 StGB) unmittelbar gegenübersteht, liegt in der Absenderperspektive.[697] Der Urheber der Äußerung hat kein direktes Gegenüber, wodurch die (eventuell tatanreizenden, in den allermeisten Fällen aber wohl tathemmenden) Einflüsse, die vom Äußerungsempfänger auf ihn wirken, wegfallen.[698] Ein weiteres Spezifikum ist die psychische Situation des Täters, der die Äußerung vom heimischen PC oder unterwegs über das Smartphone abgibt. Dabei kann der Eindruck der Unkontrolliertheit und Anonymität erzeugt werden, und in einer solchen Situation wird der Kontakt via Post oder Tweet oft als besonders intensiv erlebt, was zur Folge hat, dass sehr persönliche Äußerungen über den Betroffenen leichter fallen, als wenn sich der Äußerungsurheber und der Adressat von Angesicht zu Angesicht gegenüberstünden.[699]

---

696 http://www.duden.de/rechtschreibung/Flame_Angriff_Internet (letzter Aufruf: 04.06.2017).

697 *Hilgendorf* ZIS 2010, 208, 209.

698 Ebd.

699 Ebd.

Insb. in den sozialen Netzwerken treten tatanreizende Situationen häufig auf, weil dort die Nähebeziehung zum Kommunikationspartner als Teil der eigenen Vernetzung nicht nur von den Nutzern, sondern auch vom Plattformanbieter selbst in besonderer Weise hervorgehoben wird.[700] Der Nutzer, der lediglich im Rahmen seines „Freundeskreises" agiert (mag dieser auch ausschließlich oder überwiegend im Internet existieren), wird deutlich eher dazu geneigt sein, problematische Äußerungen von sich zu geben, als dies in der realen Welt der Fall wäre. Wie bereits erwähnt, fehlt dem Äußerungsurheber oftmals eine kritische Rückmeldung des Äußerungsempfängers, die jedes Gespräch mit „realen" Menschen vermittelt und ein eventuelles „Hochschaukeln" der Stimmung verhindert.[701] Die sich beim Nutzer einstellenden Gefühle von Sicherheit, Abgeschlossenheit und Vertrautheit führen zu einer Absenkung der Hemmschwelle[702] und damit zum Anstieg des Schadenspotentials der Äußerungen.

Entsprechendes gilt für ein ähnliches Phänomen, den sog. „Shitstorm". Dieser kennzeichnet sich durch anonyme, oft unsachliche und teilweise beleidigende Kritik durch breite Bevölkerungsgruppen im Internet.[703] Anders als beim im kleineren Kreis stattfindenden Flaming, handelt es sich beim Shitstorm um eine unvorhergesehene, andauernde, über soziale Netzwerke und Blogs transportierte Welle der Entrüstung über das Verhalten öffentlicher Personen oder Institutionen, die sich schnell verselbständigt und vom sachlichen Kern entfernt und oftmals auch in die traditionellen Medien (wie Radio oder Fernsehen) hinüber schwappt.[704] Ziel dieser verbalen Entgleisungen[705] ist regelmäßig die Schädigung der persönlichen Ehre des Opfers.[706]

#### (2) Beleidigung

Äußert sich ein Arbeitnehmer im Rahmen seiner privaten Social Media-Nutzung negativ oder abfällig über seinen Arbeitgeber, Vorgesetzten oder Kollegen, ist zunächst zu prüfen, ob die getätigte Äußerung noch von seiner Meinungsfreiheit nach Art. 5 Abs. 1 S. 1 GG gedeckt ist. Ergibt eine konkrete Prüfung des

700 *Hilgendorf* ZIS 2010, 208, 210.
701 *Däubler*, Internet und Arbeitsrecht, S. 190 Fn. 212h.
702 *Hilgendorf* ZIS 2010, 208, 210.
703 BeckOK InfoMedienR/*Kühling* GG Art. 5 Rn 129.
704 *Glaser* NVwZ 2012, 1432, 1432 unter Verweis auf den Anglizismus des Jahres 2011, http://www.anglizismusdesjahres.de/anglizismen-des-jahres/adj-2011/ (letzter Aufruf: 04.06.2017); vgl. zum Begriff auch *Meindel* GRUR-Prax 2014, 97, 97.
705 *Krohm/Müller-Peltzer* ZD 2015, 409 ,409.
706 *Glaser* NVwZ 2012, 1432, 1432.

Einzelfalls, dass keine Formalbeleidigung oder Schmähkritik vorliegt, sondern ein noch von Art. 5 Abs. 1 S. 1 GG gedecktes Werturteil, scheidet schon deshalb eine Pflichtverletzung und damit ein Kündigungsgrund an sich aus. Gelangt die diesbezügliche Prüfung allerdings zu dem Ergebnis, dass eine Formalbeleidigung oder Schmähkritik vorliegt, spricht unter Bezugnahme auf obige Ausführungen zunächst alles für ein kündigungsrelevantes Fehlverhalten i.S.d. § 241 Abs. 2 BGB.

So gelangte das *ArbG Hagen* zu der richtigen Feststellung, dass ein Arbeitnehmer sogar eine strafrechtlich relevante Äußerung (§ 185 StGB) abgibt, wenn er auf seiner eigenen *Facebook*-Pinnwand seinen Vorgesetzten als *„kleine[n] Scheißhaufen"*, *„Wichser"*, *„faules Schwein"*, *„Drecksau"* und *„Doofmann"* bezeichnet."[707] Ebenfalls nicht mehr als von der Meinungsfreiheit gedeckt anzusehen sind in einem sozialen Netzwerk über Arbeitskollegen getroffene Äußerungen wie *„Speckrollen"*, *„hattet ihr schlechten Sex"*, *„hat euch jemand ins Gehirn geschissen"* sowie die Vorwürfe in den *„Arsch zu kriechen"* und *„auf Klugscheißer tun"*.[708]

Allerdings ist, wie auch bei der weiter oben untersuchten Rufschädigung des Arbeitgebers durch das Veröffentlichen von kompromittierenden Fotos,[709] für die Bejahung einer Pflichtverletzung grundsätzlich eine Betriebsbezogenheit der negativen Äußerung zum Arbeitsverhältnis erforderlich. Allein die Beleidigung von Vorgesetzten oder Kollegen in den Social Media rechtfertigt es isoliert betrachtet nicht, automatisch von einer Verletzung der Rücksichtnahmepflicht i.S.d. § 241 Abs. 2 BGB auszugehen. Dies deshalb, weil ein Arbeitnehmer nicht gehalten ist, von seinem Arbeitgeber oder seinen Kollegen nur positiv zu denken und sich in seiner Privatsphäre ausschließlich positiv über sie zu äußern.[710] Wie bei allen anderen Tätigkeiten im privaten Bereich muss dem Grundsatz, dass die Privatsphäre dem Regelungsbereich des Arbeitgebers entzogen ist, auch bei dessen Social Media-Nutzung ein besonderer Stellenwert beigemessen werden. Ob und wie der Arbeitnehmer die Social Media für die private Kommunikation nutzt, hat den Arbeitgeber daher dem Grunde nach nicht zu interessieren. Hinzutreten muss vielmehr auch hier eine Betriebsbezogenheit des außerdienstlichen (Äußerungs-)Verhaltens. Erst wenn eine solche festgestellt werden kann, ist der arbeitsrechtliche Pflichtenkreis durch die entsprechende Äußerung betroffen und die Annahme einer Pflichtverletzung i.S.d. § 241 Abs. 2 BGB als gerechtfertigt anzusehen.

---

707 ArbG Hagen BeckRS 2012, 71401.

708 ArbG Duisburg NZA-RR 2013, 18, 19.

709 Siehe hierzu die Ausführungen oben auf S. 154 ff.

710 BAG BeckRS 2003, 40827.

(a) Maßstab der Betriebsbezogenheit

Insoweit stellt sich allerdings die Frage, wann bei einer Beleidigung oder anderweitig negativen Äußerung eine Betriebsbezogenheit anzunehmen ist. Wie das *BAG* im Hinblick auf die außerdienstliche Social Media-Nutzung die Betriebsbezogenheit definiert, ist mangels Entscheidung hierzu noch offen. Es entschied in seinem Urteil vom 23.10.2008 allerdings ganz allgemein, dass das außerdienstliche Verhalten einen Verstoß gegen § 241 Abs. 2 BGB darstellt, wenn sich die private Tätigkeit auf den betrieblichen Bereich auswirkt und dort zu Störungen führt.[711] In seiner Entscheidung vom 27.01.2011 formulierte es die Anforderungen an einen Pflichtenverstoß durch außerdienstliches Verhalten allerdings offener: Ein arbeitsvertraglich relevantes Fehlverhalten wegen der privaten Tätigkeit soll nämlich schon dann vorliegen, wenn diese entweder negative Auswirkungen auf den Betrieb oder einen Bezug zum Arbeitsverhältnis hat.[712]

Legt man daher letztgenannte *BAG*-Entscheidung als Maßstab zugrunde, ist von einer Betriebsbezogenheit nicht erst dann auszugehen, wenn aufgrund des außerdienstlichen Verhaltens negative Folgen eingetreten sind. Sie bereits dann anzunehmen, wenn – sozusagen als Minus – ein irgendwie gearteter Bezug zum Arbeitsverhältnis besteht. Hierbei ist klar, dass sich letzterer i. d. R. deutlich einfacher feststellen lässt, als der Eintritt von nachteiligen Auswirkungen im Betrieb des Arbeitgebers.

Die Instanzrechtsprechung zeigt sich im Hinblick auf die Anforderungen an eine Pflichtverletzung konkret wegen außerdienstlichen Social Media-Verhaltens nicht vollkommen einheitlich. So forderte bspw. auch das *LAG Hessen* eine konkrete Beeinträchtigung durch das außerdienstliche Verhalten. Der dort zu entscheidende Sachverhalt hatte aber die Besonderheit zum Gegenstand, dass der gekündigte Arbeitnehmer nicht direkt seine Kollegin, sondern deren minderjährige Nichte via *Facebook*-Chat (sexuell) belästigte und beleidigte.[713] Die mittelbar betroffene (ggü. dem gekündigten Arbeitnehmer sogar weisungsbefugte) Kollegin war daraufhin nicht mehr bereit, mit dem Arbeitnehmer zusammenzuarbeiten. Darin liegt schon eine unmittelbare betriebliche Auswirkung des außerdienstlichen Verhaltens, die zur Bejahung einer Pflichtverletzung i.S.d. § 241 Abs. 2 BGB führte. Die Entscheidungsgründe lassen aber auch erkennen, dass das Gericht schon das Bestehen eines verwandtschaftlichen Verhältnisses zwischen dem Be-

---

711 BAG NZA-RR 2009, 362, 366.

712 BAG NZA 2011, 798, 801.

713 LAG Hessen BeckRS 2014, 72379.

lästigungsopfer und der Kollegin des gekündigten Arbeitnehmers für die Herstellung eines dienstlichen Bezugs als ausreichend ansah.

Das oben bereits zitierte *ArbG Hagen*[714] stellte hingegen bei den genannten Schimpfwörtern, mit denen ein Arbeitnehmer im Rahmen einer Konversation auf seiner eigenen *Facebook*-Pinnwand seinen Vorgesetzten beleidigte, nicht auf etwaige negative Auswirkungen auf den Betrieb ab, sondern lediglich auf den Bezug der Beleidigung zum Arbeitsverhältnis.[715] In der dortigen Entscheidung wurde ein solcher als gegeben angesehen, weil unter den 70 *Facebook*-Freunden, die der beleidigende Arbeitnehmer zum Zeitpunkt der Äußerung hatte, 36 Personen waren, die ebenfalls bei seinem Arbeitgeber angestellt waren. Insoweit zog das Arbeitsgericht den Vergleich, dass der Post auf einer virtuellen Pinnwand dem Aushang am „Schwarzen Brett" im Betrieb gleichkomme und die Äußerung somit als betriebsöffentlich anzusehen sei. Folgte man der Auffassung des *ArbG Hagen*, wäre es für die Annahme einer Pflichtverletzung nicht ausschlaggebend, ob es infolge der Beleidigung tatsächlich zu negativen Auswirkungen im Betrieb kommt. Maßgeblich wäre nach dieser Ansicht allein, ob das private – wenn auch virtuelle – Umfeld Verbindungen zum Arbeitsverhältnis aufweist.

#### (b) Differenzierte Betrachtungsweise

Keiner der vorgenannten Ansichten kann ohne Vorbehalt zugestimmt werden. Die Frage nach der Betriebsbezogenheit aufgrund von Beleidigungen im Rahmen privater Social Media-Nutzung ist an mehreren Punkten differenziert zu betrachten.

Zunächst ist – entgegen der bisherigen Rspr. und vom „Tatort" Social Media losgelöst – zu differenzieren, wer Opfer der Beleidigung ist. Schon wertungsmäßig besteht ein Unterschied, ob die Beleidigung einem Kollegen, Vorgesetzten oder gar dem Arbeitgeber selbst gilt. Insoweit ist nämlich zu beachten, dass zu einem hierarchisch gleichgestellten Kollegen kein Weisungs- und damit kein Autoritätsverhältnis besteht.[716] Hingegen ist ein solches ist im Verhältnis zu einem Vorgesetzten, der ein (oder der) Repräsentant des Arbeitgebers ist, gegeben. Im Verhältnis zwischen Arbeitnehmer und Arbeitgeber besteht dies ohnehin.

Ferner ist – nun konkret auf den Tatort Social Media bezogen – zu berücksichtigen, ob, und ggf., wie groß die betriebliche Streubreite der Beleidigung ist. Insoweit kommt es darauf an, ob, und wenn ja, von wie vielen anderen Mitarbeitern des Ar-

714 ArbG Hagen BeckRS 2012, 71401.
715 Ebd.
716 Vgl. BAG BeckRS 1997, 30368988.

beitgebers eine Beleidigung wahrgenommen werden kann (z. B. als virtuelle Freunde oder Follower), sprich ob eine Vernetzung auf der jeweiligen Plattform besteht.

In diesem Zusammenhang ist auch von Bedeutung, welche Gewichtung dem betrieblichen Empfängerkreis beizumessen ist. Wenn bspw. fünf Arbeitnehmer über Social Media von einer Beleidung Kenntnis nehmen, kann es für die kündigungsrechtliche Relevanz einen Unterschied machen, ob der Arbeitgeber zwölf oder 500 Angestellte hat.

#### (aa) Beleidigung von Kollegen

Beleidigt ein Arbeitnehmer einen seiner Kollegen im außerdienstlichen Bereich, ist nicht ohne weiteres von einem Verstoß gegen die arbeitsvertragliche Pflicht zur Rücksichtnahme auszugehen. Dies unabhängig davon, ob es in der reellen oder der virtuellen Welt zur Beleidigung kommt. Allein die Gemeinsamkeit, denselben Arbeitgeber zu haben, kann sich bei einem außerdienstlichen Geschehen nicht negativ auf die Beziehung zwischen Beleidiger und Arbeitgeber auswirken (in Form von kündigungsrelevanten Konsequenzen), selbst wenn es zwischen den betroffenen Arbeitnehmern zu Spannungen kommt. Anders zu beurteilen ist dies, wenn es zu einer Beleidigung eines Arbeitnehmers während der Arbeitszeit kommt. Dann ermöglicht gerade die gemeinsame Verbindung zum Arbeitgeber die Ehrverletzung. In diesem Fall ist auch der Arbeitgeber in seiner ggü. dem beleidigten Arbeitnehmer bestehenden Fürsorge- und Schutzpflicht aus § 241 Abs. 2 BGB gefragt. Diese gebietet es auch, den Arbeitnehmer vor der Herabwürdigung und Missachtung durch andere Arbeitnehmer zu schützen.[717] Sie ist hingegen nicht schon deshalb beansprucht, weil die Negativäußerung im privaten Bereich fällt. Vorstellbar ist schließlich die Konstellation, dass es aufgrund der Beleidigung eines Kollegen zu einem Konflikt kommt, bei dem der beleidigende Arbeitnehmer und sein davon betroffener Kollege in der Lage sind, die (private) Auseinandersetzung von der gemeinsamen Berufsausübung beim selben Arbeitgeber zu trennen, so dass sich die außerdienstliche Beleidigung überhaupt nicht auf das Arbeitsverhältnis auswirkt. In diesem Fall fehlte es am Bezug zum Arbeitsverhältnis. Eine Sanktionierung durch den Arbeitgeber müsste ausscheiden, da es nicht nachvollziehbar wäre, welches Interesse oder welche (Fürsorge-)Pflicht des Arbeitgebers tangiert sein soll.[718]

---

717 BAG NZA 2008, 223, 227; *Deeg/Scheuenpflug* ArbRAktuell 2010, 547, 547.

718 A.A. *Hey* BB 2013, 2805, 2806, betreffend eine ähnliche Situation wegen Cyber-Mobbings, wonach es erforderlich, aber wohl auch ausreichend sein soll, wenn der gemobbte Kollege Kenntnis von den Posts erlangt bzw. sie sich in irgendeiner Form auf ihn auswirken.

Ob eine Pflichtverletzung vorliegt, hängt daher von der Reaktion des Arbeitskollegen als Beleidigungsopfer ab. Überträgt das Opfer die Beleidigung auf die berufliche Ebene und kommt es deshalb im Betrieb zum Konflikt, liegt eine Pflichtverletzung vor. Trennt er die im privaten stattfindende Herabwürdigung hingegen vom beruflichen Verhältnis, fehlt es an einer Pflichtverletzung. Das Risiko, wie das Opfer reagiert, trägt somit der beleidigende Arbeitnehmer.

Zu dessen Gunsten könnte allerdings angedacht werden, dass trotz des Eintritts eines Konflikts im Betrieb nur dann von einer Pflichtverletzung auszugehen ist, wenn die Reaktion des Opfers sozialadäquat war. Wird der Kollege z. B. lediglich als „Depp“ bezeichnet und weigert sich dieser daraufhin gleichwohl, mit dem Täter zusammen zu arbeiten, könnte von einer Überreaktion gesprochen werden, mit der der Beleidigende nicht hätte rechnen müssen. Eine Pflichtverletzung könnte in diesem Fall abgelehnt werden.

Diesem Gedanken kann jedoch nicht gefolgt werden. Die Sozialadäquanz der Reaktion kann hier nicht als Filter für die Beurteilung herangezogen werden, ob eine Pflichtverletzung vorliegt. Es ist das Risiko des Beleidigenden, wenn seine private Äußerung auch auf das berufliche Verhältnis durchschlägt. Die Situation verhält sich ähnlich, wie wenn ein Unfallopfer wegen seiner Vorschädigungen besonders schwere Schäden erleidet. In einem solchen Fall hat der Schädiger keinen Anspruch darauf, so gestellt zu werden, als habe er einen gesunden Menschen verletzt.[719] Übertragen auf die betrieblichen Auswirkungen bei einer außerdienstlichen Beleidigung bedeutet dies, dass der Beleidigende nicht verlangen kann, so gestellt zu werden, als wenn das Opfer sozialadäquat reagiert hätte.

Hinsichtlich der Betriebsbezogenheit könnte ferner überlegt werden, ob eine ausreichende Verbindung zum Arbeitsverhältnis im Rahmen der Social Media dadurch hergestellt werden kann, dass andere Mitarbeiter aufgrund der virtuellen Vernetzung von einer dort erfolgten Beleidigung Kenntnis nehmen können. Dies ist allerdings zu verneinen. Zwar kommt eine Beleidigung im außerdienstlichen Bereich einer während der Arbeitszeit begangenen Beleidigung umso näher, je mehr Mitarbeiter davon Kenntnis nehmen können. Insoweit ist auf den ersten Blick nachvollziehbar, wenn das *ArbG Hagen* bei einem ehrenrührigen *Facebook*-Post die Parallele zu einer Veröffentlichung am schwarzen Brett zieht. Dennoch geht dieser Vergleich fehl, da es sich bei einem schwarzen Brett in der Betriebsstätte gerade nicht um eine private, sondern um eine betriebliche, vom Arbeitgeber bereitgestellte Plattform handelt. Veröffentlicht ein Arbeitnehmer etwas am schwarzen Brett, will er gerade einen bestimmten Empfängerkreis erreichen,

719 BGH NJW 1996, 2425, 2426.

nämlich alle im Betrieb des Arbeitgebers Tätigen. Bei Kundgaben im Social Media-Bereich ist in erster Linie beabsichtigt, die Personen zu erreichen, zu denen eine direkte und regelmäßig private Vernetzung besteht. Ist ein Arbeitnehmer auf *Facebook* mit Kollegen befreundet, geht seine Intention bei einem Post i. d. R. nicht dahin, damit gezielt all seine Kollegen zu erreichen, sondern die Gesamtheit seiner (privaten) Freunde, auch wenn darunter einige Kollegen sein können. Allerdings kommt es auch hier auf den Einzelfall an. Besteht beispielweise eine eigene, ausschließlich aus anderen Mitarbeitern bzw. Kollegen bestehende Gruppe, kommt eine dort abgesetzte Mitteilung einem Aushang am schwarzen Brett jedenfalls nahe (je nachdem, wie viele Mitglieder die Gruppe hat und wie viele Arbeitnehmer im Betrieb beschäftigt sind).

Nichtsdestotrotz kann allein die im privaten Bereich erfolgende Kenntnisnahme anderer Kollegen von einer beleidigenden Äußerung nicht genügen, um eine für § 241 Abs. 2 BGB relevante Betriebsbezogenheit herzustellen. Erfolgt eine außerdienstliche Beleidigung, ist zunächst nur das Verhältnis zwischen Täter und Opfer betroffen und die Ehre des Opfers verletzt. Deren Schutz ist aber durch die dafür bestimmten Normen gewährleistet (§ 185 StGB, Art. 5 Abs. 2 GG). Insoweit besteht schon gar kein Bedürfnis, die möglichen Sanktionen einer Beleidigung auf die arbeitsvertragliche Ebene auszuweiten. Solange der weiter oben dargestellte Zweck der Rücksichtnahmepflicht im außerdienstlichen Bereich – nämlich berechtigte Interessen des Arbeitsgebers nicht zu beeinträchtigen – nicht betroffen ist, kann eine Pflichtverletzung nicht deshalb bejaht werden, weil andere Arbeitnehmer von der ehrverletzenden Äußerungen aufgrund der virtuellen Vernetzung Kenntnis erlangen können.[720] Darin mag zwar ein Bezug zum Arbeitsverhältnis gesehen werden, dieser allein berührt den Interessenkreis des Arbeitgebers allerdings nicht. Schließlich sind trotz des betrieblichen Bezugs andere arbeitsrechtlich relevante Werte oder Positionen nicht verletzt oder betroffen, so dass ohne weitere Anhaltspunkte nicht von einer arbeitsvertraglichen Pflichtverletzung ausgegangen werden kann. Insoweit muss es auch unerheblich sein, ob die Verbindung über Social Media lediglich zu einem, zehn oder 30 Kollegen besteht, und diesen die ehrverletzende Äußerung online angezeigt wird. Anderenfalls würden die nach § 241 Abs. 2 BGB bestehenden Rücksichtnahmepflichten zu weit in die Privatsphäre des Arbeitnehmers ausstrahlen, weil dann schon rein private und vom Arbeitsverhältnis losgelöste Beziehungen das außerdienstliche Verhalten beeinflussen könnten.

---

720 So i.E. auch *Dzida/Förster* BB 2017, 757, 758 (zu politischen Äußerungen).

Im Ergebnis erlangt die Beleidigung eines Kollegen über Social Media nur dann arbeitsrechtliche Relevanz, wenn es aufgrund der Ehrverletzung zu konkreten negativen Auswirkungen auf den Betrieb kommt.[721] Dies wird regelmäßig der Fall sein, wenn der beleidigte Mitarbeiter infolge der Äußerung nicht mehr willens ist, mit dem Beleidiger zusammenzuarbeiten oder der Konflikt im Betrieb ausgetragen wird und es deswegen zu Betriebsablaufstörungen kommt. Erst dann dringt das außerdienstliche Verhalten in die betriebliche Sphäre ein, und zwar in einer Art, die berechtigte Interessen des Arbeitgebers wie z. B. den Betriebsfrieden[722] oder das Bestehen einer reibungslosen Produktion beeinträchtigen. Dann ist auch ggü. dem beleidigten Kollegen die Fürsorgepflicht des Arbeitgebers aktiviert, da diese ihn verpflichtet, Arbeitnehmer vor Rechts(gut)verletzungen durch Dritte zu schützen.[723]

(bb) Beleidigung des Vorgesetzten

Ist das Beleidigungsopfer hingegen ein Vorgesetzter, kann eine andere Beurteilung angebracht, ein bloßer Bezug zum Arbeitsverhältnis für die Annahme einer Pflichtverletzung i.S.d. § 241 Abs. 2 BGB also schon ausreichend sein. Schließlich hat ein dem sich beleidigend äußernden Arbeitnehmer hierarchisch übergeordneter Vorgesetzter ungeachtet seiner arbeitsrechtlichen Weisungsbefugnis stets eine Autoritätsfunktion ggü. den unterstellten Arbeitnehmern.[724] Wird dieser Führungsanspruch durch heftige Beleidigungen untergraben, ist – im Gegensatz zur bloßen Beleidigung eines Kollegen – auch die arbeitsvertragliche Ebene tangiert.[725] Es liegt daher nicht fern, einen Verstoß gegen die arbeitsvertragliche (Rücksichtnahme-)Pflicht anzunehmen, wenn entsprechende Äußerungen in den Social Media fallen.[726]

Problematisch scheint aber zunächst die Beurteilung einer (eingetretenen) Autoritätsuntergrabung. Regelmäßig wird es insoweit nämlich an der tatsächlichen Feststellung, ob aus der maßgeblichen Sicht anderer Arbeitnehmer die

---

721 Vgl. BAG NZA 1999, 863, 864: Hier erfolgte die Äußerungen schriftlich, allerdings mit direktem Bezug zum Arbeitsverhältnis, da den Beleidigungen Auseinandersetzungen wegen der Änderung des Arbeitseinsatzes der beleidigenden Arbeitnehmerin vorhergingen; BeckOK ArbR BGB/*Stoffels* § 626 Rn. 106b.

722 Vgl. BAG NZA 2010, 698, 699.

723 Vgl. zum Mobbing Küttner/*Poeche* On. 314 Rn. 3.

724 Vgl. LAG Hamm BeckRS 2004, 30802796

725 BeckOK ArbR/*Stoffels* BGB § 626 Rn. 106; MüKo-BGB/*Henssler* § 626 Rn. 182; BAG NZA 2010, 698, 699; LAG Düsseldorf BeckRS 2016, 68431.

726 BAG BeckRS 1997, 30368988; LAG Hamm BeckRS 2004, 30802796.

Autorität des beleidigten Vorgesetzten überhaupt untergraben wurde, fehlen. Bei der Annahme einer Autoritätsuntergrabung wird es sich meist um eine – wenn auch nachvollziehbare – Vermutung handeln, deren Wahrheit sich nur schwer feststellen lässt. I.E. ist dies aber irrelevant, da es für die Annahme einer Pflichtverletzung ausreichend sein muss, wenn durch eine beleidigende Aussage eines Arbeitnehmers die Autorität des Vorgesetzten gefährdet ist.

Fraglich ist in diesem Zusammenhang jedoch, wann im Rahmen der Social Media-Nutzung die Schwelle erreicht ist, ab der von einer Gefährdung der Vorgesetztenautorität auszugehen ist. Das *LAG Hamm* bejahte eine Autoritätsuntergrabung jedenfalls bei Beleidigungen des Vorgesetzten, die im Rahmen einer Betriebsfeier vor versammelter Belegschaft (mündlich) erfolgt war.[727]

Daran anknüpfend ist für solche sich in den Social Media abspielenden Vorfälle die Frage nach der betrieblichen Streubreite der beleidigenden Äußerung maßgeblich. Abzustellen ist auf die bereits oben diskutierte mögliche Kenntnisnahme der Äußerung durch andere Arbeitnehmer über die jeweilige Plattform, weil nur auf diesem Wege eine Social Media-relevante Verbindung zum Arbeitsverhältnis begründet werden kann. Wie bei der oben behandelten Rufschädigung wegen des Veröffentlichens von Fotos, muss die Verbindung zum Arbeitsverhältnis auch hier ein gewisses Gewicht haben. Hat der sich ehrverletzend äußernde Arbeitnehmer lediglich fünf Kollegen als Follower oder im virtuellen Freundeskreis, kann der damit verbundenen Streuung grundsätzlich keine so erhebliche Gewichtung beigemessen werden, als wenn der Arbeitgeber insgesamt mehrere hundert Arbeitnehmer beschäftigt. Allerdings ist hier zu berücksichtigen, dass es für eine Autoritätsuntergrabung nicht auf das totale Verhältnis zwischen der Gesamtbeschäftigtenzahl und den Arbeitnehmern, zu denen tatsächlich eine Vernetzung besteht, ankommen kann. Die Autorität des Vorgesetzten kann bereits dann gefährdet sein, wenn dieser bspw. eine Abteilung mit 25 Mitarbeitern leitet und fünf davon mit dem Beleidigungstäter über den Social Media-Dienst verknüpft sind und die ehrverletzende Äußerung sehen können. Eine Betriebsöffentlichkeit, wie sie das *ArbG Hagen* bei 37 betriebsangehörigen *Facebook*-Freunden wegen des Vergleichs mit einem Aushang am Schwarzen Brett bejahte, ist nicht erforderlich.[728]

---

727 LAG Hamm BeckRS 2004, 30802796; so auch das BAG BeckRS 1997, 30368988 zur Beleidigung des Geschäftsführers der Arbeitgeberin.

728 Wohl auch dieser Ansicht LAG Baden-Württemberg BeckRS 2016, 71236: Das LAG unterstellte in seiner Entscheidung das Vorliegen eines wichtigen Grundes i.S.d. § 626 Abs. 1 BGB wegen einer Beleidigung eines Vorgesetzten über Facebook, ohne überhaupt die Frage der Außerdienstlichkeit zu diskutieren. Obwohl es festgestellt

Eine pauschalierte Betrachtungsweise wird aber wohl auch hier nicht möglich sein. Vielmehr ist für jeden Einzelfall festzustellen, ob eine Ehrverletzung wegen der festgestellten Vernetzungen zu einer Autoritätsuntergrabung führen kann. Beleidigt bspw. ein im Münchener BMW Werk (ca. 7.700 Mitarbeiter)[729] beschäftigter Arbeitnehmer seinen Vorgesetzten auf seiner *Facebook*-Pinnwand und ist er dort mit zehn anderen BMW-Mitarbeitern befreundet, die aber in anderen Abteilungen des Münchener Standorts eingesetzt sind und den beleidigten Vorgesetzen deshalb gar nicht kennen, scheidet eine Autoritätsuntergrabung schon rein tatsächlich aus. Setzt hingegen ein Arbeitnehmer, der bei einem mittelständischen Unternehmen mit insgesamt 50 Beschäftigten angestellt ist, einen ehrverletzenden Post über seinen Vorgesetzten, den alle im Betrieb Beschäftigen, also auch die anderer Abteilungen kennen, ist wohl von der Gefahr einer Autoritätsuntergrabung auszugehen.

Gelangt man zu dem Ergebnis, dass wegen der potentiellen betrieblichen Streuung der ehrverletzenden Äußerung über den Vorgesetzten dessen Autorität gefährdet sein kann, drängt sich in einem zweiten Schritt eine weitere Frage auf. Nämlich, ob es für die Annahme einer Pflichtverletzung weiter erforderlich ist, dass andere Mitarbeiter von der ehrverletzenden Äußerung Kenntnis genommen haben. Schließlich muss eine Gefahr für die Autorität des Vorgesetzten bestehen und davon wird man nur ausgehen können, wenn andere Beschäftigte von der Beleidigung mitbekommen. Im Unterschied zur Beleidigung „vor versammelter Belegschaft" ist zwar bei einer in den Social Media erfolgten Ehrverletzung nicht automatisch davon auszugehen, dass alle dort mit dem Arbeitnehmer befreundeten bzw. verbundenen Kollegen von der Äußerung auch tatsächlich Kenntnis nehmen. Dies kann aber unter Verweis auf oben dargestellte Nutzerzahlen- und Fakten angenommen werden, da diese für eine hohe Wahrscheinlichkeit der Kenntnisnahme der anderen Nutzer sprechen.

Im Übrigen kann die tatsächliche Kenntnisnahme z. B. dadurch ermittelt werden, dass festgestellt wird, ob die Beleidigung zu einer Onlinediskussion geführt hat, an der Kollegen des Täters teilnahmen. So verhielt sich auch der Sachverhalt der Entscheidung des *LAG Baden-Württemberg* vom 22.06.2016, in dem es um eine Diskussion im Rahmen einer *Facebook*-Chronik (dort in der Kommentar-

---

hatte, dass jedenfalls vier der 1000 Arbeitnehmer von der dort streitbefangenen Beleidigung Kenntnis erlangte, wurden weder ein Bezug noch negative Auswirkungen diskutiert. Die Kündigung wurde wegen fehlerhafter Interessenabwägung für unwirksam befunden.

729 http://www.bmw-welt.com/de/location/plant/ (letzter Aufruf: 04.06.2017).

funktion) ging. Neben dem gekündigten Kläger waren vier der 21 Diskutanten ebenfalls Mitarbeiter des Arbeitgebers.

Hinsichtlich der Frage nach der Betriebsbezogenheit ist für den Fall, dass sich die Beleidigung des Vorgesetzten auch im Betrieb auswirkt, ebenfalls zu berücksichtigen, dass der Arbeitgeber auch dem Vorgesetzten als Beleidigungsopfer im Rahmen einer Fürsorgepflicht zum Schutz verpflichtet ist. Insoweit gelten die obigen Ausführungen zur Beleidigung von (gleichgestellten) Kollegen.

#### (cc) Beleidigung des Arbeitgebers

Von großer Bedeutung sind auch Beleidigungen, die in Social Media über den Arbeitgeber selbst abgesetzt werden. Schon wertungsmäßig ist eine dem Arbeitgeber geltende Ehrverletzung am empfindlichsten. Die besondere Brisanz dieser Konstellation liegt darin, dass mit dem Arbeitgeber der direkte – und bewusst gewählte – Vertragspartner des Arbeitsvertrags in seiner Ehre verletzt wird. Die zwischen den Parteien des Arbeitsvertrags bestehende Vertrauensgrundlage wird dadurch erheblich erschüttert. Hinzu kommt auch hier, dass mit der Beleidigung automatisch ein Angriff auf die Autoritätsstellung des Arbeitgebers verbunden ist. Deshalb ist es nur konsequent, wenn hinsichtlich der Betriebsbezogenheit eine weitere Differenzierung vorgenommen werden muss.

Vor diesem Hintergrund ist es für die Bejahung einer kündigungsrelevanten Pflichtverletzung unerheblich, ob der sich über den Arbeitgeber beleidigend äußernde Arbeitnehmer mit anderen Mitarbeitern vernetzt, oder ob er nur mit betriebsfremden Personen virtuell verbunden ist. Allerdings kann es sich im Rahmen der Interessenabwägung zu Lasten des Arbeitnehmers auswirken, wenn die negative Äußerung auf diesem Wege in die betriebliche Sphäre gelangt, da sie dort evtl. zu weiteren Auswirkungen (insb. zur Autoritätsuntergrabung des Arbeitgebers) führen kann.

Somit steht und fällt die Annahme eines Verstoßes gegen § 241 Abs. 2 BGB mit dem Umstand, ob die in den Social Media erfolgte Ehrverletzung dem Arbeitgeber als Beleidigungsopfer unzweifelhaft zuordenbar ist. Dies ist regelmäßig dann anzunehmen, wenn der Arbeitgeber entweder für diesen selbst oder für Dritte erkennbar als Beleidigungsopfer identifiziert werden kann. Unproblematisch sind die Fälle, in denen der Arbeitgeber unter der Nennung seines Namens beleidigt wird. Regelmäßig wird diese deutlichste Begehungsart aber nicht vorkommen. Wahrscheinlicher ist, dass der Arbeitnehmer bei den Profileinstellungen, die im Rahmen der Registrierung (aber auch später) ausgefüllt werden können, seinen Arbeitgeber angibt und ihn irgendwann im Laufe der Nutzung z. B. durch eine Statusmeldung, einen Kommentar oder Gruppenbeitrag wie etwa

*„Mein Chef ist ein Arschloch“*

beleidigt. Sofern diese Äußerung nicht im vertraulichen Umfeld erfolgt (hierzu unter II. 3. d) aa) (2) (c)), ist eine Pflichtverletzung an sich i.S.d. § 241 Abs. 2 BGB anzunehmen.

Eine Zuordenbarkeit kommt auch in Betracht, wenn der Arbeitnehmer den Arbeitgeber beleidigt, ohne dass er namentlich benannt wird. Insoweit ist stellvertretend für vergleichbare Fälle das vielfach zitierte Urteil des *ArbG Bochum* zu nennen. In dem dort – trotz der in einem Ausbildungsverhältnis besonders zu beachtenden Förderungspflicht des Ausbildenden – fehlerhaft[730] entschiedenen Fall beschrieb ein Auszubildender auf seinem *Facebook*-Profil seinen Ausbilder unter Rubrik „Arbeitgeber" mit den Worten

> *„menschenschinder & ausbeuter, Leibeigener Bochum, daemliche scheisse fuer mindestlohn – 20Prozent erledigen". [sic]*

Der ausbildende Arbeitgeber erlangte von dieser Äußerung Kenntnis und fühlte sich aufgrund der eindeutigen Platzierung bei der Rubrik „Arbeitgeber" angesprochen und zutreffender Weise erheblich beleidigt. Der Bezug zum Arbeitsverhältnis ist durch die signifikante Verbindung unmittelbar gegeben.

Umgekehrt kann es aber für die Annahme eines zu sanktionierenden Fehlverhaltens nicht ausreichen, wenn objektiv keine eindeutige Zuordenbarkeit der beleidigenden Äußerung möglich ist. Im bereits oben erwähnten Beispiel des Liedzitats der Band „Deichkind" adressierte der Arbeitnehmer die Passage mit den Worten

> *„Hm, mal überlegen. Wieso gefällt mir ausgerechnet das Lied von Deichkind, my friends"*[731]

Anderes als die ausdrückliche Beleidigung in der Profilrubrik „Arbeitgeber" muss dieser Zusatz nicht zwangsläufig dahingehend verstanden werden, dass der Arbeitnehmer die von der Band besungenen mit den bei seinem Arbeitgeber herrschenden Arbeitsbedingungen gleichsetzen wollte. Der Post könnte auch so interpretiert werden, dass dem Arbeitnehmer das Lied aus anderen (z. B. musikalischen) Gründen gefällt. Abgesehen davon, dass in diesem Fall wegen des Einflusses der Kunst- und Meinungsfreiheit eine Pflichtverletzung ohnehin

---

730 Das ArbG Bochum BeckRS 2012, 70844 sah den Ausspruch einer außerordentlichen Kündigung als unangemessen und diese deshalb als unwirksam an. Die Entscheidung wurde vom LAG Hamm BeckRS 2012, 74357 allerdings aufgehoben und die Kündigungsschutzklage abgewiesen.

731 *Voß*, Gekündigt wegen Facebook-Posting, Artikel vom 20.07.2012, http://www.zeit.de/karriere/beruf/2012-06/arbeitsrecht-facebook-kuendigung (letzter Aufruf: 04.06.2017).

ausscheiden muss, wäre auch die Zuordnung zum Arbeitgeber nicht hinreichend klar, um den Tatbestand des § 241 Abs. 2 BGB bejahen zu können.

Im Ergebnis ist – im Unterschied zur Beleidigung von Kollegen oder Vorgesetzten – keine gewichtige Betriebsbezogenheit zwischen der Äußerung und dem Arbeitsverhältnis erforderlich, sondern einzig allein die klare Zuordenbarkeit der ehrverletzenden Äußerung zum Arbeitgeber. Ist diese gegeben, verstößt der Arbeitnehmer gegen seine Rücksichtnahmepflicht, da er den Arbeitgeber weder im dienstlichen noch im außerdienstlichen Bereich beleidigen darf.

Somit ist die Außerdienstlichkeit der Beleidigung für die Frage, ob eine Pflichtverletzung nach § 241 Abs. 2 BGB vorliegt, nicht von Bedeutung. Sie erlangt in der Praxis vielmehr dann kündigungsrechtliche Relevanz, wenn der Arbeitgeber von ihr Kenntnis erlangt. In diesem Zeitpunkt liegt eine arbeitsvertraglich relevante Beeinträchtigung, nämlich die der Vertrauensgrundlage und des Autoritätsverhältnisses vor. Eine Differenzierung zwischen dem bloßen Bezug zum Arbeitsverhältnis oder einer konkreten Beeinträchtigung ist daher für die Frage nach dem „ob" der Pflichtverletzung nicht von Bedeutung.

#### (dd) Zwischenergebnis

Ob eine (außerdienstliche) Beleidigung in den Social Media ein arbeitsvertragliches Fehlverhalten darstellen kann, hängt grundsätzlich davon ab, ob Betriebsbezogenheit besteht. Dies ist von mehreren Faktoren abhängig. Es kommt zunächst darauf an, wer das Opfer der Beleidigung ist. Betrifft sie einen (gleichgestellten) Kollegen, sind konkrete negative Auswirkungen auf das Arbeitsverhältnis erforderlich (Störung des Betriebsfriedens), um eine Pflichtverletzung i.S.d. § 241 Abs. 2 BGB bejahen zu können.

Ist die Äußerung gegen einen hierarchisch übergeordneten Vorgesetzten gerichtet, genügt zwar ein irgendwie gearteter Bezug zum Arbeitsverhältnis nicht, es ist auch hier eine konkrete Beeinträchtigung der Arbeitgeberinteressen erforderlich. Allerdings genügt für die Annahme einer konkreten Beeinträchtigung, dass die Autorität des Vorgesetzten gefährdet ist. Ob dies der Fall ist, hängt von der Anzahl anderer Mitarbeiter des Arbeitgebers ab, die von der Beleidigung Kenntnis genommen haben. Dieses ist für das jeweilige Arbeitsverhältnis im Einzelfall zu bestimmen.

Beleidigt der Arbeitnehmer seinen Arbeitgeber direkt, genügt es, wenn die ehrverletzende Äußerung dem Arbeitgeber mit ausreichender Gewissheit zugeordnet werden kann. Ob Kollegen die Äußerung ebenfalls einsehen können, ist irrelevant, so dass sich die Frage nach der Betriebsbezogenheit in diesem Fall nicht stellt.

### (c) Äußerung im vertraulichen Bereich

Auf vorstehende Überlegungen hinsichtlich des Vorliegens einer Pflichtverletzung käme es hingegen nicht an, betrachtete man die Kommunikation in Social Media als vertrauliche Äußerungen. In diesem Zusammenhang wird heftig die Frage diskutiert, ob das in den Social Media herrschende, gewissermaßen einem Freundeskreis ähnelnde Umfeld ein solches Maß an Vertraulichkeit erreichen kann, dass dort erfolgende negative Äußerungen sanktionslos bleiben müssen.

#### (aa) Grundsatz

Prinzipiell ist bei Gesprächen zwischen engvertrauten Personen von der h.M. in Rspr. und Literatur anerkannt, dass ehrverletzende Äußerungen einem besonderen Schutz der vertraulichen Kommunikation unterliegen.[732] Rechtlich nachteilige Folgen können auf den sich Äußernden in diesem Fall selbst bei groben Beleidigungen nicht zukommen.[733] Dies gilt auch für beleidigende Äußerungen eines Arbeitnehmers ggü. Kollegen, denn der Arbeitnehmer darf anlässlich solcher vertraulichen Gespräche darauf vertrauen, dass seine Äußerungen nicht nach außen getragen werden.[734] Er muss nicht damit rechnen, dass durch sie der Betriebsfrieden gestört und deshalb das Vertrauensverhältnis zum Arbeitgeber belastet wird.[735] Grund dafür ist, dass die vertrauliche Kommunikation als Ausdruck des Persönlichkeitsrechts (Art. 2 Abs. 1 i.V.m. Art. 1 Abs. 1 S. 1 GG) grundrechtlich gewährleistet ist und dem Schutz der Ehre des durch die Äußerung Betroffenen vorgeht.[736] Im Strafrecht bewirkt die vertrauliche Kommunikation den Ausschluss der Tatbestandsmäßigkeit des § 185 Abs. 1 StGB.[737] Übertragen auf eine ehrletzende Äußerung mit arbeitsrechtlichem Bezug bedeutet dies, dass bei gegebener Vertraulichkeit schon das Vorliegen einer Pflichtverletzung an sich ausscheiden muss.[738]

Um beurteilen zu können, ob diese Grundsätze auch auf Äußerungen in Social Media Anwendung finden können, ist zunächst zu klären, wann von einer vertraulichen Kommunikation im vorgenannten Sinne auszugehen ist bzw. welche Anforderungen an eine solche zu stellen sind.

---

732 *Burr* NZA-Beil. 2015, 114, 115.

733 Ebd.

734 BAG NZA 2010, 698, 699; BAG BeckRS 2003, 40827.

735 BAG NZA 2010, 698, 699.

736 Ebd.; BGH NJW 2007, 1194, 1195; *Burr*, Posting als Kündigungsgrund, S. 172 ff.

737 BeckOK StGB/*Valerius* § 185 Rn. 34.

738 So im Ergebnis auch *Däubler*, Internet und Arbeitsrecht, S. 191 Rn. 212j.

#### (bb) Vertraulichkeit im Arbeitsverhältnis

Charakteristisch für eine vertrauliche Kommunikation ist, dass man den Gesprächspartner kennt und von dessen loyalen Verhalten ausgeht,[739] sich ihm ggü. also im Rahmen einer Rückzugsmöglichkeit offen und frei von der Angst vor Sanktionen mitteilen kann.[740] Gesprächspartner, die eine Vertraulichkeit begründen, gehören daher regelmäßig zum engsten Familien- oder Freundeskreis.[741] Auch wenn die Arbeitsgerichtsbarkeit in ihrer diesbezüglichen Rspr. nicht auf eine entsprechende Bindung zwischen den Arbeitskollegen, sondern wohl allein auf den Kollegenstatus abstellt, wird man eine irgendwie geartete Vertrauensstellung fordern müssen, um eine Vertraulichkeit in o. g. Sinne annehmen zu können. Das *BAG* geht zwar im Ansatz noch zutreffend davon aus, dass es für eine vertrauliche Kommunikation unter Kollegen nicht ausreichend ist, wenn die Äußerung ggü. einer größeren Anzahl von Mitarbeitern, zu denen keine durch enge Zusammenarbeit begründete Kontakte bestehen, erfolgt oder sie wahllos ggü. mehreren Arbeitskollegen getätigt wird.[742] Allein der nach dem *BAG* bestehende Erfahrungssatz, dass angreifbare Bemerkungen, die im – kleineren – Kollegenkreis erfolgen, regelmäßig in der sicheren Erwartung geäußert werden, sie würden nicht über den Kreis der Gesprächsteilnehmer hinausdringen,[743] kann jedenfalls nicht ausreichen. Schließlich kann nicht von jedem Kollegen ohne weitere Anhaltspunkte angenommen werden, dass ihm bewusst ist, dass die ihm zu Teil gemachte – evtl. ehrenrührige – Mitteilung geheim zu bleiben hat. Für den Äußerungsempfänger muss die Vertraulichkeit vielmehr erkennbar sein.[744]

Die Mindestvoraussetzungen könnten z. B. sein, dass es um Kollegen gehen muss, die im ständigen Kontakt zueinander stehen und sowohl in räumlicher Nähe zueinander als auch auf der derselben Hierarchieebene arbeiten.[745] Hier läge es auch nahe, dass eine das bloße Kollegenverhältnis übersteigende Beziehung entsteht, die eine Vertraulichkeit zwischen Arbeitskollegen zu rechtfertigen vermag.[746]

---

739 *Däubler*, Internet und Arbeitsrecht, S. 196 Rn. 212r.

740 BeckOK StGB/*Valerius* § 185 Rn. 34.

741 BeckOK StGB/*Valerius* § 185 Rn. 34, 35.

742 AP BGB § 626 Nr. 66; ausführlich zur Rspr. des BAG und zur diesbezüglichen Ansicht der Lit. *Burr*, Posting als Kündigungsgrund, S. 167 ff.

743 BAG NZA 2010, 698, 700; AP BGB § 626 Nr. 66.

744 *Burr*, Posting als Kündigungsgrund, S. 177; Lackner/Kühl/*Kühl* § 185 Rn. 9.

745 So verhielt sich der vom BAG im Jahr 2009 entschiedene Sachverhalt, wobei das BAG die Annahme eines vertraulichen Gesprächs nicht auf die genannten Kriterien stützte, BAG NZA 2010, 698.

746 Vgl. BeckOK ArbR/*Stoffels* BGB § 626 Rn. 106a.2; so auch *Burr*, Posting als Kündigungsgrund, S. 187.

### (cc) Vertraulichkeit bei Social Media-Nutzung

Grundsätzlich fällt es schwer, bei Zugrundelegung vorstehender Ausführungen eine vertrauliche Kommunikation in Social Media für möglich zu halten. Wer sensible Dinge, an deren Geheimhaltung (v.a. wegen zu befürchtender Sanktionen) ein besonderes Interesse besteht, mitzuteilen hat, wird hierfür wohl kaum das für ihn größtmögliche Sprachrohr heranziehen. Allerdings bieten auch die Social Media Kommunikationsmöglichkeiten, die ohne weiteres solche Rahmenbedingungen aufweisen, innerhalb derer eine vertrauliche Kommunikation von statten gehen kann. Zum einen können in den meisten Social Media-Diensten Privatnachrichten – vergleichbar mit einer E-Mail oder SMS – versandt werden. Zum anderen gibt es oftmals die Möglichkeit, geschlossene Gruppen einzurichten, in denen die dort aufgenommenen Personen wie in einem reellen Mehraugengespräch unter Ausschluss anderer Personen kommunizieren können.[747] Besteht zwischen den Gesprächsteilnehmern eine Verbundenheit, die eine vertrauliche Kommunikation rechtfertigen kann, so ist grundsätzlich auch in Social Media eine sanktionslose Beleidigung des Arbeitgebers möglich.[748] Diese Situation ist vergleichbar mit einer an mehrere Personen gerichteten E-Mail, wenn zwischen dem Absender und jedem einzelnen der in der Adresszeile eingetragenen Empfänger ein Vertraulichkeitsverhältnis im o.g. Sinne bestünde.

In solchen Konstellationen sind ehrverletzende Äußerungen aber regelmäßig nicht Gegenstand der arbeitsgerichtlichen Praxis. Vielmehr geht es dort um Fallgestaltungen, in denen mindestens die unmittelbar mit dem betroffenen Arbeitnehmer vernetzten Personen die makelbehaftete Äußerung einsehen können. Entweder geht es um Posts oder Tweets auf der eigenen Chronik, einer fremden Chronik oder Unterhaltungen, die in Ausübung der meist gegebenen Kommentarfunktion (unter Bildern, Videos oder Statusmeldungen) entstehen. Bei diesen Sachverhalten stellt sich dann das Problem, ob eine die Pflichtverletzung ausschließende Vertraulichkeit noch anzunehmen ist, wenn die gesamten Freunde oder Follower, evtl. sogar zusätzlich die der eigenen Freunde (Freundes-Freunde), in der Lage sind, die Beleidigung zu sehen. Die Standpunkte in der Rspr. reichen in diesen Fällen vom kompletten Ausschluss einer Vertraulichkeit in den Social Media, weil bei Äußerungen im Internet von Vertraulichkeit keine Rede mehr

---

747 Vgl. *Däubler*, Internet und Arbeitsrecht, S. 194 Rn. 212o; ausführlich zu den unterschiedlichen Gruppeneigenschaften *Burr*, Posting als Kündigungsgrund, S. 181 f.

748 Vgl. *Burr* NZA-Beil. 2015, 114, 115 f.; *Burr*, Posting als Kündigungsgrund S. 181 ff.; vgl. auch *Dzida/Förster* BB 2017, 757, 760 (zu politischen Äußerungen).

sein könne,[749] bis zu der Annahme, dass im Bereich der privaten Social Media-Nutzung eine Vertraulichkeit anzunehmen sei.[750,751]

Richtigerweise kann die Vertraulichkeit einer Äußerung außerhalb von geschlossenen Gruppen oder Privatnachrichten nur dann angenommen werden, wenn alle potentiellen Empfänger ebenfalls dem Personenkreis zuzuordnen sind, innerhalb dessen eine vertrauliche Kommunikation i.S.d. oben genannten Definition stattfinden kann.[752] Dabei wird es sich jedoch lediglich um eine theoretische Konstellation handeln. Der durchschnittliche *Facebook*-Nutzer bspw. hat 350 Freunde (junge Erwachsene sogar 649)[753] und das deutsche *Twitter*-Konto im Schnitt 590 Follower (und es folgt umgekehrt selbst im Schnitt 315 anderen Twitterern).[754] Es ist somit davon auszugehen, dass die virtuell verbundenen Personen regelmäßig keine „engen" Freunde sind, zwischen denen eine vertrauliche Kommunikation stattfinden kann. Vielmehr zeigt eine im Jahr 2016 veröffentlichte Studie, dass lediglich 14 Personen, zu denen eine Vernetzung auf *Facebook* besteht, als enge Freunde bezeichnet werden können und man sich im Falle einer emotionalen Krise sogar nur vier Personen anvertrauen würde.[755]

Gleichwohl ist jeder Einzelfall gesondert zu untersuchen. Hat nämlich ein *Facebook*-Nutzer nur eine deutlich unter dem Schnitt liegende Anzahl an Freunden, und ist jeder einzelne davon vertrauenswert, kann bei einem Post auf der eigenen Pinnwand eine vertrauliche Äußerung vorliegen. Voraussetzung ist aber auch hier, dass andere Personen nicht aufgrund der lockeren Privatsphäre-Einstellungen des sich äußernden Arbeitnehmers (Sichtbarkeit der Posts für

---

749 VG Ansbach BeckRS 2012, 46752 sowie im Anschluss der BayVGH MMR 2012, 422, 424 das aber zwischen einer Veröffentlichung im „privaten" oder „öffentlichen" Bereich auf Facebook differenzierte; ArbG Dessau-Roßlau ZD 2012, 344, 345.

750 ArbG Bochum BeckRS 2012, 68181; BayVGH MMR 2012, 422, 424.

751 *Burr* NZA-Beil. 2015, 114, 115.

752 So auch *Däubler*, Internet und Arbeitsrecht, S. 196 Rn. 212r; ähnlich auch OLG Stuttgart MMR 2011, 280, 280 zur Teilnahme an einer Yahoo-Nachrichtengruppe, bei der dem Teilnehmer nicht alle Mitglieder der Gruppe persönlich bekannt sind; *Burr*, Posting als Kündigungsgrund, S. 174.

753 http://www.sueddeutsche.de/wissen/soziale-netzwerke-wenige-freunde-fuers-leben-1.2558491 (letzter Aufruf: 04.06.2017)

754 http://blog.wiwo.de/look-at-it/2015/09/01/twitter-in-deutschland-nur-09-von-drei-millionen-konten-aktiv-durchschnittlich-590-follower/ (letzter Aufruf: 04.06.2017).

755 http://rsos.royalsocietypublishing.org/content/3/1/150292 (letzter Aufruf: 04.06.2017); http://www.cbc.ca/beta/news/trending/only-4-of-your-facebook-friends-actually-care-about-you-study-suggests-1.3420902 (letzter Aufruf: 04.06.2017).

Freundes-Freunde) Zugriff auf die entsprechende Äußerung haben.[756] In diesem Fall würde nämlich der tatsächliche Empfängerkreis die Anzahl der „direkten“ Freunde übersteigen, was gleichzeitig zur Aufhebung einer etwaigen Vertraulichkeit führte.[757]

Aber selbst wenn zu allen Freunden oder Followern eine entsprechende Vertraulichkeitsbeziehung bestünde und nur diese die Posts des Arbeitnehmers empfangen könnten, erscheint es fraglich, ob eine die Pflichtverletzung ausschließende Vertraulichkeit auch dann angenommen werden kann, wenn eine große Personenzahl von der beleidigenden Äußerung Kenntnis nehmen kann.

*Däubler* vertritt hierzu die Auffassung, dass es ohne Bedeutung sei, wenn der sich beleidigend äußernde Arbeitnehmer viele Online-Freunde (aus dem Betrieb) habe.[758] Es verhalte sich diesbezüglich nicht anders als bei einem traditionellen Gespräch, wenn also der betroffene Arbeitnehmer nacheinander verschiedene Unterhaltungen mit unterschiedlichen Gruppen führen würde.[759]

Überzeugender ist die gegenteilige Auffassung,[760] die grundsätzlich im Einklang mit dem *BAG*[761] die Begrenzung der Größe des Gesprächs- bzw. Empfängerkreises fordert, um eine Vertraulichkeit annehmen zu können. Erstens spricht dafür, dass sich der Erklärende nicht mehr auf die Vertraulichkeit der Äußerung verlassen darf, weil für den einzelnen Erklärungsempfänger aufgrund der großen Anzahl der übrigen Empfänger der Eindruck entsteht, es handele sich um eine nicht besonders vertrauliche Mitteilung. Hier liegt auch der maßgebliche Unterschied zum vorgenannten Gleichnis von *Däubler*, denn die vom Erklärenden gewünschte Vertraulichkeit ist in einem Vier- oder Sechsaugengespräch deutlich besser zu erkennen, als bei einer „in der großen Runde“ abgegebenen Erklärung. Hinzu kommt, dass sich bei einer Äußerung im kleinen Kreis regelmäßig alle daran Teilnehmenden kennen und die Tatsache, dass sie nur an eine geringe Anzahl an Personen gerichtet ist, die Vertraulichkeit erkennbar macht. Dies wird bei einer an z. B. 150 Freunde gerichteten Statusmeldung auf *Facebook* meistens nicht der Fall sein.

---

756 So auch *Schockenhoff*, Soziale Netzwerke im Arbeitsrecht, S. 20 und *Oberthür* AnwBl 2015, 849, 852.

757 Vgl. *Däubler*, Internet und Arbeitsrecht, S. 197 Rn. 212s.

758 *Däubler*, Internet und Arbeitsrecht, S. 197 Rn. 212r; so auch *Hinrichs/Hörtz*, NJW 2013, 648, 652.

759 *Däubler*, Internet und Arbeitsrecht, S. 197 Rn. 212r.

760 *Burr*, Posting als Kündigungsgrund, S. 188 f.

761 BAG NZA 2010, 698, 700.

Zweitens steigt mit der Anzahl der Empfänger auch die Schwere des Eingriffs in das Recht der Ehre des Beleidigungsopfers, denn wenn der Kreis der Adressaten zu groß ist, überwiegt dessen Recht an seiner persönlichen Ehre das allgemeine Persönlichkeitsrecht des sich Äußernden.[762] Die anerkannte beleidigungsfreie Zone als teleologische Reduktion des Tatbestands dient dem Zweck, dass sich der Einzelne mit Personen seines Vertrauens wirklich „unzensiert" aussprechen kann, ihm also ein entsprechender Rückzugsort zur Verfügung steht.[763] Es besteht kein Bedürfnis, diesen Zweck auf Konstellationen auszuweiten, in denen ggü. einer Großzahl von Adressaten ehrenrührige Aussagen getätigt werden.

Wie groß die Empfängerzahl maximal sein kann, um noch von einer vertraulichen Atmosphäre ausgehen zu können, scheint schwer bestimmbar zu sein. In der Literatur werden unterschiedliche Obergrenzen genannt, die von nicht mehr als fünf bis sechs Personen[764] bzw. deutlich unter zehn Personen[765] und in Anlehnung an § 23 Abs. 1 S. 3 KSchG bis zu höchstens zehn Personen[766] reichen. Im Hinblick darauf, dass der Eingriff in das Recht an der persönlichen Ehre mit jedem hinzutretenden Adressaten intensiver beeinträchtigt wird, sollte die Grenze fünf Personen nicht übersteigen.

Hypothetisch denkbar ist ferner die Annahme einer vertraulichen Äußerung, wenn mehrere hundert „Freundschaften" bestehen, der zu beurteilende Post vom Nutzer aber nur für eine solche geringe Anzahl an vertrauensvollen Personen sichtbar gemacht wird. Erfolgt der Post oder die Kommentierung hingegen auf der Pinnwand eines anderen Nutzers oder einer gänzlich öffentlichen Seite (z. B. Bewertungsportal oder Blog), scheidet eine Vertraulichkeit automatisch aus. Die Äußerung ist in diesem Fall gleichzeitig auch an unbekannte Nutzer gerichtet, zu denen logischerweise kein vertrauensvolles Verhältnis besteht. Der sich Äußernde kann in diesem Fall nicht mehr steuern, wer von der Äußerung Kenntnis erlangen soll.

### (dd) Zwischenergebnis

Eine Pflichtverletzung kann schon tatbestandsmäßig ausscheiden. Dies allerdings nur, wenn die ehrverletzende Äußerung im vertraulichen Bereich erfolgt. Eine vertrauliche Kommunikation ist grundsätzlich auch in den Social Media möglich,

---

762 *Burr*, Posting als Kündigungsgrund, S. 188.

763 Schönke/Schröder/*Lencker/Eisele* Vorb. zu den §§ 185, 186 Rn. 9a; *Burr*, Posting als Kündigungsgrund, S. 188.

764 *Burmeister* ArbRB 2013, 245, 246.

765 *Kock/Dittrich* DB 2013, 934, 937.

766 *Burr*, Posting als Kündigungsgrund, S. 189.

allerdings ist dies für jeden Einzelfall zu prüfen. Maßgeblich ist hier, wie viele, insb. welche Nutzer von der jeweiligen Äußerung Kenntnis erlangen können.[767] Bei einer Äußerung, die einer großen Nutzeranzahl zugänglich ist, scheidet eine vertrauliche Kommunikation aber aus, selbst wenn zu allen ein besonderes Vertrauensverhältnis besteht.

(3) Like-Button und ähnliche Symbole als Tathandlung

Auch die Besonderheiten der Social Media werfen neue Fragen im Hinblick auf die technische Begehungsweise von Beleidigungen auf. Bei vielen Diensten kann auf dort von anderen abgesetzte Äußerungen mit einem Klick auf bestimmte Schaltflächen reagiert werden.

Eine Betätigung des Like-Buttons bei *Facebook* bzw. der ähnlichen Schaltflächen in anderen Social Media-Diensten (Herzsymbole bei *Twitter* und *Instagram*) bewirkt, dass der Name des likenden Nutzers unter dem jeweiligen Beitrag erscheint und erkennbar ist, dass ihm dieser Beitrag gefällt.[768] Bei *Facebook* wird den Freunden des Nutzers auf deren Startseite – dort im sog. Newsfeed (Englisch für „automatische Nachrichtenmeldungen") – zusätzlich angezeigt, dass dieser Beitrag dem Nutzer gefällt. Mittlerweile besteht jedenfalls bei *Facebook* auch die Möglichkeit, den entsprechenden Beitrag anstatt oder zusätzlich zum Liken mit einem anderen Symbol, z. B. einem lachenden Emoji[769] oder einem Herz, zu versehen. Insgesamt können dort Beiträge wie folgt bewertet werden: „Daumen hoch = gefällt mir", „Herz = Love", „lachender Smiley = Haha", „erstaunt blickender Smiley = wow", „weinender Smiley = traurig" und „böse schauender Smiley mit rotem Kopf = wütend".[770] Beim Klick auf diese Symbole erscheint der Name des Nutzers ebenfalls unter dem Beitrag.

Unproblematisch stellt das Betätigen des Like-Buttons oder eines ähnlichen Symbols eine (eigene) Meinungsäußerung i.S.d. Art. 5 Abs. 1 S. 1 GG dar. Durch Äußerungen wie „gefällt mir", „Love" oder „Haha", drückt der Arbeitnehmer seinen Standpunkt zum jeweiligen Beitrag aus[771] und – weil diese Reaktion bei

---

767 BeckOK ArbR/*Stoffels* BGB § 626 Rn. 106a.5.

768 *Schockenhoff*, Soziale Netzwerke im Arbeitsrecht, S. 21; *Burr*, Posting als Kündigungsgrund, S. 30 f.

769 Zum Begriff „Emoji" siehe unten auf S. 197.

770 http://www.sueddeutsche.de/digital/neue-funktion-reactions-facebook-ergaenzt-like-button-um-fuenf-emojis-1.2878746 (letzter Aufruf: 04.06.2017).

771 *Burr* NZA-Beil. 2015, 114, 116.

anderen Nutzern angezeigt wird – verbreitet er zugleich die Äußerung des ursprünglichen Urhebers.[772]

Der Antwort auf die Frage, ob im Liken einer z. B. den Arbeitgeber beleidigenden Äußerung eines Dritten eine arbeitsrechtlich relevante Pflichtverletzung liegt, kann man sich auf zwei unterschiedliche Weisen nähern. Zum einen kommt in Betracht, den likenden Arbeitnehmer so zu behandeln, als hätte er die gelikte Äußerung selbst vorgenommen. Zum anderen kann an den Umstand angeknüpft werden, dass die Bewertung der Drittäußerung zu einer Weiterverbreitung der ursprünglichen Negativäußerung führt. Hier ist zu untersuchen, ob es zu einer Intensivierung der Rechtsverletzung es Arbeitgebers kommt.

### (a) Zu eigen machen der fremden Äußerung

Eine Pflichtverletzung wegen des Likens oder Bewerten einer fremden Äußerung könnte unter Verweis auf obige Ausführungen zur Beleidigung des Arbeitgebers schon deshalb vorliegen, weil sich der Arbeitnehmer gerade aufgrund seines Klicks auf die „Gefällt mir"- oder „Smiley"-Schaltfläche wie der Äußerungsurheber behandeln lassen muss. Voraussetzung dafür wäre zunächst, dass die entsprechende Äußerung unzulässig ist, denn andernfalls käme es auf die Frage der Zurechnung des Äußerungsinhalts nicht mehr an.[773] Ergibt eine diesbezügliche Prüfung, dass keine ehrenrührige Äußerung, sondern ein von Art. 5 Abs. 1 S. 1 GG geschütztes Werturteil vorliegt, scheidet eine Pflichtverletzung ohnehin aus. Maßgeblich ist daher allein die objektive Rechtswidrigkeit der (fremden) Äußerung.

Nicht entscheidend für die Beantwortung der Frage nach dem Vorliegen einer Pflichtverletzung ist es hingegen, ob die ursprüngliche Äußerung aus der ex ante Sicht des likenden Arbeitnehmers offensichtlich rechtswidrig war,[774] denn schließlich ist hierauf auch nicht abzustellen, wenn es um eine originäre Beleidigung durch den Arbeitnehmer ginge. Das Risiko, eine ehrverletzende Äußerung zu tätigen liegt beim Täter (Arbeitnehmer). Insoweit kommt es auf die Offensichtlichkeit der Unzulässigkeit der Äußerung nicht an. Gleiches muss bei der virtuellen Bewertung einer fremden Äußerung gelten.

Liegt eine beleidigende Äußerung vor, ist die Frage zu beantworten, ob sich der Arbeitnehmer durch das Klicken auf den Like-Button oder auf ähnliche Symbole die fremde Äußerung zu eigen macht. Dies wird unterschiedlich beurteilt.

---

772 Vgl. BVerfG NJW-RR 2010, 470, 470.

773 Vgl. ArbG Dessau-Roßlau ZD 2012, 344, 345; so auch *Burr*, Posting als Kündigungsgrund, S. 163.

774 So *Burr*, Posting als Kündigungsgrund, S. 163.

*Däubler* bejaht dies ohne Begründung[775] und eine ähnliche Ansicht teilt dieses Ergebnis, indem sie die Betätigung des Like-Buttons mit einer zweiten Unterschrift auf einem Brief vergleicht.[776] Weder diese Begründung noch das Ergebnis sind überzeugend.

Der Vergleich eines Klicks auf den Like-Button oder ein ähnliches Symbol, das die Zustimmung zu dem betroffenen Beitrag ausdrückt (der „wütende" bzw. „erstaunte" Smiley muss mangels Zustimmung von vornherein ausscheiden), mit der Unterschrift auf einem Brief geht fehl. Eine Unterschrift hat u. a. den Zweck, die Identität des Ausstellers erkennbar zu machen.[777] Dieser Zweck wohnt dem Liken nicht inne, denn der Likende erklärt mit dem Klick gerade nicht, dass er der Urheber der fremden Äußerung sei. Vielmehr ist für alle Empfänger der Benachrichtigung über den erfolgten Like unmissverständlich erkennbar, wer der Urheber ist. Dies ist der Dritte, dessen Beitrag geliked wurde. So wird es auch im Newsfeed entsprechend wiedergegeben (Bsp.: „Max Mustermann gefällt Susanne Musterfraus Beitrag").

Problematisch ist insoweit aber, dass der Arbeitnehmer zum Ausdruck bringt, dass ihm der fremde Beitrag gefällt. Nach der Rspr. des *BVerfG* muss sich derjenige, der die Äußerung eines Dritten verbreitet und dabei eine eigene und ernsthafte Distanzierung nicht zum Ausdruck bringt, die Äußerung als eigene zurechnen lassen.[778] Ein Zu-eigen-machen liege danach insb. vor, wenn die Äußerung eines Dritten in den eigenen Gedankengang so eingefügt wird, dass dadurch die eigene Aussage unterstrichen werden soll.[779]

Übertragen auf das Liken oder die Bewertung mit einem Smiley liegt gleichwohl kein sich zu-eigen-machen der fremden Äußerung vor. Zwar fehlt es an einer vom *BVerfG* geforderten Distanzierung, allerdings ist der Erklärungswert des Likens oder des Smileys zu berücksichtigen. Die direkte Bedeutung ist grundsätzlich

775 *Däubler*, Internet und Arbeitsrecht, S. 197 Rn. 212t; genauso *Bauer/Günther* NZA 2013, 67, 71 und diesem folgend Thüsing/Wurth/*Vossen*, Social Media im Betrieb, S. 219 Rn. 35; i.E. wohl auch *Fuhlrott/Oltmanns* NZA 2016, 785, 787, die allerdings nicht zwischen dem sich-zu-eigen-machen und der bloßen Verbreitung einer fremden Äußerung differenzieren.

776 *Wittek*, Soziale Netzwerke im Arbeitsrecht, S. 182 m.V.a. *Tödtmann*, Ein Facebook-Klick auf „Gefällt mir" und schon gefeuert?, http://blog.wiwo.de/management/2011/06/16/ein-facebook-klick-auf-gefallt-mir-und-schon-gefeuert/ (letzter Aufruf: 04.06.2017).

777 Palandt/*Ellenberger* BGB § 126 Rn. 6.

778 BVerfG NJW 2004, 590, 591.

779 Ebd.

darauf beschränkt, dass der den Button Betätigende zum Ausdruck bringt, dass ihm gefällt, was der Dritte geäußert hat oder er es witzig findet. Insoweit besteht kein Unterscheid dazu, wenn im Rahmen eines Gesprächs in einer Gruppe nach einer erfolgten Beleidigung eines Dritten die Äußerung „Deine Aussage gefällt mir" fällt oder darüber gelacht wird.[780]

Ferner ist zu berücksichtigen, dass sich das Liken nicht zwangsläufig auf den Inhalt der Fremdäußerung beziehen muss. Der Likende kann mit der Erklärung „gefällt mir" auch die Art und Weise, wie der Dritte sich geäußert hat, bewerten. Dies könnte bspw. der Fall sein, wenn es um eine in Reimform abgesetzte Beleidigung geht und dem Likenden das verwendete Stilmittel gefällt. Ein zu-eigenmachen der Fremdäußerung würde daran scheitern, dass der Bezugspunkt des Gutheißens schon gar nicht auf den herabwürdigenden Inhalt gerichtet ist. Eine Identifizierung mit der Äußerung des Dritten, die zu einer Zurechnung führte, müsste daher ausscheiden.

Hinzu kommt, dass die Verbreitung der Ursprungsäußerung nicht das primäre Ziel bei der Betätigung des Buttons ist, sondern lediglich eine – wenn auch allgemein bekannte – Begleiterscheinung. Darin liegt gerade der Unterschied zum sog. Teilen, das im nachfolgenden Gliederungspunkt erörtert wird. Das Bewerten der fremden Äußerung findet in erster Linie im Verhältnis zwischen dem auf den Button klickenden Nutzer und dem Äußerungsurheber statt. Auch insoweit liegt der Sachverhalt anders als der in Bezug genommene Fall des *BVerfG*, in dem es um ein in einer Tageszeitung abgedrucktes Zitat, also dessen gezielte Veröffentlichung ging. Darüber hinaus handelt sich beim Anklicken des Like- oder Smiley-Buttons oftmals um eine nicht genauer überlegte, spontane Handlung, der kein besonders großer Bedeutungswert beizumessen ist und häufig lediglich die Sympathie zum Autor der Äußerung ausdrücken soll.[781]

Bei Berücksichtigung dieser Gesamtumstände kann nicht davon ausgegangen werden, dass der Post des Dritten in den Gedankengang des Arbeitnehmers „Diese Äußerung gefällt mir" eingefügt und die eigene Aussage unterstrichen werden soll. Vom Standpunkt eines objektiven und verständigen Dritten ist das Betätigen eines (zustimmenden) Bewertungsbuttons nicht so zu verstehen, dass sich der Arbeitnehmer mit der von ihm bewerteten Äußerung identifizieren oder gar dafür die Verantwortung übernehmen will.[782] Das Klicken auf entsprechende,

780 *Fuhlrott/Oltmanns* NZA 2016, 785, 787.

781 *Burr*, Posting als Kündigungsgrund, S. 159 f.

782 *Burr*, Posting als Kündigungsgrund, S. 160; vgl. *Roggenkamp* jurisPR-ITR 10/2010 Anm. 5.

von den Social Media-Diensten vorgegebenen Schaltflächen bewirkt also kein sich-zu-eigen-machen der fremden Äußerung.[783]

(b) Pflichtwidriges Verbreiten einer fremden Negativäußerung

Auch wenn es durch das Bewerten der fremden Äußerung mittels Like- oder Smiley-Button mangels Zurechnung nicht zu einer eigenständigen Beleidigung des Arbeitgebers kommt, ist darin gleichwohl ein Verstoß gegen die Loyalitäts- und Rücksichtnahmepflichten des Arbeitnehmers zu sehen.[784] Grund dafür ist die mit der Bewertung verbundene Verbreitung der ursprünglichen Äußerung, mag sie auch regelmäßig nicht an erster Stelle beabsichtigt sein. Den Arbeitnehmer trifft (auch im außerdienstlichen Bereich) quasi als Minus zum Verbot der Beleidigung eine Schutzpflicht dahingehend, durch Dritte begangene Ehrverletzungen des Arbeitgebers nicht zu perpetuieren. Hierfür kann – im Gegensatz zur Frage des sich-zu-eigen-machens – der Klick auf den erstaunten oder wütenden Smiley ebenfalls von Bedeutung sein, weil es auch bei deren Betätigung zu einer Verbreitung der Ursprungsäußerung kommt. Die emotionale Positionierung des Bewertenden spielt an diesem Punkt folglich noch keine Rolle. Relevant kann sie allerdings bei den unter III. 4 dargestellten Social Media-spezifischen Abwägungspunkten werden (dort sub b)).

Je größer der Kreis der Personen (Freunde oder Follower) ist, die von der Bewertung des fremden Negativbeitrags Kenntnis erlangen, desto schwerer wiegt damit die Perpetuierung der Ehrverletzung des Beleidigungsopfers. Mit seinem Klick erhöht der Arbeitnehmer die Anzahl der Bewertungen, wodurch die Werthaltigkeit der Ursprungsäußerung steigt, denn eine Äußerung mit einer großen Resonanz erscheint für die Übrigen Leser gewichtiger.[785] Dies kann unter anderem dazu führen, dass weitere Nutzer Teil der „breiten Masse" sein wollen und ebenfalls auf den Like-Button klicken und damit für eine zusätzliche Verbreitung der Äußerung sorgen. Es kann daher zu einem Dominoeffekt kommen. Eine Ausnahme würde hingegen die Konstellation darstellen, wenn z. B. aufgrund der besonders engen Privatsphäre-Einstellungen des Arbeitnehmers, nur der Äußerungsurheber die Bewertung sehen könnte. In diesem Fall fehlte es schon an

783 So auch *Schockenhoff*, Soziale Netzwerke im Arbeitsrecht, S. 25; *Burr*, Posting als Kündigungsgrund, S. 160.

784 *Schockenhoff*, Soziale Netzwerke im Arbeitsrecht, S. 25, die aber nicht auf die Intensivierung der Interessenbeeinträchtigung des Arbeitgebers abstellt; *Burr*, Posting als Kündigungsgrund, S. 162 f., allerdings nur unter engen Voraussetzungen.

785 *Burr*, Posting als Kündigungsgrund, S. 162; *Bauer/Günther* NZA 2013, 67, 71.

einer Verbreitung der fremden Äußerung, so dass eine Pflichtverletzung ausscheiden würde.

Entsprechend den Ausführungen zum sich-zu-eigen-machen kommt es auch im Rahmen der Verbreitung nicht darauf an, ob der Arbeitnehmer um die Rechtswidrigkeit der von ihm bewerteten Äußerung weiß. Maßgeblich ist allein die objektive Unzulässigkeit der Ursprungsaussage.[786]

Wenig überzeugend ist im Übrigen die Ansicht, die bei einer inhaltlich zustimmenden Verbreitung einer Negativäußerung (z. B. durch das Liken oder Setzen eines Smileys) zusätzlich eine Schädigung des Arbeitgeberrufes annehmen will, weil andere Nutzer dadurch den Eindruck gewinnen könnten, der Arbeitnehmer stehe nicht hinter seinem Arbeitgeber.[787] Hier ist schon fraglich, ob allein durch einen entsprechenden Klick eines einzelnen Arbeitnehmers der Ruf des Arbeitgebers in Mitleidenschaft gezogen werden kann.

Im Ergebnis stellt das Bewerten einer Negativäußerung aufgrund der damit verbundenen Verbreitung einen Verstoß gegen die Loyalitäts- und Rücksichtnahmepflicht aus § 241 Abs. 2 BGB dar. Der im Vergleich zu einer eigenen Äußerung abgeschwächte Erklärungsinhalt einer solchen Bewertung ist im Rahmen der kündigungsrechtlichen Konsequenzen in ausreichendem Maße zu berücksichtigen.

#### (4) „Teilen" als Tathandlung

Die soeben für das Liken geklärte Frage stellt sich grundsätzlich auch beim sog. „Teilen" eines den Arbeitgeber beleidigenden Beitrags in den Social Media. Das Teilen eines Beitrags bei *Facebook* oder das Retweeten bei *Twitter* ist dadurch gekennzeichnet, dass ein Post oder Tweet eines anderen kopiert und auf der eigenen Seite oder der eines anderen Users angezeigt wird. Folge davon ist, dass der Beitrag von all denjenigen, die Zugriff auf die Seite haben, auf die er kopiert wurde, gesehen werden kann. Grundsätzlich handelt es sich daher wie beim Liken um die Verbreitung eines fremden Beitrags, wobei hier einschränkend die Möglichkeit besteht, den betreffenden Post im Wege einer Privatnachricht auch nur an einen oder eine geringe Anzahl von Adressaten zu teilen (diese Option besteht beim Liken nicht). Das Teilen fremder Beiträge via Privatnachricht ist allerdings von untergeordneter Bedeutung und soll hier vernachlässigt werden.

Das für eine Vielzahl von Adressaten sichtbare Teilen (also mindestens für die eigenen Freunde oder Follower und ggf. die des Users, auf dessen Seite der Beitrag geteilt wurde) ist im Gegensatz zur Betätigung des Like- oder Smiley-Buttons

---

786 A.A. *Burr*, Posting als Kündigungsgrund, S. 163.

787 So *Burr*, Posting als Kündigungsgrund, S. 162.

primär auf Verbreitung gerichtet. Darin liegt der wesentliche Unterschied zwischen diesen Handlungsmöglichkeiten. Das Teilen bietet jedoch die Kombination von beidem, denn der Beitrag der geteilt werden soll, kann mit einem freien Kommentar versehen werden. Der Teilende oder Retweetende ist insoweit nicht auf vom jeweiligen Social Media-Dienst vorgegebene Bewertungen wie „gefällt mir", „Haha", „Love" etc. beschränkt. Je nachdem, ob und ggf. welche weiteren Handlungen der Arbeitnehmer beim Teilen eines fremden, den Arbeitgeber beleidigenden Beitrags vornimmt, kann es daher auch zu einer eigenständigen Beleidigung des Arbeitgebers kommen. Insoweit ist auch in Bezug auf das Vorliegen einer kündigungsrelevanten Pflichtverletzung zwischen dem „einfachen" und dem „qualifizierten" Teilen zu unterscheiden.

#### (a) „Einfaches" Teilen

Das einfache Teilen besteht lediglich in der Reproduktion eines fremden Posts, ohne zusätzlich eine Bewertung oder Kommentar des Beitrags zu veröffentlichen. Es erschöpft sich in der bloßen unkommentierten Verbreitung einer fremden Äußerung.[788] Die Frage nach dem sich-zu-eigen-machen des geteilten Beitrags ist im Gegensatz zur Betätigung des Like-Buttons unproblematisch zu verneinen, weil es insoweit schon an einer eigenen Aussage fehlt, die durch den Inhalt des geteilten Beitrags unterstrichen werden könnte.[789] Diese Auffassung steht ferner im Einklang mit der entsprechenden strafrechtlichen Beurteilung. Wegen Beleidigung durch das Wiedergeben einer fremden ehrverletzenden Äußerung kann sich nur strafbar machen, wer die eigene Nichtachtung oder Missachtung der angegriffenen Person zum Ausdruck bringt.[790] Beim einfachen Teilen fehlt es an jeglicher Positionierung zum ursprünglichen Beitrag, so dass auch ein Anknüpfungspunkt für die eigene Missachtung des Teilenden nicht vorhanden ist.[791]

788 Vgl. OLG Frankfurt a. M. MMR 2016, 489, 490.

789 So auch *Roggenkamp* jurisPR-ITR 10/2010 Anm. 5; entsprechend zu einem Zitat in einem Internetblog OLG Frankfurt a. M. MMR 2016, 850; ähnlich BGH NJW 2010, 760, 761 zu einem abgedruckten Interview in einem Nachrichtenmagazin; a.A. *Rauschhofer* MMR-Aktuell 2010, 302790, der ein sich-zu-eigen-machen auch ohne jegliche Kommentierung allein wegen des Verbreitens ohne ausdrückliche Distanzierung zum fremden Beitrag bejaht; i.E. auch *Däubler*, Internet und Arbeitsrecht, S. 197 Rn. 212t; vgl. auch *Burr*, Posting als Kündigungsgrund, S. 158;

790 BGH NJW 1993, 1486, 1487; OLG Köln NJW 1996, 2878, 2879.

791 Schönke/Schröder/*Lencker*/*Eisele* § 185 Rn. 1 zum Like-Button; i.E. auch BeckOK StGB/*Valerius* § 185 Rn. 23 zum Verweis auf andere Webseiten durch Hyperlinks; so auch OLG Dresden BeckRS 2017, 102219.

Demnach ist im einfachen Teilen eines rechtswidrigen, die Ehre des Arbeitgebers verletzenden Beitrags ebenfalls ein Verstoß gegen die o. g. Schutzpflicht des Arbeitnehmers, nicht zur Verfestigung einer von dritter Seite begangenen Rechtsgutverletzung beizutragen, zu sehen. Auf die Tatsache, dass es sich aber auch hier um eine verhältnismäßig unerhebliche Pflichtverletzung handelt, ist im Rahmen der kündigungsrechtlichen Konsequenzen zu achten.

(b) „Qualifiziertes" Teilen

Beim qualifizierten Teilen eines gegen den Arbeitgeber gerichteten Negativbeitrags liegt zunächst ebenfalls ein pflichtwidriges Verbreiten und damit eine Pflichtverletzung i.S.d. § 241 Abs. 2 BGB vor.

Allerdings kann es, je nach Inhalt der Äußerung, die er mit dem geteilten Beitrag verbindet, auch zu einem sich-zu-eigen-machen der fremden Aussage kommen. Unter Heranziehung der im Zusammenhang mit dem Like-Button erwähnten Rspr. des *BVerfG* wäre von einer Zurechnung der fremden Äußerung auszugehen, wenn der Arbeitnehmer einen den Arbeitgeber beleidigenden Beitrag des Dritten mit den Worten *„Sehe ich genauso"* oder *„Voll und ganz meine Meinung"* kommentiert.[792] Der Aussagegehalt solcher Äußerungen ist ebenfalls unter Berücksichtigung der Gesamtumstände und von der Warte eines objektiven, verständigen Dritten zu ermitteln[793] und i.E. so zu verstehen, dass sich der Teilende oder Retweetende mit dem beleidigenden Beitrag identifiziert. Anders als das bloße *„gefällt mir"* oder *„Haha"* ist nämlich bei der gezielt auf die Verbreitung gerichteten Handlung des Teilens nicht nur die Beziehung zum ursprünglichen Autor der Äußerung von Bedeutung, sondern auch die zu den eigenen Freunden bzw. Followern. An diese ist der eigene Kommentar in erster Linie gerichtet, so dass diese Konstellation auch mit dem Sachverhalt vergleichbar ist, der der Entscheidung des *BVerfG* zugrunde lag. Das gewollte Verbreiten einer Äußerung im Wege des Teilens ist – reduziert auf das private Umfeld der Social Media-Nutzung – einer Veröffentlichung eines Zeitungsartikels jedenfalls ähnlich. Die Kombination aus einem fremdem Beitrag und solch einem eigenen Kommentar ist deswegen auch so zu verstehen, dass der Aussagegehalt des Letzteren durch den fremden Beitrag unterstrichen werden soll.

---

792 Vgl. *Roggenkamp* jurisPR-ITR 10/2010 Anm. 5 zu „So ist es!"; so auch i.E. das OLG Dresden BeckRS 2017, 102219, wonach sich der Nutzer seinen in einem sozialen Netzwerk geteilten Beitrag zu eigen macht, wenn er die Weiterverbreitung mit einer positiven Bewertung verbindet.

793 Vgl. *Burr*, Posting als Kündigungsgrund, S. 158 f. zur Betätigung des Like-Buttons auf Facebook.

Es ist aber im Einzelfall zu untersuchen, ob die mit dem fremden Beitrag verbundene Kommentierung ein sich-zu-eigen-machen der Äußerung bewirken kann. Insb. der private Hintergrund der Social Media-Nutzung, deren mittlerweile herrschende Sozialadäquanz und die enorme Häufigkeit, mit der Beiträge in den Social Media geteilt werden, machen es erforderlich, dass die Identifizierung des Teilenden mit dem fremden Beitrag deutlich zu Tage treten muss.[794] Das bloße Fehlen einer Distanzierung kann daher insb. auch im Hinblick auf die Rechtsfolge, dass der Teilende im Falle einer Zurechnung wie der ursprüngliche Autor der Äußerung zu behandeln ist, nicht ausreichend sein. Auch ein Zusatz wie *„interessant"*, *„lesenswert"* oder *„schaut euch das mal an"* bringt nicht zum Ausdruck, dass sich der Kommentator mit der fremden Äußerung identifizieren will.[795]

### (5) Emojis und Emoticons als Tathandlung

In Kommunikationsprozessen in Social Media werden neben der Betätigung des klassischen Like-Buttons oder des Teilens auch häufig Emoticons oder Emojis als Ausdrucksmittel verwendet. Bei Emoticons handelt es sich um eine Kombination verschiedener auf einer Computertastatur vorhandener Zeichen, mit der im elektronischen Daten- und Nachrichtenaustausch eine Gefühlsäußerung wiedergegeben werden kann (z. B. ein aus den Zeichen :-) geformter Smiley).[796] Emojis sind aus Japan stammende, Emoticons ähnelnde Piktogramme, die in elektronischen Nachrichten auf Gefühlslagen, Gegenstände, Orte, Tiere, Essen o. Ä. verweisen.[797]

Mit der als Beleidigung eines Vorgesetzten interpretierten Verwendung solcher Symbole hatte sich jüngst das *LAG Baden-Württemberg* zu befassen.[798] Im dortigen Fall entwickelte sich in der Kommentarfunktion eines *Facebook*-Posts in ei-

---

794 *Roggenkamp* jurisPR-ITR 10/2010 Anm. 5; a.A. *Rauschhofer* MMR-Aktuell 2010, 302790 zur Haftung für bei Twitter gesetzte Links.

795 *Roggenkamp* jurisPR-ITR 10/2010 Anm. 5; vgl. BGH NJW 1993, 1486, 1487; a.A. *Rauschhofer* MMR-Aktuell 2010, 302790 zu LG Frankfurt a.M., Beschluss v, 20.04.2010, Az. 3-08 O 45/10 – n.v.; OLG Dresden BeckRS, 2017, 102219, wobei es dort um den Zusatz „zu erwägenswert, um ihn nicht zu unterschlagen" ging (weshalb das Gericht eine inhaltlich ernsthafte Auseinandersetzung mit dem geteilten Beitrag und damit ein zu-eigen-machen annahm).

796 Zum Begriff siehe http://www.duden.de/rechtschreibung/Emoticon (letzter Aufruf: 04.06.2017.

797 Zum Begriff siehe http://www.duden.de/rechtschreibung/Emoji (letzter Aufruf: 04.06.2017).

798 LAG Baden-Württemberg BeckRS 2016, 71236.

nem öffentlichen Profil eine lebhafte Diskussion, an der sich einige Arbeitnehmer eines Unternehmens beteiligten. Einer der Diskutanten postete über seinen Vorgesetzten Kommentare wie *„Das fette Schwein dreht durch“* oder *„Der Bärenkopf auch!!!“*. Die Worte „Schwein“ und „Bär“ wurden dabei jeweils mit einem Emoji dargestellt. Nachdem die Arbeitgeberin hiervon Kenntnis erlangt hatte, kündigte sie das Arbeitsverhältnis mit dem postenden Arbeitnehmer außerordentlich und hilfsweise ordentlich.[799]

Das Gericht stellte – zwar ohne nähere Ausführungen, aber i.E. zutreffend – fest, dass es sich um eine grobe Beleidigung handle, wenn eine Person als *„Fettes Schwein“* bezeichnet und dabei anstatt des Wortes „Schwein“ ein entsprechendes Symbol verwendet wird. Zunächst ist insoweit richtig, dass auch in Gesten oder bildlichen Darstellungen eine Beleidigung liegen kann.[800] Für eine herabsetzend gemeinte Bezeichnung durch Tiersymbole oder Ähnliches kann grundsätzlich nicht anderes gelten. Ob es sich bei dem verwendeten Symbol um eine diffamierend gemeinte Äußerung handelt, ist wie bei konkludenten Erklärungen durch Auslegung zu ermitteln. V.a. die Äußerungen vor und nach dem verwendeten Symbol geben Aufschluss über den wahren, beabsichtigten Aussagegehalt.

Für die in den Social Media wählbaren Tiersymbole könnte aber die Überlegung angestellt werden, dass die Beschreibung einer Person mit den regelmäßig verniedlicht dargestellten Figuren keine mit dem dadurch ersetzen Wort (z. B. „Schwein“, „Bär“ oder „Esel) vergleichbare Ehrverletzung bewirken.

Dem kann allerdings nicht gefolgt werden, da allein die Verwendung eines verniedlichten Tiersymbols nicht dazu führen kann, dass der damit ausgedrückte Aussagegehalt (Bezeichnung einer Person als Schwein) seinen ehrenrührigen Charakter verliert. Schließlich müsste der Tatbestand der Beleidigung auch als erfüllt angesehen werden, wenn an den Adressaten einer Nachricht das Piktogramm eines Mittelfingers geschickt würde, da dies dem Zeigen des „echten“ (eigenen) Mittelfingers gleich käme. Allein dessen comichafte Gestaltung in den Social Media-Programmen ändert nichts an der ggü. dem Empfänger kundgetanen Missachtung.

Gleiches hat für die Verwendung von beleidigenden Emoticons zu gelten, mögen diese auch nicht (mehr) so weit verbreitet sein wie Emojis. Insoweit kann es nur auf den mit der Zeichenabfolge bezweckten Aussagegehalt ankommen. Wer einen anderen mit den Zeichen „<:-I“ beschreibt, meint damit nach der

799 *Bahram* ITRB 2016, 249, 249 (Anmerkung zu LAG Baden-Württemberg, Urteil vom 22.06.2016, Az. 4 Sa 5/16).

800 BeckOK StGB/*Valerius* § 185 Rn. 17.

allgemeinen Emoticon-Bedeutung „Dummkopf"[801] und ist deshalb beleidigend. Auch hier kann die Verwendung einer bestimmten Zeichenabfolge, die für einen herabsetzenden Ausdruck steht, nicht dazu führen, dass der Tatbestand der Beleidigung umgangen wird.

##### (6) Zwischenergebnis

In Social Media erfolgende Beleidigungen von Kollegen, Vorgesetzten oder des Arbeitgebers können kündigungsrelevante Pflichtverletzungen darstellen, wobei die dafür erforderliche Betriebsbezogenheit – insb. die virtuelle Verbindung zum Arbeitsverhältnis – maßgeblich ist. Eine die Pflichtverletzung ausschließende Vertraulichkeit der Äußerung kann zwar theoretisch angenommen werden, allerdings kommt dies nur in den seltensten Fällen in Betracht.

Die Bewertung einer fremden, ehrverletzenden Äußerung mit „Gefällt mir" (Like- bzw. Herz-Button) oder einem ähnlichen Symbol bewirkt zwar nicht, dass sich der den Button betätigende Arbeitnehmer die Äußerung zu eigen macht. Gleichwohl ist aufgrund der damit verbunden Verbreitung der Ursprungsaussage ein Verstoß gegen § 241 Abs. 2 BGB gegeben. Gleiches gilt für das einfache Teilen eines fremden Beitrags. Ob das qualifizierte Teilen zu einem sich-zu-eigen-machen der fremden Äußerung führt, hängt von der Kommentierung des Teilenden ab. Nur wenn mit ausreichender Klarheit zum Ausdruck kommt, dass sich der Arbeitnehmer mit der Aussage des Dritten identifiziert, ist ihm diese auch zuzurechnen und er wie der Äußerer selbst zu behandeln.

Nicht nur in der wortwörtlichen Beleidigung kann eine kündigungsrelevante Pflichtverletzung gesehen werden, sondern auch in der herabsetzenden Verwendung von in der digitalen Kommunikation häufig benutzten Emoticons oder Emojis.

#### bb) Geschäftsschädigende Äußerungen

Nicht nur die innerbetriebliche Sphäre betreffende Beleidigungen können die ggü. dem Arbeitgeber bestehende Loyalitäts- und Rücksichtnahmepflicht verletzen, sondern auch solche Äußerungen, die geschäftsschädigenden Charakter haben. Dabei kann es neben den bereits oben untersuchten unzulässigen Tatsachenäußerungen (insb. Unternehmensgeheimnisse und Whistleblowing) entweder um

801 Siehe http://www.desig-n.de/smileys-emoticons.htm, http://www.vtxnet.ch/community/chat/smilies.asp oder auch http://www.smszeichen.ch/sms/welche-bedeutung-hat-mein-sms-zeichen/die-haeufigsten-sms-zeichen-smileys-emoticons/ (jeweils letzter Aufruf: 04.06.2017).

abwertende Aussagen über das Unternehmen bzw. die Produkte des Arbeitgebers gehen oder aber erneut um Ehrverletzungen, die Kunden oder Geschäftspartner des Arbeitgebers betreffen und die deshalb in der Lage sein können, sich negativ auf den Geschäftsbetrieb auszuwirken. Geschäftsschädigende Äußerungen können daher hinsichtlich des Äußerungsobjekts in die Kategorien „unternehmensbezogen" und „kundenbezogen" unterteilt werden.

#### (1) Unternehmensbezogene Äußerung

Im privaten Bereich über den Arbeitgeber, dessen Unternehmensziele oder Produkte vom Arbeitnehmer kund getane, negative Äußerungen sind grundsätzlich keine Besonderheit mehr. Gerade die öffentliche Online-Beurteilung des Arbeitgebers liegt im Trend, wie die zahlreichen Bewertungsportale wie www.kununu.com, www.jobvoting.de und www.meinchef.de zeigen.[802] Der Arbeitnehmer ist auch in diesem Zusammenhang nicht gehalten, von seinem Arbeitgeber nur positiv zu denken und sich in seiner Privatsphäre ausschließlich positiv über ihn zu äußern.[803] Das gilt jedenfalls solange er sich im Rahmen sachlicher Kritik mit dem Arbeitgeber bzw. mit dessen Zielen und Produkten auseinandersetzt.[804] Er bewegt sich aber im Bereich eines Verstoßes gegen seine vertragliche Pflicht zur Rücksichtnahme auf die Interessen des Arbeitgebers, wenn er bewusst und gewollt geschäftsschädigende Äußerungen von sich gibt, die geeignet sind, bei Geschäftspartnern Misstrauen in die Zuverlässigkeit des Arbeitgebers hervorzurufen.[805] Dies muss aber nicht nur für etwaige Erschütterungen im Verhältnis zu Geschäftspartnern gelten, sondern ebenfalls ggü. der allgemeinen Öffentlichkeit. Auch dort hat der Arbeitgeber ein berechtigtes Interesse, nicht in Verruf zu geraten und sich wirtschaftlich ungehindert entfalten zu können.[806] Sind also kritisierende Äußerungen des Arbeitnehmers in Social Media Gegenstand der kündigungsrelevanten Beurteilung, sind das gewählte Medium Internet und der damit verbundene Streugrad insb. bei der Interessenssphäre des Arbeitgebers zu berücksichtigen.[807]

Wegen der Meinungsfreiheit des Arbeitnehmers, die gerade im außerdienstlichen Privatbereich besonders zur Geltung kommen muss, ist allerdings im

---

802 Siehe hierzu ausführlich *Burr*, Posting als Kündigungsgrund, S. 90 ff.
803 BAG BeckRS 2003, 40827.
804 BAG NZA 2015, 245, 246; *Hinrichs/Hörtz* NJW 2013, 648, 651; *Burr*, Posting als Kündigungsgrund, S. 83.
805 BAG NZA 2015, 245, 249.
806 Ganz allgemein *Wittek*, Soziale Netzwerke im Arbeitsrecht, S. 180, 181.
807 Vgl. *Wiese* NZA 2012, 1, 8; BAG NZA 2015, 245, 251.

Einzelfall zu unterscheiden, wann die Arbeitgeberinteressen überwiegen. Eine allgemeine kritische Auseinandersetzung mit den Produkten oder Zielen des Arbeitgebers wird regelmäßig von Art. 5 Abs. 1 S. 1 GG gedeckt und deshalb vom Arbeitgeber hinzunehmen sein. Je intensiver jedoch die kritische Auseinandersetzung erfolgt, desto tiefgreifender ist zugleich die Beeinträchtigung der Arbeitgeberposition. Je schlechter und ausführlicher die Produkte oder die Dienstleistungen des Arbeitgebers durch den Arbeitnehmer – in sachlichem Kontext – in den Social Media dargestellt werden, desto größer ist das Schädigungspotential für den Arbeitgeber[808] und damit sein Interesse, in der Öffentlichkeit nicht makelbehaftet abgebildet zu werden.

Teilt sich bspw. ein bei der *BMW AG* in der Montage beschäftigter Arbeitnehmer über seinen *Twitter*-Account mit den Worten *„Gegen den RS5 von Audi kann unser M5 einpacken"* mit, hat der Arbeitgeber dies zu akzeptieren. Die darin implizierte Kritik am Produkt des eigenen Arbeitgebers enthält keine näheren Angaben, eine massive Geschäftsschädigung ist damit nicht verbunden.[809] Er hätte schließlich ebenso keine Handhabe, würde der Arbeitnehmer in seiner Freizeit einen *Audi* fahren. Stellt derselbe *BMW AG*-Mitarbeiter hingegen in einem ausführlichen Vergleich die technischen Daten der beiden vorgenannten Modelle gegenüber und bringt zum Ausdruck, dass das Konkurrenzprodukt deutlich besser sei als das eigene, muss dies vom Arbeitgeber im Hinblick auf die Loyalitätspflichten des Arbeitnehmers nicht toleriert werden. Vom Arbeitnehmer ist ein Mindestmaß an Rücksichtnahme derart zu fordern, dass er mit seinem privaten Handeln die wirtschaftliche Tätigkeit seines Arbeitgebers nicht konterkariert.

Jenes Maß, bei außerdienstlichen Tätigkeiten auf die Interessen des Arbeitgebers Rücksicht zu nehmen, steigt auch bei bloß pauschalen und oberflächlichen Negativbewertungen betreffend den Arbeitgeber, wenn es sich bei dem kritisierenden Arbeitnehmer um einen in leitender Position oder mit Repräsentationscharakter handelt. In diesen Arbeitsverhältnissen noch weniger Kritik zuzulassen erscheint im Hinblick auf die weitreichenden Loyalitäts- und Rücksichtnahmepflichten grundsätzlich richtig. Die Meinungsfreiheit des Betroffenen darf aber keinesfalls durch überzogene Anforderungen an das private Verhalten ausgehöhlt werden. Eine das eigene Produkt deutlich abwertende Äußerung dürfte einem leitenden bzw. repräsentativ tätig werdenden Angestellten zwar nicht mehr erlaubt sein, vergleichende Aussagen wie – um beim o. g. Beispiel des Bayerischen Auto-

---

808 Grundsätzlich zum Schadenspotential *Burr*, Posting als Kündigungsgrund, S. 82.

809 Vgl. BAG NZA 2015, 245, 251 zur Äußerung eines Arbeitnehmers in einem bei YouTube veröffentlichten Video, es fehle bei seinem Arbeitgeber an Fachkräften.

mobilherstellers zu bleiben – *„Neuer RS5: Starkes Modell – ob es unser M5 damit aufnehmen kann?“* liegen aber noch im Bereich des Zulässigen.

Bei der im Rahmen der Frage nach dem „ob“ einer Pflichtverletzung vorzunehmenden Interessenabwägung kann zudem auch eine Rolle spielen, ob das zum Arbeitgeber bestehende Arbeitsverhältnis für die Leser des Posts erkennbar ist, also über das Benutzerprofil nach außen getragen wird.[810] Fehlen nämlich solche Angaben, die eine Verbindung zum Arbeitgeber erkennbar machen, ist schon die Betriebsbezogenheit des Handelns fraglich.[811] Wird die Tatsache des Anstellungsverhältnisses aber ausdrücklich oder jedenfalls konkludent kommuniziert, wird insoweit zum Teil die Ansicht vertreten, dass negative Kritiken von eigenen Angestellten ein besonders gewichtiges Schädigungspotential haben sollen, weil die Kritik dadurch vermeintlich fundierter und begründeter erscheint.[812] Allerdings wird man dies nur annehmen können, wenn die kritische Auseinandersetzung in einem gewissen Maße konkret und objektiviert ausfällt. Denn allein aus der Verknüpfung einer negativen, oberflächlichen Bewertung und der Angestelltenstellung beim Kritisierten wird aus einer pauschalen Bemängelung keine „stichhaltige“ Beanstandung. Der Effekt eines erhöhten Schädigungspotentials wegen einer Insiderstellung des Kritikers kann aber eintreten, wenn die Äußerung fachliche Qualität erkennen lässt.

### (2) Kundenbezogene Äußerung

Die weiter oben bereits genannten Anreize, die die Social Media bieten, um gegen Dritte über Gebühr vom Leder zu ziehen, können sich auch gegen Kunden oder Geschäftspartner des Arbeitgebers bzw. deren Mitarbeiter richten. In Anlehnung an die rechtliche Beurteilung einer Beleidigung von Arbeitskollegen, Vorgesetzten oder des Arbeitgebers selbst ist grundsätzlich davon auszugehen, dass auch solche gegen Kunden des Arbeitgebers gerichtete Ehrverletzungen gegen § 241 Abs. 2 BGB verstoßen. Grund dafür ist, dass der sich herabsetzend äußernde Arbeitnehmer damit die Kunden- bzw. Geschäftsbeziehung des Arbeitgebers gefährdet und dadurch unmittelbar Arbeitsplätze anderer Arbeitnehmer aufs Spiel setzt.[813] Anders als bei kritischen Äußerungen über den eigenen Arbeitgeber, betrifft eine unzulässige Äußerung über Kunden des Arbeitgebers auch bestehende

---

810 *Burr*, Posting als Kündigungsgrund, S. 82.

811 LAG Berlin-Brandenburg BeckRS, 2009, 55187.

812 In diese Richtung *Burr*, Posting als Kündigungsgrund, S. 82 m.V.a. *Ladeuer/Gostomzyk* NJW 2012, 710, 711, die persönlichen Kommentaren im Internet insgesamt eine hohe Glaubwürdigkeit beimessen wollen; vgl. auch *Hinrichs/Hörtz* NJW 2013, 648, 652.

813 LAG Schleswig-Holstein BeckRS 2010, 70368.

externe Beziehungen. Es ist – je nach betrieblicher Stellung des Beleidigungsopfers beim Kunden – denkbar, dass der Kunde bzw. Geschäftspartner ein solches Verhalten nicht hinnehmen werde.

Fraglich ist allerdings, wie die Grenze dessen zu bestimmen ist, was der Arbeitnehmer betreffend den Kunden bzw. Geschäftspartner seines Arbeitgebers in noch zulässiger Weise von sich geben darf. Im direkten Verhältnis zum Geschäftspartner des Arbeitgebers gelten nur die Grenzen des Art. 5 Abs. 1 S. 1 GG, so dass der Arbeitnehmer insoweit nicht daran gehindert ist, sachliche Kritik zu äußern, mag sie auch überspitzt oder polemisch ausfallen.[814] Der Arbeitgeber und dessen Geschäftspartner haben insoweit keinen Anspruch darauf, von anderen nur so dargestellt zu werden, wie sie selbst gerne gesehen werden möchten oder wie sie sich selbst sehen.[815] Daher gibt es in der Beziehung zwischen Arbeitnehmer und Geschäftspartner des Arbeitgebers keine anderen Schranken, die den Arbeitnehmer in seiner Grundrechtsausübung einschränken könnten. Allerdings besteht das Risiko, dass der Geschäftspartner des Arbeitgebers auch solche Äußerungen, die er wegen der Meinungsfreiheit des Arbeitnehmers im Verhältnis zu diesem hinzunehmen hat, zum Anlass nehmen könnte, die Geschäftsbeziehung mit seinem Vertragspartner – also dem Arbeitgeber des sich Äußernden – zu beenden. Hier stellt sich die Frage, ob es dadurch zu einer faktischen Beschränkung der Meinungsfreiheit kommen kann, weil der Arbeitnehmer Angst vor den arbeitsrechtlichen Konsequenzen seines Arbeitgebers haben muss.

Maßgeblich für die Beantwortung dieser Frage sind ebenfalls die Grenzen der für das jeweilige Arbeitsverhältnis geltenden Loyalitäts- und Rücksichtnahmepflichten, die sich insb. an der hierarchischen Stellung im Betrieb sowie an einer etwaigen Repräsentationsfunktion orientieren. Je höher die Position des sich äußernden Arbeitnehmers ist, desto eher wird man von ihm verlangen können, sich auch im privaten Bereich über Geschäftspartner des Arbeitgebers gemäßigt zu äußern.

Hingegen ist bei Arbeitnehmern, deren Rücksichtnahmepflichten aufgrund ihrer untergeordneten Stellung nicht sonderlich weitreichend sind, eine ebenso weitreichende Einschränkung der Meinungsfreiheit im außerdienstlichen Bereich nicht zu rechtfertigen. Zwar ist dem Arbeitgeber grundsätzlich ein berechtigtes Interesse daran zuzusprechen, dass der Arbeitnehmer auch im privaten Bereich an die Geschäftspartner keine Schmähkritik oder Formalbeleidigungen richtet. Allerdings fällt es in die Risikosphäre des Arbeitgebers, wenn einer seiner Geschäftspartner eine kritische – aber sich noch in den Grenzen der Meinungsfreiheit

---

814 *Oberthür* AnwBl 2015, 849, 851; LAG Berlin-Brandenburg BeckRS 2009, 55187.
815 BayVGH München MMR 2012, 422, 424.

bewegende – Äußerung des Arbeitnehmers als Begründung für die Beendigung der Vertragsbeziehung heranzieht. Für einen Arbeitnehmer, der keine Leitungs- oder Repräsentationsfunktion innehat, besteht somit im Hinblick auf die arbeitsrechtliche Zulässigkeit einer Negativäußerung über Geschäftspartner ein größerer Spielraum. Richtigerweise ist ihm aber wegen § 241 Abs. 2 BGB nicht jede abfällige Äußerung gestattet. Auch von einem „einfachen" Angestellten ist ein gewisses Maß an Zurückhaltung zu erwarten.

Im Ergebnis kann jeder Arbeitnehmer – unabhängig von seiner Stellung im Betrieb – durch in Social Media erfolgende Negativäußerungen über Geschäftspartner oder Kunden des Arbeitgebers gegen § 241 Abs. 2 BGB verstoßen. Der hierarchische Standpunkt kann sich allerdings bei den kündigungsrechtlichen Konsequenzen auswirken.

Liegt nun eine Äußerung vor, die grundsätzlich geeignet ist, die Rücksichtnahmepflicht zu verletzen, ist im Rahmen der Social Media-Nutzung darüber hinaus zu berücksichtigen, dass die Gefährdung der Geschäftsbeziehung zum Kunden tatsächlich bestehen muss. Für die bei § 241 Abs. 2 BGB erforderliche Betriebsbezogenheit ist mindestens das Vorliegen einer konkreten Gefahr für die Kundenbeziehung erforderlich, da andernfalls nicht von einer die berechtigten Interessen des Arbeitgebers berührenden Beeinträchtigung auszugehen ist.

Eine konkrete Gefahr ist nicht automatisch deshalb gegeben, weil sich ein Arbeitnehmer mit einem Post auf seiner eigenen *Facebook*-Chronik ehrverletzend über den Geschäftspartner des Arbeitgebers bzw. dessen Mitarbeiter äußert. Von solch einer Gefährdung der Geschäftsbeziehung kann nur dann ausgegangen werden, wenn eine reelle Chance besteht, dass der Geschäftspartner des Arbeitgebers von der gegen ihn oder seinen Mitarbeiter gerichteten, ehrverletzenden Äußerung Kenntnis erlangt.[816] Unproblematisch ist dies der Fall, wenn die Äußerung direkt an den Geschäftspartner gerichtet ist,[817] z. B. wenn der Arbeitnehmer einen entsprechenden Post direkt auf dessen eigene Social Media-Präsenz anbringt. Ist dies nicht der Fall, wirkt sich die Äußerung nicht ohne weiteres auf das Arbeitsverhältnis aus.[818]

Ergänzend ist zu fordern, dass der Geschäftspartner den sich beleidigend äußernden Arbeitnehmer überhaupt dem Arbeitgeber zuordnen kann. Fehlt es daran, etwa weil er ihn namentlich nicht kennt und/oder dessen Profildaten keinen Aufschluss über die Person des Arbeitgebers geben, scheidet eine Gefährdung der Geschäftsbeziehung aufgrund der Äußerung ebenfalls aus. Es muss

---

816 I.E. auch *Kort* NZA 2012, 1321, 1322.

817 *Kort* NZA 2012, 1321, 1322.

818 Vgl. LAG Düsseldorf NZA-RR 1996, 166, 167.

schließlich die Gefahr bestehen, dass der Geschäftspartner die Verbindung des Arbeitnehmers erkennt, den Täter also zu seiner Rechtsbeziehung mit dem Arbeitgeber zuordnen kann. Unzureichend ist es, wenn lediglich der Arbeitgeber um die virtuelle Identität des Arbeitnehmers weiß und er wegen des Posts über seinen Geschäftspartner subjektiv der Auffassung ist, der Arbeitnehmer habe die Grenzen überschritten. Es verhält sich bei einer über Social Media erfolgten Negativäußerung nämlich gerade nicht so, als wenn bspw. ein bei einer Spedition angestellter LKW-Fahrer bei einem Kunden der Spedition auf den Hof fährt und dort den Betriebsleiter oder andere Angestellte beleidigt.[819] In dieser Konstellation erfolgt nämlich eine direkte und unproblematische Zuordnung des Beleidigenden zu seinem Arbeitgeber, die dann evtl. die Geschäftsbeziehung gefährden kann. Im Social Media-Bereich muss diese Zuordenbarkeit positiv festgestellt werden.

Vice versa hat aber auch Berücksichtigung zu finden, ob der beleidigte bzw. kritisierte Kunde ausdrücklich namentlich genannt wird oder ob er nur mit großen Schwierigkeiten oder gar nicht zu ermitteln ist,[820] etwa weil wegen Verwendung von Insiderbegriffen lediglich der Arbeitgeber erkennt, wen der Arbeitnehmer mit der negativen Äußerung meint. Auch in diesem Fall ist die Annahme einer Gefährdung der Kundenbeziehung allenfalls abstrakt vorhanden, so dass ein Verstoß gegen § 241 Abs. 2 BGB vernünftigerweise nicht bejaht werden kann.

Besteht also keine virtuelle Beziehung zum Geschäftspartner des Arbeitgebers (z. B. durch Freundschaften zu dessen Mitarbeitern) und wird der einschlägige Post nur den Freunden bzw. Followern des Arbeitnehmers angezeigt, besteht keine Gefahr für die Geschäftsbeziehung des Arbeitgebers. Gleiches gilt, wenn die Identität des Arbeitnehmers für den Geschäftspartner nicht erkennbar ist er und er deshalb schon nicht in der Lage ist, die Beleidigung mit dem Arbeitgeber in Verbindung zu bringen. In diesen Fällen ist der Arbeitgeber gerade nicht selbst von der negativen Äußerung betroffen. Es werden somit keine seiner Interessen beeinträchtigt und fehlt es am Anknüpfungspunkt für eine Pflichtverletzung.

#### cc) (Cyber-)Mobbing

Das Cyber-Mobbing ist mit dem weiter oben erörterten Phänomen des Shitstorms verwandt und betrifft regelmäßig in der Öffentlichkeit unbekannte Personen.[821]

---

819 Angelehnt an LAG Schleswig-Holstein BeckRS 2010, 70368.

820 So *Däubler*, Internet und Arbeitsrecht, S. 198 Rn. 212u, zu Negativäußerungen des Arbeitnehmers über den eigenen Arbeitgeber, was aber entsprechend für Äußerungen über Geschäftspartner oder Kunden des Arbeitgebers gelten muss.

821 *Glaser* NVwZ 2012, 1432, 1432.

Unter dem aus dem Bereich der Verhaltensforschung stammenden Begriff des Mobbings selbst versteht man aus arbeitsrechtlicher Sicht „fortgesetzte, aufeinander aufbauende oder ineinander übergreifende, der Anfeindung, Schikane oder Diskriminierung dienende Verhaltensweisen (…), die nach ihrer Art und ihrem Ablauf im Regelfall einer übergeordneten, von der Rechtsordnung nicht gedeckten Zielsetzung förderlich sind und jedenfalls in ihrer Gesamtheit das allgemeine Persönlichkeitsrecht, die Ehre oder die Gesundheit des Betroffenen verletzen."[822] Cyber-Mobbing bedeutet daher, diese schikanösen Tätigkeiten unter Verwendung der neuen Kommunikationsmedien wie E-Mails, Webseiten, Foren und Chats zu begehen.[823] Für Mobbingtäter bieten die Funktions- und Wirkungsweisen der Social Media somit beste Voraussetzungen, was sich auch in der Anzahl der Cyber-Mobbingfälle in der Praxis widerspiegelt. Jeder fünfte Jugendliche ist schon einmal im Internet gemobbt worden.[824] Streitigkeiten in diesem Bereich werden auch regelmäßig vor Gericht ausgetragen,[825] so dass die Erscheinungsform des Cyber-Mobbings im arbeitsrechtlichen Verfahrensalltag eine gewisse Relevanz besitzen kann.

Während die klassische Mobbing-Situation vor dem Social Media-Zeitalter eine konfliktbelastete Kommunikation am Arbeitsplatz zum Gegenstand hatte,[826] ist dies heutzutage nicht mehr erforderlich. Der Täter kann die Schikanen von zuhause aus über seine technischen Geräte ausüben. Es ist unerheblich, von wo gemobbt wird, ob im Büro, in der Kantine oder im Internet. Maßgeblich ist allein, dass durch das Cyber-Mobbing der betriebliche Bereich betroffen ist, wobei auch hier Beachtung zu finden hat, dass der Arbeitgeber grundsätzlich keinen Einfluss darauf nehmen kann, wie sich der bei ihm angestellte Mobbing-Täter in seiner Freizeit in den Social Media verhält.[827]

Im Ergebnis kommt es auch bei der Konstellation des außerbetrieblich stattfindenden Cyber-Mobbings darauf an, ob dessen negative Folgen im Betrieb zu

---

822 *Benecke* NZA-RR 2003, 225, 226 m.V.a. LAG Thüringen NZA-RR 2001, 577, 580: LAG Hamm NZA-RR 2003, 8, 9.

823 Vgl. *Glaser* NVwZ 2012, 1432, 1432.

824 *Michel*, Cybermobbing – Schikane im Internet, http://www.faz.net/aktuell/feuilleton/medien/jeder-fuenfte-jugendliche-wird-opfer-von-cybermobbing-13822960.html (letzter Aufruf: 04.06.2017).

825 Siehe nur LG Memmingen BeckRS 2016, 02120 und v. a. zum Cybermobbing im schulischen Bereich VG Köln MMR 2012, 275, 276 oder VG Würzburg BeckRS 2016, 49866.

826 LAG Schleswig-Holstein NZA-RR 2002, 457, 457.

827 *Hey* BB 2013, 2805, 2806; ErfK/*Schlachter* AGG § 12 Rn. 1; LAG Hamm NZA-RR 1999, 623, 625.

Tage treten.[828] Entsprechend den Sachverhalten, in denen es um Beleidigungen von gleichgestellten oder untergeordneten Kollegen geht (Mobbing „von unten nach oben", also gegen Vorgesetzte oder gar den Arbeitgeber sind rein theoretischer Natur), sind konkrete betriebliche Beeinträchtigungen erforderlich.[829] Anderenfalls sind keine berechtigten Interessen des Arbeitgebers tangiert, die eine Sanktionierung von außerdienstlichen Verhaltensweisen rechtfertigen würden. Zu den konkreten Betriebsstörungen zählen v. a. Auseinandersetzungen im Betrieb, zu denen es wegen der außerdienstlichen Attacken kommt, aber auch und besonders die Erkrankung und damit einhergehende Arbeitsunfähigkeit des Mobbingopfers.[830]

Treten solche Störungen ein, ist die Loyalitäts- und Rücksichtnahmepflicht nach § 241 Abs. 2 BGB verletzt. Der Arbeitnehmer ist im Rahmen seiner ggü. dem Arbeitgeber bestehenden Pflicht, betriebsschädliches Verhalten zu unterlassen, auch dazu angehalten, auf seine Kollegen Rücksicht zu nehmen[831] und sie nicht in ihrem Persönlichkeitsrecht zu verletzen.[832] Haben die Cyber-Mobbingattacken Benachteiligungsmerkmale des § 1 AGG zum Gegenstand, ist bereits in § 7 Abs. 3 AGG gesetzlich geregelt, dass es sich um eine Vertrags(neben)pflichtverletzung handelt.

### dd) Volksverhetzende und politische Äußerungen

Geschäftsschädigende Äußerungen in den Social Media können auch in einer Form vorkommen, die nicht direkt gegen den Arbeitgeber bzw. seine Produkte oder Kunden gerichtet sind. Insb. politisch berührte Themen können zu kündigungsrechtlich relevanten Spannungen führen, auch wenn sich der Arbeitnehmer damit lediglich in seiner Freizeit beschäftigt. In jüngster Vergangenheit sind in diesem Zusammenhang insb. das Thema der „Flüchtlingskrise" betreffende Streitigkeiten bekannt geworden. Dabei spielen v. a. volksverhetzende Verhaltensweisen in den Social Media eine Rolle. Aber auch rechtsextreme parteipolitische Betätigungen in der Freizeit können ein Ausmaß annehmen, die zu einem arbeitsrechtlichen Brennpunkt werden. Ob der Arbeitnehmer in diesen außerdienstlichen Bereichen gegen seine Loyalitäts- und Rücksichtnahmepflichten aus § 241 Abs. 2 BGB verstoßen kann, soll nachfolgend erörtert werden.

---

828 A.A. LAG Thüringen NZA-RR 2001, 577, 582.

829 Vgl. *Benecke* NZA-RR 2003, 225, 231.

830 *Benecke* NZA-RR 2003, 225, 231.

831 APS/*Dörner*/*Vossen* BGB § 626 Rn. 238b.

832 BAG BeckOK ArbR/*Stoffels* BGB § 626 Rn 115.

### (1) Volksverhetzende Äußerungen

Die Realität zeigt, dass insb. seit der Flüchtlingskrise 2015 volksverhetzende und rassistische Äußerungen (sog. Hass-Postings)[833] in den Social Media enorm zugenommen haben. Deutliche Zahlen nennt insoweit der „Bericht zur Lebensqualität in Deutschland" des Bundeskabinetts vom 26.10.2016, wonach die Vorfälle von Hasskriminalität im Internet im Jahr 2015 im Vergleich zum Vorjahr um 176 Prozent auf 3084 Hass-Postings (Dunkelziffer wohl deutlich höher) gestiegen waren.[834] Einige dieser Fälle fanden den Weg in die Strafgerichtsbarkeit,[835] andere wegen vom jeweiligen Arbeitgeber bejahter kündigungsrechtlicher Relevanz des volksverhetzenden Verhaltens aber auch in die arbeitsrechtliche Jurisdiktion.

So hatte bspw. das *ArbG Mannheim*[836] über einen Sachverhalt zu entscheiden, in dem ein bei der *Deutsche Bahn AG* angestellter Arbeitnehmer auf seinem *Facebook*-Account ein Bild gepostet hatte, das das Eingangstor des Konzentrationslagers Auschwitz mit der Tor-Überschrift „Arbeit macht frei" zeigte. Im unteren Bereich des Bildes befand sich ein Text auf Polnisch, den der Arbeitnehmer auf Nachfrage eines anderen *Facebook*-Nutzers im Kommentarbereich mit den Worten

> *„Polen ist bereit für die Flüchtlingsaufnahme"*

übersetzte. Er gab die *Deutsche Bahn AG* in seinem Nutzerkonto als seine Arbeitgeberin an und bei den Profilfotos des Arbeitnehmers fand sich zudem ein

---

833 Der Autor distanziert sich ausdrücklich von den im Rahmen dieser Arbeit wiedergegebenen rechtsradikalen und volksverhetzenden Äußerungen. Deren Erwähnung dient ausschließlich der (arbeits-)rechtlichen Auseinandersetzung mit entsprechenden Beiträgen in den Social Media.

834 becklink 2004762 vom 27.10.2016; „Bericht zur Lebensqualität in Deutschland" abrufbar unter https://buergerdialog.gut-leben-in-deutschland.de/SharedDocs/Downloads/DE/LB/Regierungsbericht-zur-Lebensqualitaet-in-Deutschland.pdf?__blob=publicationFile (letzter Aufruf: 04.06.2017).

835 Siehe nur: LG Frankfurt a. M. BeckRS 2016, 17168; becklink 2001055 vom 11.09.2015, AG Bückeburg Bewährungsstrafe wegen Internet-Hetze gegen Flüchtlinge; becklink 2002429 vom 15.02.2016, AG Tecklenburg verurteilt YouTuber wegen Volksverhetzung; becklink 2002368, AG Berlin veruteilt Berliner wegen Hetze auf Facebook zu 3.500 € Geldstrafe; becklink 2001249 vom 02.10.2015, AG Meißen verurteilt Paketzusteller wegen Facebook-Hetze gegen Flüchtlinge zu Geldstrafe; becklink 2003188 AG Dresden: Hohe Geldstrafe wegen Volksverhetzung für Pegida-Chef Lutz Bachmann.

836 ArbG Mannheim NZA-RR 2016, 254 ff.

weiteres Bild, das ihn in Unternehmenskleidung seiner Arbeitgeberin angelehnt an einem ihrer Triebwägen zeigte. Nach Kenntniserlangung hiervon kündigte die *Deutsche Bahn AG* dem Arbeitnehmer fristlos und hilfsweise ordentlich.

I.E. noch zutreffend wertete das Arbeitsgericht die Äußerung unter Berücksichtigung der Gesamtumstände dahingehend, dass der Beitrag nicht mehr von der Meinungsfreiheit gedeckt gewesen sei. Das Eingangstor in Auschwitz steht als Symbol für den Holocaust und bereits dessen vom geschichtlichen Kontext losgelöste Verwendung ist genauso wie der Gebrauch des Satzes „Arbeit macht frei" in Deutschland tabuüberschreitend.[837]

Ähnlich gelagert war der Fall, der 2016 vor dem *ArbG Herne* verhandelt wurde.[838] Dort kommentierte ein bei einem Bergbauunternehmen angestellte Arbeitnehmer – ebenfalls im Rahmen privater Social Media-Aktivitäten – auf der *Facebook*-Seite des Fernsehsenders *n-tv* einen Beitrag über einen Brand in einer Asylunterkunft mit der Titelzeile „Drama in Thüringen: Leiche nach Brand in Asylunterkunft gefunden" mit den Worten

> *„hoffe das alle verbrennen,,, die nicht gemeldet sind." [sic]*

Diese Äußerung führte zu der folgenden Reaktion eines anderen Facebook-Nutzers:

> *„(...) Scheint so als wenn du mit „brauner" Kohle zu tun hadt. Sceenshots sind doch was feines." [sic]*

Im weiteren Verlauf der unter dem Beitrag des Fernsehsenders erfolgten Diskussion schrieb der Arbeitnehmer

> *„wenn mir einer sagt ich bin Nazi ... falsch ...Herr nazi"*
> *„alle raus und geht es gut."[sic]*

Der Arbeitnehmer nannte in seinem Profil den Namen des Arbeitgebers. Dieser war auch für alle anderen Nutzer, die mit dem Maus-Curser über seinen neben dem Kommentar angezeigten Profilnamen fuhren, direkt sichtbar. Es folgte ebenfalls die fristlose und hilfsweise ordentliche Kündigung.

In Bezug auf Art. 5 Abs. 1 S. 1 GG kam das *ArbG Herne* gleichermaßen zu dem an sich nicht zu beanstandenden Ergebnis, dass die Äußerungen des Arbeitnehmers nicht mehr von der Meinungsfreiheit gedeckt gewesen seien. Sie waren nämlich geeignet, den öffentlichen Frieden zu stören, indem sie für einen

837 ArbG Mannheim NZA-RR 2016, 254, 255.
838 ArbG Herne BeckRS 2016, 70970.

Teil der Bevölkerung das unveräußerliche Recht auf Unversehrtheit des Lebens der Flüchtlinge in Abrede gestellt haben.[839]

In beiden Fällen wurde allerdings eine Pflichtverletzung gem. § 241 Abs. 2 BGB wegen der Gefahr der Rufschädigung des Arbeitgebers angenommen.[840] Diese rechtliche Beurteilung ist im Hinblick auf die Anforderungen an die Betriebsbezogenheit außerdienstlichen Verhaltens problematisch. Es ist nicht nachvollziehbar, wie sich aus einem lediglich objektiv gegebenen Zusammenhang zwischen dem Arbeitgeber und einer fremdenfeindlichen bzw. volksverhetzenden Privatäußerung des Arbeitnehmers eine Ruf- bzw. Geschäftsschädigung ergeben soll, wenn die Äußerung nicht auf den Arbeitgeber selbst bezogen ist. Beiden zuvor zitierten Entscheidungen liegt augenscheinlich der Gedanke zugrunde, dass die Gefahr bestehe, alle potentiellen Leser der volksverhetzenden Äußerungen übertrügen die volksverhetzende Einstellung bzw. Sichtweise des Arbeitnehmers auf den Arbeitgeber.[841] Es ist aber nicht ersichtlich, woraus aus der Sicht der Leser der Schluss gezogen werden kann, dass sich der Arbeitgeber mit den unverkennbar im Privatbereich getätigten volksverhetzenden Äußerungen des Arbeitnehmers identifiziere. Der Arbeitgeber hat vielmehr in den meisten Fällen bis zur Einleitung des (internen) Kündigungsverfahrens von den volksverhetzenden Äußerungen keine Kenntnis.

Auch zum obigen Beispiel des in Dienstkleidung im Führerhaus einer Zugmaschine Alkohol konsumierenden Zugführers, bei dem eine für § 241 Abs. 2 BGB ausreichende Betriebsbezogenheit angenommen werden kann – besteht ein wesentlicher Unterschied. Der mögliche Zusammenhang zwischen beruflicher Tätigkeit und außerdienstlichem Verhalten – der Konsum von Alkohol – tritt dort deutlich zu Tage und für den objektiven Betrachter scheint die Annahme, dass der Zugführer tatsächlich während des Dienstes zur Flasche greift, jedenfalls wegen der Gesamtumstände nicht fernliegend.

Hier hingegen scheint die Gefahr, dass es zu einer Ruf- oder Geschäftsschädigung des Arbeitgebers kommt, weil Dritte mit ihm aufgrund der Beschäftigung eines volksverhetzend agierenden Arbeitnehmers nicht mehr kontrahieren wollen, nur abstrakter Natur zu sein. Um eine Pflichtverletzung in solchen Konstellationen vertretbarer Weise bejahen zu können, ist entsprechend den obigen Ausführungen zu kundenbezogenen Äußerungen[842] das Hinzutreten weiterer,

---

839 Ebd.

840 Zustimmend *Görg* ArbRAktuell 2016, 173.

841 Vgl. *Determann* BB 2013, 181, 186.

842 Siehe hierzu die Ausführungen oben auf S. 202 ff.

konkreter Elemente erforderlich, die für eine deutliche Verknüpfung mit dem Arbeitgeber sprechen.

So wäre vom Bestehen einer konkreten Gefahr der Geschäftsschädigung auszugehen, wenn ein Arbeitnehmer einer Bauunternehmung mit 20 weiteren Angestellten während eines Vergabeverfahrens für den Bau eines Flüchtlingsheims bei *Facebook* oder *Twitter* einen entsprechenden Beitrag, z. B. mit den Worten

> *„Erst bauen wir das Flüchtlingsheim mit der Firma – danach gehört es aber voll bewohnt gleich wieder heiß geräumt"*,

postet. Der Arbeitgeber müsste als Bieter bei Bekanntwerden des Posts befürchten, dass er im Vergabeverfahren deswegen nicht berücksichtigt wird. Dieses Risiko wäre zusätzlich erhöht, wenn der postende Arbeitnehmer über das soziale Netzwerk mit einem Stadtrat verknüpft wäre. In diesem Fall wäre es noch wahrscheinlicher, dass die einen Bezug zum Arbeitgeber aufweisende Äußerung zu der Stelle gelangt, die über den Zuschlag im Vergabeverfahren entscheidet. Diese konkrete Gefahr der Geschäftsschädigung beeinträchtigte die Interessen des Arbeitgebers in solch einem Maße, dass er mit den arbeitsrechtlichen Sanktionsinstrumenten darauf reagieren könnte.

Ferner muss auch bei der jeweiligen hierarchischen Stellung des Arbeitnehmers im Unternehmen differenziert werden. Stammen menschenverachtende oder rassistische Äußerungen von einem solchen höherrangigen bzw. repräsentative Aufgaben wahrnehmenden Arbeitnehmer, der den Arbeitgeber in seinem Profil ausdrücklich nennt oder mit dessen Kunden bzw. Geschäftspartnern verknüpft ist, kann ebenfalls ein Verstoß gegen § 241 Abs. 2 BGB bejaht werden. Insoweit gelten die Ausführungen zu kompromittierenden Privatfotos von leitenden Angestellten entsprechend.[843]

Unproblematisch als Pflichtverletzung einzuordnen sind schließlich Konstellationen, in denen das vom Arbeitnehmer bei seiner Social Media-Aktivität geäußerte rassistische bzw. volksverhetzende Gedankengut in den Betrieb getragen wird und es daraufhin zu Diskussionen oder gar Auseinandersetzungen kommt.[844] Hierfür reicht aber nicht schon aus, dass unter den virtuellen Freunden oder Followern Kollegen des Arbeitnehmers sind und diese die Beiträge sehen können.[845] Vielmehr ist auch hier erforderlich, dass es durch das außerdienstliche Verhalten

843 Siehe hierzu die Ausführungen oben auf S. 158 f.

844 Vgl. BAG NZA 2000, 1282, 1287.

845 A.A. ArbG Mannheim NZA-RR 2016, 254, 256, das diesen Umstand im Rahmen der Interessenabwägung zu Lasten des Arbeitnehmers anführt.

zu konkreten Betriebsablaufstörungen kommt.[846] In tatsächlicher Hinsicht besteht aber das Problem, dass die Ursächlichkeit des außerdienstlichen Verhaltens für die konkrete betriebliche Beeinträchtigung feststehen muss, um eine Pflichtverletzung anzunehmen. Kommt es im Betrieb zu sich weiterentwickelnden Diskussionen über das rassistische bzw. volksverhetzende Gedankengut, ist kaum bestimmbar, dass allein der private Social Media-Beitrag des einen Arbeitnehmers dafür verantwortlich ist. Die Situation ist nicht anders zu bewerten, als wenn ein Arbeitnehmer am wöchentlichen Stammtisch mit Kollegen Äußerungen im vorgenannten Sinne tätigt. Allein die Gemeinsamkeit, dass die daran Beteiligten den gleichen Arbeitgeber haben, bewirkt nicht, dass ein sanktionsfähiges Hineintragen in den Betrieb vorliegt.

### (2) Politische Äußerungen

Grundsätzlich ist die private politische Betätigung dem Einflussbereich des Arbeitgebers entzogen.[847] Der Arbeitnehmer darf sich politisch so betätigen, wie er es für richtig hält.[848] Hierbei kann er sich sowohl auf die allgemeine Handlungsfreiheit sowie auf die Meinungsfreiheit berufen.[849] Dies gilt prinzipiell auch im Bereich der Social Media. Private politische Betätigungen können aber kündigungsrechtliche Relevanz erlangen, wenn bspw. ein in einem Tendenzbetrieb beschäftigter Arbeitnehmer der Gesinnung des eigenen Arbeitgebers abtrünnig wird. Auch dann, wenn das Arbeitsverhältnis zu einem öffentlich-rechtlichen Arbeitgeber besteht, kann bei extremer politischer Betätigung im Social Web der Bereich des kündigungsrelevanten Fehlverhaltens betroffen sein.

#### (a) Allgemeinpolitische Betätigung im Tendenzbetrieb

Kündigungsrelevantes Verhalten mit Bezug zu politischen Betätigungen kann sich auch in den Social Media abspielen. Die politischen Parteien oder Organisationen nahmen an der Digitalisierung der letzten Dekade ebenfalls teil. Nahezu jede in Deutschland wählbare Partei ist bei *Facebook* und *Twitter* mit einem eigenen Profil vertreten. Das bedeutet zugleich, dass sich Arbeitnehmer, für die aufgrund ihrer Zugehörigkeit zu einem politischen Tendenzunternehmen erhöhte Rücksichtnahme- und Loyalitätspflicht gelten, leichter für andere, also auch den Arbeitgeber, erkennbar tendenzwidrig verhalten können, wenn sie am virtuellen Auftritt anderer Parteien teilnehmen.

---

846 *Polzer/Powietzka* NZA 2000, 970, 973; Vgl. BAG NZA 2000, 1282, 1287.
847 *Polzer/Powietzka* NZA 2000, 970, 973.
848 *Berkowsky* NZA-RR 2001, 57, 69.
849 *Berkowsky* NZA-RR 2001, 57, 69.

So könnte bspw. ein beim *Wirtschaftsrat der CDU e. V.* Beschäftigter, der kein Tendenzträger ist, im Rahmen seiner privaten *Facebook*-Nutzung mit der Partei *Die Linke* sympathisieren, indem er ihr durch das Betätigen des Like-Buttons folgt und deren politische Beiträge mit zustimmenden Kommentaren teilt.

Auch wenn Arbeitnehmer eines Tendenzbetriebs im Hinblick auf die vom Arbeitgeber verfolgte Zweckbestimmung einer gesteigerten Rücksichtnahme- und Loyalitätspflicht unterliegen, hat deren außerdienstliches Verhalten die betrieblichen Interessen mehr als bloß zu berühren, um in irgendeiner Weise kündigungsrechtliche Relevanz zu erlangen. Das außerdienstliche Auftreten muss vielmehr der Verwirklichung der Tendenz entgegenstehen.[850] Erst wenn diese für jeden Einzelfall zu bestimmende Schwelle überschritten ist, kann auch eine Pflichtverletzung i.S.d. § 241 Abs. 2 BGB angenommen werden.

Ob eine solche im o. g. Beispiel vorliegt, ist mittels einer Abwägung der jeweils betroffenen Belange zu erörtern.[851] Grundsätzlich überwiegen die allgemeine Handlungsfreiheit und Meinungsfreiheit des Arbeitnehmers das Tendenzverwirklichungsinteresse des Arbeitgebers. Zwar wird man annehmen können, dass das öffentliche bzw. einem bestimmten Personenkreis zugängliche Sympathisieren mit einer gänzlich anders ausgerichteten Partei die Interessen des Tendenzarbeitgebers berührt, da dieser regelmäßig erwartet, dass alle seine Arbeitnehmer die Zielsetzung auch in der privaten Sphäre teilen. Unter Berücksichtigung der grundrechtlichen Positionen des Arbeitnehmers kann eine bloße tendenzwidrige Verhaltensweise allerdings nicht zu einem gänzlichen Verbot der politischen Betätigung und damit einer Pflichtverletzung führen. Einzelne oder gelegentliche tendenzwidrige Handlungen eines Nicht-Tendenzträgers im privaten Social Media-Bereich sind nicht in der Lage, die betrieblichen Zielsetzungen zu erschüttern. Ein Verstoß gegen § 241 Abs. 2 BGB muss ausscheiden.

Anders wird es sich jedoch verhalten, wenn das der Tendenz des Arbeitgebers zuwiderlaufende Handeln – je nach (inhaltlicher) Intensität und/oder Häufigkeit – ein Maß erreicht, das die Grundhaltung des Arbeitgebers ernsthaft erschüttern kann. Ist das Auftreten des Arbeitnehmers geeignet, die Zielsetzung unglaubwürdig zu machen und den Arbeitgeber an deren Durchsetzung zu hindern, ist ihm die Weiterbeschäftigung des Arbeitnehmers regelmäßig nicht zumutbar. In rechtlicher Hinsicht verschwimmen hier allerdings die Grenzen zwischen verhaltensbedingter und personenbedingter Kündigung, denn wenn der

850 Schaub/*Berkowsky* § 124 Rn. 11; APS/*Dörner/Vossen* KSchG § 1 Rn. 857a; BAG NZA-RR 2009, 362, 366.

851 ErfK/*Schmidt* GG Art. 5 Rn. 77.

Arbeitnehmer durch seine Social Media-Präsenz verstärkt eine andere politische Gesinnung zum Ausdruck bringt, ist die persönliche Eignung für die Ausübung einer die Zielsetzung des Arbeitgebers verfolgende Tätigkeit anzuzweifeln.[852] Weil es dabei aber um eine innere, grundsätzlich nicht steuerbare Haltung geht, ist richtiger Anknüpfungspunkt die fehlende Geeignetheit des Arbeitnehmers. Eine Kündigung müsste dann aus personenbedingten Gründen ausgesprochen werden.

Geht es hingegen um einen Tendenzträger, wird der Arbeitgeber – ungeachtet der ebenfalls in Frage stehenden persönlichen Eignung – erwarten können, dass sich der Arbeitnehmer im außerdienstlichen Bereich von der Tendenz des Unternehmens nicht abkehrend präsentiert. Sei es auch nur durch geringfügige Handlungen wie das Liken oder Teilen entsprechender Beiträge. Da gerade die Tendenzträger für die Durchführung der Zielsetzung von maßgeblicher Bedeutung sind, überwiegt auch im privaten Bereich das Interesse des Arbeitgebers an der Tendenzverwirklichung die allgemeine Handlungsfreiheit und Meinungsfreiheit des Tendenzträgers. Ist das außerdienstlich erfolgende tendenzwidrige Verhalten des Arbeitnehmers aufgrund der Social Media-spezifischen Besonderheiten des Einzelfalls (große Anzahl an Freunden/Followern, offene Privatsphäre-Einstellungen, „Ort" der Veröffentlichung – also eigene oder fremde Chronik, etc.) für eine schädigende Wirkung geeignet, ist von einem arbeitsvertraglichen Fehlverhalten auszugehen.[853] Wegen des besonderen Tendenzschutzes ist es auch nicht erforderlich, dass für die Bejahung einer Pflichtverletzung erst eine Beeinträchtigung eintreten muss.[854] Diesbezüglich genügt eine konkrete Gefahr, die bei einer in den Social Media erfolgenden Äußerung i. d. R. anzunehmen ist (sofern nicht ausnahmsweise „Vertraulichkeit" im dargestellten Sinne angenommen werden kann).

Somit wird man bei einer o. g. Sympathiehandlung eines Tendenzträgers in den Social Media bereits eine Pflichtverletzung i.S.d. § 241 Abs. 2 BGB annehmen können, wobei auch hier die Ungewissheit bestehen kann, ob es nicht eher um die fehlende persönliche Eignung des Arbeitnehmers als um ein schuldhaftes Fehlverhalten geht.

#### (b) Verfassungsfeindliche Betätigung im öffentlichen Dienst

Berührungspunkte zwischen außerdienstlicher politischer Betätigung und kündigungsrelevanten Pflichtverletzungen gibt es regelmäßig auch, wenn es um einen

---

852 Vgl. BAG AP KSchG 1969 § 1 Verhaltensbedingte Kündigung Nr. 2; vgl. *Dzida/Förster* BB 2017, 757, 757.

853 Vgl. *Wisskirchen*, Außerdienstliches Verhalten von Arbeitnehmern, S. 73.

854 *Wisskirchen*, Außerdienstliches Verhalten von Arbeitnehmern, S. 73.

im öffentlichen Dienst beschäftigten Arbeitnehmer geht, der einen Bezug zu verfassungsfeindlichen Parteien oder Organisationen aufweist. Grund dafür ist der bereits oben zitierte § 41 Abs. 1 S. 2 TVöD-BT-V (bzw. die für das jeweilige Bundesland geltende Vorschrift des entsprechenden TV-L). Danach sind Beschäftigte des öffentlichen Dienstes, die hoheitliche Tätigkeiten wahrnehmen, verpflichtet, sich durch ihr gesamtes Verhalten zur freiheitlich demokratischen Grundordnung des Grundgesetzes zu bekennen. Diese Regelung normiert für Arbeitnehmer des öffentlichen Dienstes eine besondere politische Loyalitätspflicht,[855] die insoweit die allen Arbeitnehmern obliegende Pflicht aus § 241 Abs. 2 BGB, auf die berechtigten betrieblichen Interessen des Arbeitgebers in zumutbarer Weise Rücksicht zu nehmen, konkretisiert.[856] Das Maß der Treuepflicht bestimmt sich nach der vom *BAG* vertretenen Funktionstheorie anhand der Stellung und des Aufgabenkreises, die dem betroffenen Arbeitnehmer laut Arbeitsvertrag übertragen sind.[857] Geschuldet ist daher lediglich diejenige politische Loyalität, die für die funktionsgerechte Ausübung seiner Tätigkeit unverzichtbar ist. Das bedeutet zugleich, dass, wenn ihn aufgrund seiner Stellung bzw. seines Aufgabenkreises keine gesteigerte Loyalitätspflicht trifft, er im außerdienstlichen Bereich nicht aktiv für den Bestand der politischen Ordnung des Grundgesetzes einzutreten hat. Vielmehr genügt es, wenn der Arbeitnehmer die freiheitliche demokratische Grundordnung nicht aktiv bekämpft.[858] Je nachdem, welches Verhalten der Arbeitnehmer im Privatbereich an den Tag legt, kann darin ein Verstoß gegen die Loyalitätspflicht begründet sein.

Ein Pflichtenverstoß wegen der Mitgliedschaft in einer verfassungsfeindlichen Partei oder deren aktiver Unterstützung setzt aber auch hier voraus, dass durch ein darin liegendes Fehlverhalten gegen die Treuepflicht eine konkrete Störung des Arbeitsverhältnisses eingetreten ist. Davon betroffen sein kann der Leistungsbereich, der Bereich der betrieblichen Verbundenheit aller Mitarbeiter, der personale Vertrauensbereich oder der behördliche Aufgabenbereich.[859] Daher gelten auch für die private parteipolitische Betätigung die Grundsätze zum außerdienstlichen Verhalten, und zwar auch, wenn es sich um Social Media-Verhalten handelt.

---

855 BAG NZA-RR 2013, 441, 442.

856 Ebd.

857 BAG NZA-RR 2012, 43, 45; vgl. BAG NJW 1990, 597, 598.

858 BAG NJW 1990, 597, 599.

859 BAG NZA-RR 2013, 441, 442; BAG NZA-RR 2012, 43, 44; ArbG Hamburg BeckRS 2013, 72370 zu einem Facebook-Post eines Polizisten.

So lag dem *ArbG Mannheim*[860] bspw. im Jahr 2015 ein Sachverhalt zur Entscheidung vor, in dem einem Kindererzieher eines kommunalen Trägers außerordentlich und fristlos gekündigt wurde, weil sich u. a. aus seinem *Facebook*-Profil ergab, dass er die nach dem TVöD geschuldete politische Treuepflicht nicht erfüllte. Konkret stellte das *ArbG Mannheim* hierzu fest, dass der Arbeitnehmer über seinen *Facebook*-Auftritt mit einem *NPD*-Stadtrat befreundet war. Darüber hinaus ergab sich aus seinem Profil, dass er zwei der Neonazi-Szene zugehörige Internetradiosender hörte, die rechtsextreme Inhalte propagieren. Schließlich zeigte auch das Titelbild seines *Facebook*-Profils eine mit Legofiguren des Arbeitgebers in dessen Räumen nachgebildete gewalttätige Straßenkampfszene, bei der Figuren blutüberströmt am Boden lagen.

Auch andere Tatsachenfeststellungen enthüllten, dass der Arbeitnehmer eindeutig Anhänger der rechten Szene war (z. B. Teilnahme an *NPD*-Kundgebung und Grillfest; Stadionverbot eines Fußballvereins wegen Zugehörigkeit zur Hooliganszene etc.).

Das Arbeitsgericht wies unter Bestätigung der außerordentlichen und fristlosen Kündigung die Klage des Arbeitnehmers ab, weil es das Vorliegen eines personenbedingten Kündigungsgrundes in Form der fehlenden Eignung für die geschuldete Tätigkeit bejahte.[861] Die Reaktionsmöglichkeit in Form des Ausspruchs einer personenbedingten Kündigung in solchen Konstellationen zeigt erneut, dass die Grenzen zur verhaltensbedingten Kündigung wegen außerdienstlichen Verhaltens verschwimmen.[862] Für eine verhaltensbedingte Kündigung wegen privaten politischen (Social Media-) Aktivitäten ist eine konkrete Störung des Arbeitsverhältnisses erforderlich (Betriebsbezogenheit);[863] eine abstrakte Gefährdung einer Beeinträchtigung genügt gerade nicht.[864] Für die personenbedingte Kündigung ist hingegen schon ausreichend, wenn das außerdienstliche politische Verhalten in einem gewissen (von der jeweiligen Stellung und Aufgabe abhängigen) Maß in die Dienststelle hineinwirkt und entweder die allgemeine Aufgabenstellung des öffentlichen Arbeitgebers oder das konkrete Aufgabengebiet

---

860 ArbG Mannheim BeckRS 2015, 68510.

861 Ebd.; vgl. VG Koblenz BeckRS 2016, 55098 zur fehlenden Eignung eines Stabsunteroffiziers wegen auf dem privaten Mobiltelefon gespeicherten, verfassungsfeindlichen und den Nationalsozialismus verharmlosenden Fotodateien.

862 Vgl. MüKo-BGB/*Hergenröder* KSchG § 1 Rn. 234; vgl. ArbG Hamburg BeckRS 2013, 72370; siehe zu den Abgrenzungsschwierigkeiten im Einzelfall auch LAG Hamm BeckRS 2009, 55975.

863 *Däubler* NJW 2000, 3691, 3691.

864 *Berkowsky* NZA-RR 2001, 57, 69; *Dzida/Förster* BB 2017, 757, 759.

des Arbeitnehmers berührt.[865] Auf eine konkrete Beeinträchtigung des Arbeitsverhältnisses ist bei einer personenbedingten Kündigung somit nicht abzustellen.[866]

Im Fall des *ArbG Mannheim* wurden keine Feststellungen zu konkreten Störungen des Arbeitsverhältnisses, die auf das außerdienstliche, politische Social Media-Verhalten zurückgeführt hätten, getroffen. Es lag daher keine Betriebsbezogenheit vor. Eine solche hätte dort z. B. angenommen werden können, wenn der als Erzieher angestellte Arbeitnehmer über das soziale Netzwerk mit Eltern eines Kindes befreundet oder über Dritte (Freundes-Freunde) verknüpft gewesen wäre und diese nach Kenntniserlangung des Titelbildes und der anderen rechtsextremen Merkmale ihr Kind aus der Betreuung des Kinderhauses genommen hätten.

In dieser Konstellation wäre eine außerdienstliche Pflichtverletzung in Betracht zu ziehen gewesen. Der Arbeitgeber hätte sich aber in einem nächsten Schritt mit der Frage nach der Erforderlichkeit bzw. Entbehrlichkeit einer Abmahnung beschäftigen müssen. Ist die Kündigung wegen der privaten politischen Aktivitäten hingegen auf einen Eignungsmangel gestützt, erübrigt sich diese Thematik, da eine Abmahnung bei Eignungsmängeln ausscheidet.[867]

Das außerdienstliche, verfassungsfeindliche Social Media-Verhalten kann bei Angestellten des öffentlichen Dienstes grundsätzlich eine Pflichtverletzung darstellen, wenn eine für § 241 Abs. 2 BGB erforderlich Betriebsbezogenheit gegeben ist. Nimmt diese Gesinnung aber ein Maß an, das ernsthafte Zweifel an der Eignung des Arbeitnehmers für seine Tätigkeit aufwirft und sind diese Umstände – bspw. durch dessen Social Media-Präsenz – hinreichend belegbar, kommt regelmäßig eine personenbedingte Kündigung in Betracht. Für den Arbeitgeber hat dies v. a. zwei Vorteile. Zum einen, dass der Bezug der außerdienstlichen Aktivität zum Arbeitsverhältnis von geringerem Gewicht sein kann. Zum anderen ist der Ausspruch einer Abmahnung keine Kündigungsvoraussetzung.

### ee) Zwischenergebnis

Kündigungsrelevante Meinungsäußerungen im privaten Social Media-Bereich sind in großem Maße praxisrelevant. Dabei kann es um Beleidigungen, geschäftsschädigende Äußerungen, Cyber-Mobbing oder aber auch volksverhetzende bzw. politische Äußerungen gehen. Stets gilt der im Rahmen des § 241 Abs. 2 BGB aufzuwerfenden Frage nach der erforderlichen Betriebsbezogenheit besondere

---

865 BAG NZA-RR 2012, 43, 45.

866 Vgl. MüKo-BGB/*Hergenröder* KSchG § 1 Rn. 235.

867 *Polzer/Powietzka* NZA 2000, 970, 973.

Bedeutung, die für jeden Fall nur individuell und unter Berücksichtigung des jeweiligen Social Media-Auftritts zu beantworten ist. Von der bereits vor dem Zeitalter der Social Media geforderten Voraussetzung, dass es durch das außerdienstliche Verhalten zu konkreten Beeinträchtigungen kommen muss, ist nicht abzuweichen, was insb. von der Rspr. oftmals verkannt wird.

Eine Pflichtverletzung kann auch durch die erst aufgrund der Social Media entstandenen „neuen" Äußerungsmöglichkeiten wie das Liken, Teilen oder das Verwenden von Emojis begangen werden. Beim Liken und einfachen Teilen einer beleidigenden Äußerung ist aber mangels des sich-zu-eigen-machens einer fremden Meinung lediglich an die Verbreitung einer rechtswidrigen Äußerung anzuknüpfen. Beim qualifizierten Teilen ist auf den Inhalt der dem Teilen beigefügten Kommentierung abzustellen. Sofern auch diese eine eigene unzulässige Meinung zum Inhalt hat, kann es zu einer Kumulation zweier Pflichtverletzungen kommen.

Die beim Umgang mit Social Media oft herrschende Unbedarftheit führt dazu, dass es vermehrt zu volksverhetzenden Hass-Postings kommt. Auch diese können zu einer außerdienstlichen Pflichtverletzung führen, wobei hier ebenso maßgeblich ist, ob eine ausreichende Betriebsbezogenheit festgestellt werden kann. Entgegen der Rspr. genügt eine aus der Social Media-Präsenz hervorgehende, bloß objektive Verknüpfung zum Arbeitgeber dafür nicht.

### 4. *Mitwirkung in pornographischen Filmen*

Nicht nur die soeben dargestellten Tatsachen- und Meinungsäußerungen in Form von Texten und Bildern werden im Social Web kundgetan, auch selbst erstellte Videoclips machen einen Großteil der weltweiten Social Media-Aktivitäten aus. Die Multimediaportale *YouTube* und *Vine* sind gerade auf die Verbreitung von Videodateien angelegt und bei *Instagram* und *Facebook* nimmt die Anzahl von geposteten Videosequenzen ebenfalls zu.

In diesem Zusammenhang gewannen auch pornographische Filme an Bedeutung, denn wie bereits bei den Ausführungen zu den verschiedenen Social Media-Erscheinungsformen festgestellt, sind auch die mittlerweile vielfach vertretenen Pornographie-Webseiten dem Genre der Social Media zuzuordnen. Deren Nutzung kann nicht nur dann Gegenstand einer Diskussion über den Ausspruch einer verhaltensbedingten Kündigung werden, wenn ein Arbeitnehmer darauf über die Betriebsmittel des Arbeitgebers zugreift, sondern ebenfalls, wenn er in seiner Freizeit selbst Bild- oder Videodateien mit pornographischem Inhalt ins Internet stellt.

In Betracht kommt auch hier die Annahme eines Verstoßes gegen die Loyalitäts- und Rücksichtnahmepflicht wegen einer Ansehensschädigung. Allerdings ist vorab ein wesentlicher Unterschied zu der weiter oben behandelten Thematik „Surfen auf pornographischen Webseiten" herauszustellen: Dort steht für die Annahme einer Pflichtverletzung im Vordergrund, dass durch die Nutzung der Betriebsmittel der Eindruck entstehen könnte, der Arbeitgeber oder dessen Arbeitnehmer befassen sich nicht mit ihrer originären Arbeit bzw. dem Geschäftsbetrieb, sondern mit Pornographie. Im Rahmen des hier untersuchten Verhaltens geht es aber gerade um außerdienstliche pornographische Aktivitäten und zwar um solche, die ohne die betrieblichen Gerätschaften gefilmt und ins Internet gestellte werden. Objektive Berührungspunkte zum Arbeitgeber sind nicht zu beurteilen, sondern allein die Frage, ob das öffentliche Bereitstellen des eigenen pornographischen user generated content gegen die Pflichten aus § 241 Abs. 2 BGB verstoßen kann.

### a) Grundsatz

Für eine Pflichtverletzung wegen des privaten Mitwirkens in Pornofilmen gibt es zwei wesentliche Anknüpfungspunkte. Ein Verstoß kommt zum einen in Betracht, wenn der Arbeitnehmer abseits seines Hauptarbeitsverhältnisses durch das Mitwirken in Pornofilmen seine Arbeitskraft als Amateur- oder Profidarsteller einem anderen Arbeitgeber zur Verfügung stellt oder in Eigenregie selbständig tätig wird. Ein kündigungsrelevantes Fehlverhalten kann darin aber nur liegen, wenn er im Verhältnis zum Hauptarbeitgeber in Bezug auf die Nebentätigkeit gegen eine vertraglich wirksam vereinbarte Pflicht verstößt (Anzeige-, Genehmigungs- oder Unterlassungspflicht betreffend eine Nebentätigkeit) oder das Hauptarbeitsverhältnis darunter leidet.[868] Dabei handelt es sich allerdings nicht um ein Social Media-spezifisches Problem, so dass diese Art von Nebenpflichtverletzung hier vernachlässigt werden soll.

Im Fokus der Social Media steht vielmehr die damit verbundene Veröffentlichung und Verbreitung des pornographischen Filmmaterials. Wie bereits bei der Pflichtverletzung „Surfen auf Webseiten mit pornographischem Inhalt" kann es für die Beantwortung der Frage, ob ein Verstoß gegen § 241 Abs. 2 BGB vorliegt, maßgeblich darauf ankommen, welche Eigenart der Arbeitgeber aufweist. Dass es v. a. im Bereich Sexualität bzw. sexueller Freizügigkeit zwischen weltlichen und kirchlichen Arbeitgebern einen Unterschied geben kann, liegt auf der Hand.

### b) Weltlicher Arbeitgeber

Wirkt ein bei einem weltlichen Arbeitgeber beschäftigter Arbeitnehmer in im Social Web zugänglichen Pornofilmen mit, ist für die Frage nach einer Pflichtver-

---

868 Vgl. hierzu im Einzelnen BeckOK ArbR/*Joussen* BGB § 611 Rn. 395 ff.; ErfK/*Preis* BGB § 611 Rn. 724 ff.

letzung für den Arbeitnehmer zunächst der bereits mehrfach zitierte Grundsatz ins Feld zu führen, dass die Privatsphäre dem Einflussbereich des Arbeitgebers entzogen ist. Auch in diesem Fall sind die sich jeweils gegenüberstehenden Interessen von Arbeitgeber und Arbeitnehmer abzuwägen. Hierbei hat die Kunstfreiheit des Arbeitnehmers aus Art. 5 Abs. 3 GG Berücksichtigung zu finden. Kunst und Pornographie schließen sich nicht aus,[869] da auch in pornographischen Werken die schöpferische Gestaltung betont werden kann, „in der Eindrücke, Erfahrungen, Erlebnisse des Künstlers durch das Medium einer bestimmten Formensprache zu unmittelbarer Anschauung gebracht werden."[870]

Für den Arbeitgeber ist im Rahmen der Abwägung lediglich sein aus Art. 2 Abs. 1 i.V.m. Art. 1 Abs. 1 GG bzw. Art. 12 Abs. 1 GG abzuleitendes Interesse an seinem unberührten Ruf bzw. Ansehen zu berücksichtigen. Allerdings kann hier vertreten werden, dass er ein Interesse daran hat, nicht mit dem moralisch und sittlich fragwürdigen Verhalten des Arbeitnehmers in Verbindung gebracht zu werden. Dies könnte umso mehr gelten, wenn es sich um einen Arbeitnehmer handelt, der eine höhere Stellung im Betrieb inne und möglicherweise sogar eine Repräsentationsfunktion hat.

Ist der Arbeitnehmer und dessen Beschäftigungsverhältnis mit seinem Arbeitgeber bekannt, kann bei Dritten, die von der Darstellereigenschaft des Arbeitnehmers Kenntnis erlangen, regelmäßig die Verknüpfung zum Arbeitgeber entstehen. Dies befürchtete im Jahr 2013 offensichtlich auch ein nordrhein-westfälischer Zahnarzt, denn als dieser erfahren hatte, dass eine seiner Zahnarzthelferinnen in ihrer Freizeit unter dem Künstlernamen *„Texas Patti"* Pornofilme drehte, sprach er ihr die fristlose Kündigung aus.[871]

Für die Annahme einer Pflichtverletzung allein auf eine objektive Verbindung zum Arbeitgeber abzustellen, muss allerdings wie beim oben geschilderten Hass-Posting auf der *Facebook*-Seite des Nachrichtensenders *n-tv* ausscheiden. Ein Fehlverhalten i.S.d. § 241 Abs. 2 BGB kann wegen der deutlich überwiegenden verfassungsrechtlichen Positionen des Arbeitnehmers aus den Art. 12 Abs. 1, 5 Abs. 3 und 2 Abs. 1 GG nicht angenommen werden. Auf einen etwaigen Bezug zum Arbeitsverhältnis kommt es daher schon nicht an.

Im Übrigen wäre zu berücksichtigen, dass die Profildaten der pornographischen Multimediaportale keine Angaben zum Arbeitgeber vorsehen. Eine

---

869 Jarass/Pieroth/*Jarass* Art. 5 Rn. 119; BVerfG 1991, 1471, 1471; BGH 1990, 3026, 3027.

870 BVerfG NJW, 1985, 261, 262.

871 *Kupfer*, ZFA als Erotik-Sternchen – ein Nebenjob mit Folgen, http://www.zwp-online.info/de/zwpnews/dental-news/branchenmeldungen/zfa-als-erotik-sternchen-ein-nebenjob-mit-folgen (letzter Aufruf: 04.06.2017).

Verknüpfung kann daher allenfalls dadurch begründet werden, dass der Arbeitnehmer wegen seines preisgegebenen Namens oder, sollte er – wie in diesem Portalen zumeist – ein Pseudonym oder einen Künstlernamen verwenden, aufgrund seines Erscheinungsbilds wiedererkannt wird.

Aus dem Umstand, dass der Arbeitnehmer selbst regelmäßig keinerlei Bezugspunkte zu seinem Arbeitgeber (aktiv) herstellt, folgt zugleich im Umkehrschluss, dass es für Dritte offenkundig ist oder jedenfalls sein muss, dass die pornographisch Aktivitäten im absolut privaten Bereich von statten gehen. Vor diesem Hintergrund erscheint es als sehr abwegig, dass es zu einem rechtlich relevanten „in Verbindung bringen" bzgl. des pornographischem Wirkens des Arbeitnehmers und seinem Arbeitgeber kommt. Berechtigte Interessen eines weltlichen Arbeitgebers i.S.d. § 241 Abs. 2 BGB sind daher bei pornographischer Freizeitbetätigung des Arbeitnehmers nicht berührt. Im vorgenannten Fall der Zahnarzthelferin kam es zwar nicht zu einem Bestandsschutzverfahren, die fristlose Kündigung wäre allerdings mangels Pflichtverletzung und damit mangels wichtigen Grundes i.S.d. § 626 Abs. 1 BGB unwirksam gewesen.

### *c) Kirchlicher Arbeitgeber*

Wie bereits ausgeführt unterliegen die im kirchlichen Dienst beschäftigten Arbeitnehmer wegen der den Kirchen durch Art. 140 GG i.V.m. Art. 137 Abs. 3 WRV zugebilligten autonomen Selbstverwaltung besonderen Loyalitätspflichten.[872] Diese und etwaige Verstöße hiergegen sind im Rahmen der Kündigungsgründe bei der Sozialwidrigkeitsprüfung zu berücksichtigen. Das bedeutet aber nicht, dass sich die Kirchen über zwingende Arbeitsrechtsvorschriften hinwegsetzen können.[873] Daraus folgt, dass zwar die Voraussetzungen, ab wann ein Pflichtenverstoß aufgrund außerdienstlichen Verhaltens anzunehmen ist, in gewissem Maße von der Kirche definiert werden können. Ob die dafür erforderliche Betriebsbezogenheit gegeben ist, muss aber nach den allgemeinen arbeitsrechtlichen Kriterien geprüft werden, da die Kirchen keine Kompetenz dahingehend haben, hierfür eigene Maßstäbe aufzustellen.

#### aa) Der Fall „Julia Pink"

Das *ArbG Augsburg* hatte im Jahr 2014 über eine außerordentliche fristlose und hilfsweise ordentliche verhaltensbedingte Kündigung einer bei einer Bayerischen

---

872 BVerfG NZA 2014, 1387, 1392; MHA/*Berkowsky* § 124 Rn. 19.

873 MüKo-BGB/*Hergenröder* KSchG § 1 Rn. 13; vgl. BVerfG NJW 1986, 367, 371 (Anm. Weber).

Diakonie angestellten pädagogischen Fachkraft zu entscheiden. Nachdem die Arbeitgeberin erfahren hatte, dass die Arbeitnehmerin in ihrer Freizeit unter dem Pseudonym „*Julia Pink*“ Amateurpornofilme drehte und diese im Internet auf der Plattform www.mydirtyhobby.com veröffentlichte, sprach sie neben einem Verbot der pornographischen Freizeitaktivität zunächst eine Abmahnung aus. Weil sich die Hobbydarstellerin weigerte, das Mitwirken in den Filmen zu unterlassen, folgten anschließend die Kündigungen.

Als Begründung für die ordentliche Kündigung, die sowohl vom *ArbG Augsburg*,[874] vom *LAG München*[875] als auch vom *BAG*[876] bestätigt wurde, führte die Arbeitgeberin einen schwerwiegenden Verstoß gegen die arbeitsvertraglich vereinbarten Loyalitätspflichten an. Auf das Arbeitsverhältnis fanden die Arbeitsvertragsrichtlinien der Diakonie Bayern (AVR) Anwendung und diese enthielten u. a. folgende Klauseln:

> ***„§ 6 Loyalitätsobliegenheiten***
> *(1) Die Glaubwürdigkeit der Kirche wird auch daran gemessen, in welcher Weise diakonische Dienstnehmer und Dienstnehmerinnen ihr Leben gestalten und ihre Aufgaben erfüllen. (…)*
>
> *(2) Von anderen christlichen Dienstnehmern wird erwartet, dass sie Schrift und Bekenntnis achten, sich loyal gegenüber der Evangelisch-Lutherischen Kirche in Bayern verhalten und dazu beitragen, die Werte des Evangeliums in der Einrichtung zur Geltung zu bringen. (…)*
>
> ***§ 7 Verstöße gegen Loyalitätsobliegenheiten***
> *(…)*
> *(2) Insb. im Falle (…) eines Verstoßes gegen die Loyalitätsobliegenheit nach § 6 kann als letzte Maßnahme eine ordentliche oder außerordentliche Kündigung aus wichtigem Grund in Betracht gezogen werden. (…)*
> *(3) Für eine Kündigung aus kirchenspezifischen Gründen werden insb. folgende Loyalitätsverstöße als schwerwiegend angesehen:*
> *(…)*
> *- eine schwerwiegende persönliche sittliche Verfehlung“*

Nach dem Judikat des *ArbG Augsburg* habe die Klägerin ihre persönliche Loyalitätspflicht durch ihre außerdienstliche Internetaktivität erheblich verletzt. Dies wurde damit begründet, dass die mit den Leitlinien des kirchlichen Lebens festgeschriebene kirchliche Sexualethik damit nicht vereinbar und somit als schwere persönliche sittliche Verfehlung i.S.d. § 7 Abs. 3 AVR-Bayern anzusehen sei.

874 ArbG Augsburg BeckRS 2014, 73153.
875 LAG München, Urteil vom 21.05.2015, Az. 6 Sa 944/14 – n.v.
876 BAG, Beschluss vom 31.08.2015, Az. 2 AZN 696/15 – n.v.

#### bb) Problematik der Betriebsbezogenheit

Noch vertretbar erscheint unter Berücksichtigung des hier nicht näher zu beurteilenden Selbstbestimmungsrechts der Kirche, dass das *ArbG Augsburg* dem Grunde nach einen Verstoß gegen die im Arbeitsvertrag bzw. den AVR-Bayern festgelegte Loyalitätspflicht betreffend das außerdienstliche Verhalten annahm. Klassifiziert die Kirche in Bezug auf ihre Glaubwürdigkeit pornographische Tätigkeiten einer Arbeitnehmerin als unvereinbar mit ihrer kirchlichen Sexualethik, nach der das Sexualleben neben der körperlichen-sexuellen Beziehung einer geistig-seelischen Beziehung bedarf, und sieht sie darin zugleich eine schwere sittliche Verfehlung, so ist dieses Verständnis grundsätzlich (auch von der Arbeitsgerichtsbarkeit) für die materiell-rechtliche Beurteilung des Kündigungsgrundes zugrunde zu legen.

Wie bereits ausgeführt sind aber nur die Grenzen der nach § 241 Abs. 2 BGB vom Arbeitnehmer im (dienstlichen und) außerdienstlichen Bereich zu wahrenden Loyalitätspflichten von der Kirche (in gewissem Umfang) selbst bestimmbar. Ob der privaten Tätigkeit dann tatsächlich eine das Arbeitsverhältnis belastende Wirkung folgt, ist nach den allgemeinen Grundsätzen zu beurteilen. Folglich gilt auch für außerdienstliche Loyalitätspflichtverstöße eines im kirchlichen Dienst angestellten Arbeitnehmers, dass es zu konkreten betrieblichen Beeinträchtigungen kommen muss, um eine Pflichtverletzung i.S.d. § 241 Abs. 2 BGB annehmen zu können. Es muss also gleichfalls das Vorliegen des Merkmals der Betriebsbezogenheit festgestellt werden.

Eine solche bejahte das *ArbG Augsburg* im Fall von *„Julia Pink"* zu Unrecht. In den Entscheidungsgründen führte es noch selbst aus, dass die pornographischen Aktivitäten im Internet ausschließlich in der Freizeit erfolgten und keinen konkreten Einfluss auf ihre dienstliche Tätigkeit hatten, diese also nicht beeinträchtigt wurde. Gleichwohl bejahte es daraufhin die – wohl nur abstrakte – Gefahr für die kirchliche Arbeitgeberin, dass Eltern, die ihre Kinder bewusst in einer kirchlichen Einrichtung angemeldet haben, das Vertrauen in die Arbeitgeberin bzw. die Einrichtung verlieren könnten. Die Arbeitnehmerin könnte auch von den Bewohnern der Einrichtung nicht mehr ernstgenommen werden, wenn sie Sexualerziehung im christlichen Sinne betreibt. Ferner begründete das Gericht die Wirksamkeit der Kündigung damit, dass die Glaubwürdigkeit der Kirche erheblich darunter litte, wenn bekannt würde, dass sie die in der Öffentlichkeit ausgeübten pornografischen Aktivitäten der Klägerin duldet.

Eine allenfalls abstrakte Gefahr des Vertrauensverlustes Dritter in die Arbeitgeberin genügt aber auch hier nicht, um eine für § 241 Abs. 2 BGB relevante Betriebsbezogenheit des außerdienstlichen Verhaltens zu bejahen. Es lag weder eine konkrete Gefahr einer betrieblichen Beeinträchtigung etwa in der Form vor, dass tatsächlich Eltern an die Arbeitgeberin herangetreten wären mit der Ankündigung, sie würden Erzieher mit einer derartigen Einstellung zum Sexualleben nicht dulden. Noch kam es zu einer tatsächlichen Störung dergestalt, dass ein Bewohner gerade wegen der pornographischen Aktivität der Arbeitnehmerin im Internet die Einrichtung verlies.[877] Darüber hinaus stellte das Arbeitsgericht fest, dass die nicht mit der Einstellung der Kirche konform laufende Sexualethik der Arbeitnehmerin in ihre dienstliche Tätigkeit keinerlei Einfluss fand. Ohne jegliche Berührungspunkte zwischen beruflicher und privater Tätigkeit[878] kann eine Kündigung v. a. in Hinblick auf die die Arbeitnehmerin schützenden Grundrechte der allgemeinen Handlungsfreiheit und Kunstfreiheit nicht in vertretbarer Weise begründet werden. Auch die (pauschale) Behauptung, die Glaubwürdigkeit der Kirche würde bei Bekanntwerden der privaten Tätigkeit der Arbeitnehmerin erheblich leiden, vermag nicht zu überzeugen. Belastbare Anhaltspunkte für solch eine Prognose wurden von der Kirche im Rechtstreit nicht vorgetragen und vom *ArbG Augsburg* ebenfalls nicht ausgeführt.

Die Annahme einer Pflichtverletzung i.S.d. § 241 Abs. 2 BGB ist abgesehen von den Fällen, in denen es tatsächlich zu negativen Auswirkungen für die Kirche kommt, vertretbar, wenn die Arbeitnehmerin bspw. nach Dienstschluss in die Räume der Arbeitgeberin zurückkehrt, um dort die später veröffentlichten pornographischen Szenen zu drehen. In diesem Fall läge ebenfalls eine ausreichende Betriebsbezogenheit vor. Die Arbeitgeberin müsste es keinesfalls dulden, dass ihre Räumlichkeiten als Drehort für von ihr aus glaubensgründen ausdrücklich abgelehnte Verhaltensweisen missbraucht werden.

---

877 Vgl. http://www.spiegel.de/karriere/katholische-kirche-kuendigt-kindergaertnerin-kommune-kuendigt-kirche-a-823317.html (letzter Aufruf: 04.06.2017): Die Leiterin eines Kindergartens einer katholischen Kirche trennte sich von ihrem Ehemann und zog mit einem anderen Mann zusammen. Nachdem die Eltern der Kindergartenkinder hiervon Kenntnis erlangt hatten, bewirkten sie beim Stadtrat der betroffenen Gemeinde, dass der katholischen Kirche die Trägerschaft entzogen wurde.

878 In diese Richtung argumentiert auch das ArbG Frankfurt a. M. AuK 2007, 82, 83, wobei im dortigen Sachverhalt die „Grundordnung des kirchlichen Dienstes" nicht anwendbar war; das Gericht nahm zwar eine (kirchliche) Tendenz des beklagten Arbeitgebers an, lehnte jedoch dessen Ansicht, das außerdienstliche Verhalten des klagenden Arbeitnehmers (Mitgliedschaft und Aktivität im sozialen Netzwerk www.gayromeo.com [jetzt: www.planetromeo.com]) stelle einen wichtigen Grund i.S.d. § 626 Abs. 1 BGB dar, mangels Auswirkung der homosexuellen Tätigkeiten im betrieblichen Bereich ab.

### 5. *Zwischenergebnis*

Arbeitnehmer können in ihrer Freizeit durch die private Social Media-Nutzung ihre arbeitsvertraglichen Loyalitäts- und Rücksichtnahmepflichten aus § 241 Abs. 2 BGB verletzen. Besondere Bedeutung können dabei Tatsachenäußerungen erlangen. Die bereits vor dem Zeitalter der Social Media relevanten Pflichtverletzungen wie der Verrat von Unternehmensgeheimnissen oder das Whistleblowing erhielten durch die virtuelle Welt eine neue Plattform, wobei nun auch Social Media-Kontakte Geschäftsgeheimnisse und damit eine potentielle Gefahr für eine Pflichtverletzung darstellen. Auch wenn sich Arbeitnehmer in den Social Media unangemessen präsentieren, kann eine Pflichtverletzung als erfüllt angesehen werden. Allerdings kommt ein derartiges Fehlverhalten nur bei Arbeitnehmern in höheren und/oder repräsentativen Positionen in Betracht, und auch nur dann, wenn über die Social Media ein ausreichender Bezug zum Arbeitgeber begründet wird.

Einen noch größeren Stellenwert als Tatsachenäußerungen haben allerdings Internetbeiträge, in denen der Arbeitnehmer seine Meinung äußert. Was der Arbeitnehmer in inhaltlicher Hinsicht zulässigerweise noch von sich geben darf, ist v. a. unter Berücksichtigung der grundrechtlich geschützten Positionen der Arbeitsvertragsparteien und der Stellung des Arbeitnehmers im Betrieb zu ermitteln. Gelangt die diesbezügliche Prüfung zu dem Ergebnis, dass der Arbeitnehmer eine unzulässige Äußerung getätigt hat, ist wegen des außerdienstlichen Charakters der Äußerung ebenfalls erforderlich, dass eine ausreichende Betriebsbezogenheit vorliegt. Voraussetzung ist insoweit die konkrete Beeinträchtigung betrieblicher Interessen. Wann diese bejaht werden kann, ist davon abhängig, ob es sich um dem internen Bereich des Arbeitsverhältnisses zuzuordnende Pflichtverletzungen handelt oder um solche, bei denen es um die Außenwirkung des Fehlverhaltens geht.

Der interne Bereich ist etwa betroffen beim Verrat von Unternehmensgeheimnissen, Whistleblowing, bei der Beleidigung von Kollegen, Vorgesetzten oder des Arbeitgebers selbst und dem Mobbing von Kollegen. In diesen Fällen ist es für die Bejahung einer kündigungsrelevanten Pflichtverletzung erforderlich, dass es aufgrund des außerdienstlichen Verhaltens zu konkreten Betriebsablaufstörungen kommt.

Geht es hingegen um Fehlverhaltensweisen, bei denen die (potentielle) Außenwirkung die betrieblichen Interessen des Arbeitgebers beeinträchtigen kann, ist für die Bejahung der Betriebsbezogenheit das Vorliegen einer konkreten Gefahr der Beeinträchtigung ausreichend aber auch erforderlich. Eine abstrakte Gefahr genügt nicht. Hierbei handelt es sich insb. um außerdienstliche Verhaltensweisen, die die Reputation oder das Image des Arbeitgebers abwerten können, also namentlich um geschäftsschädigende und volksverhetzende Äußerungen. Analog hierzu gilt es auch den Sonderfall des Mitwirkens in Pornofilmen eines im kirchlichen Dienst Beschäftigen zu beurteilen. Eine bloß abstrakte Gefahr für die Glaubwürdigkeit der Kirche genügt nicht, um eine das Arbeitsverhältnis belastende Pflichtverletzung anzunehmen.

## III. Kündigungsrechtliche Konsequenzen der Pflichtverletzung

Liegt eine der im vorstehenden Abschnitt untersuchten Pflichtverletzungen vor, stellt sich auch hier im zweiten Schritt die Frage, welche kündigungsrechtlichen Konsequenzen für den Arbeitnehmer folgen können. Bei diesen Pflichtverletzungen im außerdienstlichen Bereich kommt es – anders als bei den weiter oben behandelten Verstößen mit unmittelbarem Bezug zum Arbeitsverhältnis – i. d. R. nicht zu Vermengungen der verschiedenen Fehlverhaltensweisen. Da die unterschiedlichen Pflichtverletzungen unproblematisch auseinanderzuhalten sind, kann eine dogmatisch saubere Einordnung erfolgen.

Bekanntlich liegt der Schwerpunkt bei der Wahl der korrekten kündigungsrechtlichen Maßnahme darin, die sich gegenüberstehenden Interessen im Rahmen der erforderlichen Interessenabwägung richtig zu gewichten. Diese stark vom Einzelfall abhängige Bewertung erfolgt, wie gewöhnlich, anhand der allgemeinen Abwägungsbelange (Alter, Beschäftigungsdauer, Unterhalspflichten, Verschulden, Folgen der Pflichtverletzungen etc.), die zulasten oder zugunsten des Arbeitnehmers in den Abwägungsvorgang einzustellen sind. Allerdings spielen vorliegend v. a. auch die Social Media-spezifischen Besonderheiten bei der richtigen Bestimmung der kündigungsrechtlichen Konsequenz eine bedeutsame Rolle. Insoweit hat sich (v. a. in der Rspr.) bislang keine einheitliche Beurteilung dieser Kriterien herausgebildet. Diese gilt es daher im Einzelfall herauszuarbeiten.

### *1. Tatsachenäußerung des Arbeitnehmers in Social Media*

Die oben erfassten Pflichtverletzungen wegen unzulässiger Tatsachenäußerungen können regelmäßig unterschiedliche Rechtsfolgen nach sich ziehen. Unabhängig vom Tatort „Social Media" handelt es sich bei den Pflichtverletzungen „Verrat von Unternehmensgeheimnissen", „Whistleblowing" und der Äußerung von „sonstigen unternehmensschädlichen Tatsachenäußerungen" um Fehlverhaltensweisen von jeweils unterschiedlicher Schwere. Diese ist davon abhängig, welche Social Media-spezifischen Besonderheiten im jeweiligen Einzelfall zum Tragen kommen.

*a) Verrat von Unternehmensgeheimnissen*

Der Verrat von Unternehmensgeheimnissen stellt bereits an sich eine erhebliche Pflichtverletzung dar, was schon die in § 17 UWG gesetzlich normierte Strafbewährtheit zeigt. Im Zusammenhang mit der Social Media-Nutzung erfährt sie aber zusätzliche Brisanz, weil im Internet tendenziell eine größere Personenanzahl von dort veröffentlichten Betriebsinterna erfährt.[879] Das bewirkt, dass das Schädigungspotential für den Arbeitgeber enorm hoch ist. Dies insb. dann, wenn die Äußerung in solch einem Kreis erfolgt, zu dem unmittelbare Konkurrenten des Arbeitgebers gehören. Das ist v. a. in berufsbezogenen Netzwerken (*XING* oder *LinkedIn*) bzw. fachbezogenen Foren, in denen Arbeitnehmer unterschiedlicher Arbeitgeber ihr Wissen austauschen, der Fall.[880]

Gerade in den Social Media kann es ohne böse Absicht des Arbeitnehmers wegen den dort regelmäßig herrschenden Umständen (vermeintlich private Sphäre bzw. ungestörte Umgebung) schnell zur Überschreitung des Zulässigen kommen. Gibt der Arbeitnehmer fahrlässig Geschäfts- oder Betriebsgeheimnisse preis, muss der Ausspruch einer Abmahnung ausreichend aber auch notwendig sein,[881] wenn es sich nicht gerade um hoch sensible und besonders wertvolle Informationen handelt. Dies hat insb. dann zu gelten, wenn die Äußerung nicht in einem berufsbezogenen Umfeld (Karrierenetzwerk), sondern im rein privaten Kreis (z. B. *Facebook* und der Arbeitnehmer ist mit keinem Konkurrenten des Arbeitgebers oder dessen Arbeitnehmer befreundet) erfolgt.

Anders zu beurteilen ist konsequenterweise der Sachverhalt, wenn der Arbeitnehmer vorsätzlich Betriebsinterna weitergibt und dies ggf. auch noch ggü. mehreren Empfängern. Eine Abmahnung ist in einer solchen Konstellation entbehrlich.[882] Der Arbeitgeber kann zur fristlosen Kündigung greifen. Auch hier spielen der Inhalt der Geheimnisse und die Größe sowie Zusammensetzung des Adressatenkreises eine wichtige Rolle.

Somit sind v. a. folgende Aspekte im Rahmen der Interessenabwägung einzustellen: Verschuldensmaßstab bzgl. der Preisgabe, Charakter des Social Media Dienstes (privat oder beruflich, Konkurrenten oder diesem zugehörige Nutzer als

---

879 Vgl. *Wittek*, Soziale Netzwerke im Arbeitsrecht, S. 187 f.;

880 *Byers/Mößner* BB 2012, 1665, 1666; *Günther* ArbRAktuell 2013, 223, 224.

881 Vgl. LAG Berlin-Brandenburg NZA-RR 2014, 468, 470; *Günther* ArbRAktuell 2013, 223, 224.

882 *Göpfert/Wilke* ArbRAktuell 2011, 159, 160; Thüsing/Wurth/*Willemsen*, Social Media im Betrieb, S. 120 Rn. 35

Social Media-Kontakte), Anzahl der Empfänger der preisgegebenen Geheimnisse, Sensibilität und Wert der Geheimnisse.

Anhand einer Gesamtschau dieser Kriterien ist die Intensität der Pflichtverletzung zu bemessen, die dann – neben den übrigen allgemeinen Abwägungsgesichtspunkten – maßgeblich dafür ist, welche kündigungsrechtliche Folge zulässig ist. Für den Arbeitgeber kommen von der bloßen Abmahnung bis hin zur fristlosen Kündigung alle Reaktionsmöglichkeiten in Betracht.[883]

### *b) Whistleblowing*

Liegt eine Pflichtverletzung in der Form des externen Whistleblowings über Social Media vor, ist die Art des gewählten Äußerungskanals grundsätzlich zu Lasten des Arbeitnehmers zu berücksichtigen. Dies auch dann, wenn erst aufgrund der Social Media das Tatbestandsmerkmal der Öffentlichkeit angenommen wird. Dabei handelt es sich nicht um eine doppelte Wertung des gleichen Umstands. Im Rahmen der Interessenabwägung wirken sich besonders die den Social Media inne wohnende Verbreitungsgeschwindigkeit und der nur begrenzt steuerbare Empfängerkreis aus.[884] Dadurch ist das Risiko, dass eine negative Äußerung erheblich nachteilige Auswirkungen für den Arbeitgeber hat, außerordentlich groß und die Pflichtverletzung daher schwerwiegender als eine unmittelbare Meldung bei der zuständigen Behörde.

Zu Lasten des Arbeitnehmers wird regelmäßig auch zu werten sein, wenn die Äußerung auf einer berufsbezogenen Plattform erfolgt und Kunden oder Geschäftspartner des Arbeitgebers von ihr Kenntnis nehmen können.

Für den Arbeitnehmer wirkt sich stets nachteilig aus, dass es aufgrund der Nutzung von Social Media und deren allgemein bekannten Wirkungsweisen regelmäßig auszuschließen ist, dass es ihm primär um die Abhilfe eines existenten oder drohenden Missstands (z. B. eine bevorstehende Straftat eines Vorgesetzten) gegangen sei. Es lässt sich nicht überzeugend damit argumentieren, der Arbeitnehmer wollte mit der Anzeige seiner staatsbürgerlichen Pflicht nachkommen.[885] Dies gilt selbst dann, wenn der Arbeitnehmer die externe – grundsätzlich zulässige – Anzeige im Kommentarfeld der *Facebook*-Chronik der Polizei[886] absetzen würde. Er kann dann zwar im Einzelfall die richtige Stelle gewählt haben, die

---

883 ErfK/*Preis* BGB § 611 Rn. 719.

884 Besgen/Prinz/*Herfs-Röttgen*, Handbuch Internet.Arbeitsrecht § 10 Rn. 43; vgl. LAG Berlin-Brandenburg BeckRS 2009, 55187.

885 *Zintl/Naumann* NJW-Spezial 2013, 306, 307; *Burr*, Posting als Kündigungsgrund, S. 100.

886 Siehe z. B. den Facebook-Auftritt der Polizei München https://www.facebook.com/polizeimuenchen/ (letzter Aufruf: 04.06.2017).

öffentliche Äußerung wäre aber gleichwohl unverhältnismäßig, da eine diskretere Unterrichtung der Strafverfolgungsbehörden ebenfalls möglich gewesen wäre.

Anhand der mit diesen Kriterien zu bemessenden Schwere der Pflichtverletzung ist – unter gleichzeitiger Berücksichtigung der Stellung und Aufgabe des Arbeitnehmers im Betrieb – die Zulässigkeit der kündigungsrechtlichen Maßnahme zu erörtern. Der Ausspruch einer Abmahnung wird regelmäßig gerechtfertigt sein, eine ordentliche Kündigung kann sich allerdings ebenfalls noch im Rahmen der Verhältnismäßigkeit bewegen.[887] Eine fristlose Kündigung ist zwar grundsätzlich möglich, denn auch im Whistleblowing kann ein wichtiger Grund i.S.d. § 626 Abs. 1 BGB liegen.[888] Um diese zu rechtfertigen, muss eine Gesamtschau allerdings zu dem deutlichen Ergebnis führen, dass die Weiterbeschäftigung des Arbeitnehmers bis zum Ablauf der geltenden Kündigungsfrist für den Arbeitgeber unzumutbar wäre.

### *c) Sonstige unternehmensschädliche Tatsachenäußerungen*

#### aa) Unwahre Tatsachenbehauptungen

Welche kündigungsrechtliche Konsequenz bei der Äußerung von wahrheitswidrigen Tatsachen in Betracht zu ziehen ist, hängt zunächst stark vom Inhalt der Äußerung und damit von den beeinträchtigten Arbeitgeberinteressen ab. Die oben als Exempel genannte Pleiteäußerung[889] ist wegen der Gefahr für die Geschäftsbeziehungen per se deutlich schwerwiegender einzuordnen als bspw. eine nur dem privaten Bereich des Arbeitgebers zuzuordnende (unzutreffende) Äußerung wie etwa, dass er mit seiner Sekretärin eine Affäre habe.[890]

Eine Pleiteäußerung wider besseren Wissens stellt einen wichtigem Grund i.S.d. § 626 Abs. 1 BGB dar.[891] Erfolgt diese dazu noch ggü. einem größeren (virtuellen) Publikum, intensiviert dies die Beeinträchtigung der Interessen des Arbeitgebers zusätzlich. Auch hier ist in Bezug auf die Schwere des Fehlverhaltens darauf abzustellen, welchem Kreis (privat oder geschäftlich) die unzutreffende Behauptung zugänglich gemacht wird. Die Verletzung der Arbeitgeberinteressen wird auch

---

887 BAG NZA 2004, 427, 430.

888 LAG Baden-Württemberg NZA 1987, 756, 756; LAG Hamm NZA-RR 2004, 475, 476; Müko-BGB/*Henssler* § 626 Rn. 165.

889 Siehe hierzu die Ausführungen oben auf Seite 144.

890 A.A. LAG Schleswig-Holstein BeckRS 2007, 48809, das bei einer solchen Äußerung eine die Ehre und Würde verletzende Tatsachenbehauptung unzweifelhaft annimmt und als wichtigen Grund i.S.d. § 626 Abs. 1 BGB ansieht.

891 Vgl. LAG Berlin NZA-RR 2003, 362 (Leitsatz des Einsenders).

dann bedeutsamer, wenn für die Leser der Äußerung erkennbar ist, dass der sich Äußernde beim Arbeitgeber beschäftigt ist. Wie bei den oben dargestellten sonstigen unternehmensschädlichen Meinungsäußerungen wird negativen Aussagen eigener Angestellter aufgrund der vermeintlich sicheren Herkunft ein besonderes Gewicht zugesprochen. Dies kann insb. bei die Liquidität des Arbeitgebers betreffenden Äußerungen erhebliche Folgen nach sich ziehen. Auch dadurch steigen das Schädigungspotential und damit die Erheblichkeit der Pflichtverletzung.

#### bb) Rufschädigung durch das Veröffentlichen von Fotos/Videos

Liegt eine Pflichtverletzung aufgrund der Veröffentlichung eines kompromittierenden Fotos bzw. Videos vor, scheint zunächst nur der Ausspruch einer Abmahnung als verhältnismäßige Reaktion. Bei solchen Sachverhalten ist zu beachten, dass dem Arbeitnehmer aller Voraussicht nach nicht bewusst ist, dass seine private und freizeitorientierte Social Media-Präsenz auf das Arbeitsverhältnis ausstrahlen kann. Anders als bei dort preisgegebenen Unternehmensgeheimnissen drängt sich für den Arbeitnehmer die Pflichtwidrigkeit bei der Veröffentlichung von Fotos bzw. Videos, die aus dem rein privaten Bereich stammen, nicht auf. Regelmäßig kann eine Abmahnung dem Arbeitnehmer mit ausreichender Klarheit vor Augen führen, dass der Arbeitgeber nicht bereit ist, die seine berechtigten Interessen berührende Selbstinszenierung des Arbeitnehmers zu akzeptieren.

Bei bloß kompromittierenden Fotos kann unter Berücksichtigung des ultima ratio-Grundsatzes eine verhaltensbedingte Kündigung daher i. d. R. nicht gerechtfertigt werden. Allenfalls wenn sich die damit für die Arbeitgeberinteressen bestehende Gefahr einer Rufschädigung realisiert und es zu geschäftsschädigenden Reaktionen der Öffentlichkeit oder Geschäftskunden des Arbeitgebers kommt, scheint eine Kündigung diskutabel. Hier muss jedoch zweifelsfrei feststehen, dass sich das Risiko verwirklicht hat, also die geschäftsschädigende Folge auf die außerdienstliche Social Media-Aktivität des Arbeitnehmers zurückzuführen ist. Dies wird für den Arbeitgeber aber nur in den seltensten Fällen nachweisbar sein. Theoretisch denkbar ist dies bspw. in dem Fall, wenn sich Geschäftspartner des Arbeitgebers von diesem abwenden und dafür ausdrücklich die negative Social Media-Präsenz des Arbeitnehmers als Grund nennen.

#### cc) Wettbewerbsrechtliches Fehlverhalten

Begeht ein Arbeitnehmer durch die private Social Media-Nutzung einen den Arbeitgeber treffenden Wettbewerbsverstoß, so ist im Hinblick auf die kündigungsrechtlichen Folgen v. a. entscheidend, unter welchen Umständen der Arbeitnehmer den wettbewerbswidrigen Beitrag veröffentlichte. Hatte der betroffene Autoverkäufer im oben dargestellten Beispiel[892] die Intention, das Verkaufsgeschäft seines Arbeitgebers zu fördern, ihn also in seinem Geschäftsbetrieb zu unterstützen, so wird der Arbeitgeber allenfalls eine Abmahnung aussprechen können. Wurde der Arbeitnehmer sogar vom Arbeitgeber gebeten, auch in seiner Freizeit über die von ihm genutzten Social Media-Kanäle für die aktuelle Verkaufsaktion zu werben und gab er ihm hierfür nicht die zu beachtenden Mindestangaben an die Hand, ist es sogar vertretbar, die Zulässigkeit einer Abmahnung zu verneinen. Im Regelfall wird der Arbeitnehmer nämlich unverschuldet nicht wissen, dass er durch seinen Post einen (dem Arbeitgeber zurechenbaren) Wettbewerbsverstoß begeht. Der Arbeitgeber wird dann höchstens eine kündigungsrechtlich belanglose Belehrung oder Ermahnung aussprechen können.[893]

Verhält sich der Arbeitnehmer allerdings wiederholt und in Kenntnis hiervon wettbewerbswidrig, kann im Einzelfall eine verhaltensbedingte Kündigung zulässig sein. Dem Arbeitnehmer ist dann bzgl. der Rechtswidrigkeit und den dem Arbeitgeber drohenden finanziellen Nachteilen (z. B. die Kosten wegen der gerichtlichen Inanspruchnahme durch einen Mitbewerber) Vorsatz zu unterstellen, was zu einer besonderen Erheblichkeit der Pflichtverletzung führen würde.

### *2. Meinungsäußerung des Arbeitnehmers in Social Media*

Wie bereits aus den Ausführungen zu den Pflichtverletzungen zu erkennen ist, nehmen unzulässige Meinungsäußerungen in den Social Media den breitesten Raum im Rahmen der kündigungsrelevanten Sachverhalte ein. Die unterschiedlichen Erscheinungsformen der Meinungsäußerungen wirken sich auch unterschiedlich auf die kündigungsrechtlichen Konsequenzen einer erfolgten Pflichtverletzung aus. Diese sollen im Folgenden näher untersucht werden.

#### *a) Beleidigung und Cyber-Mobbing*

##### aa) Beleidigung

In der Rspr. ist grundsätzlich anerkannt, dass eine grobe Beleidigung des Arbeitgebers oder seines Vertreters bzw. von Arbeitskollegen, die nach Inhalt und Form zu einer erheblichen Verletzung der Ehre des Betroffenen führt, eine Kündigung rechtfertigen kann, ohne dass der Arbeitgeber zuvor eine Abmahnung aussprechen muss.[894] Es sind allerdings für jeden Einzelfall die Gesamtumstände der Pflichtverletzung zu untersuchen.

---

892 Siehe hierzu die Ausführungen oben auf S. 160.

893 Vgl. Küttner/*Eisemann* On. 2 Rn. 6; *Hunold* ArbRAktuell 2016, 341, 342.

894 BAG NZA 2005, 158, 159; BAG BeckRS 2003, 40827; ArbG Duisburg NZA-RR 2013, 18, 18; APS/*Dörner*/*Vossen* KSchG § 1 Rn. 294.

Zunächst ist im Hinblick auf die kündigungsrechtlichen Folgen zu unterscheiden, wer das Opfer der Beleidigung ist.[895] Die Beleidigung des Arbeitgebers bzw. des Vorgesetzten wiegt schwerer als die eines hierarchisch gleichgestellten Kollegen, so dass bereits deswegen unterschiedliche Folgen in kündigungsrechtlicher Hinsicht in Betracht kommen können. Die Jurisdiktion neigt gleichwohl zum Teil gerade bei groben Beleidigungen von Vorgesetzten dazu, den Ausspruch einer Abmahnung als ausreichend anzusehen.[896] Dem Arbeitgeber muss allerdings die Möglichkeit eingeräumt werden, auf grobe Beleidigungen angemessen mit einer Kündigung reagieren zu können.[897] Ob Angemessenheit vorliegt, ist neben den allgemeinen Abwägungsbelangen einer Interessenabwägung und der Person des Beleidigungsopfers an verschiedenen Kriterien zu bemessen. In Betracht kommen etwa: der betriebsübliche Umgangston, der psychische Zustand des sich äußernden Arbeitnehmers und die Gesprächssituation sowie Ort und Zeitpunkt des Geschehens.[898] Die beiden letztgenannten Kriterien beziehen sich im Social Media-Bereich auf die Außerdienstlichkeit und wirken sich jedenfalls bei Beleidigungen von (hierarchisch gleichgestellten) Arbeitskollegen schon bei der Frage nach dem „Ob" einer Pflichtverletzung aus.

Welcher Umgangston im Betrieb herrscht, muss aber auch bei ehrverletzenden Äußerungen im Social Web im Rahmen der Interessenabwägung berücksichtigt werden, da von den Arbeitnehmern – insb. im Hinblick auf die im Netz ohnehin sehr scharfe Umgangsweise („flaming") – nicht zu erwarteten ist, dass sie sich im virtuellen Bereich (anders als sonst) zurückhaltend äußern. In diesem Zusammenhang spielt es ferner eine Rolle, ob sich die Beleidigung auf eine einzelne diffamierende Äußerung beschränkt oder ob es zu einer Kanonade an Beschimpfungen kam.

Die Situation, in der die ehrverletzende Äußerung getätigt wurde, ist v.a. dann relevant, wenn es um den Anlass des Beitrags geht. Wie bei Äußerungen im mündlichen Gespräch, wäre auch bei schriftlich abgefassten Beiträgen eine spontane Affekthandlung grundsätzlich zugunsten des Arbeitnehmers in die Abwägung ein-

---

895 *Deeg/Scheuenpflug* ArbRAktuell 2010, 547, 547.

896 LAG Mecklenburg-Vorpommern BeckRS 2010, 71595; LAG Schleswig-Holstein BeckRS 2010, 70368.

897 *Deeg/Scheuenpflug* ArbRAktuell 2010, 547, 547; so auch das ArbG Hagen ArbRAktuell 2013, 6, 8, das bei Beschimpfungen des Vorgesetzen via Facebook mit den Worten „kleiner Scheißhaufen", „Wixer" und faules „Schwein" zwar die außerordentliche Kündigung des Arbeitnehmers für unwirksam, die ordentliche aber für rechtmäßig erachtete.

898 ArbG Duisburg NZA-RR 2013, 18, 19; APS/*Dörner/Vossen* KSchG § 1 Rn. 296; *Deeg/Scheuenpflug* ArbRAktuell 2010, 547, 547.

zustellen.[899] Allerdings fehlt beim schriftlichen Verfassen einer evtl. sogar längeren Beschimpfung (Beleidigungskanonade) das Merkmal der Unüberlegtheit, wenn die Äußerung nicht im virtuellen Dialog (z. B. in der Kommentarfunktion), sondern als einseitiger Beitrag in Form einer Statusnachricht oder eines Tweets erfolgt.[900] Eine der Beleidigung unmittelbar vorgeschaltete Provokation, die sich mildernd auswirken könnte,[901] scheidet in diesen Fällen aus. Der Arbeitnehmer kann sich seine Wortwahl (anders als in einem Dialog) längere Zeit überlegen, bevor er auf die Äußerung oder Handlung eines Dritten reagiert. Der Umstand, dass eine überlegte Äußerung vorliegt, ist somit zu Lasten des Arbeitnehmers zu berücksichtigen, denn es handelt sich um eine schwerwiegendere Pflichtverletzung als bei einer Spontanäußerung.[902]

Aber auch, wenn es im Rahmen eines virtuellen Gesprächs zu einer ehrverletzenden Äußerung kommt, ist nicht automatisch von einer Affekthandlung auszugehen. Es ist im Einzelfall auf die Zeitspanne zwischen dem den Arbeitnehmer provozierenden Ereignis und seiner darauffolgenden Äußerung abzustellen. Je länger die zwei Ereignisse auseinander liegen, desto eher ist eine spontane Reaktion in Form einer Affekthandlung abzulehnen mit der Folge, dass die Äußerung als wohl überlegte Handlung zu Lasten des Arbeitnehmers zu berücksichtigen wäre.[903]

Liegt unter Berücksichtigung der soeben dargestellten Kriterien aber tatsächlich eine Affekthandlung vor, kann sie nicht dadurch ihre Eigenschaft als Spontanäußerung verlieren, weil der Arbeitnehmer als ihr Urheber sie längere Zeit online bestehen lässt. Die insoweit gegenteilige Ansicht[904] meint, dass derjenige, der eine rechtverletzende Äußerung über einen längeren Zeitraum in den Social Media bestehen lässt, gerade will, dass sie zur Kenntnis genommen wird. Diese Auffassung verkennt allerdings, dass es für die Beurteilung des Vorliegens einer Affekthandlung allein auf die Umstände im Zeitpunkt der Äußerungshandlung ankommt und nicht auf das darauffolgende Verhalten. Letzteres kann allerdings als eigenständiger Gesichtspunkt im Rahmen der erforderlichen Interessenabwägung Berücksichtigung finden. Das insoweit betroffene Nach-Tat-Verhalten wird unter dem Gliederungspunkt III. 4. f) behandelt.

---

899 ArbG Duisburg NZA-RR 2013, 18, 19; LAG Rheinland-Pfalz NZA-RR 2012, 16, 17.

900 Ohne diese Differenzierung ArbG Duisburg NZA-RR 2013, 18, 19, das der vermeintlichen Affekthandlung sogar entscheidende Bedeutung beigemessen hatte.

901 LAG Rheinland-Pfalz NZA-RR 2012, 16, 18.

902 BAG BeckRS 2000, 30783188; BAG BeckRS 2003, 40827; LAG Schleswig-Holstein BeckRS 2007, 48809.

903 So auch *Schockenhoff*, Soziale Netzwerke im Arbeitsrecht, S. 36; in diese Richtung auch *Hinrichs/Hörtz* NJW 2013, 648, 653 und *Bauer/Günther* NZA 2013, 67, 71.

904 LAG Hamm BeckRS 2012, 74357.

Bei (außerdienstlichen) Beleidigungen unter Kollegen sind die daraus entstandenen betrieblichen Beeinträchtigungen von besonderer Bedeutung. Sie sind nicht nur Anknüpfungspunkt für das Vorliegen einer Pflichtverletzung, sondern auch wichtiger Maßstab innerhalb der Interessenabwägung. Je intensiver das außerdienstliche Verhalten in das Arbeitsverhältnis eingreift, desto schwerer wiegt die Pflichtverletzung, was sich im Ergebnis auf die kündigungsrechtliche Folge auswirkt.[905] Auch dies muss im jeweiligen Einzelfall berücksichtigt werden.

Die weiter unter dargestellten, übrigen Social Media-spezifischen Beurteilungskriterien (Gliederungspunkt III. 4.) – dort v. a. der Empfängerkreis, dem die ehrverletzende Äußerung zugänglich gemacht wird – sind ebenfalls umfassend in die Interessenabwägung einzubeziehen. Fällt diese deutlich zu Lasten des Arbeitnehmers aus, kann der Ausspruch einer fristlosen Kündigung auch ohne vorherige Abmahnung durchaus in Betracht kommen. Je nach den Umständen des Einzelfalls, kann der Arbeitgeber von der Abmahnung bis hin zur fristlosen Kündigung alle kündigungsrechtlichen Folgen in Erwägung ziehen.

#### bb) (Cyber-)Mobbing

Im Verhältnis zum klassischen Mobbing ist zu berücksichtigen, dass das Cyber-Mobbing von Natur aus gewichtiger ist, weil die schriftlichen Schikanierungen wegen ihrer „längeren Lebensdauer“ eine größere Wirkungskraft als mündliche Äußerungen haben.[906] Hinzu kommt, dass sie regelmäßig vor einem größeren Publikum stattfinden als Schmähungen im betrieblichen Kollegenkreis.[907] Auf die Schwere der Pflichtverletzung, an der sich auch die kündigungsrechtliche Konsequenz orientiert, hat dies aber nur einen mittelbaren Einfluss, denn für das Verhältnis zwischen Arbeitgeber und mobbendem Arbeitnehmer kommt es insoweit lediglich auf die betrieblichen Auswirkungen des (Cyber-)Mobbings an. Nur dies ist der Anknüpfungspunkt für den Verstoß gegen § 241 Abs. 2 BGB und nicht die Intensität der Persönlichkeitsrechtsverletzung des Gemobbten.

Haben die außerdienstlichen Cyber-Mobbinghandlungen Benachteiligungsgründe aus § 1 AGG zum Gegenstand, bestimmt § 12 Abs. 1 AGG zum Schutz des Gemobbten, dass der Arbeitgeber die erforderlichen Maßnahmen zu ergreifen hat. Im Hinblick auf die kündigungsrechtlichen Konsequenzen ggü. dem

---

905 Vgl. BAG NZA 2011, 112, 114 zu einer außerdienstlichen Straftat eines im öffentlichen Dienst beschäftigten Arbeitnehmers.

906 *Hey* BB 2013, 2805, 2806; so auch Schaub/*Linck* § 53 Rn. 39.

907 *Kammermeier/Arden* jurisPR-ITR3/2013 Anm. 3 zu ArbG Duisburg, Urteil v. 26.09.2012, Az. 5 Ca 949/12.

mobbenden Arbeitnehmer kommen (unabhängig von § 1 AGG) die allgemein zulässigen Sanktionen in Betracht. Bei der Frage nach der ultima ratio scheint aber eine Versetzung des Cyber-Mobbingtäters[908] keinen Erfolg zu versprechen, da der Tatort gerade nicht im Betrieb, sondern wegen der außerdienstlichen Social Media-Nutzung im privaten Bereich liegt. Eine Versetzung würde an der Einwirkungsmöglichkeit des Täters nichts ändern.

Grundsätzlich wird daher zunächst der Ausspruch einer Abmahnung in Betracht zu ziehen sein. Eine solche kann aber entbehrlich und damit die Zulässigkeit einer verhaltensbedingten Kündigung gegeben sein, wenn die Vertrauensgrundlage unwiederbringlich zerstört ist. Davon ist auszugehen, wenn das Mobbingopfer erkrankt ist und der Täter weiß oder grob fahrlässig übersieht, dass die Erkrankung auf seine Schikanierungen zurückzuführen ist.[909] In diesem Fall kommt die Kenntnis über die Erkrankung der Warnfunktion einer Abmahnung nahe, denn dem Täter muss auch hier klar sein, dass seine Handlungen Folgen haben.[910]

Beim klassischen Mobbing ist bezüglich der Frage nach der Entbehrlichkeit der Abmahnung auch zu berücksichtigen, ob der Arbeitgeber selbst damit rechnen muss, künftig vom Mobbingopfer in Haftung genommen zu werden. Er muss sich nämlich das Verschulden bei Mobbing durch Vorgesetzte nach § 278 S. 1 BGB zurechnen lassen.[911] Ist dies der Fall, kommt eine (außerordentliche) verhaltensbedingte Kündigung eher in Betracht. Jedoch kann beim außerdienstlichen Cyber-Mobbing damit nicht für die Zulässigkeit einer Kündigung argumentiert werden, da eine Haftung des Arbeitgebers wegen der Außerdienstlichkeit ausscheidet. Der (vorgesetzte) Arbeitnehmer ist in dieser Konstellation kein Erfüllungsgehilfe des Arbeitgebers, so dass es an einem dienstlich veranlassten Verhalten – also dem Tatbestandmerkmal „in Erfüllung" – fehlt, auf das im Rahmen der Zurechnung nach § 278 S. 1 BGB abgestellt werden könnte.[912]

Je schwerer sich die Folgen des Cyber-Mobbings im Betrieb auswirken, desto eher kann der Arbeitgeber den Ausspruch einer Kündigung in Erwägung ziehen. Bloße Auseinandersetzungen rechtfertigen aber i. d. R. lediglich eine Abmahnung.

---

908 *Benecke* NZA-RR 2003, 225, 231, zur grundsätzlich vorrangigen Versetzung des Täters.

909 Ebd.

910 Ebd.

911 BAG NZA 2008, 223, 227; BAG NZA 2007, 1154, 1161; zusammenfassend *Oberthür* BB 2008, 675, 676.

912 Vgl. *Benecke* RdA 2008, 357, 360.

Hat der Arbeitgeber aber bereits wegen zuvor erfolgter Cyber-Mobbingangriffe den Täter abgemahnt und kommt es gleichwohl weiterhin zu nachhaltigen Störungen des Betriebsfriedens, kann eine außerordentliche Kündigung gerechtfertigt sein.[913]

Zeigen sich durch das außerdienstliche Cyber-Mobbing allerdings psychologisch bedenkliche Eigenschaften des Mobbenden (insb., wenn dieser ein Vorgesetzter ist), kann dessen charakterliche Eignung für die Tätigkeitsausübung in Frage gestellt werden. Dies wäre im Rahmen einer personenbedingten Kündigung zu diskutieren.

### *b) Geschäftsschädigende Äußerungen*

#### aa) Unternehmensbezogene Äußerung

Bei unternehmensbezogenen Meinungsäußerungen, die den Interessen des Arbeitgebers zuwiderlaufen, kommt in aller Regel zunächst nur der Ausspruch einer Abmahnung als zulässige Reaktion in Betracht. In den Fällen, in denen eine Pflichtverletzung im o. g. Sinne anzunehmen ist, geht es zumeist um nicht sonderlich schwer wiegende Verstöße. Insoweit ist es im Hinblick auf das geltende Prognoseprinzip ausreichend, wenn dem Arbeitnehmer mit der einer Abmahnung innewohnenden Rüge- und Warnfunktion vor Augen gehalten werden kann, dass die betroffene Social Media-Äußerung vom Arbeitgeber nicht hingenommen werde.

Anders kann es sich freilich dann verhalten, wenn schon der Inhalt der in den Social Media veröffentlichten Äußerung für den Arbeitgeber massiv geschäftsschädigend ist. Das ist bspw. der Fall, wenn ein Arbeitnehmer über einen Post an seinen virtuellen Bekanntenkreis öffentlich die Frage stellt, ob es neben seinem Arbeitgeber noch anderen Unternehmen erlaubt sei, Regierungs- und Steuerzahlergeld zu veruntreuen bzw. dass sein Arbeitgeber die Regierung und die Steuerzahler „beschummle".[914] Angesichts des Gewichts der Pflichtverletzung ist eine Abmahnung entbehrlich, denn eine Wiederherstellung des notwendigen Vertrauensverhältnisses ist in solchen Konstellationen von vornherein nicht mehr möglich. Ein Arbeitnehmer, der solche Äußerungen über seinen Arbeitgeber verbreitet, kann auch nicht damit rechnen, dass dieser so ein Verhalten hinnehmen werde.[915] Eine fristlose Kündigung ist in diesem Fall rechtmäßig.

---

913 ErfK/*Müller-Glöge* BGB § 626 Rn. 117; vgl. OVG Greifswald NZA-RR 2004, 671, 672.

914 Angelehnt an den vom LAG Rheinland-Pfalz BeckRS 2007, 46877 entschiedenen Fall, in dem ein Arbeitnehmer an mehrere Adressaten und u. a. an einen Radiosender eine E-Mail mit entsprechendem Text versandte.

915 LAG Rheinland-Pfalz BeckRS 2007, 46877.

### bb) Kundenbezogene Äußerung

Bei unzulässigen Äußerungen des Arbeitnehmers über Geschäftspartner oder Kunden des Arbeitgebers steht die Gefährdung der Geschäftsbeziehung im Vordergrund. Bei der Frage nach den kündigungsrechtlichen Folgen ist daher zunächst auf den Äußerungsinhalt abzustellen. Beleidigungen wiegen schwerer als „bloße", unzulässige Kritik. So kann die an den Geschäftspartner gerichtete Äußerung, er sei ein „Arschloch", eine fristlose Kündigung bereits ohne Abmahnung rechtfertigen.[916] Ob sich die Beleidigung dann tatsächlich auf die Geschäftsbeziehung auswirkt, ist irrelevant. Der Arbeitgeber muss einen solchen Umgang mit seinen Geschäftspartnern (oder dessen Mitarbeitern) nicht hinnehmen und der Arbeitnehmer kann nicht erwarten, dass der Arbeitgeber dieses Verhalten toleriere.

Aber auch andere, nicht ehrverletzende geschäftsschädigende Äußerungen können eine Kündigung begründen. Dabei spielt in der Interessenabwägung v. a. eine Rolle, ob sich die Gefahr der Geschäftsschädigung realisiert hat. Ist dies der Fall, weil der Geschäftspartner aufgrund der negativen Äußerung des Arbeitnehmers die Geschäftsbeziehung zum Arbeitgeber beendet hat, wiegt die Pflichtverletzung besonders schwer. Denn damit sind für den Arbeitgeber regelmäßig erhebliche (finanzielle) Nachteile verbunden. Hier ist insb. von Relevanz, ob der Arbeitnehmer im Zeitpunkt des Absetzens der negativen Äußerung mit der Realisierung der später eingetretenen Folge rechnen musste. Angenommen werden könnte dies z. B. dann, wenn die Geschäftsbeziehung zu dem sich abkehrenden Kunden bereits angeschlagen war und der Arbeitnehmer darum wusste. In diesem Fall wäre von ihm zu erwarten, dass er die ohnehin schon angespannte Situation im Interesse seines Arbeitgebers nicht noch zusätzlich strapaziert. Eine verhaltensbedingte Kündigung kann daher durchaus in Betracht kommen, je nach den Umständen auch ohne vorherige Abmahnung.

Hat sich hingegen die Gefahr der Geschäftsschädigung noch nicht realisiert, kommt es für den Erheblichkeitsgrad der Pflichtverletzung neben dem Inhalt der Äußerung maßgeblich darauf an, wie gravierend die drohende Gefahr ist. Je schwerer sich die Folgen für den Arbeitgeber im Falle der Realisierung darstellen würden, desto erheblicher ist die Pflichtverletzung zu beurteilen. Maßgeblich ist somit die Bedeutung des Bestehens der geschäftlichen Beziehung für den Geschäftsbetrieb des Arbeitgebers. Handelt es sich bei dem Kunden, über den sich der Arbeitnehmer in arbeitsrechtlicher Hinsicht unzulässig äußerte, bspw. um

---

916 LAG Schleswig-Holstein 2010, 70368; *Kort* NZA 2012, 1321, 1322.

einen Hauptabnehmer der Produkte oder Dienstleistung des Arbeitgebers, wirkt sich das besonders zu Lasten des Arbeitnehmers aus.[917]

Ebenfalls für den Abwägungsvorgang von Bedeutung ist die Stellung des Arbeitnehmers im Betrieb. Leitende Angestellte oder jene, die eine Repräsentationsfunktion ausüben, stehen näher im Lager des Arbeitgebers. Ein geschäftsschädigendes, privates Fehlverhalten von solchen Beschäftigten birgt per se ein größeres Schädigungsrisiko in sich, da der Arbeitgeber von seinen Kunden bzw. Geschäftspartnern regelmäßig über diese Personen identifiziert und wahrgenommen wird.

Schließlich sind auch hier die unten im Einzelnen dargestellten Social Media-spezifischen Beurteilungskriterien zu berücksichtigen. Die Vielzahl dieser maßgeblichen Gesichtspunkte kann im Einzelfall zu einer Kumulation von zu Lasten des Arbeitnehmers sprechenden Abwägungsbelangen führen. Dies hat zur Folge, dass der Ausspruch einer verhaltensbedingten Kündigung ohne vorangegangene Abmahnung gerechtfertigt sein kann.

### *c) Volksverhetzende und politische Äußerungen*

Anders als bei unmittelbar geschäftsschädigenden Äußerungen im vorstehenden Sinne, fehlt politischen bzw. volksverhetzenden Äußerungen des Arbeitnehmers zumeist ein direkter inhaltlicher Bezug zum Arbeitgeber. Die Gemeinsamkeit der beiden Kategorien besteht jedoch darin, dass der Arbeitgeber im Falle einer Pflichtverletzung die Schädigung seines Rufes bzw. Images als Begründung für kündigungsrechtliche Maßnahmen anführt. Welche Instrumentarien bei politisch motivierten, privaten Fehlverhaltensweisen des Arbeitnehmers als zulässige Mittel in Betracht kommen, soll nachfolgend erörtert werden.

#### aa) Volksverhetzende Äußerungen

Wesentliche Anknüpfungspunkte für die zulässige kündigungsrechtliche Folge bei Pflichtverletzungen in Form von volksverhetzenden Social Media-Tätigkeiten sind Art und Maß der daraus resultierenden betrieblichen Beeinträchtigung. Besteht sie in Form einer für den Arbeitgeber drohenden Gefahr (z. B. möglicher Ausschluss aus einem Vergabeverfahren), kann neben der Aufforderung, den Beitrag zu löschen, grundsätzlich der Ausspruch einer Abmahnung das ausreichende Mittel darstellen. Allerdings kann das nicht in dieser Pauschalität gelten, sondern es ist auch die drohende Folge innerhalb der Abwägung zu berücksichtigen. In Fortführung des obigen Beispiels zum Beschäftigten eines Bauunternehmens wäre bspw. zu Lasten des Arbeitnehmers zu bewerten, wenn sich der Arbeit-

917 In diese Richtung auch *Burr*, Posting als Kündigungsgrund, S. 225.

geber zum Zeitpunkt der volksverhetzenden Äußerung in finanzieller Notlage befände und auf den ausgeschriebenen Auftrag dringend angewiesen wäre. Ist der Arbeitgeber wegen des ausbleibenden Auftrags in seiner Existenz bedroht, kann für ihn eine Weiterbeschäftigung des Arbeitnehmers u. U. unzumutbar sein. Der Ausspruch einer ordentlichen Kündigung kann vorbehaltlich der anderen Abwägungsgesichtspunkte gerechtfertigt sein.

Als weniger erheblich – und damit für eine verhaltensbedingte Kündigung wohl nicht ausreichend – wäre eine Pflichtverletzung hingegen einzuordnen, wenn es sich bei dem möglichen Bauvorhaben um ein kleines Einfamilienhaus handelte und der Arbeitgeber wegen ohnehin guter Auftragslage den Vertragsabschluss nicht notwendig benötigte. Unter Berücksichtigung des Verhältnismäßigkeitsgrundsatzes könnte eine Abmahnung als ausreichend angesehen werden.

Realisiert sich allerdings die Gefahr des außerdienstlichen Verhaltens für den Arbeitgeber, wiegt die Pflichtverletzung per se schwerer. Je nachdem, welche Folgen sie für den Arbeitgeber hat, kann eine Kündigung (ggf. sogar eine fristlose) in Betracht zu ziehen sein.

Unabhängig vom Ausspruch einer verhaltensbedingten Kündigung kann es gerade im sensiblen Bereich der volksverhetzenden und rassistischen Äußerungen in den Social Media zu einer schnellen und weitläufigen, viralen Verbreitung kommen, die ebenfalls auf den Arbeitgeber zurückfallen kann. Gerät dieser aufgrund der unzulässigen Äußerung seines Arbeitnehmers in das mediale Kreuzfeuer, ist nicht auszuschließen, dass der Arbeitgeber das Instrument der Druckkündigung in Erwägung zieht. Auf deren Bedeutung in Zusammenhang mit Social Media wird unter dem Gliederungspunkt III. 6. eingegangen.

### bb) Politische Äußerungen

Liegt bei einer allgemeinpolitischen Betätigung im Tendenzbetrieb eine Pflichtverletzung vor, kommt – wenn es sich nicht gerade um die Wiederholung eines bereits gerügten ähnlichen Falles handelt – regelmäßig nur eine Abmahnung in Betracht. Dadurch kann einem sich vereinzelnd in unzulässiger Weise tendenzwidrig verhaltenden Arbeitnehmer hinreichend klargemacht werden, dass er in Zukunft entsprechende Verhaltensweisen zu unterlassen hat. Bei intensiven Handlungen gegen die Tendenz kommt theoretisch der Ausspruch einer verhaltensbedingten Kündigung in Betracht. Mit steigender Erheblichkeit der Tendenzwidrigkeit wird jedoch die fehlende Eignung in den Vordergrund rücken, so dass die Maßstäbe einer personenbedingten Kündigung herzuziehen sind.

Die Zulässigkeit der kündigungsrechtlichen Folgen einer außerdienstlichen Pflichtverletzung wegen verfassungsfeindlicher Betätigung wird – wie bei volksverhetzenden Äußerungen auch – v. a. von der Schwere der betrieblichen Beeinträchtigung bestimmt. Wenn im obigen Beispiel die Eltern eines Kindes den Leiter der Einrichtung lediglich dazu anhielten, den betroffenen Arbeitnehmer zu maßregeln, weil sie nicht wollen, dass ihr Kind während der Betreuung mit den dargestellten Straßenkampfszenen in Berührung kommt, läge zwar eine konkrete Berührung des Arbeitsverhältnisses vor. Sie wöge aber nicht sonderlich schwer, so dass vom Arbeitgeber unter Beachtung des Verhältnismäßigkeitsgrundsatzes nur eine Abmahnung auszusprechen wäre.

Nähmen die Eltern aber die Social Media-Präsenz des Arbeitnehmers zum Anlass, das Kind aus der Einrichtung zu nehmen, erreichte die betriebliche Auswirkung ein Ausmaß, das eine außerordentliche und fristlose Kündigung rechtfertigen würde. In diesem Fall träte neben diese konkrete Beeinträchtigung nämlich auch die Gefahr, dass andere Eltern bei Kenntniserlangung dieses Umstands gleichsam reagierten. Dem Arbeitgeber wäre es dann nicht zumutbar, den Arbeitnehmer auch nur einen Tag länger in der Kinderbetreuung einzusetzen, da er anderenfalls den Bestand weiterer Mitgliedschaften riskieren würde.

### 3. *Mitwirkung in pornographischen Filmen*

Steht nicht eine unzulässige Meinungsäußerung als Kündigungsgrund zur Beurteilung, sondern das Mitwirken in pornographischen Filmen eines bei einem kirchlichen Arbeitgeber angestellten Arbeitnehmers, sind die Folgen der Pflichtverletzung das bedeutsamste Kriterium, anhand dessen die zulässige kündigungsrechtliche Maßnahme zu bestimmen ist. Es ist davon auszugehen, dass, wenn es zu einer die Pflichtverletzung begründenden Betriebsbeeinträchtigung kommt, diese regelmäßig von nicht unerheblichem Gewicht ist.

Käme es im Beispiel der Augsburger Darstellerin „*Julia Pink*" wegen ihrer pornographischen Tätigkeit zu Beschwerden von Eltern, deren Kind unter anderem von der Arbeitnehmerin betreut werden, kann der Arbeitgeber hierauf unproblematisch mit einer Abmahnung reagieren. In einer Konstellation wie dieser, in der es neben der Rüge keine weitere Beeinträchtigung gibt, scheint eine Beendigung des Arbeitsverhältnisses allerdings als unverhältnismäßig.

Deren Zulässigkeit ist aber dann anzunehmen, wenn der Arbeitgeber die Arbeitnehmerin aufgrund der Beschwerde dazu auffordert, das pornographische Material von der jeweiligen Internetseite zu entfernen und sie dieser Aufforderung nicht nachkommt bzw. sich ausdrücklich weigert.[918] Zum einen liegt im Nicht-Entfernen eines Internetbeitrags, der einen Verstoß gegen § 241 Abs. 2 BGB darstellt, eine ge-

918 So geschehen auch im Fall Julia Pink ArbG Augsburg BeckRS 2014, 73153.

sonderte Pflichtverletzung, weil dem Arbeitgeber ein Beseitigungsanspruch zusteht (diese Thematik wird eingehend bei den Ausführungen zu § 626 Abs. 2 S. 1 BGB behandelt, III. 5.) Zum anderen muss der Arbeitgeber aufgrund der Beschwerde befürchten, dass die Eltern ihr Kind aus der Einrichtung nehmen werden, wenn die Arbeitnehmerin weiterhin mit den pornographischen Aktivitäten im Internet zu sehen ist. Das Nicht-Entfernen ist als Nach-Tat-Verhalten genauso wie die dem Arbeitgeber weiter drohende Beeinträchtigung im Rahmen der Interessenabwägung zu Lasten der Arbeitnehmerin zu berücksichtigen. Der Arbeitgeber kann eine verhaltensbedingte ordentliche Kündigung aussprechen.

Nimmt hingegen ein Erziehungsberechtigter sein Kind sofort aus der Einrichtung, unmittelbar nachdem er vom pornographischen Wirken der Arbeitnehmerin Kenntnis erlangte, ist eine erhebliche Beeinträchtigung für den Arbeitgeber zu verbuchen. Drohen deswegen andere Eltern mit den gleichen Konsequenzen, kann auch eine fristlose Kündigung wirksam sein. Dem Arbeitgeber wäre schon aus eigenem Interesse, weitere Beeinträchtigungen abzuwenden, nicht zumutbar, die Arbeitnehmerin bis zum Ablauf der Kündigungsfrist weiter zu beschäftigen.

### 4. *Social Media-spezifische Beurteilungskriterien*

Neben den allgemein Abwägungsgesichtspunkten und den Kriterien, die zum Teil bereits bei den Ausführungen der kündigungsrechtlichen Konsequenzen von Beleidigungen (Umgangston im Betrieb, Anlass der Äußerung) bzw. geschäftsschädigenden Äußerungen (Inhalt und Folgen der Äußerung) dargestellt wurden, stellen auch die nachfolgenden Social Media-spezifischen Besonderheiten weitere Schwerpunkte des Abwägungsvorgangs dar.

#### *a) Empfängerkreis*

Allen Social Media-spezifischen Abwägungsbelangen voran ist der Empfängerkreis des den Kündigungsgrund darstellenden Beitrags von enormer Bedeutung. Zum einen spielt hier die Anzahl der Empfänger eine Rolle, zum anderen ist im Rahmen der Interessenabwägung auf deren Beziehung zum Arbeitgeber abzustellen.[919]

##### aa) Größe des Empfängerkreises

Dass die Größe des Empfängerkreises auf der Rechtsfolgenseite von Bedeutung sein kann, zeigt bereits die zivilrechtliche Rspr. des *BGH* zu Geldentschädigun-

919 Ähnlich differenzierend *Burr*, Posting als Kündigungsgrund, S. 223 ff.

gen wegen das Persönlichkeitsrecht verletzenden Äußerungen auf *Facebook*. Die Höhe des Entschädigungsanspruchs richtet sich nämlich unter anderem nach der Breitenwirkung des Internetbeitrags.[920] Auch im Arbeitsrecht ist diese Breitenwirkung, also die Größe des Empfängerkreises, eines der wichtigsten Kriterien, das in die Interessenabwägung einzubeziehen ist. Der Grund dafür liegt darin, dass der Eingriff in die Rechte des Arbeitgebers umso stärker ist, je größer die Anzahl der Personen ist, die durch den unzulässigen Beitrag erreicht werden.[921]

### (1) Potentielle Empfänger

Es ist allerdings von besonderer Schwierigkeit gekennzeichnet, die tatsächliche Größe des Empfängerkreises eines Beitrags in den Social Media greifbar zu bestimmen. Allenfalls eine Teilmenge der tatsächlichen Empfänger kann anhand etwaiger Reaktionen auf den unzulässigen Beitrag zuverlässig ermittelt werden. Reagierten bspw. 15 von 200 „Freunden" des Arbeitnehmers auf einen seinen Arbeitgeber in dessen Ehre verletzenden Post mit einem „erstaunt" schauenden Smiley, haben jedenfalls diese 15 Nutzer von ihm positive Kenntnis genommen. Da aber nicht jeder Social Media-Nutzer alle ihm angezeigten Neuigkeiten kommentiert oder bewertet, kann insoweit keine verlässliche Anzahl der Empfänger ermittelt werden. Vielmehr ist aufgrund der Nutzungsfakten davon auszugehen, dass mehr als diese 15 Personen den Post sahen.

Voranzustellen ist daher, dass die Anzahl derjenigen, die einen Beitrag tatsächlich zur Kenntnis genommen haben, bei fast keinem Social Media-Dienst absolut feststellbar ist. Diese Möglichkeit besteht allenfalls bei der Gruppen-Chatfunktion des Instant Messaging-Diensts *WhatsApp*, denn dort erscheinen neben der versendeten Nachricht zwei blaue Häkchen, sobald alle Gruppenmitglieder die Nachricht gelesen haben. Anders als im Einzel-Chat lässt sich die Lesebestätigung im Gruppen-Chat auch nicht deaktivieren,[922] so dass jedenfalls dort unzweifelhaft festgestellt werden kann, wie groß der Empfängerkreis tatsächlich ist.

Der Großteil der kündigungsrelevanten Sachverhalte spielt sich jedoch nicht in *WhatsApp*-Gruppen, sondern in den sozialen Netzwerken oder auf den Multimediaplattformen ab. Für diese Bereiche stellt sich somit die Frage, wie und mit welcher Gewichtung die Größe des Empfängerkreises in die Interessenabwägung einzustellen ist.

---

920 BGH MMR 2016, 847, 848; BGH MMR 2016, 489; vgl. auch MüKo-BGB/*Rixecker* § 12 Anh. Rn. 278.

921 *Burr*, Posting als Kündigungsgrund, S. 223.

922 https://www.whatsapp.com/faq/de/android/28000015 (letzter Aufruf: 04.06.2017).

Auszugehen ist grundsätzlich von einem potentiellen Empfängerkreis, der aus all denjenigen Personen besteht, die in der Lage sind, auf den Beitrag des Arbeitnehmers zuzugreifen. Bei dieser Bewertung kommt es auf die Anzahl der wirklichen Empfänger nicht an.[923] Für die Interessenabwägung ist daher von Bedeutung, in welcher Größenordnung sich die potentielle Empfängerzahl bewegt. Je größer der mögliche Empfängerkreis des unzulässigen Beitrags ist, desto schwerwiegender ist der Eingriff in die Rechte des Arbeitgebers. Dies wirkt sich im Rahmen der Interessenabwägung konsequenterweise zu Lasten des Arbeitnehmers aus.

Von welcher Größe des potentiellen Empfängerkreises auszugehen ist, hängt von mehreren Faktoren ab, die für jeden Einzelfall festzustellen sind. Zunächst ist die Anzahl der eigenen Freunde oder Follower des Arbeitnehmers maßgeblich. Zum anderen ist auf den Ort der Platzierung abzustellen[924] (eigene Chronik, Chronik eines Freundes oder die einer öffentlichen Seite, z. B. die des Fernsehsenders *n-tv* oder ein weltweit einsehbares Video auf *YouTube*). Schließlich hängt die Breitenwirkung zusätzlich von den jeweiligen Privatsphäre-Einstellungen ab. Je offener diese sind, desto größer ist der potentielle Empfängerkreis und desto schwerwiegender die Pflichtverletzung.

### (2) Einschränkung aufgrund der Nutzungsrealität

Allerdings ist bei Beiträgen, die zwar auf für die Allgemeinheit zugänglichen Seiten veröffentlicht, aber nur von speziellen Interessenkreisen gelesen werden, die Nutzungsrealität zu berücksichtigen. Verfasst bspw. ein in der Druckindustrie angestellter Arbeitnehmer aufgrund einer Tarifauseinandersetzung in der offenen, von Beschäftigten der Druckindustrie betriebenen *Facebook*-Gruppe „Wir machen Druck" einen Beitrag, in dem er die Gesellschafter seines Arbeitgeberunternehmens mit den Worten

> *„ich kotze gleich...... so asoziale Gesellschafter gibt´s wohl kaum ein 2tes Mal: (Wieviele, Lügen, sowie Gehälter bei Neulingen, welche vor dem Gesetz als „Sittenwidrig" gelten, soll es noch geben :-(„ [sic]*

beleidigt,[925] kann diesen Post grundsätzlich jeder bei *Facebook* registrierte Nutzer sehen.[926] Berücksichtigt man allerdings, dass sich von den deutschsprachigen *Facebook*-Nutzern nur ein Bruchteil für die Tarifauseinandersetzung in der

---

923 In diese Richtung auch *Schockenhoff*, Soziale Netzwerke im Arbeitsrecht, S. 28 f.

924 Vgl. hierzu *Burr*, Posting als Kündigungsgrund, S. 121 ff., der v. a. auf die Privatsphäre-Einstellungen eines Facebook-Nutzers abstellt.

925 So der Sachverhalt, den das LAG Hessen BeckRS 2013, 70303 zu entscheiden hatte.

926 So zum Zeitpunkt des letzten Aufrufes am 27.12.2016.

deutschen Druckindustrie interessiert, ist die unbegrenzte Zugriffsmöglichkeit auf eine solche Social Media-Äußerung nur theoretischer Natur.[927] Eine Kenntnisnahme durch Nutzer außerhalb der Gruppe ist unwahrscheinlich, die diesbezüglich bestehende (bloße) Möglichkeit rechtfertigt es nicht, die allgemeine Zugänglichkeit zu Lasten des Arbeitnehmers in Ansatz zu bringen.[928]

Erfolgt die Veröffentlichung eines unzulässigen Beitrags unter solchen Umständen, ist sie nicht auf eine größtmögliche Verbreitung angelegt.[929] Zwar kann auch hier die Anzahl der tatsächlichen Empfänger nicht abschließend ermittelt werden, allerdings ist wegen der speziellen thematischen Gruppierung mit einer Kenntnisnahme von Nutzern außerhalb einer solchen Gruppe ohne weitere Anhaltspunkte regelmäßig nicht zur rechnen. Daher ist im Hinblick auf die im Rahmen der Interessenabwägung zu berücksichtigende Größe des Empfängerkreises auf die Anzahl der Gruppenmitglieder abzustellen.

Die Ungewissheit, ob tatsächlich alle Gruppenmitglieder von der beleidigenden Äußerungen Kenntnis genommen haben, muss hingegen zu Lasten des Arbeitnehmers als Urheber des Beitrags gehen. Dies zum einen deshalb, weil der Arbeitgeber diesen Nachweis praktisch nicht erbringen kann und der Arbeitnehmer zum anderen mit der gezielten Platzierung gerade die Mitglieder des speziellen Empfängerkreises erreichen wollte. Schließlich ist davon auszugehen, dass der Arbeitnehmer die Funktions- und Wirkungsweise des von ihm genutzten Mediums und damit auch den Empfängerkreis der Gruppe kennt.[930]

#### (3) Einschränkung aufgrund der bedingten Identifizierbarkeit des Betroffenen

Ein den Abwägungsbelang der potentiellen Empfängeranzahl eventuell abmildernden Gesichtspunkt kann (insb. bei einer Beleidigung des Arbeitgebers) darin liegen, wenn es an einer ausdrücklichen Namensnennung der von der Äußerung betroffenen Person fehlt und nur der Betroffene oder ein kleiner, „eingeweihter“ Kreis erkennt, auf wen sich der Beitrag des Arbeitnehmers bezieht.[931] Dadurch

927 LAG Hessen BeckRS 2013, 70303.

928 A.A. wohl *Burr*, Posting als Kündigungsgrund, S. 117 f. bzw. 124 f.; LAG Hamm BeckRS 2012, 74357.

929 BAG NZA 2015, 245, 251.

930 Eine Ausnahme hiervon kann allenfalls dann vorliegen, wenn sich der Arbeitnehmer im Hinblick auf die Verbreitung seines Beitrags auf einen Bedienungsfehler berufen kann; vgl. hierzu die Ausführungen unten auf S. 231 ff.

931 So auch LAG Baden-Württemberg BeckRS 2016, 71236; so wohl auch *Burmeister* ArbRAktuell 2013, 245, 247; vgl. in diesem Sinne auch ArbG Bochum BeckRS 2012, 68181, das allerdings nicht über die Wirksamkeit einer Arbeitgeberkündigung, son-

ändert sich zwar nichts an der (tatsächlichen oder potentiellen) Empfängerzahl selbst, allerdings kommt es hinsichtlich der negativen Wirkung der Äußerung für den Arbeitgeber nicht zu einer besonders schweren Beeinträchtigung.[932] Ist die Zuordenbarkeit der ehrverletzenden oder sonst unzulässigen Äußerungen zum Arbeitgeber nur mit Hintergrundwissen, das nicht alle (potentiellen) Empfänger haben, möglich, kommt es somit zu einer faktischen Einschränkung des Empfängerkreises. Je nach Inhalt und Ort der abgesetzten Äußerung besteht daher die Möglichkeit, dass nur ein Teil des möglichen Empfängerkreises erkennen kann, auf wen die Äußerung bezogen ist. Mangels (weitreichender) Außenwirkung des Beitrags wiegt die Pflichtverletzung in einem solchen Fall weniger schwer, als wenn der Betroffene namentlich genannt wird.[933]

#### (4) Einschränkung aufgrund der Schnelllebigkeit

Grundsätzlich handelt es sich bei dem hohen Verbreitungsgrad, der dem Internet und besonders den Social Media inne wohnt, um einen sich zu Lasten des Arbeitnehmers auswirkenden Gesichtspunkt. Grund dafür ist, dass dort abgesetzte Einträge regelmäßig zeitlich unbegrenzt abrufbar sind und ohne Einschränkung kopiert werden können. Dies kann zu einem Kontrollverlust des Autors über seine eigene Äußerung führen.[934]

Allerdings ist damit zugleich die Schnelllebigkeit der virtuellen Kommunikation verbunden, die – je nach den konkreten Umständen der Äußerung – wiederum zu einem Bedeutungsverlust führen kann. So werden insb. Unterhaltungen in Diskussionsforen laufend fortgeführt; es folgt ein Eintrag auf den nächsten. Weil wegen der technischen Möglichkeiten daran oftmals mehr Personen teilnehmen als in einem persönlichen Gespräch, erfolgen Beiträge dort häufig in einer viel höheren Geschwindigkeit. In der Gesamtheit der Forenbeiträge führt dies dazu, dass eine einzelne Äußerung schnell an Bedeutung verliert.[935] Die theoretische

---

dern über das Bestehen eines vom Arbeitgeber gegen seinen ehemaligen Arbeitnehmer geltend gemachten Unterlassungsanspruch wegen ehrverletzender Äußerungen auf Facebook zu entscheiden hatte.

932 Vgl. die hiermit verwandten Ausführungen oben auf S. 204 f. zur Gefahr für die Geschäftsbeziehungen des Arbeitgebers bei unternehmensschädlichen Äußerungen des Arbeitnehmers mit Kundenbezug.

933 So auch *Däubler*, Internet und Arbeitsrecht, S. 198 Rn. 212u.

934 LAG Hessen BeckRS 2013, 70303 m.V.w. auf *Bauer/Günther* NZA 2013, 67, 70, die von einem Kontrollverlust konkret bei Posts auf der Facebook-Pinnwand eines Dritten ausgehen.

935 LAG Hessen BeckRS 2013, 70303.

Möglichkeit, dass eine unbegrenzte Anzahl an Nutzern auf diese einzelne Äußerung zugreifen kann, wird durch die Masse an Einträgen und das damit verbundene Verblassen der Erklärung relativiert.[936]

Ob sich das Merkmal der Schnelllebigkeit zugunsten bzw. jedenfalls nicht zu Lasten des Arbeitnehmers auswirkt, ist für jeden Einzelfall gesondert zu prüfen. Nicht bei jedem Beitrag kann eine Vergänglichkeit der Äußerungswirkung im o.g. Sinne angenommen werden. Veröffentlicht der Arbeitnehmer bspw. einen unzulässigen Post auf seiner eigenen *Facebook*-Pinnwand, herrscht dort – je nach seinem persönlichen Nutzungsverhalten – eine weniger intensive Äußerungsfluktuation als in einem Diskussionsforum. Zwar verliert der Beitrag bei denjenigen Nutzern, die mit dem Arbeitnehmer verknüpft sind und diesen deshalb zur Kenntnis nehmen können, mit fortschreitendem Zeitablauf an Bedeutung. Allerdings wird der unzulässige Post den Personen, die das Profil des Arbeitnehmers aufrufen, bis zu seiner Entfernung angezeigt. Ein Verblassen der Äußerung kann hier nur dann angenommen und im Rahmen der Interessenabwägung entsprechend berücksichtigt werden, wenn der Arbeitnehmer durch seine Social Media-Aktivität die Aktualität des unzulässigen Beitrags auf seiner eigenen Pinnwand reduziert.

### bb) Beziehung zum Arbeitgeber

Neben der dargestellten Größe des Empfängerkreises spielt ebenfalls eine wichtige Rolle, aus welchen Personen der Adressatenkreis zusammengesetzt ist, da sich auch dieser Umstand im Rahmen der Interessenabwägung (regelmäßig zu Lasten des Arbeitnehmers) auswirken kann.[937] Allerdings ist die Eigenschaft des Empfängers für jede Art der möglichen Pflichtverletzungen differenziert zu betrachten. Beispielhaft kann hierfür die Preisgabe von Unternehmensgeheimnissen in einem berufsbezogenen sozialen Netzwerk wie *XING* oder *LinkedIn*, in dem auch Konkurrenten des Arbeitgebers bzw. dessen Repräsentanten vertreten sind, angeführt werden. Die Veröffentlichung eines entsprechenden Beitrags wöge erheblich zu Lasten des Arbeitnehmers, da die Preisgabe von Unternehmensgeheimnissen unmittelbar im Kreise von Mitbewerbern des Arbeitgebers für diesen besonders schwerwiegende Folgen nach sich ziehen kann. Im Gegensatz dazu wirkte es sich nicht mit gleicher, sondern geringerer Schwere aus, beginge der Arbeitnehmer dieselbe Pflichtverletzung auf *Facebook*, ohne dort über virtuelle Freundschaften mit Mitbewerbern des Arbeitgebers verbunden zu sein.

---

936 Ebd.; a.A. *Schockenhoff*, Soziale Netzwerke im Arbeitsrecht, S. 28.

937 So auch *Burr*, Posting als Kündigungsgrund, S. 126 f. bzw. 224.

Eine Beleidigung des Arbeitgebers kann wegen der damit einhergehenden Autoritätsuntergrabung ebenfalls deutlich schwerer wiegen, wenn neben außenstehenden Dritten auch andere Mitarbeiter von der ehrverletzenden Äußerung erfahren.

### *b) Intensität der Äußerungshandlung*

Social Media-spezifische Bedeutung hat des Weiteren die Pflichtverletzung in Form des Verbreitens einer fremden Negativäußerung. Wie gezeigt, wird dies durch die verschiedenen technischen Betätigungsmöglichkeiten in den Social Media (Liken, Emoji-Bewertung, Teilen) problemlos ermöglicht. Die Betätigung dieser Schaltflächen erfolgt oftmals als nicht näher überlegte, spontane Handlung, deren Bedeutungsgehalt nicht zu hoch zu bemessen ist.[938] Im Gegensatz zu der in das Verbraucherrecht mit dem § 312j BGB eingefügten Button-Lösung bewegt sich der Social Media-Nutzer gerade nicht im rechtsgeschäftlichen Bereich. Unmittelbare, auf den Klick folgende (Rechts-)Wirkungen treten nicht ein, so dass die im Rechtsverkehr erforderliche Sorgfalt des Arbeitnehmers hier grundsätzlich nicht gefordert ist, auch wenn er sich zumindest kurz mit der Äußerung auseinandersetzen muss, bevor er den Button betätigt.[939] Solange die Verbreitung einer fremden Negativäußerung nicht in Form des qualifizierten Teilens erfolgt, greift die Pflichtverletzung daher weitaus weniger stark in den Rechtskreis des Arbeitgebers ein, als wenn der Arbeitnehmer eine ehrverletzende Äußerung selbst verfasst und anschließend verbreitet.[940] Dies ist im Rahmen der Interessenabwägung zugunsten des Arbeitnehmers zu berücksichtigen,[941] so dass der Arbeitgeber hierauf allenfalls mit einer Abmahnung reagieren kann.[942]

Kommt es zur Verbreitung der Negativäußerung durch die Betätigung eines Emoji-Buttons auf *Facebook*, ist der Ausdruck des gewählten Piktogramms ggf. mildernd zu berücksichtigen. Wegen der verschiedenen Interpretationsmöglichkeiten, die die Nutzung der zur Wahl stehenden Emojis – insb. bei den Ausdrücken „traurig", „wow" und „wütend" – bietet, ist nicht auszuschließen, dass sich

---

938 ArbG Dessau-Roßlau ZD 2012, 344, 346 zum Like-Button bei Facebook; ebenso *Burr* NZA-Beilage 2015, 115, 116 zum Like-Button.

939 Zur geistigen Auseinandersetzung *Schockenhoff*, Soziale Netzwerke im Arbeitsrecht, S. 25.

940 *Burr* NZA-Beilage 2015, 115, 116 zum Like-Button bei Facebook; in diesem Sinne auch *Dzida/Förster* BB 2017, 757, 760.

941 *Schockenhoff*, Soziale Netzwerke im Arbeitsrecht, S. 25.

942 A.A. *Burr*, Posting als Kündigungsgrund, S. 231, der als Reaktion auf das Betätigen des Like-Buttons bei Facebook eine kündigungsrechtlich irrelevante Ermahnung als ausreichend ansieht.

der Arbeitnehmer als Urheber der Bewertungshandlung sogar inhaltlich von der gegen seinen Arbeitgeber gerichteten Äußerung distanzieren, sie also keinesfalls gutheißen will und dass die damit verbundene Verbreitung eine ungewollte Nebenfolge ist. Dies kann im Rahmen der Interessenabwägung zu Gunsten des Arbeitnehmers berücksichtigt werden und im Einzelfall sogar eine Abmahnung als unverhältnismäßig erscheinen lassen.

Eine ausdrückliche Distanzierung von der Negativäußerung hat ohne Beurteilungsspielraum zu Gunsten des Arbeitnehmers Berücksichtigung zu finden. So etwa, wenn er den Arbeitgeber durch das qualifizierte Teilen verteidigt und diesen in Schutz nimmt. Zwar liegt objektiv trotzdem das Verbreiten einer Negativäußerung – also eine Pflichtverletzung – vor. In diesem Fall tritt jedoch die wohlwollende Intention des Arbeitnehmers derart in den Vordergrund, dass schon der Ausspruch einer Abmahnung nicht mehr gerechtfertigt wäre.

#### *c) Bedienungsfehler*

Ein Arbeitnehmer kann im Rahmen eines Kündigungsschutzprozesses ferner einwenden, dass er die unzulässige Äußerung, wegen der es zum Ausspruch der Kündigung kam, nur aus Versehen einem großen Personenkreis zugänglich machte. Ferner, dass er eigentlich beabsichtigt hatte, die Mitteilung nur einer kleinen Anzahl an Personen (etwa in einem Einzel-Chat oder einer Gruppe) oder sogar nur an einen einzelnen Empfänger zu machen.[943] Dieser Umstand wäre innerhalb der Interessenabwägung zugunsten des Arbeitnehmers anzustellen, denn auch der Grad des Verschuldens bezüglich der Begehung einer Pflichtverletzung ist bei der Abwägung der sich gegenüberstehenden Interessen grundsätzlich zu berücksichtigen.[944]

Es wird auch vertreten, dass ein Bedienungsfehler des Arbeitnehmers grundsätzlich nicht zu seinen Gunsten zu berücksichtigen ist, da er bei einer ungewollten Veröffentlichung seine Sorgfaltspflicht verletze und es billigend in Kauf nehme, dass es zur Verbreitung der Äußerung kommt.[945]

Dieser Ansicht kann nicht uneingeschränkt gefolgt werden. Beigepflichtet werden kann ihr, sofern ein Arbeitnehmer einwendet, dass er aufgrund seiner

---

943 So geschehen im Fall des ArbG Hagen BeckRS 2012, 71401, in dem der klagende Arbeitnehmer vortrug, die getätigten Äußerungen „wixxer“, „drecksau“, „faules schwein“ etc. betreffend seinen Vorgesetzten wollte er im Privatchatmodus ggü. nur einer einzigen Person kundgeben.

944 BAG NZA 2010, 1227, 1231; ErfK/*Müller-Glöge* BGB § 626 Rn. 40; *Schockenhoff*, Soziale Netzwerke im Arbeitsrecht, S. 32 f.

945 ArbG Hagen BeckRS 2012, 71401; *Schockenhoff*, Soziale Netzwerke im Arbeitsrecht, S. 33; grundsätzlich gleicher Ansicht sind *Bauer/Günther* NZA 2013, 67, 72.

Unerfahrenheit im Umgang mit dem Social Media-Dienst nicht gewusst habe, dass seine Äußerung veröffentlicht, also einem größeren Personenkreis zugänglich gemacht werde als von ihm beabsichtigt. In diesem Fall ist von einem Neuling im Social Media-Bereich zu erwarten, dass er sich über die Wirkungs- und Funktionsweise der unterschiedlichen Kommunikationskanäle hinreichend informiert. Tut er dies nicht, kann eine – wenn auch nur versehentlich geschehene – Veröffentlichung nicht zu seinen Gunsten in der Interessenabwägung berücksichtig werden.

Es kann aber auch Konstellationen geben, in denen es trotz Übung des Arbeitnehmers im Umgang mit dem jeweiligen Social Media-Dienst zu einer versehentlichen Veröffentlichung der Äußerung kommt. Dies ist insb. bei dem Instant-Messaging-Dienst *WhatsApp* denkbar, denn dort ist neben dem Einzel-Chat (vergleichbar mit der Versendung von SMS) die Nutzung von Gruppen-Chats weit verbreitet. An einer *WhatsApp*-Gruppe können bis zu 256 Personen beteiligt sein,[946] so dass durchaus die Gefahr bestehen kann, dass eine Nachricht einer größeren Anzahl an Personen zugänglich gemacht wird als beabsichtigt. Zu einer ungewollten Veröffentlichung kann es deshalb kommen, weil die Nachrichtenchronologie bei *WhatsApp* historisch geordnet ist und die jeweils aktuellste gesendete oder empfangene Nachricht im Posteingang an oberster Stelle angezeigt wird. So kann es je nach Nachrichteneingang passieren, dass in dieser Auflistung ein Gruppen-Chat direkt über oder unter einem Einzel-Chat steht. Will man nun eine Nachricht im Einzel-Chat an eine Person, die zugleich der darüber bzw. darunter stehenden Gruppe zugehört, senden und klickt unbemerkt den Gruppen-Chat an, erhält nicht nur der ursprünglich beabsichtigte Empfänger die Nachricht, sondern alle Mitglieder der Gruppe.

Handelt es sich bei der im Gruppen-Chat abgesetzten Nachricht um eine unzulässige Äußerung im oben dargestellten Sinne, ist im jeweiligen Einzelfall zu prüfen, ob der Bedienungsfehler als mildernder Umstand zu berücksichtigen ist. Für die Beurteilung dieser Frage wäre darauf abzustellen, ob die Chats im Zeitpunkt des Anklickens aus der Sicht des Arbeitnehmers leicht voneinander zu unterscheiden gewesen wären. Heranzuziehen sind hierbei v. a. die neben dem Chat angezeigten Bilder und der Name des Kontakts bzw. der Gruppe. Eine Rolle spielen kann aber auch die zeitliche Abfolge der im Gruppen- und Einzel-Chat gewechselten Nachrichten, denn die Verwechslungsgefahr steigt, wenn in engen Abständen sowohl in der Gruppe als auch im Einzel-Chat kommuniziert wird. Eine nachvollziehbare Verwechslung wäre im folgenden Beispiel anzunehmen:

---

946 https://www.whatsapp.com/faq/de/general/21073373 (letzter Aufruf: 04.06.2017).

Der Arbeitnehmer ist Mitglied einer Gruppe, die aus Arbeitskollegen und dem Vorgesetzten der Abteilung besteht und den Namen *„Abteilung Arbeit"* trägt. Sein befreundeter Arbeitskollege ist in seinen *WhatsApp*-Kontakten unter dem Namen *„Andreas Arbeit"* gespeichert und ebenfalls Mitglied der Gruppe. Weder die Gruppe noch der Kontakt *„Andreas Arbeit"* hat ein Profilbild; bei beiden wird daher der gleiche Avatar angezeigt. In der Gruppe entsteht eine Diskussion, an der auch der Arbeitnehmer und der Kollege *„Andreas"* teilnehmen. Parallel hierzu korrespondieren der Arbeitnehmer und *„Andreas"* im Einzel-Chat und ziehen hierbei über den Vorgesetzten her. Der Arbeitnehmer will an *„Andreas"* eine den Vorgesetzten beleidigende Mitteilung schicken, wählt aber aus Versehen nicht den Chat *„Andreas Arbeit"*, sondern die Gruppe *„Abteilung Arbeit"* mit der Folge, dass alle Gruppenmitglieder die Beleidigung sehen können.

Liegen die Umstände des Einzelfalls so, dass ein versehentlicher Bedienungsfehler vertretbarer Weise angenommen werden kann, ist im Rahmen der Interessenabwägung auch bei einer Pflichtverletzung aufgrund Social Media-Nutzung der geringe Verschuldensgrad zugunsten des Arbeitnehmers zu berücksichtigen.

Allerdings muss den unterschiedlichen Wirkungs- und Funktionsweisen der Social Media-Dienste Beachtung geschenkt werden. Wendet ein Arbeitnehmer, der mittels eines Posts auf seiner eigenen *Facebook*-Chronik seinen Vorgesetzten beleidigt, ein, er habe die Äußerung nur ggü. einer einzelnen, vertrauten Person im Einzel-Chat kundgeben wollen, vermag dies nicht zu überzeugen. Eine Verwechslungsgefahr zwischen Pinnwand-Post und Privatnachricht liegt schon aufgrund der Seitengestaltung nicht nahe. Insoweit kann der zuvor genannten Meinung, die einen Bedienungsfehler nicht zu Gunsten des Arbeitnehmers berücksichtigen will, zugestimmt werden.

### *d) Kenntnis der Pflichtwidrigkeit – Wirkung einer Social Media Guideline*

Social Media Guidelines haben u.a. den Zweck, arbeitsvertraglichen Pflichtverletzungen im Zusammenhang mit der Nutzung des Web 2.0 präventiv entgegenzuwirken.[947] Verstößt der Arbeitnehmer aber mit seinen Social Media-Aktivitäten gegen § 241 Abs. 2 BGB, obschon er durch eine Social Media Guideline für die Gefahr der Begehung der hier untersuchten Pflichtverletzungen sensibilisiert ist, könnte in Betracht gezogen werden, in dem betrieblichen Reglement eine sog. Vorratsabmahnung zu sehen.[948] Dies hätte zur Folge, dass der konkrete Pflichtverstoß

---

947 Siehe hierzu die Ausführungen oben auf S. 81.

948 So *Burmeister* ArbRB 2013, 245, 247; *Notzon* öAT 2013, 180, 181.

im Lichte des Verhältnismäßigkeitsgrundsatzes keiner gesonderten Abmahnung mehr bedürfte und der Arbeitgeber direkt die Kündigung aussprechen könnte.

Das Instrument einer vorweggenommenen Abmahnung ist zwar grundsätzlich anerkannt,[949] es muss jedoch in Bezug auf außerdienstliche Fehlverhaltensweisen im Social Media-Bereich ausscheiden. Grund dafür sind zum einen die zahlreichen Möglichkeiten, wie mit der privaten Social Media-Nutzung gegen die arbeitsvertraglichen Rücksichtnahme- und Loyalitätspflichten verstoßen werden kann. Wegen dieser Vielfältigkeit ist es nicht möglich, alle denkbaren Verstöße gegen § 241 Abs. 2 BGB in einer Social Media-Guideline derart genau zu schildern, dass mit ihr dieselbe Rüge- und Warnfunktion wie mit einer individuellen Abmahnung nach der Begehung einer Pflichtverletzung erreicht werden kann.[950] Zum anderen kommt hinzu, dass es bezogen auf deren Vorliegen zum Teil auf im Einzelfall nicht einfach zu beantwortende Rechtsfragen ankommt (z. B. die praktische Konkordanz im Rahmen einer möglicherweise ehrverletzenden Äußerung, die Beurteilung eines Verstoßes gegen Wettbewerbsrecht etc.), deren Prüfung dem Arbeitnehmer nicht aufgebürdet werden kann. Schließlich handelt es sich bei den in einer Social Media Guideline enthaltenen Vorgaben zumeist um bloße Handlungsempfehlungen bezogen auf die private Lebensgestaltung, die dem Einflussbereich des Arbeitgebers entzogen ist. Insoweit verhält es sich markant anders als in einem Fall des *BAG*, in dem es den Ausspruch einer Abmahnung wegen des vorherigen Hinweises in Form eines Aushangs am Schwarzen Brett grundsätzlich als ausreichend erachtete.[951] Dort ging es um die eindeutig formulierte und somit einem Missverständnis nicht zugängliche Pflicht der Arbeitnehmer, die Stempeluhr erst zu betätigen, wenn sie die Arbeitskleidung angelegt haben und zur Arbeitsaufnahme tatsächlich bereit sind. Betroffen war dort also das Vertrauensverhältnis im Hinblick auf die ordnungsgemäße Dokumentation der Hauptleistungspflicht.

Sobald aus dem vorweggenommenen Hinweis des Arbeitgebers aber nicht eindeutig klar hervorgeht, welche Verhaltensweisen er auf keinen Fall hinnehmen werde, kann die für eine wirksame Abmahnung erforderliche Rügefunktion mit einer Social Media Guideline nicht erreicht werden. Der Arbeitgeber ist daher gehalten, im Falle der Begehung einer Pflichtverletzung eine auf den konkreten

---

949 BAG BeckRS 2012, 65828 zum Anschlag am Schwarzen Brett; *Schrader* NJW 2012, 342, 346.

950 Vgl. *Burr*, Posting als Kündigungsgrund, S. 209, der allerdings insoweit allein auf die Warnfunktion einer Abmahnung abstellt.

951 BAG BeckRS 2012, 65828.

Einzelfall abgestimmte Abmahnung auszusprechen. Das bedeutet aber nicht, dass sich eine Social Media Guideline in ihrem präventiven Zweck erschöpft und für die Frage der kündigungsrechtlichen Folgen keinerlei Relevanz besitzt. Vielmehr ist deren Existenz „nur" im Rahmen der Interessenabwägung zu berücksichtigen. Analog zu den Ausführungen zum Verstoß gegen ein ausdrückliches Verbot der privaten Nutzung von Betriebsmitteln spielt es allerdings eine Rolle wie konkret die Social Media Guideline die nicht tolerierten Verhaltensweisen beschreibt und wann der Arbeitnehmer zuletzt auf sie hingewiesen wurde.[952]

### e) *Permanente Abrufbarkeit*

Neben den vorgenannten Kriterien spielt im Rahmen der Interessenabwägung auch der Gesichtspunkt der dauerhaften Abrufbarkeit des pflichtwidrigen Online-Beitrags eine bedeutsame Rolle. Anders als das sich schnell verflüchtigende gesprochene Wort ist eine verkörperte Äußerung in den Social Media grundsätzlich auf unbeschränkte Zeit abrufbar.[953] Dieser wesentliche Unterschied zu einer mündlichen Äußerung wird zwar teilweise durch die oben thematisierte Schnelllebigkeit und die enorme Masse an Beiträgen (insb. in sozialen Netzwerken oder Microblogs) relativiert. Allerdings ändern diese Umstände nichts daran, dass die verschriftlichte Pflichtwidrigkeit auch noch nach geraumer Zeit für Dritte einsehbar ist.[954] Eine Ausnahme hiervon besteht allerdings bei dem Instant Messaging-Dienst *Snapchat*, denn dort verschwinden die veröffentlichten Foto- bzw. Videodateien – jedenfalls aus dem Online-Profil des Nutzers[955] – nach eine Wiedergabedauer von maximal zehn Sekunden automatisch. Abgesehen von dieser besonderen Erscheinungsform führt die dauerhafte Abrufbarkeit der Online-Beiträge im Rahmen der Interessenabwägung zu der Bewertung, dass der langfristige Verbleib einer den Arbeitgeber beeinträchtigenden Äußerung eine deutlich tiefer greifende Rechtsverletzung darstellt als eine nicht verkörperte, mündliche Äußerung.[956]

---

952 Ebenfalls für eine Relevanz einer Social Media Guideline bei den kündigungsrechtlichen Folgen, allerdings anknüpfend an die Schwere einer Pflichtverletzung: *Burr*, Posting als Kündigungsgrund, S. 210.

953 Vgl. *Scheid/Klinkhammer* ArbRAktuell 2013, 6, 9.

954 Vgl. *Dzida* ArbRB 2016, 240, 243 zu veröffentlichten Fotos auf Instagram und Pinterest.

955 Eine komplette Löschung der vom Nutzer hochgeladenen Dateien erfolgt offenbar, denn es soll Möglichkeiten geben, die Dateien auf den Endgeräten wiederherzustellen, vgl. hierzu http://www.klicksafe.de/themen/kommunizieren/smartphones/snapchat/risiken-bei-snapchat/ (letzter Aufruf: 29.12.2016).

956 Vgl. ArbG Duisburg NZA-RR 2013, 18, 19: dem folgend *Burr*, Posting als Kündigungsgrund, S. 113.

Verbunden mit dem zu Lasten des Arbeitnehmers gehenden Gesichtspunkt der permanenten Abrufbarkeit ist zugleich die Problematik betroffen, dass ein einmal im Internet veröffentlichter – und ggf. durch Liken, Teilen oder Retweeten verbreiteter – Eintrag nicht oder nur unter besonders schwierigen Umständen gänzlich aus dem Internet wieder gelöscht werden kann.[957] Dies selbst dann, wenn er vom Arbeitnehmer als Urheber aus seinem Social Media-Account entfernt wurde.[958] Durch die rasche Verbreitungsgeschwindigkeit erleidet er nämlich einen Kontrollverlust über die Äußerung, was etwaige Löschungsversuche wegen etwaiger zwischenzeitlicher Vervielfältigungen durch Dritte zusätzlich erschwert.[959]

#### *f) Nach-Tat-Verhalten*

Das Verhalten des Arbeitnehmers, das er nach Begehung einer Pflichtwidrigkeit, aber noch vor dem Ausspruch der Kündigung an den Tag legt, beseitigt zwar nicht die Pflichtverletzung. Allerdings kann es nach der Rspr.[960] in die Interessenabwägung einbezogen werden und sich ggf. zu Lasten des Arbeitnehmers auswirken. Dies muss dann allerdings auch für Umstände gelten, die zu Gunsten des Arbeitnehmers sprechen, denn es ist kein Grund ersichtlich, warum sich das Verhalten des Arbeitnehmers nach dem Pflichtenverstoß für ihn nur negativ auswirken soll. Insb. bei Beleidigungen – egal ob sie im Social Web oder in der realen Welt erfolgt sind – kann dieses sog. Nach-Tat-Verhalten bei der Interessenabwägung eine bedeutsame Rolle spielen.[961]

Insoweit ist von besonderer Relevanz, ob und ggf. wann der Arbeitnehmer den unzulässigen Beitrag von seiner Seite oder der eines Dritten wieder entfernt hat. Auch wenn, wie bereits dargelegt, eine gänzliche Löschung aus dem Internet kaum machbar ist, wird die Möglichkeit der Kenntnisnahme durch Dritte jedenfalls mittels der Löschung des Ursprungsbeitrags deutlich verringert,[962] weil nach dessen Löschung aktiv und nur mit erhöhtem Aufwand nach dem Beitrag gesucht werden muss. Die Entfernung des eine arbeitsvertragliche Pflichtverletzung darstellenden

---

957 Vgl. *Bissels* jurisPR-ArbR 37/2012 Anm. 1.

958 Hierzu ausführlich *Burr*, Posting als Kündigungsgrund, S. 114 f.

959 Vgl. *Burr*, Posting als Kündigungsgrund, S. 119.

960 Vgl. LAG Berlin-Brandenburg BeckRS 2012, 65693; vgl. auch BAG NZA 2006, 484, 486, in der dortigen Entscheidung wurden Einlassungen des klagenden Arbeitnehmers, die er im Rahmen seiner ersten Anhörung durch den Arbeitgeber zum kündigungsrelevanten Sachverhalt tätigte, im Abwägungsprozess bei § 626 Abs. 1 BGB zu seinen Lasten berücksichtigt.

961 Speziell zu online versandten Beiträgen *Dzida* ArbRB 2016, 240, 242.

962 In diesem Sinne auch LAG Berlin-Brandenburg NZA-RR 2014, 468, 471.

Beitrags ist somit zugunsten des Arbeitnehmers zu berücksichtigen. Von Bedeutung können insoweit auch andere, der Entfernung vorangegangene Umstände sein. Forderte bspw. der Arbeitgeber den Arbeitnehmer zunächst ergebnislos zur Löschung auf und entfernte dieser den Beitrag erst als der Arbeitgeber das Anhörungsverfahren nach § 102 BetrVG eingeleitet hatte, kann eine solche späte, lediglich aus taktischen Erwägungen folgende Entfernung deren positiven Effekt deutlich mildern.[963] Dies gilt erst recht, wenn es um eine geschäftsschädigende Äußerung geht und das Risiko eines Schadenseintritts konkret besteht, da sich die Gefahr der Schadensrealisierung mit jedem Tag, den der Beitrag länger auf der Seite des Arbeitnehmers zu finden ist, erhöht.

Hingegen schlägt für den Arbeitnehmer positiv zu Buche, wenn er unmittelbar nach der ersten Stellungnahme des Arbeitgebers reagiert und den Beitrag löscht[964] und ggf. mitteilt, dass er solche Handlungen in Zukunft unterlassen werde.[965] In diesem Fall bringt der Arbeitnehmer zum Ausdruck, dass eine Wiederholungsgefahr für entsprechende Pflichtverletzungen nicht bestehe, so dass eine Kündigung – wenn ihr nicht gerade ein äußerst schwerwiegender Verstoß zugrunde liegt – unverhältnismäßig wäre.[966]

Nicht Social Media-spezifisch, aber ebenfalls von Belang ist, wenn sich der Arbeitnehmer nach einer ehrverletzenden Äußerung ggü. dem Opfer reumütig zeigt und sich für die Äußerung entschuldigt.[967] Da es bei Beiträgen in Social Media aber in besonderem Maße darum geht, dass unter den Empfängern der Äußerung gerade eine Großzahl an Dritten ist, kann nicht nur das Reueverhalten ggü. dem Beleidigungsopfer maßgeblich sein, sondern v. a. auch jenes in Bezug auf die restlichen Empfänger. Das Entschuldigungsverhalten erhält dann doch eine Social Media-spezifische Prägung, wenn der Arbeitnehmer bei der Rehabilitierung für seine Entschuldigung bzw. Richtigstellung denselben Kanal wählt, den er ursprünglich für die unzulässige Äußerung nutzte. Im o. g. Beispiel der Beleidigung in der *Facebook*-Gruppe „Wir machen Druck" ist daher im Rahmen der Interessenabwägung zu Gunsten des Arbeitnehmers zu berücksichtigen,

---

963 Vgl. das bereits zitierte Judikat des LAG Hessen BeckRS 2013, 70303.

964 LAG Berlin-Brandenburg NZA-RR 2014, 468, 471.

965 So das ArbG Mannheim NZA-RR 2016, 254, 256; vgl. zu dieser Entscheidung auch *Görg* ArbRAktuell 2016, 173; *Dzida* ArbRB 2016, 240, 242; ArbG Dessau-Roßlau ZD 2012, 344, 346.

966 *Däubler*, Internet und Arbeitsrecht, S. 198 Rn. 212u; ArbG Dessau-Roßlau ZD 2012, 344, 346.

967 Vgl. ArbG Mannheim NZA-RR 2016, 254, 256, bezogen auf einen volksverhetzenden Beitrag bei Facebook; *Dzida/Förster* BB 2017, 757, 760

wenn er sich sowohl ggü. den Beleidigungsopfern persönlich als auch mit einem Gruppen-Beitrag bei den übrigen Empfängern für die ehrverletzende Äußerung entschuldigt und die persönlichen Umstände zum Äußerungszeitpunkt dartut.[968]

Entfernt der Arbeitnehmer seinen unzulässigen Beitrag und zeigt er sich reumütig bzw. entschuldigt er sich ggü. dem Opfer (und ggf. Dritten), wirkt sich dieses Nach-Tat-Verhalten in kündigungsrechtlicher Hinsicht positiv auf die Zukunftsprognose aus. Bei entsprechend günstigen Reaktionen muss der Arbeitgeber nicht befürchten, dass das Arbeitsverhältnis erneut auf diese Art belastet werden wird. Vielmehr kann er trotz des Fehlverhaltens eine weiterhin nutzbringende Fortsetzung des Arbeitsverhältnisses erwarten.

#### *g) Zwischenergebnis*

Vorstehende Gesichtspunkte sind für jeden Einzelfall gesondert zu untersuchen. Sie können für sich genommen, je nach Art der zu beurteilenden Pflichtverletzung, das Ergebnis der vorzunehmenden Interessenabwägung beeinflussen. Es treffen auch oftmals mehrere dieser zu berücksichtigenden Social Media-spezifischen Kriterien aufeinander, so dass es zu einer Kumulation kommen kann. Ergibt z. B. eine Prüfung, dass der Arbeitnehmer mit seiner unzulässigen Äußerung einen äußert großen (potentiellen) Empfängerkreis erreichte, kann sich die Interessenabwägung bei Hinzutreten weiterer Umstände insgesamt derart zu Lasten des Arbeitnehmers auswirken, dass für den Arbeitgeber nur noch die Beendigung des Arbeitsverhältnisses zumutbar ist. So etwa, wenn der Arbeitnehmer kurz vor der Äußerung mit einer Social Media Guideline auf die Gefahren des Social Webs aufmerksam gemacht worden ist und er den Beitrag trotz frühzeitiger Aufforderung des Arbeitgebers erst zu einem Zeitpunkt entfernte, als dieser bereits den Betriebsrat nach § 102 Abs. 1 S. 1 BetrVG anhörte. Genauso können jedoch im umgekehrten Fall die zu seinen Gunsten sprechenden Umständen in der Lage sein, eine Abmahnung als ultima ratio erscheinen zu lassen, obwohl eigentlich ein Sachverhalt vorliegt, der den Ausspruch einer Kündigung rechtfertigen würde.

### *5. Kündigungserklärungsfrist – § 626 Abs. 2 S. 1 BGB*

Spricht der Arbeitgeber wegen eines außerdienstlichen Social Media-Verhaltens eine fristlose verhaltensbedingte Kündigung aus, hat er die zweiwöchige Kün-

---

968 Im konkreten Fall berücksichtigte das LAG Hessen BeckRS 2013, 70303 die Entschuldigung in der Facebook-Gruppe allerdings nicht zu Gunsten des Arbeitnehmers, weil es die Auffassung vertrat, der Arbeitnehmer habe die Entschuldigungen nicht (nur) aus Einsicht und Überzeugung, sondern aus taktischen Erwägungen erklärt.

digungserklärungsfrist des § 626 Abs. 2 S. 1 BGB einzuhalten. Wie bereits angedeutet, wirkt sich in diesem Zusammenhang aus, ob bei einem abgesetzten Online-Beitrag ein Dauertatbestand vorliegt. Bei diesem gilt bzgl. des Beginns der Kündigungserklärungsfrist der Maßstab, dass sie mit dem letzten Vorfall anläuft, der ein weiteres und letztes Glied in einer Kette von Ereignissen bildet, die als Auslöser für eine Kündigung genommen werden.[969] Bevor untersucht wird, ob es hinsichtlich des Fristbeginns auf die Veröffentlichung eines Beitrags (hierzu nachfolgend unter b)) oder dessen Nicht-Entfernen (sodann sub c)) ankommt, ist zunächst der Begriff des Dauertatbestands zu erläutern.

### *a) Dauertatbestand*

Ein solcher liegt vor, wenn ein Verhalten fortgesetzt verwirklicht wird oder ein nicht abgeschlossener, länger andauernder Zustand vorliegt, der einen Kündigungsgrund abgibt.[970] Ein fortgesetztes Verhalten liegt bspw. vor, wenn sich der Arbeitnehmer selbst beurlaubt.[971] In diesem Fall begeht der Arbeitnehmer mit jedem Tag, den er von der Arbeit unbefugt fern bleibt, eine neue Vertragspflichtverletzung mit der Folge, dass die Frist des § 626 Abs. 2 BGB erst mit der Rückkehr des Arbeitsnehmers an seinen Arbeitsplatz zu laufen beginnt.[972] Ein nicht abgeschlossener (allerdings personenbedingter) Kündigungsgrund im vorgenannten Sinn ist z. B. gegebenen, wenn der Arbeitnehmer langfristig erkrankt ist, ohne dass die Dauerhaftigkeit der Arbeitsunfähigkeit im Zeitpunkt der Erkrankung bereits definitiv feststeht.[973]

### *b) Veröffentlichung des Beitrags als Anknüpfungspunkt*

Ob die Veröffentlichung eines kündigungsrelevanten Online-Beitrags einen solchen Dauertatbestand darstellt, ist umstritten. Bejaht wird dies von einigen Stimmen in der Literatur[974] und vom *ArbG Duisburg*[975] – dort konkret zu einem mehrere Kollegen beleidigenden Post auf *Facebook*.

---

969 BAG AP BGB § 626 Ausschlußfrist Nr. 4; Staudinger/*Preis* § 626 Rn. 292; MüKo-BGB/*Henssler* § 626 Rn. 308.

970 HWS/*Sandmann* BGB § 626 Rn. 363.

971 BAG AP BGB § 626 Ausschlußfrist Nr. 14.

972 Ebd.; APS/*Dörner/Vossen* BGB § 626 Rn. 135.

973 BAG NJW 1997, 1656, 1657; HWS/*Sandmann* BGB § 626 Rn. 363, 365.

974 *Bauer/Günther* NZA 2013, 67, 72; *Notzon* öAT 2013, 180, 181; *Burmeister* ArbRB 2013, 245, 247.

975 ArbG Duisburg NZA-RR 2013, 18, 19.

Der Annahme eines Dauertatbestands kann hier allerdings nicht zugestimmt werden. Insoweit mag zwar richtig sein, dass der veröffentlichte Beitrag – anders als beim gesprochenen Wort und abgesehen von beim Instant Messenger-Dienst *Snapchat* verschickten Bildern – i. d. R. dauerhaft abrufbar ist. Dabei ist aber zu berücksichtigen, dass die stete Abrufbarkeit des Posts lediglich die Fortwirkung des einstigen Einstellens ist. Der Sachverhalt liegt aber nicht so, dass sich der Verfasser des Beitrags immer wieder Gedanken darüber macht, ob er durch seine einmalige Publikation einen Ausgangspunkt für ein fortgesetztes vertragswidriges Verhalten geschaffen hat.[976] Selbst wenn er dies täte, handelte es sich beim Einstellen des Posts nur um ein einmaliges Verhalten (anders als im klassischen Fall des eigenmächtigen Urlaubsantritts, in dem der Arbeitnehmer jeden Tag wieder die Entscheidung trifft, nicht zur Arbeit zu gehen). Auch wenn andere Nutzer den Ursprungsbeitrag zum Anlass nehmen, diesen zu teilen, liken oder zu kommentieren und damit eine (weitere) Verbreitung einhergeht, geht es nur um das Einstellen des Beitrags an sich. Dies muss schon deshalb gelten, weil der Arbeitnehmer nicht für etwaige Reaktionen anderer Nutzer verantwortlich ist.[977] Daran wird bezüglich des Vorliegens einer Pflichtverletzung nicht angeknüpft.

Da lediglich von einem Fortwirken der abgeschlossenen Ursprungshandlung in der Form der Beitragserstellung auszugehen ist,[978] scheidet ein Dauertatbestand betreffend die Veröffentlichung des Posts aus.[979] Für den Beginn der Frist ist daher maßgeblich, wann der Kündigungsberechtigte (§ 626 Abs. 2 S. 2 BGB) von dem Post und den Umständen der Veröffentlichung Kenntnis erlangt.[980]

Einzig im Fall des Cyber-Mobbings kann berechtigterweise ein Dauertatbestand angenommen werden. Hier ist – wie auch beim normalen Mobbing – auf die letzte Tathandlung des Mobbenden abzustellen, da es sich um ein fortdauerndes Gesamtverhalten handelt. Maßgeblich für § 626 Abs. 2 BGB ist die Kenntnis desjenigen Ereignisses, das das letzte, den Kündigungsentschluss auslösende Glied in der Kette weiterer, in Fortsetzungszusammenhang stehender Pflichtverletzungen

---

976 *Kammermeier/Arden* jurisPR-ITR 3/2013 Anm. 3; in diese Richtung auch *Burr*, Posting als Kündigungsgrund S. 216.

977 *Schockenhoff*, Soziale Netzwerke im Arbeitsrecht, S. 43.

978 *Kammermeier/Arden*, jurisPR-ITR 3/2013 Anm. 3; *Schockenhoff*, Soziale Netzwerke im Arbeitsrecht, S. 43.

979 Vgl. HWS/*Sandmann* BGB § 626 Rn. 366.

980 *Schockenhoff*, Soziale Netzwerke im Arbeitsrecht, S. 44; in diese Richtung auch LAG Berlin-Brandenburg BeckRS 2009, 55187, das auf die Kenntnis des Arbeitgebers von der Urhebereigenschaft des Arbeitnehmers abstellt.

bildet.[981] Abzustellen ist daher auf den zuletzt getätigten Online-Beitrag, da dieser der jeweils letzte Teilakt des Gesamtkomplexes Cyber-Mobbing ist.[982] Werden die Mobbing-Posts fortgeführt, setzt jeder weitere Teilakt die Kündigungserklärungsfrist des § 626 Abs. 2 S. 1 BGB erneut in Gang. Richtigerweise handelt es sich dabei allerdings nicht um eine Social Media-spezifische Besonderheit, sondern um eine Mobbing-spezifische.

Folgte man gleichwohl der Auffassung, die im Veröffentlichen des Beitrags einen Dauertatbestand sieht (ohne dass der Sonderfall des Cyber-Mobbings vorliegt), wäre allerdings folgendes zu berücksichtigen: Die Präsenz und damit die Wirkung des eingestellten Beitrags schwindet grundsätzlich mit Zeitablauf. Grund dafür ist die in den Social Media herrschende Aktualität, denn die Aktivitäten der mit einander vernetzten Personen werden diesen untereinander in Echtzeit angezeigt. Setzt ein Arbeitnehmer bspw. einen unzulässigen Post auf seiner *Facebook*-Chronik, wird dieser zunächst auf den Startseiten all derjenigen Personen unmittelbar angezeigt, die aufgrund der Privatsphäre-Einstellungen des Arbeitnehmers über dessen Aktivitäten benachrichtigt werden. Je mehr Zeit vergeht, desto mehr Aktivitäten ereignen sich und der unzulässige Post rutscht in den chronologisch aufgebauten Seiten immer weiter nach unten.[983] Durch Reaktionen anderer auf den Post (durch Likes, Kommentierungen oder Teilen), die je nach der empfundenen Wichtigkeit bezüglich des Beitrags mehr oder minder intensiv sind, wird diesem Effekt zwar bedingt entgegengewirkt und die unzulässige Äußerung aufgefrischt. Dadurch bleibt sie zunächst „aktuell". Allerdings ebbt dies meist nach einer gewissen Zeit ab und der Beitrag verliert an Aktualität. Er ist dann wegen der Masse anderer, neuerer Meldungen kaum mehr präsent.

Erlangt der Arbeitgeber nun von einem solchen älteren, tatsächlich von Dritten nicht mehr wahrgenommenen Post Kenntnis, ist wegen der verblassten Wirkung fraglich, ob überhaupt noch ein wichtiger Grund i.S.d. § 626 Abs. 1 BGB angenommen werden kann. Dies ist im Einzelfall zu prüfen und kann dazu führen, dass es auf die Frage nach dem Vorliegen eines Dauertatbestands gar nicht mehr ankommt.

#### *c) Nicht-Entfernen des Beitrags als Anknüpfungspunkt*

Diskutiert wird im Zusammenhang mit der Zwei-Wochen-Frist ebenfalls, ob im Nicht-Entfernen des kündigungsrelevanten Posts eine Pflichtverletzung zu

---

981 LAG Thüringen NZA-RR 2001, 577, 586.

982 Vgl. *Benecke* NZA-RR 2003, 225, 231.

983 Vgl. *Schockenhoff*, Soziale Netzwerke im Arbeitsrecht, S. 27 zum hohen Verbreitungsgrad von Äußerungen in Social Media.

sehen ist, für die die Besonderheiten des Dauertatbestands gelten. Nach einer dies bejahenden Auffassung[984] liege in der Konstellation der unterlassenen Beseitigung trotz entsprechender Aufforderung durch den Arbeitgeber der Schwerpunkt des vorwerfbaren Verhaltens im „Nicht-Entfernen". Solange der Beitrag nicht gelöscht ist, dauere die Pflichtverletzung an. Dies habe zur Folge, dass die Frist des § 626 Abs. 2 S. 1 BGB nicht zu laufen beginnt.[985]

Richtig ist zunächst, dass wegen § 241 Abs. 2 BGB die Pflicht des Arbeitnehmers besteht, den den Arbeitgeber beeinträchtigenden Eintrag zu entfernen.[986] Der Beseitigungsanspruch ergibt sich bei Ehrverletzungen des Arbeitgebers zudem aus § 1004 Abs. 1 BGB analog i.V.m. § 823 Abs. 1 BGB i.V.m. dem allgemeinen Persönlichkeitsrecht.[987] Aber auch, wenn die unzulässige Äußerung nicht gegen den Arbeitgeber selbst, sondern einen seiner Kunden oder einen Kollegen des Arbeitnehmers gerichtet ist, hat der Arbeitgeber einen Anspruch auf Beseitigung. Anknüpfungspunkt ist dann zwar nicht sein eigenes Persönlichkeitsrecht,[988] allerdings sind andere schützenswerte Interessen des Arbeitgebers beeinträchtigt, wenn es aufgrund des gegen den Dritten gerichteten Posts zu Beeinträchtigungen des Betriebsklimas bzw. der Geschäftsbeziehung zum Kunden kommt.[989] Die dadurch verletzten Rechtspositionen des Arbeitgebers rechtfertigen ebenfalls einen Beseitigungsanspruch.

Dass ein Dauertatbestand beim Nicht-Entfernen zu bejahen ist, könnte im Hinblick auf eine Entscheidung des *BAG* zu § 15 Abs. 4 S. 2 AGG bezweifelt werden. Dort ging es um einen Arbeitnehmer, der sich aufgrund von ausländerfeindlichen Beschriftungen auf den Türen der betrieblichen Toiletten benachteiligt fühlte.[990] Er verlangte von seinem Vorgesetzten die Entfernung der Beschriftungen. Der Vorgesetzte reagierte aber zunächst mit Desinteresse und erst ca. sechs Monate nach der Aufforderung des Arbeitnehmers lies der Arbeitgeber die Beschriftungen beseitigen. Nach deren Entfernung machte der Arbeitnehmer einen Entschädigungsanspruch nach § 15 Abs. 4 AGG geltend.

---

984 *Kammermeier/Arden* jurisPR-ITR 3/2013 Anm. 3.

985 Ebd.; *Schockenhoff*, Soziale Netzwerke im Arbeitsrecht, S. 43.

986 Ebd.; *Hinrichs/Hörtz* NJW 2013, 648, 653; *Burr*, Posting als Kündigungsgrund, S. 215.

987 Vgl. *Schockenhoff*, Soziale Netzwerke im Arbeitsrecht, S. 43, die allerdings nicht zwischen Beseitigungs- und Unterlassungsanspruch unterscheidet.

988 ArbG Herford BeckRS 2010, 04582, das bei der Ehrverletzung eines anderen die Aktivlegitimation des Arbeitgebers (in Bezug auf das Persönlichkeitsrecht) grundsätzlich zu Recht verneint; *Hinrich/Hörtz* NJW 2013, 648, 653; *Burr*, Posting als Kündigungsrund, S. 216.

989 *Burr*, Posting als Kündigungsgrund, S. 217.

990 BAG NZA 2010, 387, 393.

Der Anspruch wurde vom *BAG* mit der Begründung verneint, der Arbeitnehmer habe die Zwei-Monats-Frist des § 15 Abs. 4 S. 1 AGG nicht eingehalten. Maßgeblich für den Fristlauf sei die Kenntnis des Arbeitnehmers davon gewesen, dass der Vorgesetzte dem Beseitigungsverlangen nicht nachkommen werde. Nach der Ansicht des *BAG* lag kein Dauertatbestand vor, der die Frist des § 15 Abs. 4 S. 1 AGG hätte hemmen können. Nachdem die Aufforderung des Arbeitnehmers abgelehnt worden war, sei für den Arbeitnehmer klar gewesen, dass die Beschriftungen nicht entfernt würden. Ab diesem Zeitpunkt seien keine neuen Benachteiligungen i.S.d. § 3 AGG eingetreten, vielmehr habe nur das ursprüngliche Nicht-Entfernen fortgewirkt.

Überträgt man diese Argumentation auf das Nicht-Entfernen von unzulässigen Internetbeiträgen bedeutete dies, dass diese Pflichtverletzung mit der ausdrücklichen Weigerung des Arbeitnehmers bzgl. der Entfernung als beendet anzusehen wäre. Man müsste daher darauf abstellen, dass der Arbeitgeber ab diesem Zeitpunkt weiß, dass der Arbeitnehmer der Beseitigungsaufforderung nicht nachkommen wird. In diesem Fall wäre die unverändert fortbestehende Veröffentlichung bzw. Einsehbarkeit des Beitrags die bloße Nachwirkung der anfänglichen Nichtreaktion.

Die Gleichbehandlung dieser Sachverhalte und damit die Verneinung eines Dauertatbestands überzeugt jedoch nicht. Zum einen ist zu berücksichtigen, dass es bei § 15 Abs. 4 S. 2 AGG ausschließlich auf die Kenntnis des Beschäftigten ankommt und bei § 626 Abs. 2 S. 1 BGB – jedenfalls in den überwiegenden Fällen – um die Kenntnis des Arbeitgebers geht. Es handelt sich daher um den umgekehrten Fall. Nur weil in beiden Konstellationen auf den Zeitpunkt des Kenntniserhalts ankommt, kann nicht automatisch eine Gleichbehandlung der Sachverhalte erfolgen.

Zum anderen spricht gegen eine Übertragbarkeit der Rspr. zu § 15 Abs. 4 S. 2 AGG, dass es dort lediglich um einen finanziellen Anspruch geht, der sich im Übrigen nicht auf das Arbeitsverhältnis auswirkt. Bei § 626 Abs. 2 BGB geht es hingegen um die Wirksamkeit einer Kündigung, der eine so erhebliche Pflichtverletzung zugrunde liegt, aufgrund derer das Arbeitsverhältnis sofort beendet werden soll. Daher verbieten auch die an die Einhaltung der Frist geknüpften unterschiedlichen Rechtsfolgen eine Gleichbehandlung.

Schließlich ist zu berücksichtigen, dass der Beseitigungsanspruch des Arbeitgebers solange besteht, wie der Arbeitnehmer den Beitrag im Netz lässt. Dem Arbeitgeber bliebe es daher unbenommen, den Arbeitnehmer auch nach mehr als zwei Wochen nach der ersten Weigerung erneut zur Entfernung des Beitrags aufzufordern. Mit jeder weiteren Ablehnung des Arbeitnehmers beginge er eine neue Pflichtverletzung (Nicht-Entfernen), denn von einer bloßen Nachwirkung der ersten Nichtreaktion kann in diesem Fall nicht ausgegangen werden. Jede weitere Weigerung hätte somit zur Folge, dass die Kündigungserklärungsfrist erneut zu laufen anfinge. Da es der Arbeitgeber durch neuerliche Aufforderungen also ohnehin in der Hand hätte, für die Einhaltung der Zwei-Wochen-Frist zu sorgen, muss von einem Dauertatbestand ausgegangen werden, wenn der Arbeitnehmer dem Beseitigungsverlangen nicht nachkommt.

### 6. *Sonderfall Druckkündigung*

Social Media können für die Kündigung eines Arbeitnehmers ferner eine nicht zu vernachlässigende Relevanz erhalten, wenn die private Äußerung des Arbeitnehmers mangels Betriebsbezogenheit zwar keine Pflichtverletzung i.S.d. § 241 Abs. 2 BGB darstellt, aber gleichwohl zu solchen externen Reaktionen führt, die sich auf den Ruf oder das Image des Arbeitgebers auswirken können. Der Arbeitgeber kann sich dazu gezwungen fühlen, den Arbeitnehmer zu kündigen.

Zu einem solchen Ereignis kam es unlängst in der Fußballfanszene: Hannes S., ein Fan des Fußballvereins *1. FC Magdeburg*, war im Oktober 2016 nach einem Streit mit Fans des *Halleschen FC* aus einem fahrenden Zug gestürzt und später aufgrund der sich dabei zugezogenen Verletzungen gestorben. Kurze Zeit später trafen die beiden Mannschaften aufeinander und der *1. FC Magdeburg* gewann die Partie. Dies nahm ein bei der *DHL Hub Leipzig GmbH* angestellter Arbeitnehmer zum Anlass, auf der *Facebook*-Fanseite des *1. FC Magdeburg* folgenden Beitrag zu posten:[991]

> *„Hoffentlich hatte Hannes schmerzen bevor er verreckt ist und allen FCM fotzen wünsche ich nach diesem unverdienten Sieg das selbe Schicksal" [sic]*

Einen Verstoß gegen seine Rücksichtnahme- und Loyalitätspflichten beging der Arbeitnehmer durch seinen Beitrag nicht, selbst wenn er in seinem Profil die *DHL Hub Leipzig GmbH* als seine Arbeitgeberin angegeben haben sollte. Entsprechend den obigen Ausführungen zu volksverhetzenden Hass-Postings muss eine Gefahr der Ruf- oder Imageschädigung des Arbeitgebers abgelehnt werden. Es erscheint hier ebenfalls abwegig anzunehmen, dass Personen, die den Post über den verstorbenen Fußballfan lesen, ihre Abneigung gegen den Autor des Beitrags auf dessen Arbeitgeber übertragen und deshalb keine Briefe oder Pakete mehr mit

991 *George*, Tod von FCM-Fan Hannes Facebook-Hetze kostet den Job, Artikel vom 01.12.2016, http://www.mz-web.de/sport/fussball/1-fc-magdeburg/tod-von-fcm-fan-hannes-facebook-hetze-kostet-den-job--25202202 (letzter Aufruf: 04.06.2017).

*DHL* verschicken. Auch der bei der Arbeitgeberin bestehende Verhaltenscodex („Code of Conduct"), der ethische Standards für die Beschäftigten enthält und dem der Arbeitnehmer mit dem Beitrag zuwiderhandelte,[992] führt zu keinem anderen Ergebnis. Für den außerdienstlichen Bereich können solche Vorgaben vom Arbeitgeber grundsätzlich nicht verbindlich gesetzt werden.[993] Gleichwohl wurde dem *DHL*-Angestellten die außerordentliche und fristlose Kündigung ausgesprochen, weil seine Arbeitgeberin wegen der *Facebook*-Aktivität offenbar unter öffentlichen Druck geraten war.[994]

Ob die Kündigung wirksam ist, muss in diesem Fall nach den an eine echte Druckkündigung zu stellenden Anforderungen beurteilt werden, da eine Pflichtverletzung als Anknüpfungspunkt gerade nicht vorliegt. Um eine echte – betriebsbedingte[995] – Druckkündigung handelt es sich, wenn die Belegschaft oder Dritte die Kündigung eines Arbeitnehmers verlangen, ohne dass ein Kündigungsgrund nachweisbar wäre, und gesetzt den Fall, dass dies nicht geschieht, dem Arbeitgeber nachteilige Schritte, wie z. B. Eigenkündigungen anderer Arbeitnehmer oder die Nichterteilung eines wichtigen Auftrags bzw. der Abbruch von Geschäftsbeziehungen[996] durch Kunden, androhen.[997] Allerdings sind an die Wirksamkeit einer solchen Kündigung enorm hohe Anforderungen zu stellen.[998] Der Arbeitgeber muss sich zunächst schützend vor den betroffenen Arbeitnehmer stellen; nur wenn auf diese Weise die Drohung nicht abgewendet werden kann und bei ihrer Verwirklichung schwere wirtschaftliche Schäden für den Arbeitgeber drohen, kann die echte Druckkündigung gerechtfertigt sein. Dies aber auch nur dann, wenn sie das einzig praktisch in Betracht kommende Mittel ist, um die drohenden Schäden abzuwenden.[999]

Bei solchen Hass-Postings kommt es zwar oft zu vielen und heftigen Reaktionen, allerdings spielen sich diese meist ebenfalls nur im Social Media-Bereich

---

992 *George*, Tod von FCM-Fan Hannes Facebook-Hetze kostet den Job, Artikel vom 01.12.2016, http://www.mz-web.de/sport/fussball/1-fc-magdeburg/tod-von-fcm-fan-hannes-facebook-hetze-kostet-den-job--25202202 (letzter Aufruf: 04.06.2017).

993 Siehe hierzu die Ausführungen oben S. 78 f.

994 *George*, Tod von FCM-Fan Hannes Facebook-Hetze kostet den Job, Artikel vom 01.12.2016, http://www.mz-web.de/sport/fussball/1-fc-magdeburg/tod-von-fcm-fan-hannes-facebook-hetze-kostet-den-job--25202202 (letzter Aufruf: 04.06.2017).

995 ErfK/*Oetker* BGB § 626 Rn. 182; BeckOK ArbR/*Rolfs* KSchG § 1 Rn. 422 ff.; BAG BeckRS 2016, 74467; BAG NZA 2014, 109, 112; a.A. *Hamacher* NZA 2014, 134, 135.

996 *Benecke/Groß* BB 2015, 693, 696.

997 ErfK/*Oetker* BGB § 626 Rn. 183; vgl. auch *Benecke/Groß* BB 2015, 693, 693.

998 Die jüngste Rspr. zusammenfassend *Settekorn/Fasholz* ArbRAktuell 2016, 521 ff.

999 BeckOK ArbR/*Rolfs* KSchG § 1 Rn. 424; BAG NZA 2014, 109, 112.

ab und richten sich hauptsächlich gegen den Autor des Beitrags. Im Fall des verstorbenen Fußballfans Hannes ging zwar eine Beschwerde an verschiedene Medienvertreter und die Konzernmutter der Arbeitgeberin, die *DHL AG.*[1000] Eine den Arbeitgeber auf diese Weise treffende negative Resonanz genügt jedoch mangels durch Dritte angedrohte Nachteile keinesfalls den Voraussetzungen einer echten Druckkündigung. Zwar ist es nachvollziehbar, wenn sich Arbeitgeber bei Bekanntwerden solcher Äußerungen ihrer Arbeitnehmer unverzüglich und ausdrücklich davon distanzieren wollen, jedoch berechtigt sie allein der Umstand, dass ihr Name in Zusammenhang mit dem Hass-Posting viral publik gemacht wird, nicht zum Ausspruch einer echten Druckkündigung.

## IV. Anforderungen an die Betriebsratsanhörung

Grundsätzlich kann bezogen auf die Unterrichtungspflicht der Arbeitnehmervertretung auf die obigen Ausführungen verwiesen werden. Allerdings können im Hinblick auf die datenschutzrechtliche Zulässigkeit der Anhörung des Betriebs- bzw. Personalrats besondere Arten personenbezogener Daten i.S.d. § 3 Abs. 9 BDSG betroffen sein. Zu diesen besonderen Arten personenbezogener Daten zählen u. a. Angaben zu politischen Meinungen und dem Sexualleben, die in Ansehung der oben untersuchten Pflichtverletzungen „Verfassen von politischen Äußerungen" und „Mitwirken in pornographischen Filmen" durchaus auch im privaten Social Media-Bereich relevant werden können. Die Rechtmäßigkeit der Weitergabe dieser Daten an die Arbeitnehmervertretung richtet sich – anders als bei personenbezogenen Daten i.S.d. § 3 Abs. 1 BDSG – nach § 28 Abs. 6 BDSG, der als lex specialis § 32 Abs. 1 BDSG verdrängt.[1001]

Danach ist die Nutzung besonderer personenbezogener Daten u. a. zulässig, wenn es sich um Daten handelt, die der Betroffene offenkundig öffentlich gemacht hat (Nr. 2) oder dies zur Geltendmachung, Ausübung oder Verteidigung rechtlicher Ansprüche erforderlich ist und kein Grund zu der Annahme besteht, dass das schutzwürdige Interesse des Betroffenen an dem Ausschluss der Erhebung, Verarbeitung oder Nutzung überwiegt (Nr. 3).

Der Erlaubnistatbestand der offenkundigen Veröffentlichung (Nr. 2) bewegt sich auf der Linie des § 28 Abs. 1 S. 1 Nr. 3 BDSG.[1002] Seine Anwendbarkeit ist bei

---

1000 *George*, Tod von FCM-Fan Hannes Facebook-Hetze kostet den Job, Artikel vom 01.12.2016, http://www.mz-web.de/sport/fussball/1-fc-magdeburg/tod-von-fcm-fan-hannes-facebook-hetze-kostet-den-job--25202202 (letzter Aufruf: 04.06.2017).

1001 Gola/Schomerus/*Gola/Klug/Körffer* § 28 Rn. 76.

1002 Simitis/*Simitis* § 28 Rn. 303.

einem vom Arbeitnehmer selbst in den Social Media abgesetzten Posting bzw. Beitrag anzunehmen, wenn er nicht nur für einen eingeschränkten Nutzerkreis verfügbar ist. Sollte dem allerdings so sein – der politische Beitrag ist also bspw. nur für die virtuellen *Facebook*-Freunde des Arbeitnehmers sichtbar – scheidet eine offenkundige Veröffentlichung i.S.d. Norm aus. Insoweit kann auf die unten folgenden Ausführungen zum Verfahrensrecht verwiesen werden (V. 2. b) aa)).

Die in Nr. 3 enthaltene Erlaubnisnorm setzt einen rechtlichen Anspruch voraus und gem. § 194 Abs. 1 BGB ist ein Anspruch das Recht, von einem anderen ein Tun oder Unterlassen zu verlangen. § 28 Abs. 6 Nr. 3 BDSG findet auf Ansprüche Anwendung, die ihre Grundlage im Gesetz oder rechtsgeschäftlichen Schuldverhältnissen haben.[1003] Der Umstand, dass der Tatbestand neben der Geltendmachung auch die Ausübung und Verteidigung von Ansprüchen erwähnt, erfordert es, den Anwendungsbereich insgesamt auszudehnen und auch auf die Begründung von Ansprüchen, z. B. auch das Fragerecht des Arbeitgebers zu erweitern.[1004] Zwar handelt sich bei der Arbeitgeberkündigung nicht um einen „Anspruch" i.S.d. § 194 Abs. 1 BGB, allerdings ist auch dieser Beendigungstatbestand als von der Norm erfasst anzusehen. Anderenfalls käme man zu dem abstrusen Ergebnis, dass das Fragerecht bezüglich besonderer personenbezogener Daten im Rahmen der Arbeitsvertragsanbahnung geschützt wäre, die Beendigung aufgrund desselben Umstandes aber nicht, obwohl jeweils die gleichen Interessen des Arbeitgebers berührt sind. Schließlich muss im Rahmen der Bestimmung des Anwendungsbereichs von § 28 Abs. 6 Nr. 3 BDSG Berücksichtigung finden, dass diese Norm als lex specials den die Erhebung, Verarbeitung oder Nutzung von Daten bzgl. der Beendigung eines Beschäftigungsverhältnisses regelnden § 32 Abs. 1 BDSG verdrängt. Auch die Datennutzung zum Zwecke der Geltendmachung, Ausübung oder Verteidigung eines Anspruchs muss erforderlich sein und insoweit kann auf obige Ausführungen zu § 32 Abs. 1 BDSG verwiesen werden.[1005]

Wegen der Sensitivität der besonderen personenbezogen Daten verlangt § 28 Abs. 6 Nr. 3 BDSG ausdrücklich eine Interessenabwägung. Dabei ist zwar zu berücksichtigen, dass das Interesse des betroffenen Arbeitnehmers am Schutz seiner sensiblen Daten i.S.d. § 3 Abs. 9 BDSG höher einzustufen ist als der Schutz

---

1003 BeckOK DatenSR/*Wolff* BDSG § 28 Rn. 257; Simitis/*Simitis* § 28 Rn. 306.

1004 Simitis/*Simitis* § 28 Rn. 306; Gola/Schomerus/*Gola/Klug/Körffer* § 28 Rn. 78.

1005 Siehe die Ausführungen oben auf S. 63 zur Erforderlichkeit der Datenweitergabe an die Arbeitnehmervertretung im Rahmen des Anhörungsverfahrens nach § 102 Abs. 1 BetrVG.

sonstiger Daten.[1006] Allerdings muss in die Abwägung ebenfalls miteingestellt werden, dass es sich um in Social Media veröffentlichte, also ggf. mit einer Vielzahl an Personen geteilte Daten handelt. Dieser Umstand spricht deutlich gegen eine besondere Schutzbedürftigkeit der Daten und ist nicht vergleichbar mit bspw. Gesundheitsdaten einer Patientenakte[1007] o. ä. Die Abwägung wird daher regelmäßig nicht dazu führen, dass die Datennutzung in Form der Weitergabe an den Betriebsrat nach § 28 Abs. 6 Nr. 3 BDSG scheitert. Daran kann auch das wohl stets gegebene Interesse des Arbeitnehmers, seinen Arbeitsplatz behalten zu wollen, nichts ändern.

## V. Verfahrensrechtliche Auswirkungen

Entsprechend der Rechtslage bei Pflichtverletzungen mit unmittelbarem Bezug zum Arbeitsverhältnis hat der Arbeitgeber regelmäßig ein gesteigertes Interesse daran, die in Frage kommenden Pflichtverletzungen durch außerdienstliches Social Media-Verhalten der Arbeitnehmer aufzudecken und entsprechend zu ahnden. In prozessualer Hinsicht muss sein diesbezüglicher Tatsachenvortrag ausreichend substantiiert sein (§ 138 Abs. 1 ZPO). Die Außerdienstlichkeit der Pflichtverletzung kann insoweit allerdings zu einer gesteigerten Bedeutung der prozessualen Rolle des Arbeitnehmers führen.

Die Verwertbarkeit der arbeitgeberseitig angebotenen Beweise besitzt auch bei Social Media-spezifischen Pflichtverletzungen eine nicht zu vernachlässigende Relevanz. Je nachdem, ob der Arbeitgeber von den einen Kündigungsgrund darstellenden Tatsachen in rechtmäßiger Weise Kenntnis erlangt hat, kann sich dies auf den Ausgang des Kündigungsschutzverfahrens auswirken. Gleiches gilt für den Nachweis von Kündigungsgründen, die zwar nicht in der Social Media-Nutzung selbst liegen, die aber durch deren Nutzung aufgedeckt und als Anlass zum Ausspruch der Kündigung herangezogen werden.

### *1. Sachvortrag im Kündigungsschutzprozess*

Die Außerdienstlichkeit des Arbeitnehmerverhaltens ändert grundsätzlich nichts an der Darlegungs- und Beweislast des Arbeitgebers betreffend den Kündigungsgrund. Sie kann jedoch Bedeutung für vom Arbeitnehmer darzulegende Rechtfertigungs- und Entschuldigungsgründe erlangen. Schließlich spielen sich diese gerade bei der privaten Social Media-Nutzung ausschließlich in seiner Sphäre ab.

---

1006 BeckOK DatenSR/*Wolff* BDSG § 28 Rn. 258.

1007 Vgl. hierzu die Ausführungen bei Simitis/*Simitis* § 28 Rn. 296.

Davon hat der Arbeitgeber zumeist keine Kenntnis, so dass es dem Arbeitnehmer oftmals verwehrt bleiben wird, sich auf ein bloßes Bestreiten des Arbeitgebervortrags zurückzuziehen.

*a) Sachvortrag des Arbeitgebers*

Bei einem Großteil der hier untersuchten Pflichtverletzungen ist die Betriebsbezogenheit des außerdienstlichen Verhaltens Dreh- und Angelpunkt für die Frage der kündigungsrechtlichen Relevanz. So muss der Arbeitgeber – entgegen der bisherigen Judikate – bei Beleidigungen von Kollegen im Social Media-Bereich, aber auch im Fall des Cyber-Mobbings hinreichend dartun, dass das außerdienstliche Verhalten zu Betriebsbeeinträchtigungen führte und wie diese im Einzelnen zu Tage getreten sind. Selbiges gilt für die Pflichtverletzung des Mitwirkens in pornographischen Filmen.

Besonders detailliert vorzutragen hat der Arbeitgeber bei jenen Pflichtverletzungen, bei denen neben dem Bezug der Social Media-Aktivität zum Arbeitsverhältnis eine konkrete Gefahr für die berechtigen Interessen des Arbeitgebers erforderlich ist. Dabei geht es insb. um die Pflichtverletzungen der geschäftsschädigenden, volksverhetzenden bzw. politischen Äußerungen sowie der Rufschädigung durch das Veröffentlichen von Fotos/Videos. Ein Verstoß gegen § 241 Abs. 2 BGB wird hier gerade erst dann begründet, wenn eine konkrete Gefahr für die betrieblichen Interessen besteht.

Umstände, die im Rahmen der Interessenabwägung zu Lasten des Arbeitnehmers sprechen, hat der Arbeitgeber ebenfalls konkret darzulegen. Einer der wichtigsten Punkte hierbei ist der Empfängerkreis, dem die Social Media-Handlung zugänglich gemacht wurde. Hierzu zählen insb. Angaben zur Anzahl der Freunde bzw. Follower, den (offenen) Privatsphäre-Einstellungen des Social Media-Accounts und ggf. den Reaktionen anderer Nutzer, die ebenfalls zu einer Vergrößerung des potentiellen Empfängerkreises beitragen können.

Hat der Arbeitgeber vor Begehung der Pflichtverletzung durch den Arbeitnehmer vor den einschlägigen Gefahren des Social Webs hingewiesen (z. B. durch eine Social Media-Guideline), sind – vergleichbar mit einem ausgesprochenen Verbot der privaten Nutzung der Betriebsmittel – auch die diesbezüglichen Tatsachen (Art, Inhalt und Zeitpunkt der letztmaligen Hinweise) vorzutragen.

Im Übrigen bestehen zum prozessualen Vortrag des Arbeitgebers keine Social Media-spezifischen Besonderheiten. Die Kündigungsgründe aus dem außerdienstlichen Bereich sind im Gegensatz zu den Pflichtverletzungen mit unmittelbarem Bezug zum Arbeitsverhältnis v. a. mangels EDV-technischer Details (z. B. Anzahl und Größe der heruntergeladenen Dateien; Anzahl, Zeitpunkt und

Dauer der aufgerufenen Internetseiten etc.) unproblematisch den Anforderungen des § 138 ZPO genügend zu substantiieren.

### *b) Sachvortrag des Arbeitnehmers*

Besonders hart trifft den Arbeitgeber die Verteilung der Darlegungs- und Beweislast, wenn es bei Pflichtverletzungen des Arbeitnehmers im außerdienstlichen Bereich um Umstände geht, die zugunsten des Arbeitnehmers zu berücksichtigen sind und von diesem regelmäßig behauptet werden. Hier hat der Arbeitgeber zumeist überhaupt keinen Einblick, was seine ohnehin bestehende Beweisnot zusätzlich verstärkt. Allerdings können ihm rechtliche Instrumente zur Seite stehen, die diese Beweisnot lösen. Möglich sind drei unterschiedliche Mittel.

Auf der ersten Stufe steht die erhöhte Darlegungslast des Arbeitnehmers, die insb. greift, wenn sich dieser auf Rechtfertigungs- oder Entschuldigungsgründe beruft. An der Beweislast des Arbeitgebers ändert sich damit zwar nichts, allerdings muss der Arbeitnehmer zu den sich in seiner Sphäre abspielenden (und zu seinen Gunsten wirkenden) Umständen im Einzelnen vortragen, weil der Arbeitgeber hierzu keine Kenntnisse hat, ihm ein entsprechender Vortrag also nicht möglich ist. Der Arbeitnehmer kennt aber alle (von ihm selbst behaupteten) wesentlichen Tatsachen.[1008] Aufbauend auf dem (substantiierten) Vortrag des Arbeitnehmers kann der Arbeitgeber seiner Beweispflicht nachkommen, ggf. unter Heranziehung des Tatsachenvortrags des Arbeitnehmers.

Auf der zweiten Stufe kann in Betracht kommen, dass zugunsten des Arbeitgebers der Beweis des ersten Anscheins greift. Diese Art der Beweiserleichterung greift bei typischen Geschehensabläufen, in denen ein bestimmter Tatbestand nach der Lebenserfahrung auf eine bestimmte Ursache für den Eintritt eines bestimmten Erfolgs hinweist.[1009] Zur Erschütterung braucht der Gegner nicht den Gegenbeweis erbringen. Vielmehr ist es ausreichend, wenn er Umstände vorträgt und erforderlichenfalls beweist, aus denen sich die ernsthafte Möglichkeit eines abweichenden Geschehensablaufs ergibt.[1010]

Auf der dritten Stufe besteht theoretisch die Möglichkeit, dass es zu einer Beweislastumkehr kommt. Dabei handelt es sich jedoch um eine absolute Abweichung vom gesetzlich festgelegten Grundsatz. Die Beweislastumkehr erfolgt durch richterliche Rechtsfortbildung und ist regelmäßig schon dann unzulässig,

---

1008 Vgl. BeckOK ZPO/*Bacher* § 284 Rn. 85; BGH NJW 2005, 2395, 2397.
1009 BeckOK ZPO/*Bacher* § 284 Rn. 94.
1010 BeckOK ZPO/*Bacher* § 284 Rn. 98; BGH NJW-RR 2014, 1115, 1116.

wenn Beweiserleichterungen helfen[1011] und die Beweisnot des Arbeitgebers einschränken können. Sie erlangt im Rahmen eines Kündigungsschutzprozesses nur in seltenen Fällen Bedeutung.

In gerichtlichen Bestandsschutzstreitigkeiten kam es neben dem Einwand, die dort als Kündigungsgrund herangezogene Äußerung stelle wegen des vertraulichen Umfelds schon keine Pflichtverletzung dar, v. a. zu der Schutzbehauptung, der in Streit stehende Beitrag sei gar nicht vom gekündigten Arbeitnehmer, sondern von einem Dritten ins Netz gestellt worden. Ferner wurde vorgetragen, dem Arbeitnehmer sei versehentlich ein (zu seinen Gunsten zu berücksichtigender) Bedienungsfehler unterlaufen.

Brächte man stringent den Grundsatz zur Anwendung, wonach den Arbeitgeber die komplette Darlegungs- und Beweislast träfe, könnte sich der Arbeitnehmer stets auf ein einfaches Bestreiten zurückziehen. Unter Anwendung der zuvor geschilderten Instrumente genügt es seitens des klagenden Arbeitnehmers aber nicht, bloße Schutzbehauptungen aufzustellen.

#### aa) Tatbestandsausschließendes Vertrauensverhältnis

Wendet der Arbeitnehmer in einer Konstellation, bei der die Vertraulichkeit einer Äußerung nicht bereits von vornherein ausgeschlossen ist, ein, seine zum Arbeitgeber gelangte, unzulässige Äußerung sei an eine geringe Anzahl eng vertrauter Personen gerichtet gewesen, handelt es sich dabei um einen Rechtfertigungs- bzw. Entschuldigungsgrund. Schon deshalb liegt es am Arbeitnehmer, im Rahmen der ihm obliegenden sekundären Darlegungslast hierzu im Einzelnen vorzutragen. Da der Arbeitgeber hiervon keine Kenntnis haben kann, wird der Arbeitnehmer nicht darum herumkommen, die einzelnen Personen, die zum Empfängerkreis des streitgegenständlichen Beitrags gehörten, namentlich zu nennen. Für den Fall, dass diese in der virtuellen Welt ein Pseudonym verwenden, muss er auch deren richtigen Namen offenbaren. Ferner muss er substantiiert für jeden Empfänger dartun, woraus sich die Vertraulichkeit zu ihm ergeben soll. Nur so wird der Beweisnot des Arbeitgebers abgeholfen, denn wenn der Arbeitnehmer die Personen und die das behauptete Vertraulichkeitsverhältnis begründenden Umstände konkret nennt, kann der Arbeitgeber die Vertraulichkeit qualifiziert bestreiten und die vom Arbeitnehmer angeführten Personen als Zeugen zum Beweisthema „Vertraulichkeit der Äußerung“ benennen.[1012]

---

1011 Musielak/Voit/*Foerste* § 286 Rn. 37; *Burr*, Posting als Kündigungsgrund, S. 152.

1012 Vgl. *Burr*, Posting als Kündigungsgrund, S. 155 zur Problematik des im nächsten Gliederungspunkt erörterten Accountmissbrauchs.

### bb) Empfängerkreis

Ist der Empfängerkreis der unzulässigen Äußerungen tatsächlich kleiner als es für den Arbeitgeber wegen der erkennbaren Angaben den Anschein hat, liegt es am Arbeitnehmer vorzutragen, woraus sich die geringere Streubreite ergeben soll. Hier kommen v. a. besondere, benutzerdefinierte Privatsphäre-Einstellungen in Betracht. Hat der Arbeitnehmer beispielweise 200 *Facebook*-Freunde, ist zunächst davon auszugehen, dass jedenfalls diese Nutzer zum potentiellen Empfängerkreis gehörten. Konnten – aufgrund besonderer Privatsphäre-Einstellungen – in Wirklichkeit nur 100 Freunde die streitgegenständlichen Äußerungen sehen, muss der Arbeitnehmer substantiiert darlegen, welche seiner „Freunde" den Beitrag aufgrund welcher Profileinstellung nicht einsehen konnten.

Da sich der Empfängerkreis gerade bei ehrverletzenden Äußerungen auch faktisch dadurch reduzieren kann, dass wegen Insiderwissens nur ein Teil davon in der Lage ist, die Beleidigung einem bestimmten Opfer zuzuordnen, muss der Arbeitnehmer schlüssig und eingehend vortragen, wer zu dem entsprechenden Kreis gehört und weshalb für andere Personen eine Erkennbarkeit des Beleidigungsopfers ausscheidet.

### cc) Accountmissbrauch

Der Einwand des sog. Accountmissbrauchs stellt in rechtlicher Hinsicht mit das bedeutsamste Problem dar. Dabei streitet der Arbeitnehmer die Täterschaft bezüglich der der Kündigung zugrundeliegenden Äußerung ab. Er wendet zugleich ein, die Äußerung sei zwar von seinem Social Media-Account abgesetzt worden, dies habe aber nicht er selbst, sondern ein bekannter oder unbekannter Dritter getan. In erster Linie spielt sich diese Thematik auf prozessualer Ebene ab, sie kann aber auch materiell-rechtliche Bedeutung erlangen. Dies nämlich dann, wenn es um die Frage geht, ob der Arbeitnehmer für eine nachweislich nicht von ihm getätigte Äußerung in kündigungsrechtlicher Hinsicht haftet.

#### (1) Prozessuale Ebene

Für die Beurteilung der Relevanz des Einwands sind zunächst die Konstellationen festzustellen, in denen sich die Problematik des Accountmissbrauchs im Kündigungsschutzverfahren überhaupt auswirken kann. Dabei handelt es sich vordringlich um diejenigen Fälle, bei denen allein aus den einzelnen Umständen der in Frage stehenden Social Media-Aktivität kein Rückschluss darauf gezogen werden kann, wer Täter der Handlung ist. Somit scheiden grundsätzlich unzulässige Statusmeldungen oder Kommentare aus (z. B. gegen den Chef oder Vorgesetzten des Arbeitnehmers, dem der *Facebook*-Account gehört), da ihr Inhalt regelmäßig erkennen lässt, dass nur der Arbeitnehmer die Äußerung abgesetzt haben kann und nicht der Dritte, der nach dem Sachvortrag des Arbeitnehmers im Zeitpunkt der Äußerung ebenfalls Zugriff auf seinen Social Media-Account gehabt haben soll. Dies zeigen auch die Fälle, die Eingang in die gerichtliche Praxis gefunden haben. So ging es bspw. in den Entscheidungen des *LAG Baden-Württemberg*[1013] um eine in der Kommentarfunktion geführte Diskussion, die betriebsinterne Vorgänge zum Inhalt hatte. Die Tätereigenschaft bzgl. der dabei gefallenen Beleidigung war daher eindeutig. Auch bei dem vom *ArbG Duisburg*[1014] entschiedenen Fall, ging schon aus den übrigen Äußerungen auf der *Facebook*-Seite des Klägers hervor, dass dieser der Urheber der beleidigenden Äußerung gewesen sein muss.

Von Bedeutung kann die Problematik der Accountnutzung durch einen Dritten bei Kommentaren, Statusmeldungen und dergleichen aber werden, wenn aufgrund der Gesamtumstände sowohl der Arbeitnehmer selbst, als auch der (behauptete) Dritte die Äußerung hätte vornehmen können. Dabei wird es zwar regelmäßig um die seltenen Fälle gehen, in denen der gekündigte Arbeitnehmer und der Dritte, der Zugriff auf den Account des Gekündigten haben soll, beim selben Arbeitgeber beschäftigt sind.[1015] Eine gewisse praktische Bedeutung besteht allerdings trotzdem. Relevant ist die Thematik des Accountmissbrauchs ferner bei Äußerungen, die ihren Urheber nicht – auch nicht aus den Begleitumständen – erkennen lassen. Dabei handelt es sich v. a. um Handlungen wie das „Liken", „Teilen" oder „Retweeten" eines unzulässigen Beitrags, denn wer den jeweiligen Button tatsächlich betätigt hat, kann nicht nachvollzogen werden.

Wendet man in diesen Fällen die grundsätzlich geltende Regel an, dass der Arbeitgeber für das Vorliegen der Pflichtverletzung voll darlegungs- und beweisbelastet ist, müsste er den Nachweis dafür führen, dass der Arbeitnehmer die unzulässige Äußerung tatsächlich selbst tätigte.[1016] Schon weil die dem Einwand des Accountmissbrauchs zugrunde liegenden Tatsachen ausschließlich aus der privaten Sphäre des Arbeitnehmers stammen, gelänge es dem Arbeitgeber regelmäßig nicht, der Behauptung des Arbeitnehmers mit dem Gegenbeweis zu begegnen. Dies hätte zur Folge, dass es zu einem non-liquet käme und der Arbeitgeber beweisfällig bliebe.[1017]

Dieses Ergebnis scheint ungerecht, insb. wenn man berücksichtigt, dass nahezu alle Social Media-Dienste in ihren Nutzungsbedingungen festlegen, dass der

---

1013 LAG Baden-Württemberg BeckRS 2016, 71236.

1014 ArbG Duisburg NZA-RR 2013, 18, 18.

1015 So vermutlich im Fall des ArbG Dessau-Roßlau ZD 2012, 344, 345.

1016 So auch das ArbG Dessau-Roßlau ZD 2012, 344, 345.

1017 So auch *Burr*, Posting als Kündigungsgrund, S. 138, 151.

Account nur von einer einzelnen Person genutzt werden und dieser nicht ohne Zustimmung des Social Media-Dienstes übertragen werden darf.[1018] Aufgrund dessen besteht eine tatsächliche Vermutung für eine Täterschaft des Accountinhabers,[1019] wenn den Account zum Zeitpunkt der in Rede stehenden Rechtsverletzung keine anderen Personen nutzen konnten.[1020]

Der im Fall des *ArbG Dessau-Roßlau* pauschal vorgebrachte Einwand, der Ehegatte der dortigen Klägerin habe – obwohl er über einen eigenen Account verfüge – die streitgegenständliche Handlung (dort war es die Betätigung des Like-Buttons unter einem Pinnwandpost auf seiner eigenen *Facebook*-Seite) über den *Facebook*-Account seiner Ehefrau vorgenommen, scheint daher schon wenig glaubhaft. Gleichwohl sah das Gericht die beklagte Arbeitgeberin als beweisfällig geblieben an, weil sie nicht den Nachweis dafür bringen konnte, dass die Klägerin den Like-Button selbst betätigt hatte.

Richtigerweise muss in solchen Konstellationen für den Arbeitgeber eine Abmilderung seiner Beweisnot auf einer der oben genannten Stufen zum Tragen kommen. Wie erwähnt scheidet eine Beweislastumkehr regelmäßig aus, wenn eine Beweiserleichterung auf erster oder zweiter Stufe dem Arbeitgeber in seiner Beweisnot weiterhelfen kann.[1021] Allerdings muss auch die Zulässigkeit eines Anscheinsbeweises abgelehnt werden, wenn der Beweisnot des Arbeitgebers durch eine erhöhte Darlegungslast des Arbeitnehmers abgeholfen werden kann.[1022] In diesem Fall besteht nämlich kein Bedürfnis dafür, weiter vom gesetzlich geregelten Grundsatz der Beweislast abzuweichen als notwendig.

Auf welcher der genannten Stufen anzusetzen ist, hängt maßgeblich vom Sachvortrag des Arbeitnehmers ab. Wendet er ein, dass eine konkrete Person oder gar mehrere konkrete Personen die streitbefangene Äußerung getätigt haben könnte bzw. könnten, muss er hierzu substantiiert vortragen, um die Vermutung seiner Täterschaft als Accountinhaber zu beseitigen.[1023] Der Arbeitnehmer muss zwar nicht im Einzelnen erläutern, wer genau seinen Account für die unzulässige Äußerung missbrauchte, da er die genauen Abläufe regelmäßig nicht aus seiner

---

1018 Vgl. nur die einschlägigen Regelungen in den Nutzungsbestimmungen von Facebook, Twitter oder Instagram.

1019 So auch *Burr*, Posting als Kündigungsgrund, S. 154 und Thüsing/Wurth/*Vossen*, Social Media im Betrieb, S. 224 Rn. 51.

1020 OLG Frankfurt MMR 2016, 778, 779.

1021 Vgl. *Burr*, Posting als Kündigungsrund, S. 152.

1022 So auch *Burr*, Posting als Kündigungsgrund, S. 155.

1023 OLG Frankfurt MMR 2016, 778, 779; ähnlich zum Cybermobbing *Giebel* NJW 2017, 977, 978.

eigenen Wahrnehmung schildern kann.[1024] Seine sekundäre Darlegungslast kann sich auch bei ihm nur nach seinen Erkenntnismöglichkeiten richten. Es kann allerdings nicht den Voraussetzungen des § 138 Abs. 2 ZPO genügen, wenn der Arbeitnehmer lediglich Vermutungen oder pauschale Behauptungen dafür aufstellt, wie es zur Einstellung des streitbefangenen Online-Beitrags auf seinem Social Media-Account gekommen sein könnte.[1025]

Beim Einwand des Accountmissbrauchs durch bekannte Dritte muss der Arbeitnehmer zum einen konkret dartun, ob zu dem Zeitpunkt, als die unzulässige Äußerung abgesetzt wurde, andere Personen die Möglichkeit hatten, auf seinen Social Media-Account zuzugreifen und somit anstatt ihm als Täter in Betracht kommen können.[1026] Darüber hinaus wird man aber auch einen substantiierten Sachvortrag dazu fordern müssen, weshalb der Zugriff durch Dritte überhaupt möglich gewesen sein soll. Hier geht es etwa um den Sachvortrag des Arbeitnehmers, wonach er sich kurz vor dem Zeitpunkt der Veröffentlichung der Äußerung über einen fremden Computer oder ein fremdes Smartphone bzw. Tablet in seinen Social Media-Account eingeloggt und nach der Nutzung den Logout unterlassen habe. Oder etwa, dass er von einem der Anwesenden bei der Eingabe seiner Zugangsdaten beobachtet worden sei.

Ist der Arbeitnehmer durch eine konkrete Einlassung zu diesen Einzelheiten in der Lage, die Vermutung seiner Täterschaft zu widerlegen, obliegt es dem Arbeitgeber, die vom Arbeitnehmer genannten, potentiellen anderen Täter als Zeugen dafür zu benennen, dass tatsächlich einer von ihnen die Äußerung über den Account des Arbeitnehmers absetzte.[1027]

Anders liegt der Sachverhalt jedoch, wenn der Arbeitnehmer seine Täterschaft (zulässigerweise) damit bestreitet, dass sein Account von Unbekannten mit einem Virusprogramm o.ä. gehackt worden sei und es deshalb zu der nicht von ihm selbst getätigten Äußerung kam.[1028] Wollte man einem solchen Einwand überhaupt Plausibilität beimessen (wobei sich bei einer normalen Privatperson bereits die Frage aufdrängt, welcher unbekannte Dritte ein Interesse an einer unzulässigen Äußerung bezüglich des Arbeitgebers über den Account des Arbeitnehmers haben sollte) – hälfe dem Arbeitgeber in diesem Fall auch ein substantiierter

---

1024 OLG Frankfurt MMR 2016, 778, 779.

1025 Ebd.

1026 Für eine erhöhte Darlegungslast des Arbeitnehmers ist auch Thüsing/Wurth/*Vossen*, Social Media im Betrieb, S. 224 Rn. 52.

1027 So auch *Burr*, Posting als Kündigungsgrund, S. 155.

1028 So das Beispiel bei *Burr*, Posting als Kündigungsgrund, S. 155.

Vortrag des Arbeitnehmers nicht weiter. Anders als in der zuvor geschilderten Konstellation kann der Arbeitgeber nicht auf Zeugen zurückgreifen, die die Behauptung des Arbeitnehmers widerlegen könnten. Der Arbeitgeber wäre bei der Behauptung eines Hackerangriffes nie in der Lage, diesen pauschalen Einwand zu entkräften. Dies hätte zwangsläufig immer zur Folge, dass er den Rechtstreit verlöre. Es ist daher nicht zu beanstanden, wenn hier zugunsten des Arbeitgebers die Beweiserleichterung in Form des Anscheinsbeweises zur Anwendung kommt. Dies führt dazu, dass der Arbeitnehmer die Möglichkeit des von ihm vorgetragenen Alternativsachverhalts auch beweisen muss – bspw. durch die Vorlage des Protokolls seines Virenscanners.[1029] Kann er dadurch den prima facie-Beweis seiner Täterschaft erschüttern, obliegt der Vollbeweis der Täterschaft wieder dem Arbeitgeber.

## (2) Materiell-rechtliche Ebene

Nimmt der Arbeitnehmer diese (hohe) prozessuale Hürde und gelangt das Gericht aufgrund der Beweisaufnahme zu der Überzeugung, dass die streitbefangene Äußerung trotz der Benutzung des Accounts des Arbeitnehmers nicht von diesem stammt, stellt sich die Frage, ob sie ihm gleichwohl – insb. bezogen auf die arbeitsrechtlichen Folgen – zuzurechnen ist. Es geht insoweit um die materiell-rechtliche Haftung im Fall des Accountmissbrauchs. Wegen der nur unter hohen Voraussetzungen widerlegbaren, grundsätzlichen Vermutung, dass die Äußerung vom Inhaber des jeweiligen Social Media-Accounts stammt, stellt sich die Frage nach der materiell-rechtlichen Lage im Falle eines Accountmissbrauchs – wenn überhaupt – erst auf der zweiten Stufe. Zu klären ist insoweit, ob eine Haftung dem Grunde nach überhaupt angenommen werden kann, und ggf., wie sich die Rechtsfolgenseite der Haftung darstellt.

## (a) Haftung dem Grunde nach

Die ordentliche Zivilgerichtsbarkeit geht davon aus, dass eine Haftung des Accountinhabers im Falle des Missbrauchs seines *ebay*-Kontos durch einen Dritten grundsätzlich in Betracht kommt. Voraussetzung für eine die Haftung begründende Zurechnung der Handlung eines Dritten sei danach allerdings, dass der Kontoinhaber die Zugangsdaten (Anmeldename und Passwort) trotz einer entsprechenden Verkehrssicherungspflicht nicht in ausreichender Weise vor dem Zugriff Dritter gesichert hatte und dass er mit einer rechtsverletzenden Handlung

---

1029 So *Burr*, Posting als Kündigungsgrund, S. 155.

des Nichtberechtigten rechnen musste.[1030] Grund für die in diesem Fall erfolgende Zurechnung sei die besondere Identifikationsfunktion des *ebay*-Kontos.[1031]

Nach der Ansicht des *OLG Frankfurt* sind die vom *BGH* zur Haftung eines *ebay*-Kontos aufgestellten Zurechnungsgrundsätze auf die Konstellationen übertragbar, in denen es durch eine missbräuchliche Nutzung eines *Facebook*-Accounts zu persönlichkeitsrechtsverletzenden Beiträgen kommt.[1032] Auch einem *Facebook*-Account komme eine dem *ebay*-Konto vergleichbare Identifizierungsfunktion zu,[1033] aufgrund derer der Inhaber so zu behandeln sei, als habe er dort selbst die Postings veröffentlicht.[1034]

Dem ist bezogen auf die Haftung dem Grunde nach zuzustimmen und zwar für alle Social Media Dienste, bei denen der Account einem konkreten Nutzer zugeordnet ist. In diesem Fall kommt dem Benutzerkonto in Bezug auf den Inhaber einer personale Ausschließlichkeitsfunktion zu.[1035] Ob dies der Fall ist, ist anhand einer Gesamtschau aller Umstände zu ermitteln. Insb. sprechen die Nutzungsbedingungen der Social Media-Dienste für diese personale Ausschließlichkeitsfunktion, denn dort wird dem Nutzer regelmäßig auferlegt, dass er nur ein einziges persönliches Konto errichten darf.[1036] Ferner beinhalten die Nutzungsrichtlinien i. d. R. ein Übertragungsverbot bzgl. des Kontos[1037] und die Bestimmung, dass der Nutzer die Verantwortung für die Geheimhaltung und Sicherheit seines Passworts zu tragen hat.[1038] Deshalb ist er für alle von seinem Nutzerkonto aus veröffentlichten Inhalte verantwortlich.[1039] Unabhängig von

1030 BGH NJW 2009, 1960, 1962.

1031 BGH NJW 2009, 1960, 1961.

1032 OLG Frankfurt a. M. MMR 2016, 778, 778.

1033 Zur Identifikationsfunktion eines ebay-Kontos siehe BGH NJW 2009, 1960, 1961 und BGH NJW 2011, 2021, 2422.

1034 OLG Frankfurt a. M. MMR 2016, 778, 778, so auch mit ausführlicher Begründung *Burr*, Posting als Kündigungsgrund, S. 143 ff.

1035 Vgl. *Burr*, Posting als Kündigungsgrund, S. 147.

1036 Vgl. Ziff. 4.2. der Nutzungsbedingungen von Facebook, https://www.facebook.com/legal/terms (letzter Aufruf 04.06.2017).

1037 Vgl. Ziff. 3 der Allgemeinen Nutzungsbedingungen von Instagram, https://help.instagram.com/478745558852511 (letzter Aufruf: 04.06.2017).

1038 Vgl. Ziff. 4 der Allgemeinen Nutzungsbedingungen von Instagram, https://help.instagram.com/478745558852511; vgl. die WhatsApp-Nutzungsbedingungen, https://www.whatsapp.com/legal/?l=de#terms-of-service; vgl. Ziff. 5.1 der Nutzungsbedingungen von YoutTube, https://www.youtube.com/static?gl=DE&template=terms&hl=de (jeweils letzter Aufruf: 04.06.2017).

1039 Vgl. Ziff. 8 der Allgemeinen Nutzungsbedingungen von Instagram, https://help.instagram.com/478745558852511; vgl. Ziff. 5.2. der Nutzungsbedingungen von Youden einzelnen Nutzungsreglements spricht auch eine tatsächliche Vermutung dafür, dass ein Social Media-Account nur von einer Person genutzt wird, da er v.a. auch der privaten Kommunikation dient und der Accountinhaber grundsätzlich nicht gewillt sein wird, anderen Personen Zugriff auf seine Privatsphäre einzuräumen. Die Haftung dem Grunde nach kann beim Accountmissbrauch daher angenommen werden.

(b) Rechtsfolgenseite der Haftung

Auch wenn die Haftung des Inhabers für Veröffentlichungen durch Dritte über seinen Social Media-Account grundsätzlich in Betracht kommt, stellt sich für die hier untersuchte Thematik in einem weiteren Schritt die Frage, ob dem Arbeitgeber ohne Bedenken die üblichen kündigungsrechtlichen Maßnahmen zugestanden werden können. Im Zentrum der materiell-rechtlichen Beurteilung im Falle des Accountmissbrauchs steht somit auch die (kündigungsrechtliche) Rechtsfolgenseite.

Die Arbeitsgerichtsbarkeit musste sich bislang noch nicht zu dieser Thematik äußern. Der *BGH* allerdings ließ in seiner Halzband-Entscheidung vom 11.03.2009[1040] zu einer in markenrechtlicher Hinsicht unzulässigen Fremdnutzung eines *ebay*-Kontos in einem Leitsatz obiter dictum (also ohne nähere Begründung) anklingen, dass die Haftung sowohl für Vertrags- als auch für Schutzrechtsverletzungen gelten solle. Der Kontoinhaber soll damit insgesamt so zu stellen sein, als habe er selbst gehandelt.

Richtig ist insoweit zunächst, dass der Arbeitnehmer bei einer dem Grunde nach bejahten Haftung deliktsrechtlichen Ansprüchen des Arbeitgebers ausgesetzt ist. Dieser kann gem. §§ 823 Abs. 1, 2, 1004 Abs. 1 BGB analog[1041] verlangen, dass der Arbeitnehmer wegen der über seinen Account veröffentlichten, unzulässigen Äußerungen eine Geldentschädigung zu zahlen hat und den Beitrag entfernt.[1042]

Eine Ausweitung der Haftung auf die vertragliche Ebene wäre im Kündigungsrecht jedoch problematisch, weil in den Konstellationen, in denen es auf diese Rechtsfolgen eines Accountmissbrauchs ankäme, jedenfalls zur Überzeugung des Gerichts feststünde, dass die im Streit stehende Äußerung nicht vom klagenden

Tube, https://www.youtube.com/static?gl=DE&template=terms&hl=de; vgl. Ziff. 3 der Allgemeinen Geschäftsbedingungen von Twitter, https://twitter.com/tos?lang=de (jeweils letzter Aufruf: 04.06.2017).

1040 BGH NJW 2009, 1960, 1960.

1041 Vgl. OLG Frankfurt a.M. MMR 2016, 778, 778.

1042 Vgl. zum Cybermobbing *Giebel* NJW 2017, 977, 978 ff.

Arbeitnehmer veröffentlicht wurde. Es drohte somit der Widerspruch, dass der Arbeitgeber gegen den Arbeitnehmer nicht nur deliktsrechtliche Ansprüche auf Geldentschädigung und Beseitigung des Beitrags geltend machen könnte, sondern daneben kündigungsrelevante Sanktionen wegen den Handlungen eines Dritten ergreifen könnte. Hierfür fehlte es wegen der Kenntnis der Nichttäterschaft bereits an einer Rechtfertigung, wenn es um Äußerungen ginge, die schon im Rechtsverhältnis zwischen Arbeitgeber und Drittem unzulässig wären (z.B. geschäftsschädigende Äußerungen i.S.d. § 824 BGB oder ehrverletzende Beiträge i.S.d. § 185 Abs. 1 StGB).

Noch viel weniger zu rechtfertigen wäre es, spräche man dem Arbeitgeber die arbeitsrechtlichen Maßnahmen bei Äußerungen zu, die erst durch die arbeitsvertragliche Verbindung kündigungsrechtliche Relevanz erhielten. Gemeint sind dabei Äußerungen, die im Verhältnis Arbeitgeber und Drittem weder in deliktsrechtlicher (§§ 823 Abs. 1, 824 BGB) noch in strafrechtlicher Weise (§§ 185 ff. StGB) von Bedeutung wären, aber in der Beziehung zwischen Arbeitnehmer und Arbeitgeber aufgrund der von den Loyalitäts- und Rücksichtnahmepflichten eingeschränkten Meinungsfreiheit des Arbeitnehmers bereits eine Pflichtverletzung i.S.d. § 241 Abs. 2 BGB darstellen. Dies hätte das abstruse Ergebnis zur Folge, dass eine für den Dritten dem Grunde nach zulässige Äußerung wegen der bejahten Accounthaftung in eine für den Arbeitnehmer unzulässige, gegen § 241 Abs. 2 BGB verstoßende Äußerung transformiert würde.[1043] Gegen den Dritten könnte der Arbeitgeber nämlich gar nicht vorgehen, da in dieser Beziehung mangels Arbeitsverhältnis keine Pflichten i.S.d. § 241 Abs. 2 BGB bestünden.[1044]

Richtigerweise ist daher eine Accounthaftung auf der kündigungsrechtlichen Ebene abzulehnen, denn Grund für die Haftung ist die Identitätsverwirrung, die der Arbeitnehmer als Accountinhaber dadurch begründet hat, dass er einem anderen in schuldhafter Weise den Zugriff auf sein Konto ermöglicht hat.[1045] Darin liegt aber gerade keine arbeitsvertragsspezifische Pflichtverletzung i.S.d. § 241 Abs. 2 BGB, weshalb auch nicht von einem Kündigungsgrund i.S.d. § 1 Abs. 2 Var. 2 KSchG bzw. § 626 Abs. 1 BGB ausgegangen werden kann.

Hält man sich den vorgenannten Grund für die mögliche Accounthaftung vor Augen, hätte eine solche bezüglich der Rechtsfolgen auf kündigungsrechtlicher Ebene aber auch dann auszuscheiden, wenn der Dritte ebenfalls in einem Arbeitsverhältnis zum Arbeitgeber stünde. In diesem Fall würde die Accounthaftung des

---

1043 *Burr*, Posting als Kündigungsgrund, S. 147 f.

1044 *Burr*, Posting als Kündigungsgrund, S. 147.

1045 *Burr*, Posting als Kündigungsgrund, S. 148; vgl. auch OLG Frankfurt a.M. MMR 2016, 778, 779.

Arbeitnehmers zwar zu keiner für den Arbeitnehmer nachteiligen Umwandlung der Arbeitgeberrechte führen. Der Arbeitgeber könnte von den kündigungsrechtlichen Sanktionen unproblematisch ggü. dem tatsächlichen Autor der unzulässigen Äußerung Gebrauch machen, würde er ihn identifizieren können. Allerdings fehlte es hier ebenfalls an einer Rechtfertigung dafür, den Accountinhaber abzumahnen oder gar zu kündigen, wenn dieser erkennbar nicht der Autor des unzulässigen Beitrags ist.

Im Ergebnis muss eine Übertragung des uneingeschränkten Haftungsmaßstabs, wie sie der *BGH* in seiner Halzband-Entscheidung augenscheinlich verstehen will, auf verhaltensbedingte Kündigungen wegen Social Media-Tätigkeiten Dritter ausscheiden. Die Haftung des Accountmissbrauchs erstreckt sich nicht bis auf die arbeitsvertragliche Ebene, so dass dem Arbeitgeber gegen den Arbeitnehmer als Accountinhaber lediglich die allgemeinen Rechte aus Delikt [§§ 823, 824, 826, 1004 (analog) BGB] zustehen.[1046]

### dd) Bedienungsfehler

Wie oben erörtert kommt es grundsätzlich in Betracht, dass das versehentliche Veröffentlichen eines unzulässigen Beitrags als Bedienungsfehler im Rahmen der Social Media-Nutzung bei der Interessenabwägung zu seinen Gunsten zu berücksichtigen ist. Auch hierfür muss er allerdings eine hohe prozessuale Hürde nehmen, denn er hat aufgrund der ihm obliegenden abgestuften Darlegungslast alle Einzelheiten, aus denen sich der geringe Verschuldensgrad bezüglich der Pflichtverletzung ergibt, substantiiert vorzutragen. Beim oben dargestellten Beispiel zur Verwechslung eines Chats bei *WhatsApp* wären vom Arbeitnehmer daher alle Umstände zu schildern, die für eine versehentliche Wahl des Empfängers sprechen. Dazu gehören die Namen und Profilbilder der Kontakte sowie der zeitliche Ablauf der Unterhaltungen.

Ein äußerst genauer Sachvortrag ist vom Arbeitnehmer deshalb zu fordern, weil die Umstände, die aus seiner Sicht für eine versehentliche Veröffentlichung sprechen, ausschließlich seiner Sphäre zuzuordnen sind. Der Arbeitgeber selbst hat keinen Einblick in die privaten Kommunikationsabläufe, an denen der Arbeitnehmer (in den Social Media) beteiligt ist. Nur wenn vom ihm eine konkrete Einlassung zum behaupteten Entschuldigungsgrund „Bedienungsfehler“ angebracht wird, ist dem Arbeitgeber die Möglichkeit eingeräumt, das Vorbringen – bspw. durch das Zeugnis des Mitarbeiters, mit dem der Arbeitnehmer parallel zur Unterhaltung im Gruppen-Chat kommuniziert haben will – zu widerlegen.

---

1046 So auch *Burr*, Posting als Kündigungsgrund, S. 149.

### 2. *Social Media als Beweismittel und deren prozessuale Verwertung*

Damit der Arbeitgeber der ihm obliegenden Beweislast bezüglich des Kündigungsgrundes nachkommen kann, muss er in der Lage sein, den Nachweis zu erbringen, dass der gekündigte Arbeitnehmer die unzulässige Social Media-Handlung vorgenommen hat.

#### *a) Social Media als Beweismittel*

Für die oben im Einzelnen untersuchten Pflichtverletzungen kann dies v. a. dadurch erfolgen, indem er entsprechende Lichtbilder (in Form von ausgedruckten Screenshots bzw. gespeichert auf digitalen Datenträgern) oder Videodateien, die die Fehlverhaltensweise wiedergeben, vorlegt.

Dies gilt allerdings auch für Pflichtverletzungen, die nicht unmittelbar durch die private Social Media-Nutzung begründet, sondern erst mittels der Social Media-Tätigkeit aufgedeckt werden. Dabei handelt es sich um Sachverhalte, bei denen der Arbeitnehmer – wegen der v. a. in den sozialen Netzwerken herrschenden enormen Mitteilungsbedürftigkeit – durch seine eigenen Beiträge die kündigungsrelevanten Tatsachen preisgibt. Wer sich also bei *Facebook* mit der Statusmeldung

> *„Ab zum Arzt und dann die Koffer packen, auf nach Mallorca“*[1047]

mitteilt und diesen Worten Taten folgen lässt, täuscht seine Arbeitsunfähigkeit vor, worin ein wichtiger Grund i.S.d. § 626 Abs. 1 BGB liegt.[1048]

Auch wer bei tatsächlich bestehender und ärztlich bescheinigter Arbeitsunfähigkeit heilungsgefährdende Tätigkeiten ausübt, verhält sich pflichtwidrig.[1049] Eine Fotodokumentation der die Genesung behindernden Aktivitäten in den Social Media kann dem Arbeitgeber ebenfalls als Grundlage für eine Kündigung dienen.[1050]

In einem ähnlichen Sachverhalt, der sich bereits im Jahr 2008 in der Schweiz ereignete, meldete sich eine bei der Versicherungsgesellschaft *National Suisse*

---

1047 So geschehen in einem vor dem ArbG Duisburg (Az.: 7 Ca 2591/11) verhandelten Rechtsstreit, der ohne Entscheidung beendet wurde, https://dejure.org/dienste/vernetzung/rechtsprechung?Text=7%20Ca%202591%2F11&Suche=7%20Ca%202591%2F11 (letzter Aufruf: 04.06.2017).

1048 BeckOGK/*Günther* BGB § 626 Rn. 334; BAG NZA 1994, 63, 64.

1049 BeckOGK/*Günther* BGB § 626 Rn. 336; BAG NZA-RR 2006, 636, 639; BAG NZA 1994, 63, 66.

1050 So im Fall des LAG Hamm, BeckRS 2015, 68145, das im konkreten Fall allerdings keine Pflichtverletzung feststellen konnte.

beschäftigte Arbeitnehmerin wegen einer Migräneattacke krank und teilte ihrem Arbeitgeber mit, dass sie im Dunkeln liegen müsse und nicht am Bildschirm arbeiten könne.[1051] Gleichwohl surfte sie an diesem Tag (nachweisbar) mit ihrem Smartphone auf *Facebook*. Nachdem ihr Arbeitgeber das mitbekommen hatte, sprach er der Arbeitnehmerin die fristlose Kündigung aus. Unbekümmert davon, dass kurze Internetaktivitäten nicht mit einem achtstündigen Arbeitstag vor einem PC-Monitor gleichzustellen sind und Migräneattacken nicht bei jedem Betroffenen gleich stark zu Tage treten, hätte der Arbeitgeber wegen des Verhältnismäßigkeitsgrundsatzes eine Abmahnung wegen heilungsbeeinträchtigender Aktivitäten aussprechen können und müssen. Diese Kündigung wäre somit nach den Maßstäben des deutschen Arbeitsrechts schon materiell-rechtlich unwirksam. Der Fall zeigt allerdings deutlich die potentiellen Gefahren der unbedarften, privaten Social Media-Nutzung auf.

Ferner birgt für Arbeitnehmer auch die Eigenart berufsbezogener sozialer Netzwerke ein Risiko in sich. Dies nämlich insoweit, als dass sie mit ihren eigenen Profilangaben eine möglicherweise unzulässige Konkurrenztätigkeit aufdecken. Gibt z. B. ein Arbeitnehmer bei *XING* trotz des mit seinem Arbeitgeber bestehenden Anstellungsverhältnisses an, Freiberufler zu sein und trägt er in der Rubrik „Ich suche" Merkmale oder Kriterien ein, die mit der Tätigkeit und dem Geschäftsfeld des Arbeitgebers konkurrieren, liegt darin grundsätzlich eine schwerewiegende Pflichtverletzung, die eine fristlose Kündigung rechtfertigen kann.[1052]

### *b) Beweisverwertung im Prozess*

Ob die vom Arbeitgeber in den Prozess eingeführten Beweismittel für die der Kündigung zugrundeliegenden Tatsachen verwertbar sind, kann – wie bereits bei den im Teil A untersuchten Pflichtverletzungen – im Bereich der privaten Social Media-Nutzung ebenfalls zur Diskussion stehen. Es gilt zunächst aber auch hier der Grundsatz, dass mangels ausdrücklicher Beweisgewinnungs- bzw. Verwer-

1051 http://www.spiegel.de/netzwelt/web/krank-gemeldete-angestellte-nach-facebook-besuch-gefeuert-a-621185.html (letzter Aufruf: 04.06.2017).

1052 Angelehnt an den Fall des LAG Köln FD-ArbR 2017, 386802; dort bezeichnete sich ein (noch) angestellter Steuerberater bei XING als „Freiberufler", allerdings fehlten in der erwähnten Rubrik „Ich suche" Angaben (wie „Mandate" oder Geschäftsbeziehungen"), die für eine bereits ausgeübte Konkurrenztätigkeit gesprochen hätten; das LAG Köln verneinte das Vorliegen eines wichtigen Grundes damit, dass in der Social Media-Aktivität nur die eine spätere Konkurrenztätigkeit vorbereitende und damit zulässige Handlung zu sehen sei.

tungsverbote für jeden Einzelfall zu prüfen ist, ob der von den Parteien vorgetragene Sachverhalt vom Gericht im Rahmen seiner Urteilsfindung herangezogen werden darf. Relevant ist diese Problematik bei der Social Media-Nutzung gerade deswegen, weil es um Kündigungsgründe geht, die der Arbeitnehmer aus seinem privaten, vom Arbeitsverhältnis grundsätzlich strikt zu trennenden Lebensbereich heraus begeht und der Arbeitgeber hiervon i. d. R. nicht ohne weiteres Kenntnis erlangt.

#### aa) Beweiserhebung

Vorliegend ist daher die Suche des Arbeitgebers in den Social Media nach Pflichtverletzungen des Arbeitnehmers von zentraler Bedeutung. Die Beantwortung der Frage der Zulässigkeit von Online-Recherchen hängt v. a., aber nicht ausschließlich von den Privatsphäre-Einstellungen des Arbeitnehmers, also dem Grad der Zugänglichkeit seines Social Media-Accounts für Dritte ab. Damit in Zusammenhang steht logischerweise auch das Verhalten des Arbeitgebers bezüglich der Informationsgewinnung.

Entsprechend den obigen Ausführungen ist ein Beweisverwertungsverbot zu diskutieren, wenn bereits im Rahmen der Beweiserhebung bzw. -Gewinnung in unzulässiger Weise in die Rechte des Arbeitnehmers eingegriffen wurde. Nur in diesem Fall kann es durch die gerichtliche Verwertung der vom Arbeitgeber angebotenen Beweismittel zu einer Perpetuierung der Rechtsverletzung des Arbeitnehmers kommen. Zu messen ist die Beweiserhebung erneut an den §§ 28, 32 BDSG, denn auch bei den Social Media-Daten des Arbeitnehmers handelt es sich um personenbezogene Daten i.S.d. § 3 Abs. 1 BDSG[1053] und teilweise um besondere Arten personenbezogener Daten i.S.d. § 3 Abs. 9 BDSG.

##### (1) Recherche im öffentlich zugänglichen Bereich

Für die Erhebung von personenbezogenen Daten gilt gem. § 4 Abs. 1 S. 1 BDSG der Grundsatz der Direkterhebung. Danach sind Daten in Kenntnis des Betroffenen oder mit dessen Mitwirkung zu erheben.[1054] Die Einhaltung dieses Grundsatzes wäre bei einer „hinter dem Rücken“ des Arbeitnehmers stattfindenden Online-Recherche logischerweise nicht gewährleistet. Allerdings erlaubt § 4 Abs. 2 S. 2 Nr. 1 BDSG eine Datenerhebung ohne Mitwirkung des Betroffenen, wenn eine Rechtsvorschrift dies vorsieht.

---

1053 Thüsing/*Thüsing/Traut* § 14 Rn. 5; *Schockenhoff*, Soziale Netzwerke im Arbeitsrecht, S. 94.

1054 Gola/Schomerus/*Gola/Klug* § 4 Rn. 21.

Eine solche Rechtsvorschrift ist u.a. in § 28 Abs. 1 S. 1 Nr. 3 BDSG zu sehen. Danach ist das Erheben, Speichern, Verändern oder Ermitteln von Daten grundsätzlich zulässig, wenn die Daten allgemein zugänglich sind. Im Hinblick auf personenbezogene Daten des Arbeitnehmers in den Social Media ist allerdings problematisch, ob und ggf. bis zu welchem Grad von öffentlich zugänglichen Daten gesprochen werden kann.

Unproblematisch als öffentlich zugänglich zu qualifizieren sind personenbezogene Social Media-Daten, wenn sie bereits über Suchmaschinen auffindbar und daher dem allgemeinen Nutzerkreis des Internets zugänglich sind.[1055] Nicht mit dieser Eindeutigkeit wird die Konstellation gesehen, bei der es um Daten geht, die zwar nicht über das allgemein zugängliche Internet (z.B. durch „*googeln*"), aber innerhalb des jeweiligen Social Media-Dienstes für alle dort registrierten Nutzer auffindbar sind.[1056] Hier wird vertreten, dass durch die erforderliche Anmeldung ein Zugangshindernis und damit eine Beschränkung der Nutzerzahl geschaffen werde, die zur Verneinung des Tatbestandsmerkmals „öffentlich zugänglich" führe. Ferner soll die öffentliche Zugänglichkeit vom Charakter des jeweiligen Social Media-Dienstes („berufsorientiert" oder privat") abhängen. Insoweit wird der Auffassung gefolgt, dass die Datenerhebung- bzw. Nutzung in freizeitorientierten Diensten (wie *Facebook* oder *StudiVZ*) unzulässig und nur die in berufsorientierten Netzwerken wie *XING* oder *LinkedIn* von der Erlaubnisnorm gedeckt sein soll.[1057]

Weder die Differenzierung über die Auffindbarkeit anhand allgemeiner Suchmaschinen noch aufgrund des Charakters des Social Media-Dienstes überzeugt.[1058] Sind personenbezogene Daten zwar nicht im allgemeinen Internet, aber innerhalb des Social Media-Dienstes ohne weiteres auffindbar, ändert alleine das Erfordernis einer Mitgliedschaft nichts an der öffentlichen Zugänglichkeit. Die

---

1055 Thüsing/*Traut* § 14 Rn. 7, 15; vgl. insoweit zum Pre-Employment-Screening *Kania/Sansone* NZA 2012, 360, 363; so auch Hornung/Müller-Terpitz/*Bayreuther*, Rechtshandbuch Social Media Kap. 8 Rn. 62; *Notzon* öAT 2013, 180, 183.

1056 So fordern bspw. *Bissels/Lützeler/Wisskirchen* BB 2010, 2433, 2437 für die Zulässigkeit nach § 28 Abs. 1 Nr. 3 BDSG die Auffindbarkeit der Social Media-Daten über Suchmaschinenanfragen; so auch *Kania/Sansone* NZA 2012, 360, 363 f. zum Pre-Employment-Screening.

1057 *Bissels/Lützeler/Wisskirchen* BB 2010, 2433, 2437; *Kania/Sansone* NZA 2012, 360, 363 f. zum Pre-Employment-Screening; ausführlich zum Meinungsstand bei sozialen Netzwerken, der für alle Social Media-Dienste gelten muss, *Ernst* NJOZ 2011, 953, 955 und Thüsing/*Thüsing/Traut* § 14 Rn. 8, 16 ff.

1058 So auch *Schockenhoff*, Soziale Netzwerke im Arbeitsrecht, S. 112.

Mitgliedschaft bei einem Social Media-Dienst ist kein fühlbares Zugangshindernis, denn sie steht jedermann offen und auch der Arbeitgeber kann sich an einem sozialen Netzwerk beteiligen und dort kommunizieren.[1059] Die Unterscheidung nach dem Charakter des Dienstes hilft ebenfalls nicht weiter, denn gerade bei *Facebook* gilt, dass auch viele private Nutzer ihren Account zunehmend zur beruflichen Darstellung einsetzen oder ihn teilweise für berufliche Vorhaben wie bspw. für das Marketing nutzen.[1060] Abgesehen davon ist die Ausgangsposition sowohl in privaten als auch in berufsorientierten Diensten dieselbe, nämlich dass es um die Preisgabe von (persönlichen) Daten an eine große, teilweise sogar unbekannte Nutzerzahl geht.[1061]

Maßgeblich für die Frage der öffentlichen Zugänglichkeit i.S.d. Datenschutzes ist allein der (zumeist von den jeweiligen Privatsphäre-Einstellungen abhängige) Empfängerkreis.[1062] Von öffentlich zugänglichen Daten i.S.d. § 28 Abs. 1 Nr. 3 BDSG ist daher auszugehen, wenn alle Mitglieder des Social Media-Dienstes auf die Beiträge des Arbeitnehmers zugreifen können. Wer einen offenen Account betreibt, weiß bzw. muss wissen, dass praktisch jedermann darauf Zugriff hat.[1063] Dies gilt v. a. bei den sozialen Netzwerken oder Multimediaportalen, die mehrere Millionen Mitglieder haben. Öffentlich zugänglich ist ein Beitrag im Übrigen auch unabhängig von den konkreten Privatsphäre-Einstellungen des Arbeitnehmers, wenn er ihn – so wie im oben geschilderten Fall einer volksverhetzenden Äußerung auf der *Facebook*-Seite des Fernsehsenders *n-tv* – auf einer fremden, öffentlichen Seite publiziert. Ist nämlich der Ort der Platzierung für Mitglieder des Social Media-Dienstes frei zugänglich, genügt dies jedenfalls für die Anwendbarkeit des § 28 Abs. 1 Nr. 3 BDSG.

Handelt es sich nicht um einen Beitrag auf einer fremden, sondern auf der eigenen Seite des Arbeitnehmers, ist fraglich, ob von einer öffentlichen Zugänglichkeit i.d.S. auch dann noch auszugehen ist, wenn der Empfängerkreis durch den Arbeitnehmer beschränkt wurde. Problematisch ist insoweit nämlich, dass die Anzahl der Empfänger trotz einer Beschränkung sehr groß sein kann. Hat der Arbeitnehmer etwa 2.000 Freunde oder Follower und sind seine Beiträge

---

1059 Thüsing/*Thüsing/Traut* § 14 Rn. 18; Hornung/Müller-Terpitz/*Bayreuther*, Rechtshandbuch Social Media Kap. 8 Rn. 67; *Schockenhoff*, Soziale Netzwerke im Arbeitsrecht, S. 113.

1060 Thüsing/*Thüsing/Traut* § 14 Rn. 18.

1061 Vgl. *Ernst* NJOZ 2011, 953, 955.

1062 Vgl. Thüsing/*Thüsing/Traut* § 14 Rn. 18 ff.

1063 Thüsing/*Thüsing/Traut* § 14 Rn. 18; in diese Richtung tendierend auch *Notzon* öAT 2013, 180, 183.

für Freunde und Freundes-Freunde sichtbar, ist es ohne weiteres möglich, dass der Empfängerkreis aus mehreren zehntausend Nutzern besteht. Hier von einem öffentlich zugänglichen Beitrag auszugehen, erscheint jedenfalls nicht abwegig. Leichter zu verneinen ist die öffentliche Zugänglichkeit, wenn der Arbeitnehmer einen üblichen Social Media-Account mit einer durchschnittlichen Freundesanzahl (ca. 350) betreibt und seine Beiträge auf „nur für Freunde sichtbar" eingestellt hat. In diesem Fall mag zwar keine vertrauliche Kommunikation im o. g. Sinne mehr vorliegen, eine öffentliche Zugänglichkeit des Beitrags kann bei dieser „geringen" Empfängerzahl aber gleichsam nicht angenommen werden.

Daran ändert sich auch nichts, wenn der Arbeitgeber einer dieser 350 Freunde sein sollte.[1064] Dem Arbeitnehmer muss in diesem Fall zwar klar sein, dass die von ihm preisgegebenen Daten für alle potentiellen Empfänger, also auch den eigenen Arbeitgeber, einsehbar sind. Allerdings wird ein Beitrag nicht automatisch öffentlich zugänglich i.S.d. § 28 Abs. 1 Nr. 3 BDSG, nur weil der Arbeitgeber zum möglichen Empfängerkreis gehört. Zwar könnte bei einer direkten „Freundschaft" zwischen Arbeitgeber und Arbeitnehmer auch daran gedacht werden, in der Annahme oder Versendung der Kontaktanfrage eine Einwilligung i.S.d. §§ 4 Abs. 1, 4a BDSG zu sehen. Dieser Überlegung ist allerdings eine Absage zu erteilen, da die Annahme oder Versendung regelmäßig nicht unter Nennung des Zwecks der Datenerhebung erfolgt und daher auch die Freiwilligkeit der Annahme im Verhältnis der Arbeitsvertragsparteien fragwürdig ist.[1065] Eine konkludente Einwilligung scheidet somit ebenfalls aus.[1066]

Für die datenschutzrechtliche Zulässigkeit der Erhebung von personenbezogenen Daten, die nicht öffentlich zugänglich i.S.d. § 28 Abs. 1 S. 1 Nr. 3 BDSG sind, gilt § 32 Abs. 1 BDSG.[1067] Damit hat sich die Rechtmäßigkeit v. a. an den Kriterien der Erforderlichkeit und Verhältnismäßigkeit der Erhebung zu messen. Handelt es sich um personenbezogene Daten i.S.d. § 3 Abs. 9 BDSG, gilt wegen seiner Spezialität ausschließlich § 28 Abs. 6 Nr. 3 BDSG.

Bei nicht öffentlich zugänglichen Daten kann die Zugehörigkeit des Arbeitgebers zum Empfängerkreis aber wieder bedeutsam werden. Im Rahmen der Verhältnismäßigkeitsprüfung ist nämlich zu berücksichtigen, dass derjenige Arbeitnehmer, der arbeitsvertraglich unzulässige Inhalte postet, obwohl er um die Empfängereigenschaft seines Arbeitgebers weiß, in datenschutzrechtlicher

---

1064 I.E. auch *Schockenhoff*, Soziale Netzwerke im Arbeitsrecht, S. 113.

1065 *Göpfert/Dußmann* NZA-Beilage 2016, 41, 43.

1066 Vgl. auch *Schockenhoff*, Soziale Netzwerke im Arbeitsrecht, S. 98 ff.

1067 Thüsing/*Thüsing/Traut* § 14 Rn. 30.

Hinsicht kaum schutzbedürftig ist. Ein Arbeitnehmer kann sich in einem solchen Fall nicht auf eine Verletzung des Datenschutzes berufen, wenn er für die Kenntnisnahme des Arbeitgebers selbst die unmittelbare Voraussetzung geschaffen hat. Wie bei einem möglichen Zugriff auf einen öffentlichen Account muss der Arbeitnehmer mit einem Zugriff des Arbeitgebers grundsätzlich leben.[1068]

#### (2) Anlass der Recherche

In datenschutzrechtlicher Hinsicht kann ferner der Anlass der Recherchetätigkeiten des Arbeitgebers eine Rolle spielen. Dreh- und Angelpunkt ist insoweit § 32 Abs. 1 S. 1 BDSG. Danach ist die Erhebung personenbezogener Daten im laufenden Arbeitsverhältnis zulässig, wenn sie für die Durchführung oder Beendigung des Arbeitsverhältnisses erforderlich ist. Diesbezüglich gilt gleiches für personenbezogene Daten besonderer Art, da § 28 Abs. 6 Nr. 3 BDSG ebenfalls das Tatbestandsmerkmal der Erforderlichkeit enthält und eine Interessenabwägung fordert.

Bei dem Einsatz von Online-Recherchen muss der Arbeitgeber zwischen einer gezielten Recherche und einem Zufallsfund unterscheiden.[1069] Ein Zufallsfund liegt vor, wenn der z. B. Arbeitgeber aus Image-Gründen nach dem eigenen Namen in Internetsuchmaschinen oder über die Suchfunktion sozialer Netzwerke recherchiert und in diesem Zuge auf arbeitsrechtlich unzulässige Äußerungen bzw. Beiträge des Arbeitnehmers stößt.[1070] Die so erhaltenen Daten über den Arbeitnehmer können vom Arbeitgeber gespeichert und genutzt werden.[1071] Er bewegt sich dann noch innerhalb des datenschutzrechtlich zulässigen Rahmens.

Anders verhält es sich, wenn der Arbeitgeber online direkt und unmittelbar nach personenbezogenen (Social Media-)Daten des Arbeitnehmers recherchiert. In diesem Fall ist zu unterscheiden, ob es einen konkreten Anlass für die Suche gibt oder nicht. Es gilt der Grundsatz, dass der Arbeitgeber die privaten (Social Media-)Seiten seiner Angestellten ohne Anlass nicht überprüfen darf. Eine anlass- und ziellose Internetrecherche ist unzulässig, da nicht erforderlich i.S.d. § 32 Abs. 1 S. 1 BDSG.[1072] Ohne weitere Anhaltspunkte sind keine Arbeitgeberinteressen ersichtlich, die für eine grundlose Überprüfung der privaten Social

---

1068 I.E. ebenso Thüsing/*Thüsing/Traut* § 14 Rn. 22, 36.

1069 *Determann* BB 2013, 181, 188.

1070 Vgl. *Determann* BB 2013, 181, 188; so auch Hornung/Müller-Terpitz/*Bayreuther*, Rechtshandbuch Social Media Kap. 8 Rn. 67 und Thüsing/*Thüsing/Traut* § 14 Rn. 27.

1071 Thüsing/*Thüsing/Traut* § 14 Rn. 27.

1072 Vgl. Thüsing/*Thüsing/Traut* § 14 Rn. 34; i.E. auch *Schockenhoff*, Soziale Netzwerke im Arbeitsrecht, S. 122.

Media-Tätigkeit des Arbeitnehmers – insb. im Hinblick auf etwaige Vertragsverstöße – sprächen. Eine stichprobenartige Überprüfung wie bei einer von § 32 Abs. 1 S. 1 BDSG grundsätzlich umfassten Leistungskontrolle scheidet ebenfalls aus, denn im rein privaten Bereich kommt eine solche von vornherein nicht Frage.

Erhält der Arbeitgeber hingegen einen Hinweis von Freunden des Beschäftigten, was oftmals bei virtueller Verbundenheit mit anderen Arbeitskollegen in Frage kommen kann, oder – wie bei der volksverhetzenden Äußerung im Fall des *ArbG Herne*[1073] – von einem außenstehenden Dritten, ist der Anwendungsbereich des § 32 Abs. 1 S. 1 BDSG eröffnet. Die Recherche des Arbeitgebers ist dann nicht ziellos, sondern zweckgebunden, nämlich um die behauptete Vertragsverletzung aufzudecken.[1074]

Insoweit ist für den Arbeitgeber allerdings zu berücksichtigen, dass für die Zulässigkeit der Datenerhebung die höheren Anforderungen des § 32 Abs. 1 S. 2 BDSG gelten können, wenn er einen Hinweis auf eine vom Arbeitnehmer begangene Straftat, die im Zusammenhang mit dem Beschäftigungsverhältnis steht, erhält.[1075] Hier kommen insb. die Pflichtverletzungen „Verrat von Unternehmensgeheimnissen" (§ 17 UWG), „Beleidigung" (§ 185 StGB), „Behauptung unwahrer Tatsachen" (§ 187 StGB) und „Vortäuschen der Arbeitsunfähigkeit" (§ 263 StGB) in Betracht.

#### (3) Recherche mit verschleierter Identität

Scheidet die Anwendung der Erlaubnisnorm des § 28 Abs. 1 Nr. 3 bzw. Abs. 6 Nr. 2 BDSG aus, weil der Arbeitnehmer den Zugriff auf sein Social Media-Profil eingeschränkt hat, könnte der Arbeitgeber dem Gedanken verfallen, unter einem Pseudonym einen sog. Fake-Account zu erstellen. Damit könnte er Eingang in den virtuellen Freundeskreis des Arbeitnehmers und Zugriff auf dort möglichweise preisgegebene Pflichtverletzungen erhalten.

Dass ein solches Vorgehen durchaus in der Realität stattfinden kann, zeigt der bereits oben erwähnte Fall der schweizerischen Versicherungsangestellten.[1076] Diese sei durch ihren Arbeitgeber ausspioniert worden, denn nur einige Wochen vor der Kündigung habe sie – und neben ihr auch andere Kollegen – eine Freundschaftsanfrage von einer Frau erhalten mit der Behauptung, dass man sich vom Karneval kenne.

---

1073 ArbG Herne BeckRS 2016, 70970; vgl. auch *Schockenhoff*, Soziale Netzwerke im Arbeitsrecht, S. 122.

1074 Thüsing/*Thüsing/Traut* § 14 Rn. 35.

1075 Simitis/*Seifert* § 32 Rn. 102.

1076 Siehe hierzu die Ausführungen oben auf S. 278 f.

Kurz nach Erhalt der Kündigung sei diese Frau dann wieder aus der Freundesliste der Arbeitnehmerin verschwunden,[1077] so dass zu vermuten war, dass mit diesem Account auf die Suche nach Pflichtverletzungen der Arbeitnehmer gegangen wurde.

Zwar führen heimliche grundrechtsbeeinträchtigende Maßnahmen des Arbeitgebers typischerweise zu einer deutlich schwereren Beeinträchtigung des Arbeitnehmers, jedoch sind sie nicht per se unzulässig.[1078] Dies geht bereits aus den obigen Ausführungen zur Auswertung des Browserverlaufs eines dienstlichen Computers zur Aufklärung des Verdachts der unerlaubten Betriebsmittelnutzung hervor.[1079] Allerdings bestehen zwischen einer solchen Durchsuchung des Browserverlaufs und der Recherche eines Social Media-Profils unter dem Deckmantel einer falschen Identität erhebliche Unterschiede. Zum einen handelt es sich bei einem Social Media-Account i. d. R. ausschließlich um den Privatbereich des Arbeitnehmers, bei dem er grundsätzlich nicht damit rechnen muss, dass sein Arbeitgeber von den dortigen Vorgängen Kenntnis erlangt. Zum anderen bezweckt der Arbeitnehmer durch die Beschränkung des Empfängerkreises gerade, dass nur die von ihm ausgewählten Personen von seinen Aktivitäten Kenntnis erlangen können. Schließlich sind Ermittlungen unter Verwendung in Wirklichkeit nicht existierender Accounts nicht nur heimlich, sondern sogar täuschend.[1080]

Die durch Täuschung ermöglichte Datenerhebung stellt einen erheblichen Eingriff in das Persönlichkeitsrecht des Arbeitnehmers dar. Eine solche Maßnahme kann nicht mehr als verhältnismäßig angesehen werden, was zu Folge hat, dass eine Recherche in den Social Media mit verschleierter Identität in datenschutzrechtlicher Hinsicht unzulässig ist.[1081] Der Arbeitgeber kann sich somit nicht auf die Erlaubnisnormen §§ 28 Abs. 6 Nr. 3, 32 Abs. 1 BDSG stützen, so dass von einer rechtswidrigen Beweiserhebung auszugehen ist.

#### bb) Beweisverwertung

Kam es bereits im Rahmen der Beweisgewinnung zu einer der vorgenannten Rechtsverletzungen, ist einzelfallabhängig zu überprüfen, ob das in datenschutz-

---

1077 http://www.spiegel.de/netzwelt/web/krank-gemeldete-angestellte-nach-facebook-besuch-gefeuert-a-621185.html (letzter Aufruf: 04.06.2017).

1078 *Fuhlrott/Oltmanns* NZA 2016, 785, 788.

1079 Siehe hierzu die Ausführungen oben auf S. 104 f.

1080 *Kort* NZA 2012, 1321, 1325; *Fuhlrott/Oltmanns* NZA 2016, 785, 788.

1081 Hornung/Müller-Terpitz/*Bayreuther*, Rechtshandbuch Social Media Kap. 8 Rn. 68; deshalb für eine Recherche des Arbeitgebers mit dem eigenen, realen Profil plädierend *Notzon* öAT 2013, 180, 182; vgl. auch *Bauer/Günther* NZA 2013, 68, 73.

rechtlich unzulässiger Weise gewonnene Beweismittel prozessual verwertet werden darf. Zwar haben das Datenschutzrecht und der Persönlichkeitsrechtsschutz dieselbe Schutzrichtung,[1082] allerdings genügt allein der Verstoß gegen datenschutzrechtliche Vorschriften nicht für die Annahme eines Beweisverwertungsverbots.[1083] Die Bestimmungen des BDSG ordnen für sich genommen nicht an, dass unter ihrer Missachtung gewonnene Erkenntnisse oder Beweismittel bei der Feststellung des Tatbestands im arbeitsgerichtlichen Verfahren vom Gericht nicht berücksichtigt werden dürften.[1084] Maßgeblich ist insoweit, ob in der Verletzung von datenschutzrechtlichen Vorschriften zugleich ein schwerwiegender Eingriff in das Persönlichkeitsrecht des Arbeitnehmers liegt.[1085] Je intensiver dieser Eingriff ist, desto schwerwiegender müssen die Arbeitgeberinteressen gewichtet sein, um die prozessuale Verwertung rechtswidrig erlangter Daten rechtfertigen zu können.[1086] Dabei spielen insb. die Kündigungsgründe, also die Schwere der Pflichtverletzung des Arbeitnehmers eine Rolle.

Bei arbeitsrechtlichen Fehlverhaltensweisen sind im Hinblick auf ein prozessuales Beweisverwertungsverbot v. a. die anlassunabhängige, konkrete Suche nach Pflichtverletzungen des Arbeitnehmers und die Recherche mit verschleierter Identität von Bedeutung.

### (1) Anlassunabhängige Recherche

Eine anlassunabhängige, aber konkrete Suche des Arbeitgebers nach Pflichtverletzungen im öffentlich zugänglichen Social Media-Bereich verstößt grundsätzlich gegen das datenschutzrechtliche Gebot der Erforderlichkeit. Im Hinblick darauf, dass es sich um Tatsachen handelt, die dem privaten Lebensbereich entspringen, könnte deshalb der Standpunkt vertreten werden, dass dem Schutz des Persönlichkeitsrechts des Arbeitnehmers prinzipiell Vorrang einzuräumen sei. Allerdings muss bezogen auf die Schwere der Verletzung des Persönlichkeitsrechts berücksichtigt werden, dass der Arbeitnehmer seine Daten mit einem Maß an Freizügigkeit in den Social Media präsentiert, dass der Arbeitgeber ohne weiteres darauf zugreifen kann. In diesen Fällen ist nicht davon auszugehen, dass dem Arbeitnehmer selbst besonders viel daran gelegen ist, dass die von ihm abgesetzten Beiträge unter Verschluss bleiben. Im Rahmen der Abwägung kann seinem (verletzten) Persönlichkeitsrecht konsequen-

---

1082 *Kort* NZA 2012, 1321, 1325.

1083 Ebd.; *Kort* MMR 2011, 294, 299; *Bauer/Günther* NZA 2013, 67, 73; *Dzida/Grau* NZA 2010, 1201, 1203 zur Videoüberwachung am Arbeitsplatz.

1084 BAG NZA 2017, 112, 113.

1085 *Kort* NZA 2012, 1321, 1325.

1086 *Wittek*, Soziale Netzwerke im Arbeitsrecht, S. 241.

terweise kein allzu großes Gewicht beigemessen werden. Durch die großzügigen bis offenen Privatsphäre-Einstellungen dokumentiert der Arbeitnehmer selbst, dass er die betreffenden Informationen nicht für (absolut) abschirmungswürdig hält.[1087]

Eine in diesem Zusammenhang vertretene Ansicht geht noch weiter und will eine Einwilligung in die Datennutzung darin sehen, dass der Nutzer eines Social Media-Dienstes von der Möglichkeit, die dort preisgegebenen Informationen für die Anzeige in Internetsuchmaschinen zu sperren (sog. Opt-out-Nutzung), keinen Gebrauch gemacht hat.[1088] Entsprechendes müsste daher gelten, wenn zwar die Auffindbarkeit in den allgemeinen Suchmaschinen gesperrt wäre, die Beiträge aber innerhalb des Social Media-Dienstes für alle oder zumindest eine nicht unerhebliche Anzahl der registrierten Nutzer zugänglich wären. Die Nichteinschränkung der Privatsphäre müsste dann ebenfalls als stillschweigende Einwilligung in die Datennutzung charakterisiert werden.

Diese weitläufige Auffassung ist allerdings fragwürdig. Der Nutzer ist sich im Zeitpunkt des Nichtgebrauch-Machens der Einschränkungsmöglichkeiten regelmäßig gar nicht darüber im Klaren, wer später aufgrund dieser „Einwilligung" auf seine Daten zugreifen kann. Es handelte sich um eine Einwilligung ggü. Personen mit unbekannten Identitäten und es ist nicht davon auszugehen, dass eine solche weitreichende Erklärung von einem Social Media-Nutzer abgegeben werden will.[1089] Vor diesem Hintergrund ist die Annahme einer Einwilligung durch das Veröffentlichen abzulehnen, was sich letztendlich auf das Ergebnis der Zulässigkeit der Verwendung der Social Media-Daten ohnehin nicht auswirkt.

Die prozessuale Verwertbarkeit der Ergebnisse einer anlassunabhängigen und damit datenschutzrechtlich unzulässigen Recherche ist daher mangels erheblicher Verletzung des Persönlichkeitsrechts des Arbeitnehmers nicht gefährdet. Aus solch einem Verstoß gegen §§ 28, 32 BDSG folgt somit kein prozessuales Beweisverwertungsverbot.

#### (2) Recherche mit verschleierter Identität

Diese rechtliche Beurteilung stellt sich anders dar, wenn es um eine Online-Recherche mit verschleierter Identität geht. Diese Art der Ermittlungsaktivität

---

1087 Vgl. zu Beiträgen in Internetforen *von Coelln* jurisPR-ITR 16/2008 Anm. 2.

1088 Vgl. *Schockenhoff*, Soziale Netzwerke im Arbeitsrecht, S. 59 m.V.a. OLG Köln MMR 2011, 323, 324, das im Einstellen von Fotos in einem Facebook-Profil eine konkludente Einwilligung in die Verwendung von Suchmaschinen sieht.

1089 A.A. wohl OLG Frankfurt a.M. BeckRS 2016, 00893 zur Einwilligung in Cookie-Nutzung; dazu mit kritischer Anm. *Meyer/Lachenmann* MMR 2016, 245, 249.

kommt für den Arbeitgeber nur dann in Frage, wenn Informationen zur Debatte stehen, die weder über allgemeine Suchmaschinen noch im öffentlichen bzw. teilweise eingeschränkten Kreis der Social Media (v. a. dem Bereich der Freundes-Freunde) zugänglich sind. Dabei kann es sich etwa um Beiträge auf der eigenen Chronik des Arbeitnehmers oder in geschlossenen Gruppen handeln. In beiden Fällen hat der Arbeitgeber auf diese Seiten nur Zugriff, wenn er ihm durch die Aufnahme in den Freundschafts- oder Gruppenkreis eingeräumt wird.

Gelangt der Arbeitgeber durch Täuschung über seine Online-Identität zu solch „abgeschirmten" Informationen, die ihm den Nachweis einer Pflichtverletzung ermöglichen, handelt es sich um einen besonders schweren Eingriff in das Persönlichkeitsrecht des Arbeitnehmers. Dieser steckt durch die (in diesem Fall engen) Privatsphäre-Einstellungen für seine Chronik bewusst den Streugrad seiner Äußerungen ab. Dadurch wählt er zugleich selbst das Maß, in dem er auf den Schutz seines Persönlichkeitsrechts verzichtet (nämlich im Verhältnis zu seinen „Freunden"). Gleiches gilt für die Zugehörigkeit zu einer geschlossenen Gruppe, da er von den zur Gruppe gehörenden Personen Kenntnis hat. Er muss grundsätzlich auch nicht befürchten, dass er ausspioniert wird. Dies ist erst Recht der Fall, wenn er als Gruppenadministrator die Gruppe selbst errichtet hat oder verwaltet und deshalb über die Aufnahme bzw. Entfernung eines Gruppenmitglieds entscheidet.[1090]

Zwar ist i. d. R. jedem Social Media-Nutzer klar, dass eine absolute Kontrolle über die dort abgesetzten Beiträge nicht möglich ist. Jedoch besteht grundsätzlich kein Anlass dazu, allein durch die Beteiligung am virtuellen Leben den Schutz des Persönlichkeitsrechts weitläufig aufzuweichen, indem man stets – also auch bei sehr engen Privatsphäre-Einstellungen – von einer „unsicheren" und deshalb nicht besonders schutzwürdigen Umgebung ausgeht. Andernfalls wäre der Sinn der individuell wählbaren Privatsphäre-Einstellungen völlig entwertet.

Somit ist im Einklang mit der h.M. in der Literatur grundsätzlich davon auszugehen, dass Informationen, an die der Arbeitgeber durch die Benutzung eines Fake-Accounts gelangt ist, einem prozessualen Verwertungsverbot unterliegen.[1091] Deren Verwertung durch das Gericht würde zu einer Perpetuierung des vom

1090 Siehe zur Funktionsweise einer Facebook-Gruppe https://de-de.facebook.com/help/418065968237061 (letzter Aufruf: 04.06.2017).

1091 *Kort* NZA 2012, 1321, 1325; *Frings/Wahlers* BB 2011, 1326, 1327; Hornung/Müller-Terpitz/*Bayreuther*, Rechtshandbuch Social Media Kap. 8 Rn. 73; Forgó/Helfrich/Schneider/*Schröder* Teil VII Kap. 3. Rn. 51; *Dzida* ArbRB 2016, 240, 241; *Schockenhoff*, Soziale Netzwerke im Arbeitsrecht, S. 58 f.; *Fuhlrott/Oltmanns* NZA 2016, 785, 788 allerdings mit Ausnahmevorbehalt.

Arbeitgeber bei der Beweiserhebung vorgenommenen, erheblichen Eingriffs in das Persönlichkeitsrecht führen.

Diese Beurteilung kann allerdings nicht ausnahmslos gelten. Es sind Konstellationen möglich, in denen die Verwertung von „erschlichenen" Daten zulässig sein muss. Dafür ist jedoch erforderlich, dass die in der prozessualen Verwendung liegende Aufrechterhaltung der erheblichen Persönlichkeitsrechtbeeinträchtigung das Arbeitgeberinteresse nicht zu überwiegen vermag. Davon wird man bei der Nutzung eines Fake-Accounts zwar nur in den seltensten Fällen ausgehen können, dennoch kommt dies bei einem konkreten Verdacht einer besonders schweren Pflichtverletzung des Arbeitnehmers in Betracht.[1092] Bekommt der Arbeitgeber bspw. einen anonymen Hinweis, dass der betroffene Arbeitnehmer in einer geschlossenen Gruppe eines sozialen Netzwerks oder einer fachspezifischen Forumsgruppe besonders wertvolle und wichtige Unternehmensgeheimnisse preisgibt (§ 17 UWG), hat er als Nicht-Mitglied keine Handhabe, auf die dort eingestellten Beiträge zuzugreifen. Erlangt er durch die Verwendung eines Pseudonyms Zugang zu der Gruppe, ist ihm die Archivierung der Informationen, die dort ausgetauscht werden, und sodann die Vornahme arbeitsrechtlicher Maßnahmen indes möglich.

Zwar liegt in der Täuschung über die wahre Identität des Arbeitgebers ein schwerer Eingriff in das Persönlichkeitsrecht des Arbeitnehmers, denn hätte er im Zeitpunkt der Äußerung gewusst, wer zu den tatsächlichen Empfängern der Nachricht gehört, hätte er diese vermutlich nicht getätigt. In den Fällen, in denen er selbst über die Zusammensetzung des Empfängerkreises entscheidet (Freundschafts- bzw. Gruppenanfrage, wenn er bei letzterer Administrator ist), hätte er dem Arbeitgeber schon keinen Zugang gewährt. Jedoch muss die Schwere der Pflichtverletzung und damit die erhebliche Beeinträchtigung der schutzwürdigen Arbeitgeberinteressen (Art. 12 GG) berücksichtigt werden. Dieses ist bei besonders sensiblen Unternehmensgeheimissen sehr hoch und kann im Rahmen der Abwägung die Bedeutung der Verletzung des Persönlichkeitsrechts des Arbeitnehmers überwiegen.[1093] Allerdings ist in diesem Zusammenhang auch zu beachten, wie viele Mitglieder die Gruppe hat und welche Personen ihr zugehören. Werden sensible und bedeutsame Geschäfts- und Betriebsgeheimnisse ggü. Konkurrenten bzw. deren Mitarbeitern preisgegeben, liegt für den Arbeitgeber

1092 *Fuhlrott/Oltmanns* NZA 2016, 785, 788.

1093 In diese Richtung auch Thüsing/Wurth/*Vossen*, Social Media im Betrieb, S. 226 Rn. 54; vgl. auch *Wittek*, Soziale Netzwerke im Arbeitsrecht, S. 240.

darin eine noch empfindlichere Beeinträchtigung, als wenn solche Daten ggü. branchenfremden Personen preisgegeben werden.

Handelt es sich hingegen nur um interne Umsatzzahlen, die vom Arbeitgeber ohnehin alsbald veröffentlicht worden wären, liegt darin zwar ebenfalls eine Pflichtverletzung. Die Arbeitgeberinteressen könnten die schwere Verletzung des Persönlichkeitsrechts des Arbeitnehmers hingegen nicht überwiegen. Die Abwägung müsste daher zu Gunsten des Arbeitnehmers ausfallen und die Annahme eines Beweisverwertungsverbots wäre die richtige Rechtsfolge.

Die prozessuale Verwertbarkeit der Ergebnisse einer Recherche mit verschleierter Identität ist somit grundsätzlich zu verneinen. In besonderen Ausnahmefällen können die Arbeitgeberinteressen das beeinträchtigte Persönlichkeitsrecht des Arbeitnehmers aber trotzdem überwiegen und die Verwertung der Social Media-Daten durch das Gericht rechtfertigen.

# 4. Teil: Thesenartige Ergebniszusammenfassung

## A. Social Media-Nutzung mit unmittelbarem Bezug zum Arbeitsverhältnis

I. Die Grundsätze zur rechtlichen Beurteilung der nicht gestatteten Privatnutzung des Internets am Arbeitsplatz finden auf die Social Media-Nutzung entsprechende Anwendung. Die möglichen Pflichtverletzungen sind vielfältig und im Hinblick auf die kündigungsrechtliche Relevanz des Arbeitnehmerverhaltens am Arbeitsplatz sauber voneinander zu trennen.

II. Die größte Bedeutung hat die Pflichtverletzung in Form der Nichterbringung der arbeitsvertraglich geschuldeten Leistung (Arbeitszeitbetrug). V.a. die ausschweifende Privatnutzung stellt einen Kündigungsgrund dar, der regelmäßig den Ausspruch einer Kündigung rechtfertigt. Eine minutengenaue Einteilung bzgl. der Tatbestandsvoraussetzung „ausschweifend" ist allerdings nicht möglich, so dass es für die Frage nach dessen Einschlägigkeit nach wie vor auf den jeweiligen Einzelfall ankommen wird.

III. Von erheblicher praktischer Relevanz ist daneben auch die Rufschädigung des Arbeitgebers durch das Surfen auf pornographischen Webseiten. Entgegen der Rspr. ist eine kündigungsrechtlich relevante Pflichtverletzung erst anzunehmen, wenn für das Image des Arbeitgebers eine konkrete Gefahr besteht. Allein die theoretische Möglichkeit der Rückverfolgung der IP-Adresse des Arbeitgebers reicht dafür nicht, und ob eine Imageschädigung des Arbeitgebers überhaupt in Betracht zu ziehen ist, muss für das jeweilige Arbeitsverhältnis im Hinblick auf die Stellung des Arbeitnehmers im Betrieb und die Größe des Arbeitgebers gesondert geprüft werden.

Hingegen genügt beim Surfen auf Webseiten mit strafbarem Inhalt bereits die abstrakte Gefahr der Rufschädigung. Grund dafür sind die bei einer etwaigen Rückverfolgung dem Arbeitgeber drohenden, schweren Folgen, insb. dass für ihn neben die Gefahr einer Rufschädigung auch das Risiko tritt, strafrechtlichen Ermittlungsverfahren ausgesetzt zu werden.

IV. Durch die bloße Hinnahme bzw. Duldung der Privatnutzung kann ein Anspruch durch betriebliche Übung nicht begründet werden. Dies gilt unabhängig davon, ob der Arbeitgeber die Privatnutzung ausdrücklich untersagt oder hierzu gar keine Regelung getroffen hat. Mehr und mehr Arbeitgeber gestatten ihren Angestellten jedoch, die technischen Betriebsmittel auch zu privaten Zwecken zu nutzen. Räumt der Arbeitgeber seinen Angestellten ein Recht auf Privatnutzung ein, sollte er dabei dessen Grenzen in inhaltlicher und zeitlicher Hinsicht ausreichend klar regeln. Tut er dies nicht und erklärt er sein Einverständnis ohne nähere Ausgestaltung nur dem Grunde nach, gehen Ungewissheiten zu seinen Lasten. Diese können im Rahmen der Wirksamkeitsprüfung sowohl bei der Pflichtverletzung an sich als auch bei der Interessenabwägung relevant werden. Darüber hinaus ist aus Arbeitgebersicht zu berücksichtigen, dass zu einem späteren Zeitpunkt eine Beseitigung des Privatnutzungsanspruchs relevant werden kann. In Betracht kommt insoweit, dass der Arbeitgeber schon im Zeitpunkt der Gestattungserklärung einen (wirksamen) Freiwilligkeits- oder Widerrufsvorbehalt vereinbart. Andernfalls kann eine Loslösung nur durch eine Änderungskündigung erfolgen.

V. Social Media Guidelines erlangen wegen der vielfältigen Gefahren der Social Media für den Arbeitgeber immer mehr an Bedeutung. Sie dienen bei gestatteter Privatnutzung präventiv v.a. der Vermeidung von Pflichtverletzungen. In Form von Betriebsvereinbarungen enthalten sie zumeist auch verbindliche Vorgaben in Bezug auf die private EDV-Nutzung und deren Kontrolle durch den Arbeitgeber. In diesem Fall ist die Personalvertretung zu beteiligen, denn es werden die Mitbestimmungsrechte des § 87 Abs. 1 Nr. 1 und 6 BetrVG berührt. Social Media selbst sind als technische Einrichtung des § 87 Abs. 1 Nr. 6 BetrVG zu sehen, im Hinblick auf die gestattete Privatnutzung ist dieser Tatbestand aber mangels Initiative des Arbeitgebers, eine technische Überwachungseinrichtung einzuführen, nicht einschlägig.

VI. In verfahrensrechtlicher Hinsicht treten die Auswirkungen der Social Media insb. beim Sachvortrag des Arbeitgebers zu Tage. Er hat die in Rede stehende Pflichtverletzung unter Beweisantritt so genau wie möglich anzugeben, und wegen der technischen Besonderheiten muss er die vom gekündigten Arbeitnehmer produzierten Verbindungsdaten bzw. Dateien im Einzelnen darlegen. Beweisverwertungsverbote spielen bei Pflichtverletzungen mit unmittelbarem Bezug zum Arbeitsverhältnis eher eine untergeordnete Rolle. Insb. ist das „Spindurteil" des *BAG* mangels vergleichbarer Sachverhalte nicht auf die heimliche Auswertung des dienstlichen PCs des Arbeitnehmers übertragbar. Nach der hier vertretenen Auffassung zieht auch ein etwaiger Verstoß gegen zwingende Mitbestimmungsrechte der Arbeitnehmervertretung – etwa in Bezug auf eine Social Media Guideline – kein prozessuales Verwertungsverbot nach sich.

## B. Social Media-Nutzung mit mittelbarem Bezug zum Arbeitsverhältnis

I. Das außerdienstliche Online-Verhalten rückt wegen der starken Präsenz der Social Media im Alltag mehr und mehr auch in den Fokus des Arbeitsrechts. Die in den unzähligen Plattformen entstandene, eigene Verhaltenskultur hat ein erhebliches Gefahrenpotential für Arbeitnehmer. Dies zwingt zu der Feststellung, dass der Grundsatz „privat ist privat“ stark aufgeweicht ist. Die arbeitsrechtliche Problemlösung findet im Rahmen des § 241 Abs. 2 BGB statt. Was ein Arbeitnehmer zulässigerweise im Internet äußern darf, richtet sich nach den für jedes Arbeitsverhältnis individuell zu bestimmenden Loyalitäts- und Rücksichtnahmepflichten. Für deren Inhalt und Reichweite sind v. a. die Stellung des Arbeitnehmers im Betrieb und die Größe sowie der Charakter des Arbeitgeberunternehmens maßgeblich. Die Frage, ob ein außerdienstliches Verhalten eine Pflichtverletzung i.S.d. § 241 Abs. 2 BGB darstellt, ist gerade bei Äußerungen mit Meinungsbezug unter der Berücksichtigung der Grundrechte der Arbeitsvertragsparteien zu beantworten. Insoweit hat eine praktische Konkordanz der widerstreitenden Interessen zu erfolgen. Auf Arbeitnehmerseite stehen dessen Meinungs- und Kunstfreiheit im Vordergrund, auf Arbeitgeberseite sind es vordringlich das Recht der persönlichen Ehre und die wirtschaftliche Betätigungsfreiheit.

II. Wegen der Außerdienstlichkeit des zu beurteilenden Verhaltens muss dieses regelmäßig einen Bezug zum Arbeitsverhältnis aufweisen. Das ist insb. dann relevant, wenn es um Pflichtverletzungen geht, die nicht direkt gegen den Arbeitgeber oder dessen Kunden bzw. Geschäftspartner gerichtet sind. Hierbei geht es v. a. um volksverhetzende Beiträge (sog. Hass-Postings). Entgegen der Rspr. reicht ein irgendwie gearteter Bezug zwischen dem Social Media-Verhalten und dem Arbeitsverhältnis nicht für die Annahme einer Pflichtverletzung i.S.d. § 241 Abs. 2 BGB. Die bloße Nennung des Arbeitgebers im Profil des sich volksverhetzend äußernden Arbeitnehmers kann daher nicht zur Bejahung der Betriebsbezogenheit des außerdienstlichen Verhaltens führen. Vielmehr ist auch hier eine konkrete Gefahr für berechtigte Arbeitgeberinteressen erforderlich.

Allerdings kann in solchen Konstellationen – und damit in allen Fällen, in denen es mangels Betriebsbezogenheit an einer Pflichtverletzung fehlt – die echte Druckkündigung Bedeutung erlangen. Hierfür ist allerdings notwendig, dass die Kündigung das einzig praktisch in Betracht kommende Mittel ist, um die dem Arbeitgeber aufgrund des Social Media-Verhaltens des Arbeitnehmers drohenden Schäden abzuwenden.

III. Auch bei virtuellen Beleidigungen von gleichgestellten Arbeitskollegen ist für das Vorliegen einer Pflichtverletzung ein ausreichendes Maß an Betriebsbezogenheit erforderlich. Dafür ist nicht entscheidend, ob auch andere Kollegen über den jeweiligen Social Media-Dienst von der Beleidigung Kenntnis nehmen können. Betriebsbezogenheit ist hier erst anzunehmen, wenn es aufgrund der Äußerung zu konkreten negativen Auswirkungen im Betrieb kommt. Bei Ehrverletzungen von Vorgesetzten hingegen, können wegen dessen gefährdeter Autorität Verbindungen zu anderen Mitarbeitern des Betriebs – je nach Art und Anzahl – für die Bejahung der Betriebsbezogenheit ausreichen.

Sind beleidigende Äußerungen gegen den Arbeitgeber direkt gerichtet, kommt es für die Kündigungsrelevanz lediglich auf die Zuordenbarkeit des ehrverletzenden Beitrags an. Die Pflichtverletzung wirkt aber deutlich schwerer, wenn wegen der damit einhergehenden Autoritätsuntergrabung andere Mitarbeiter von der Beleidigung Kenntnis nehmen.

IV. Neben dem selbständigen Verfassen von unzulässigen Äußerungen bringen die Social Media auch in technischer Hinsicht neue Begehungsweisen für Pflichtverletzungen mit sich. Durch das Betätigen des Like-Buttons bei *Facebook* bzw. ähnlicher Symbole in anderen Social Media-Plattformen kann es zu einer Verbreitung einer arbeitsrechtlich unzulässigen Äußerung eines Dritten kommen. Dadurch macht sich der Arbeitnehmer die Fremdäußerung zwar nicht zu eigen, er sorgt allerdings aktiv für ihre Verbreitung und verursacht dadurch eine Intensivierung der Rechtsverletzung des Arbeitgebers. Dabei handelt es sich jedoch um eine Pflichtverletzung von geringer Brisanz, so dass der Arbeitgeber allenfalls eine Abmahnung aussprechen kann.

Neben der Betätigung des Like-Buttons oder ähnlicher Symbole kommt es auch durch das Teilen oder Retweeten einer Fremdäußerung zu deren Verbreitung. Dieser Tatbestand untergliedert sich in das einfache und qualifizierte Teilen. Ersteres ist kündigungsrechtlich wie das Liken zu bewerten, wobei es hier sogar an jeglicher Meinungsausrichtung des Teilenden zum Ursprungsbeitrag fehlt. Das qualifizierte Teilen kann eine erheblichere Pflichtverletzung als das einfache Teilen darstellen, je nach inhaltlicher Positionierung zum geteilten Beitrag. Macht sich der Arbeitnehmer durch eine Kommentierung die geteilte Äußerung zu eigen, ist das qualifizierte Teilen kündigungsrechtlich wie eine eigene Äußerung zu beurteilen.

V. Mit der Bedeutung des Internets und der Social Media stieg zugleich das virtuelle Angebot an Pornographie. Zwischenzeitlich gibt es unzählige Erotikseiten, auf denen die Nutzer selbst erstelltes Material (Filme, Livestreams oder Bilder als user generated content) für andere zum Konsum bereitstellen können. Ob hierbei eine kündigungsrechtliche Relevanz gegeben ist, hängt von der Art des

Arbeitgebers und den damit kohärenten Pflichten hinsichtlich des außerdienstlichen Verhaltens ab.

Erotische Freizeitaktivitäten eines bei einem weltlichen Arbeitgeber beschäftigten Arbeitnehmers können unabhängig von dessen Position im Unternehmen keine Pflichtverletzung i.S.d. § 241 Abs. 2 BGB und damit auch keinen verhaltensbedingten Kündigungsgrund darstellen. Dessen verfassungsrechtlich geschützte Interessen (Berufs-, Handlungs- und Kunstfreiheit) überwiegen das Arbeitgeberinteresse, über seine Angestellten nicht mit Pornographie in Verbindung gebracht zu werden deutlich.

Bei kirchlichen Arbeitgebern, die ihren Angestellten aufgrund des ihnen aus Art. 140 GG i.V.m. Art. 137 WRV zustehenden Selbstbestimmungsrechts auch für die private Lebensweise regelmäßig strengere Vorgaben machen, kann eine pornographische Betätigung hingegen für eine verhaltensrelevante Kündigung relevant werden. Entgegen der bisherigen Rspr. (v. a. im Fall „*Julia Pink*") ist aber auch hier erforderlich, dass das außerdienstliche Verhalten eine Betriebsbezogenheit von ausreichendem Gewicht aufweist. Die abstrakte Befürchtung des Arbeitgebers, aufgrund des pornographischen Wirkens bei seinen Mitgliedern einen Vertrauens- und Glaubwürdigkeitsverlust einzubüßen, genügt nicht für die Bejahung der Betriebsbezogenheit. Mindestens notwendig ist eine konkrete Gefahr für seine berechtigten Interessen.

VI. Im Rahmen der Wirksamkeitsprüfung einer verhaltensbedingten Kündigung sind einige Social Media-spezifische Abwägungsgesichtspunkte zu berücksichtigen. Dazu gehört inbs. der potentielle Empfängerkreis des unzulässigen Beitrags, dessen Größe auch von der Nutzungsrealität, der Identifizierbarkeit des Arbeitgebers/Geschäftspartners und der Schnelllebigkeit des virtuellen Lebens abhängt. Im Abwägungsprozess sind ferner die Intensität der Äußerung, die Kenntnis des Arbeitnehmers von der Pflichtwidrigkeit seines Verhaltens (etwa aufgrund einer Social Media Guideline), die grundsätzlich permanente Abrufbarkeit eines Online-Beitrags, aber auch das Nacht-Tat-Verhalten des Arbeitnehmers von Bedeutung. Die kündigungsrechtliche Folge hängt somit zu einem wesentlichen Teil davon ab, ob diese Kriterien in ihrer Gesamtschau für oder gegen den Arbeitnehmer sprechen.

VII. Die Frage, ob ein Arbeitnehmer in kündigungsrechtlicher Hinsicht dafür haftet, dass ein Dritter eine unzulässige Äußerung über seinen Social Media-Account abgesetzt hat, muss erst dann beantwortet werden, wenn er durch einen ausreichend substantiierten Sachvortrag die Vermutung widerlegt, dass er als Accountinhaber der Urheber des streitbefangenen Beitrags ist. Ggf. ist die aufgeworfene Frage zu verneinen, eine Haftung des Arbeitnehmers auf kündigungsrechtlicher Ebene scheidet also aus. Grund dafür ist, dass in diesem Fall feststeht, dass der klagende Arbeitnehmer nicht Urheber des Beitrags ist, wegen dem die Kündigung ausgesprochen wurde.

VIII. Bei kündigungsrelevanten Beiträgen in den Social Media handelt es sich in den Fällen des Cyber-Mobbings und des Nicht-Entfernens eines unzulässigen Beitrags um Dauertatbestände, die den Beginn der Kündigungserklärungsfrist des § 626 Abs. 2 S. 2 BGB hemmen können. Beim Cyber-Mobbing gilt nichts anderes als beim herkömmlichen Mobbing und die Pflichtverletzung des Nicht-Entfernens wirkt so lange fort, bis ihn der Arbeitnehmer entfernt.

In den übrigen Konstellationen scheidet die Annahme eines Dauertatbestands hingegen aus. Hier ist in der möglichen Abrufbarkeit des veröffentlichten Beitrags lediglich eine Fortwirkung der ursprünglichen Pflichtverletzung „Einstellen des unzulässigen Beitrags" zu sehen.

IX. Bei Verwendung der Social Media-Daten als Beweismittel im Kündigungsschutzverfahren spielt v. a. die Recherche des Arbeitgebers nach einer vom Arbeitnehmer begangenen Pflichtverletzung eine Rolle. Im Rahmen der Beweiserhebung sind die Vorschriften des Beschäftigtendatenschutzes zu beachten. Insoweit ist zu unterscheiden, ob und ggf. in welchem Maße die einschlägigen Social Media-Tätigkeiten öffentlich sind und aus welchem Anlass der Arbeitgeber die Social Media durchforstet. Ein Beweisverwertungsverbot kommt regelmäßig dann zum Tragen, wenn sich der Arbeitgeber mit verschleierter Identität Zutritt zum virtuellen Freundes- oder Bekanntenkreis des Arbeitnehmers verschafft. In diesem Fall ist der Eingriff in das Persönlichkeitsrecht des Arbeitnehmers so erheblich, dass die prozessuale Verwendung der auf unzulässige Weise gewonnen Daten eine nicht hinnehmbare Perpetuierung der ursprünglichen Persönlichkeitsverletzung darstellen würde. In Ausnahmekonstellationen – etwa schweren Fällen des Geheimnisverrats – kann jedoch das Arbeitgeberinteresse an der Verwertung solch einer erschlichenen Tatsachengrundlage die Persönlichkeitsbeeinträchtigung des Arbeitnehmers überwiegen. Dies hat zur Folge, dass das Vorbringen des Arbeitgebers vom Gericht bei der Entscheidungsfindung zu berücksichtigen ist.